民国初年《大公报》教育观研究

（1912—1922）

范文明　著

中国出版集团
世界图书出版公司
广州·上海·西安·北京

图书在版编目（CIP）数据

民国初年《大公报》教育观研究：1912～1922 / 范文明著.
—广州：世界图书出版广东有限公司，2015.9（2025.1重印）
ISBN 978-7-5192-0294-1

Ⅰ.①民… Ⅱ.①范… Ⅲ.①《大公报》—教育观—研究
—1912～1922 Ⅳ.①G219.296

中国版本图书馆 CIP 数据核字（2015）第 240928 号

民国初年《大公报》教育观研究（1912—1922）

责任编辑 钟加萍
封面设计 高艳秋
出版发行 世界图书出版广东有限公司
地　　址 广州市新港西路大江冲25号
电　　话 020-84459702
印　　刷 悦读天下（山东）印务有限公司
规　　格 787mm×1092mm 1/16
印　　张 18.25
字　　数 360 千
版　　次 2015 年 9 月第 1 版 2025 年 1 月第 2 次印刷
ISBN 978-7-5100-5192-0294-1/K·0295
定　　价 88.00 元

序 言

《大公报》在1902年6月17日诞生于天津，创办人是具有维新思想的英敛之。该报问世不久，就以勇于抨击权贵、讥评时政而闻名于天津乃至华北，日发行量一度达到5000份。纵观《大公报》历史，从创办到1916年9月，可称为“英敛之时期”，之后又经历了王郅隆时期（1916—1925年），新记公司时期（1926—1949年），宣布新生之后时期（1949年之后，包括香港《大公报》时期），至今已跨越两个世纪，是“中国新闻史上惟一的一家创刊逾百年的报纸。她是中国新闻界的老寿星，同时也是中国新闻界中含金量最高的惟一的世界级品牌”（方汉奇《〈大公报〉百年史序言》）。

内忧外患频仍的清民之际，有识之士纷纷探讨富国强民道路，“教育救国”即是时人的一种诉求，《大公报》即以此为宗旨，其时评、论评、闲评等栏目经常品议教育问题。该报倾向君主立宪，消极看待共和体制，而民国初年的变局，激发该报改革教育的固有热情，在其大量报道和评述中，披露当时的教育状态，探寻教育得与失的原因，展示各阶层对教育发展的不同诉求。《大公报》成为观察清末民国教育实况的窗口，而范文明博士的专论以《大公报》文本为依据，解剖近代中国纷繁多致的教育状貌，颇得要领。

范著《大公报教育评述研究》，主要以1912—1922年《大公报》对教育的评论作为切入点，论析民国初年兴起的教育救国思潮，诸如，军国民教育、实用主义教育、职业教育等，对《大公报》关于教育的态度，进行较为系统的梳理和评价。文章所选时段正好涵盖了1912—1913年的“壬子癸丑学制”和1922年的“壬戌学制”两个学制。前一个学制在中国近代学制史上有承上启下之功，而后者则被教育界共认为是中国学制史上具有里程碑性质的举措，基本上框定了中国现代学制的基调，是中国现代学制发展的奠基石。

范著所论时段，横跨英敛之时期向王郅隆时期的过渡阶段（1912—1916

年）和王郅隆时期（1916—1925年）的一部分，是《大公报》从积极走向消极，从高潮走向低谷的时期。

英敛之、王郅隆时期的《大公报》，对民主共和不持赞同态度，对民国初年教育的评述否定多而肯定少。范著从当时的教育背景出发，从众多评述中找出《大公报》对教育思潮、教育现状、教育管理等的认识，较为准确地反映了这一时期《大公报》教育态度的变化轨迹，客观地探讨和评价该报的教育观点。既阐述了《大公报》忧国忧民的办报原旨，也透射出该报在管理经营下滑时期，消极评论民初教育的不可取态度。整个论文的分析一分为二，实事求是。不溢美，不贬抑，基本理清了《大公报》转型时期的教育态度，为今天教育发展提供了较为详细的参考。

目前关于《大公报》的研究比较多，但从教育角度评述和研究该报的著作并不多见，范著可谓研究该报教育观点的嚆矢之一，其观点也不乏同类型学者参考借鉴之处。如果能更多地结合《大公报》当时的社会背景、报纸作者的经历和身份来探讨该报的教育观点，则可走向精深，提供更丰富的资讯。

武汉大学 冯天瑜

二〇一四年一月

代　序
报刊史与学术史

学术是文化的精华。中国学术有其深厚底蕴和独到传统，从古典时代延续至今，历史悠久，成果丰硕，以至于成为目前学界关注的一个热点，学术史的相关著述一再问世，触角深入到不少领域，甚至大有取代传统思想史研究之势。中国近现代学术史的研究，尤其如此。报刊亦是文化发展的结晶，有其自身的演进路径和特色所在。对于中国而言，报刊更多地是个舶来品，其主要发挥作用的节点是在近现代，而且业已成为近现代史研究的重要取材对象，甚至报刊史本身也成为了学术热点。学术和报刊相逢，学术史和报刊史相遇，会带来怎样的效应，会对彼此的路径、视野、方法等产生怎样的影响，是值得关注和思考的。

首先需要指出的是，报刊的出现和刊载内容的日益多样，使得学术作品的呈现形式和社会影响皆发生很大变化。在报刊流行于中国社会之前，学术研究成果的书面表达主要是依托于书坊或个人刻印的文集以及学者之间的论学书信、札记等，局限在一个颇为狭小的圈子里。而报刊成为人们获取信息的主要渠道后，刊载于上的内容越来越广泛，既有丰富多彩的新闻报道，又有或深或浅的知识介绍，甚至逐渐开设一些专栏，专门刊发文化、学术类文章。随着报刊种类的增多，登载学术作品的报刊越来越多，学术的表现形态较之以往发生很大变化，社会影响力也今非昔比了。甚至可以说，报刊对中国古典学术的现代转型，起到了助推作用。与传统的文集、书信、札记等相比，依托于报刊的学术作品既在体裁体例上趋新，西化色彩浓厚，又在规范性方面向现代学术靠拢，而且报刊的时效性、阶段性等特点也影响到学术写作。报刊上学术作品的定期发表和学术话题的渐趋集中，亦促进了现代学术共同体的形成。特别是报刊舆论和学术热点的互动，对学术的社会化起到很大推动作用，学术的社会影响力激增。对学者而言，报刊往往是他们发表学术成名作的首选，如梁启超之于《新民丛报》、刘师培之于《国粹学报》，等等。可以说，最前沿、最尖端的学术作品大多载于报刊之上。

正因为报刊是学术发表的主要园地，所以学术史研究者极为重视报刊，将其视为重要对象。不过，学术史研究者所看重的主要是报刊所发表的学术作品，而非作为载体的报刊本身，即报刊更多的是学术史的取材对象和史料源泉，而非研究对象。这样的思路和做法固然无可厚非，但显然有些狭窄。学术成果有其内容和载体，取其内容作为主攻对象是合理的，但同时不能忽视载体，载体往往能型塑内容，报刊就是如此。在这个意义上，不研究报刊本身，学术史等于瘸了一条腿，所以学术史非常有必要将报刊纳入自己的研究视野。另外，要使学术史健全起来，报刊史的研究路径、视野、方法、成果等也可提供诸多借鉴。如报刊作为新闻传播的重要平台，其报道有强烈的时效性，“当下”是时效性的限制。针对这个特性，报刊史研究极为注重新闻时效性这一维度。对学术史来说，同样存在时效性这样的问题，特别是那些以报刊为载体的近现代学术成果。如若将报刊史的研究取向、路径、方法等借用过来，至少当能更清楚地观察时效性的学术成果，更理性地分析学术史上的趋时现象，从而更清晰地看待学术发展历程中的短暂与恒常；再如报刊报道往往有鲜明的针对性，或针对某读者群体，或针对一定地域，所以报刊史研究常常以此为着手处。这对学术史也有启示，不仅是以报刊为载体的学术成果受制于报刊的这一特性，一般学术成果也大多有此特性。学术史研究若亦由此着手，当在以往对学科、学人、学术著述等方面的研究取得丰厚成果基础上，开辟学术受众研究、学术传播地域研究等新的领域，从而进入一片新天地。

对于报刊史研究，学术史亦可贡献良多。学术史研究学科、学人、学术著述时，一方面强调严谨求实，深入细致，以丰富的文献资料为基础，在文本分析上下大气力，看重所谓内在理路的探索；另一方面重视语境分析，对学术话语所由产生之学术派别、学术制度等因素进行具体探讨，即在外在理路上下功夫。这样的路径与方法对报刊史研究当有所启示。新闻记者对时事的客观报道和求实作风，与学者探讨问题时的理性客观和严谨精神是相通的，由此产出的新闻作品和学术作品也就有了共性，报刊史研究者在探讨报刊文本时便可借鉴学术史的文本分析理路，尽可能依托最为丰富的报刊资料，作最为严谨求实的分析。另外，学术发展离不开制度建设，而不同学术流派的出现，标志着学术的走向发达。对于报刊的成长与发展来说，情形大体类似，所以，学术史的外在理路分析法同样适用于报刊史。当然，学术史研究者在探讨中国学术发展历程时，还要关注到中国学术的某些特色，如抓住学者的血缘关系、地缘关系、学缘（师承）关系三大要素，就能对中国学术有较为贴近的理解，也能对中国学术的精微之处体会于心。报刊何尝不是如此，尽管已处在近现代的社会氛围下，其从业者同样在血缘关系、地缘关系、学缘（师承）关系的笼罩之下，报刊的风格、倾向、派系色彩等等，大体不离这些中国元素的制约。故而这些因素应是学术史与报刊史共同关注的对象，需进入报刊史研究者的视野之中。

还需指出的是，学术史可从多个层面界定，其概念有广、狭之分。具体到不同学科、不同领域，也都有各自的学术史或学科史。报刊史作为后起之秀，发展十分迅速，已积累起非常丰硕的成果，目前，总结自身的演进历程，探讨自身的学术史，正逢其时。这种探讨正是在报刊史与学术史的交汇处做文章，需要两方面理论、视野、方法的融合。另外，学术史的功能之一便是引领后来者进入学术，借“辨章学术，考镜源流”来获得学术的方向感。对于报刊史研究者来说，学术史同样具有这样的功能，无论进入报刊史的哪个领域，都要首先熟悉这一领域的学术史，从而才能在前人的肩膀上开辟出新方向，否则就无法使自己的研究处于学科前沿地带，甚至会陈陈相因，拾人牙慧。正因如此，报刊史研究者应该普遍具有学术史素养。当然，其他学科和其他领域的研究者亦应如是。

以上是我对报刊史研究与学术史研究之关系的一点浅见。近日，范文明的《民初〈大公报〉教育观研究（1912—1922）》一书杀青，征序于我。文明乃已故中国近代文化史研究之大家龚书铎先生的高足，该书是在其博士学位论文的基础上修改完善而成。同样作为龚先生的弟子，为文明之大作问世出一份力，责无旁贷，无奈我专攻近代学术史和学术思想史，对其大作之论题不很熟稔，故只好泛论报刊史研究与学术史研究之关系以塞责，望文明知我不怪！好在该书之精彩处颇多，自会有行家和读者品鉴得出，绝不会被埋没，我就没必要在这里越俎代庖了。

是为序！

李　帆

2015 年 7 月于北京师范大学历史学院

目 录

绪论 …… 001
选题旨趣：文人论政方式在近代转型期的进化与升华 …… 002
探究平台：中外学人之成果在全球化氛围中的争鸣与交锋 …… 004
研究特色：特殊时期特别事物之特点追踪 …… 019
思路方法：以民初社会大背景为依托，以历史研究法为基准，考察转型期《大公报》教育理念的跌宕起伏 …… 020
研究时段：以民初两个学制之颁行为依托，以《大公报》自身经营转型为线索，考察该报教育理念转变的特殊时段 …… 024
第一章 清末到民国最初十年学制的演变及《大公报》关于教育的基本思想 …… 026
第一节 清末民初学制变迁中的几种主要教育思想 …… 026
一、清末民初的教育改革 …… 027
二、学制变革中的几种教育思想 …… 032
第二节 《大公报》对民国最初十年间教育的基本主张 …… 049
一、积极宣扬教育为“立国之本”的理念 …… 051
二、崇尚道德人格的培养与教育 …… 062
本章小结 …… 070
第二章 《大公报》对民国初年几种教育主张的宣传与评论 …… 072
第一节 从倡导“实用主义教育”到规划“职业教育” …… 073
一、《大公报》对实用主义教育发展的关注 …… 075
二、筹划职业教育的具体方案 …… 084
第二节 《大公报》对军国民主义教育的宣传 …… 097

一、军国民教育关系国家的发展前途 …………………………………… 098
二、尚武教育促进国民身体素质和道德修养的提高 ……………… 101
三、军国民主义教育的物质基础和内容 ……………………………… 105
四、军国民教育的实施建议及效果 …………………………………… 108
第三节 保守的女子教育观 ……………………………………………… 110
一、《大公报》的女子教育“立国”观具有封建性 ………………… 111
二、发展女子教育应受道德的制约 …………………………………… 116
三、女子留学应该从缓 ………………………………………………… 121
本章小结 …………………………………………………………………… 125
第三章 《大公报》对民国初年教育现状的评判 ………………………… 126
第一节 《大公报》的评判：教育成效令人失望 ………………………… 127
一、教育状况的整体性落后与隐忧 …………………………………… 128
二、“候补官吏”之形成 ………………………………………………… 137
第二节 《大公报》对小学教育的热诚鼓励 ……………………………… 147
一、《大公报》重视小学的发展 ……………………………………… 148
二、《大公报》对小学成就的报道 …………………………………… 154
第三节 《大公报》对大学教育现状和前途的“担忧” ………………… 156
一、大学学潮会“动摇国本” ………………………………………… 157
二、大学学潮会“干涉内政” ………………………………………… 168
三、大学学潮悠关“国家兴替” ……………………………………… 174
四、学潮满足了“野心家”的欲望 …………………………………… 177
第四节 《大公报》对留学教育的批评 …………………………………… 180
一、留学生教育质量与管理不容乐观 ………………………………… 182
二、留学生任用的失策之处 …………………………………………… 184
三、对《大公报》留学观的评价 ……………………………………… 185
本章小结 …………………………………………………………………… 188
第四章 《大公报》对民国政府教育偏失原因的探析及对教育措施实施状况的回应 ………………………………………………………………… 192
第一节 《大公报》对中央政府和地方教育当局腐败行为的批评 ……… 193
一、政府腐败危及教育的生存 ………………………………………… 194

二、政府的教育决策偏离了教育的正常轨道 …… 201
第二节 《大公报》对经费问题影响教育运行的批评 …… 207
一、对教育经费是否到位的关注 …… 208
二、对政府处置教育经费的建议 …… 217
第三节 《大公报》对政府制定的教育政策和措施的评论 …… 223
一、对学校尊孔读经政策的批评 …… 223
二、对政府和教育部门处理学潮的评判和建议 …… 229
三、对文官考试制度的批评 …… 234
四、对学制和社会教育的见解 …… 237
本章小结 …… 241
结语 …… 244
附录 《大公报》教育评论索引（1912—1924 年） …… 251
主要参考书目 …… 268
后记 …… 276

绪　论

19、20世纪之交，中国正处于“风雨如晦，鸡鸣不已”之时，历经戊戌喋血，京畿“拳乱”，庚子逃亡等一系列重大变故，风雨飘摇中的满清王朝，家徒四壁，大厦将圮，夕阳西下，危机四伏，只能在自娱自慰的“新政”中苟延残喘，聊以度日。

面对灾难日益深重的国家与民族，有识之士的焦灼感日益强烈，各种救国方式应用而生。实业救国、教育救国、科学救国等思潮日渐凸显。其中，报刊论政在西学东渐，风气渐新的时代氛围中，传承中国传统的“文人论政”之余绪，赋予这一特征以崭新的内涵与意义。虽然“中国近代新闻史的序章”[①] 由外国人在华办报开启，但国人此后对报刊作用的本质认识，并未逊色于外人。梁启超曾断言：“报馆有益于国事”。[②] 此时的知识分子，开始以报刊为武器，一路前锋，披荆斩棘，臧否国是；此时的清政府官员，明知万般无奈，也死马活医，匆匆断言：“预备立宪之基础，必先造成国民之资格，必自国民能明悉国政始；欲开民智，而正人心，自非办理官报不可”。[③] 国人认识到“言禁”、“报禁”的沉疴积弊，大江南北尽显办报论证的呼声，民间、官方竞相展现办报的本领，各类议论时政的报刊频频涌现。

中国自古有“文人论政”之传统，洋务运动后，清流派异军突起，点评时事，曾经营造出评政论史的浓烈氛围。报刊的普及，再一次为近代知识分子讨论时局，贡献良策，参与政治，输入新知提供良好的契机。“文人论政”的参政模式一跃而成“报刊论政”。所以，“报纸媒体介入近代中国社会政治

---

① 吴廷俊：《中国新闻史新修》，上海：复旦大学出版社，2008年版，第50页。

② 梁启超：《论报馆有益于国事》，收入中国人民大学新闻系编：《中国近代报刊史参考资料》（上册），中国人民大学，1982年校内刊印，未正式出版。

③ 《政治馆遵旨就赵炳麟所上请办官报折议复》，转引自方汉奇：《中国新闻事业编年史（第一卷）》，福州：福建人民出版社，1999年版，第434页。

的形式，对政治思想的传播、政治形态的演变产生了巨大影响。应该承认，报纸媒体的出现，对于政治思想的传播具有革命性的意义。在此之前，中国知识分子的政治主张只能通过著书立说、上奏朝廷、互相和唱等方式加以表达；报纸媒体兴起之后，无形之中使思想的传播速度和范围有了质的飞跃。……知识分子的政治主张日渐为各地的读者和公众所‘耳濡目染’”。① 报纸成为知识分子试图展现抱负，实现自我价值的重要载体。

选题旨趣：
文人论政方式在近代转型期的进化与升华

1902 年 6 月 17 日（清朝光绪二十八年五月十二日），一份在中国近现代新闻史上占有重要地位、产生过重要影响的报纸——《大公报》（法文名“L’Impartial”，意即“无私”），在天津诞生了。其创办人是具有维新改良思想的英敛之。由于天津开埠较早，经济发达，环境优越，舆论氛围良好，而该报在问世之初，即以敢于抨击时弊、揭露权贵著称，很快风靡天津乃至华北传媒界，日发行量从创刊之初的 3800 份，三个月后即达到 5000 份。其时赞誉不断，好评如潮，该报曾自称其为“京津第一”，② 士大夫则称誉其为‘北方清议之望’。”③ 即使是时过境迁 30 年后，著名作家、语言学家林语堂还在《中国新闻舆论史》中称其为“中国最为进步、编辑最佳的中文报纸……明显倾向于迎合一部分受过优良教育的受众”。④ 其民间形象也十分看好，20 世纪上半叶，天津曾有一段民谣：“津门有三宝：永利、南开、大公报”。⑤ 其中的“永利”，是中国第一个化学工业基地，而后两者则分别为中国高等教育和新闻传媒之翘楚。《大公报》的新闻地位由此可见一斑。

20 世纪初年，穷途末路的清政府推行“新政”，苟延生存，但文字狱的

① 侯杰：《〈大公报〉与近代中国社会》，天津：南开大学出版社，2006 年版，第 66 ~ 67 页。

② 转引自方汉奇等：《〈大公报〉百年史》（1902-06-17—2002-06-17），北京：中国人民大学出版社，2004 年版，第 25 页：1909 年 7 月 29 日，该报曾自称：“若说舆论是多数，然则本报销行，实算是京津第一”。

③ 《大公报一百周年报庆丛书》编委会：《我与大公报》，上海：复旦大学出版社，2002 年版，第 454 页。

④ 林语堂：《中国新闻舆论史》，王海、何洪亮主译，王海、刘家林校，北京：中国人民大学出版社，2008 年版，第 109 页。

⑤ 转引自吴斌：《〈大公报〉宪政言论分析（1932—1949）》，中国政法大学 2009 年博士论文。

阴影并未退出时人的脑际，像《大公报》这样一直保持敢言传统的报纸实属不易。这份报纸为人们提供了少有的论证视角，也为跃跃欲试的知识分子建构了抒发政见的平台。《大公报》研究专家吴廷俊先生曾言："自始至终保持民间地位，自始至终只是个文化机关，自始至终只论政不参政的报纸，在中国近现代报刊史上，除了《大公报》外，恐怕别无二家。所以说，《大公报》是一张具有特殊意义的报纸"。[①]

媒介理论家麦克卢汉认为："一切传播媒介都在彻底地改造我们，它们在私人生活、政治、经济、伦理和社会各方面的影响是如此普遍深人，以至于我们的一切都与之接触，受其影响，为其改变"。[②] 近代中国的内忧外患，迫使国人思考富国强民的途径。各种媒体顺应这一潮流，千方百计地通过自己的方式，影响国人的思维意识。《大公报》是这种潮流的顺应者、推动者，它试图通过报刊言说，达到报刊论证的目标。它筚路蓝缕，激流勇进，探索出一条"文人论政"与"媒体经营"有机结合的优秀办报模式。尽管王郅隆时期的《大公报》有违这一优秀模式，但是王郅隆前期的《大公报》仍然保留了这一模式诸多优秀因子，仍然有许多较为出色的报道。而王郅隆后期《大公报》的衰败，并未影响该报在整个新闻史上的地位和作用。所以，当新记《大公报》开通后，仍能"兼顾营业与事业"[③]，最终取得新闻事业史上的辉煌成就。

纵观《大公报》的发展历史，学术界普遍认为，从创办开始到1916年9月，应称为"英敛之时期"。之后，《大公报》的发展又经历了王郅隆时期（1916—1925年）、新记公司时期（1926—1949年），以及宣布新生之后（1949年之后，包括香港《大公报》）等几个阶段，至今已有百余年历史。

基于开通风气、启牖民智的办报宗旨，顺应当时"教育救国"的潮流，该报对教育现象多有报道和评述。从创办初期，该报就刊登了许多关于教育的文章。民国建立后，该报虽然对民主共和制度抱消极态度，但对教育的宣传仍然表现出相当的热情，并以其特有的角度，评述各种教育现象。即使在该报经营暗淡的20世纪20年代初期，教育评述仍然是该报宣传的主要内容

① 吴廷俊：《新记〈大公报〉史稿》，武汉：武汉出版社，2002年版，第15页。
② 徐耀魁主编：《西方新闻理论评析》，北京：新华出版社，1998年版，第295页。
③ 胡政之：《对天津馆编辑部同人的讲话》，王瑾，胡玫：《胡政之文集》，天津人民出版社，2007年版，第1104页。

之一。从这些评述中，我们可以隐约看清当时的社会现状，理清其时教育发展的脉络，并据此脉络，找出教育成败的时代根源，摸清各个阶级对待教育发展的不同态度。所以，研究《大公报》的教育评述，是必要的。

教育评述与民国建立以来教育大势的阶段性是紧密相连的，从教育评述可以窥见《大公报》对当时教育的观点。当时，教育界与其他领域一样，百废待兴，千业待举。民国政府为了巩固新生的共和国，把教育当作稳定国体，强国进取的方式之一。而引进西方教育理念，推行教育改革，成为教育界的热门之举。南京临时政府和北京政府都颁布过新学制，即1912—1913年的“壬子癸丑学制”和1922年的“壬戌学制”。虽然前一个学制有清末“壬寅癸卯学制”的封建遗迹，但它毕竟是一个资产阶级性质的学制，在中国近代学制史上起过承上启下的作用；而后者则被教育界共认为是中国学制史上具有里程碑性质的开创性的教育举措，它基本上框定了中国现代学制的基调，是中国学制发展的奠基石。本文即选取1912—1922年《大公报》的教育评述为研究对象，力求阐明该报在这段时期内对中国教育的认识和态度。

探究平台：
中外学人之成果在全球化氛围中的争鸣与交锋

任何事物的发展，都有一个从量变到质变的过程。某一个领域学术的研究和发展，也有从无到有，从少到多的积累过程。只有了解了前人对该领域的研究程度，才能最终确定自己研究的方位和坐标，才有资格从事学术性的突破和创新。《大公报》作为百年老报，近年来越来越受到人们的关注，对其研究的成果也越来越丰富。现在作一简要梳理。

一、新闻史研究中对《大公报》的关注

《大公报》是中国近现代史上屈指可数的名报纸、老报纸，在中国新闻发展史上地位特殊，历来是新闻史及相关领域研究的关注点之一。所以，早期新闻史、报刊史、出版史中，《大公报》都是重要的介绍对象。

中国新闻史研究的经典开山之作、由戈公振先生所著、出版于1926年的

《中国报学史》[1] 中，对《大公报》即有所关注。而在中国舆论学研究的经典著作、由林语堂先生1936年在美国用英文著述、出版的《中国新闻舆论史》中，《大公报》也是重点报纸之一，被评价为“中国最为进步、编辑最佳的中文报纸”。[2]

改革开放以后的新闻史、舆论史、出版史中关于《大公报》的叙述也不少。

如中国报刊史专家方汉奇撰写的《中国近代报刊史》[3]、主编的《中国新闻事业通史》[4]、《中国新闻事业简史》[5]、《报史与报人》[6]，在对中国新闻史及相关领域进行整体性研究的基础上，都对《大公报》百年来的发展概况及在中国不同历史时期的地位和作用，进行了或多或少的概括与评价。吴廷俊撰写的《中国新闻传播史稿》[7]、《中国新闻史新修》及陈昌凤所著《中国新闻传播史——媒介社会学的视角》[8] 等新闻史类专著中，《大公报》都是必不可少的章节与内容之一，对《大公报》的发展和概况皆有描述。

此外，王洪祥主编的《中国现代新闻史》[9]、许焕隆的《中国现代新闻史简编》[10]、中国社科院新闻研究所编辑的《抗日战争时期的中国新闻界——纪念抗日战争和世界反法西斯战争胜利四十周年全国新闻学术讨论会》[11]、梁家禄等的《中国新闻业史》[12]、王文彬的《新闻工作六十年》[13]、徐铸成的《报海旧闻》[14]、《旧闻杂记》[15]、《报人六十年》[16] 等著作。这些几乎都是当事人或

---

① 戈公振：《中国报学史》，北京：商务印书馆，1926年印。建国后，该书由三联书店、上海书店、中国新闻出版社、湖南大学出版社、中国和平出版社、中国文史出版社、岳麓书社等多家单位再版，在中国新闻史上享有盛誉。

② 林语堂：《中国新闻舆论史》，王海、何洪亮主译，王海、刘家林校，北京：中国人民大学出版社，2008年版，第109页。

③ 方汉奇：《中国近代报刊史》，太原：山西人民出版社，1981年版。

④ 方汉奇主编：《中国新闻事业通史》（第一、二、三卷），北京：中国人民大学出版社，1992、1996、1999年版。

⑤ 方汉奇：《中国新闻事业简史》，北京：中国人民大学出版社，1983年版。

⑥ 方汉奇主编：《报史与报人》，北京：新华出版社，1991年版。

⑦ 吴廷俊：《中国新闻传播史稿》，武汉：华中理工大学出版社，1999年版。

⑧ 陈昌凤：《中国新闻传播史——媒介社会学的视角》，北京大学出版社，2007年版。

⑨ 王洪祥主编：《中国现代新闻史》，北京：新华出版社，1997年版。

⑩ 许焕隆：《中国现代新闻史简编》，郑州：河南人民出版社，1988年版。

⑪ 中国社科院新闻研究所编：《抗日战争时期的中国新闻界——纪念抗日战争和世界反法西斯战争胜利四十周年全国新闻学术讨论会》，重庆出版社，1987年版。

⑫ 梁家禄等：《中国新闻业史》，南宁：广西人民出版社，1984年版。

⑬ 王文彬：《新闻工作六十年》，重庆出版社，1990年版。

⑭ 徐铸成：《报海旧闻》，上海人民出版社，1981年版。

⑮ 徐铸成：《旧闻杂记》，成都：四川人民出版社，1981年版。

⑯ 徐铸成：《报人六十年》，上海：学林出版社，1999年版。

亲历者的记忆，对《大公报》的回忆和记载，都具有较高的可信度。

涉及到《大公报》的史料汇集也不少，如《新闻研究资料》[①]、《新闻界人物》[②]、《近代中国名记者》[③]、《中国近代报刊史参考资料》[④] 等等，也汇集了不少关于《大公报》资料和信息，是我们宏观把握《大公报》历史的良好借鉴。

总之，上述资料虽然是新闻、舆论、出版、报纸等不同领域的综合性著作，但是都对《大公报》进行了或多或少的记述，都是后人研究《大公报》不可忽视的重要参考。

二、《大公报》原始资料的再版工作

随着近年来的《大公报》热，有关《大公报》的原始资料整理工作也如火如荼。为弥补因《大公报》历史悠久、原报难寻的遗憾，1983 年，人民出版社出版了全套 164 分册《大公报》影印版，时间从 1902 年至 1949 年，为新时期的《大公报》研究工作创建了良好的开端。2002 年《大公报》百年华诞之时，香港大公报出版有限公司携手复旦大学出版社，联合出版了《大公报》丛书 10 册，即《大公报一百年社评选》、《大公报一百年头条新闻选》、《大公报一百年副刊文粹》、《大公报环球特写》、《大公报一百年新闻案例选》、《大公报特约专家文选》、《大公报一百年》、《大公报小故事》、《大公报历史人物》、《我与大公报》。其中，前六本是关于《大公报》原始资料的重新汇集出版。《大公报》的发展史上曾多地设立报馆，香港《大公报》是其硕果仅存的血脉，由香港大公报出版有限公司主导编撰，出版的这套丛书，为人们研究和了解《大公报》提供了权威性的史料。

另外，《大公报》著名记者、徐铸成的学生贺越明编写的《徐铸成新闻评论集》[⑤]，是在《徐铸成新闻评论选》基础上增补而成，收录了 1949 年以前发表于《大公报》的社论和短评多篇，为使读者容易遵循历史事件发生的次序来阅读理解相关文章，本书按照时间编排了顺序。池子华等主编的

---

① 《新闻研究资料》，北京：中国社会科学出版社，1980—1992 年。
② 《新闻界人物》，北京：新华出版社，1983 年版。
③ 夏林根主编：《近代中国名记者》，福州：福建人民出版社，1990 年版。
④ 《中国近代报刊史参考资料》，中国人民大学新闻系 1979 年版（校内用书）。
⑤ 贺越明编：《徐铸成新闻评论集》，生活 · 读书 · 新知三联书店，2011 年版。

《〈大公报〉上的红十字》①，收集了《大公报》关于红十字的报道多篇，而且许多为《申报》所未载，这些资料可与《〈申报〉上的红十字》资料相互补充、印证，成为研究《大公报》红十字资料的重要资料。

三、专门针对《大公报》撰写的论文、文集、专著及回忆录

（一）大陆关于《大公报》研究

1. 1978 年以前的《大公报》研究

由于历史的原因，大陆方面的《大公报》可以以 1978 年为界分为两个时期。1978 年以前，因为政治环境、政策导向的影响，研究者都带着有色的眼光看待《大公报》。1958 年，毛泽东在接见《人民日报》总编辑吴冷西时也曾说《大公报》对国民政府是“小骂大帮忙”。② 此后，《大公报》长期被贴着对国民党“小骂大帮忙”的标签；或是定性为“国民党政学系机关报”；或是一张反动的报纸。社会大气候的不利，导致这张老报在大陆最终停刊，相关的研究工作也基本空白。一方面，研究者本身偏少，另一方面，仅有的一些成果也是以自责、批判居多，甚至个别回忆文章中出现歪曲事实的成分。这些文章主要如：德山的《旧大公报剖视》，文章认为《大公报》“是一张反动的报纸”，③ 揭露其“用‘小骂大帮忙’的手法来掩饰它为国民政府服务的实质”④；穆欣的《斥右派关于新闻自由的谬论》则称，《大公报》“比国民党中央日报还要恶毒”⑤。其中，王芸生、曹谷冰所写的《英敛之时代的旧〈大公报〉》⑥ 和《1926 至 1949 的旧大公报》⑦ 为代表，尽管论著烙上沉重的政治痕记，字里行间充满了自我讨伐之辞，但由于二人是《大公报》“新记”时期的重量级人物，身份的重要决定了学者对其资料的认同，其可信度一直被人们视为这一时期研究《大公报》的权威资料。

---

① 池子华等主编：《〈大公报〉上的红十字》，合肥工业大学出版社，2012 年版。
② 吴冷西著：《忆毛主席》，北京：新华出版社，1995 年版，第 166 页。
③ 《新闻战线》，1958 年第 1 期，第 25 页。
④ 《新闻战线》，1958 年第 1 期，第 32 页。
⑤ 《新闻战线》，1957 年试刊号。
⑥ 王芸生、曹谷冰：《英敛之时期的旧〈大公报〉》，全国政协文史资料研究委员会编：《文史资料选辑》第 9 辑，北京：中国文史出版社，1960 年版。
⑦ 王芸生、曹谷冰：《1926 至 1949 的旧大公报》，全国政协文史资料研究委员会编：《文史资料选辑》第 25 辑，北京：中国文史出版社，1962 年版。

2. 1978 年以后的《大公报》研究

1978 年以后，政治气候的渐趋宽松，中国的人文社会科学研究禁忌渐开，呈现出“百花齐放、百家争鸣”的局面。学者们开始突破原有的思维框架，从不同的视角，重新审视这张百年老报。或者从新闻史、媒介史，或者从思想史、人物史等等，进行多领域多视角的研究。这种不断扩展的研究视野，使得原来一些不为人们所热衷的领域也开始有人试水，研究者开始越来越能从历史唯物主义的角度看问题，客观地看待《大公报》所具有的阶级局限和政治立场。进入了《大公报》研究的热门阶段。

（1）为《大公报》提供新鲜史料或进行评价

改革开放以来，时代大背景的驱使，《大公报》的研究工作也经历了一个从起步、发展到繁荣的过程，《大公报》人或与《大公报》研究者，开始用不同的眼光和笔触，对《大公报》开始研究，相关专著、论文不断涌现。其中，李纯青的《为评价大公报提供史实》① 一文，可谓为《大公报》正名的嚆矢制作，文中对《大公报》的阶级属性、是否为政学系机关报、如何看待“国家中心论”等历史争议问题，做了客观的评析。肯定了该报中等民族资本企业的性质，并非官僚资本企业，也不是政学系机关报；对该报提倡的“国家中心论”的论调，也肯定其积极合理、有利于抗战的一面，并未全盘否定。此文一出，关于《大公报》的研究很快得到相关学者响应，《大公报》逐渐受到人们重视。包括此前发表的《大公报》论文，学者们从宏观到微观，从点到面，都进行了逐个分析。其中包括关心该报的新闻工作者、史学家、教育家，容纳了社会各个层面的人物。

相关论文主要有：谢国明的《“小骂大帮忙”新论》② 及《新记大公报的“四不”主义》③、刘自立《“小骂大帮忙”辩》④、李纯青的《抗战时期的大公报》⑤、夏晓林的《坚持抗战，功在国家——张季莺在抗战期间的大公报社评》⑥、徐铸成的《对大公报的几点个人看法》⑦。

---

① 李纯青：《为评价大公报提供史实》，周雨编：《大公报人忆旧》，北京：中国文史出版社，1991 年版，第 102 ~ 178 页。

② 谢国明：《“小骂大帮忙”新论》，载《新闻学刊》1988 年 1 月。

③ 谢国明：《新记大公报的“四不”主义》，载《新闻研究资料》，第 36 辑，北京：中国社会科学出版社，1985 年版。

④ 刘自立：《“小骂大帮忙”辩》，载《文汇读书周报》，1998 年 8 月 1 日。

⑤ 李纯青：《抗战时期的大公报》，载香港《大公报》，1986 年 3 月 15 日。

⑥ 夏晓林：《坚持抗战，功在国家——张季莺在抗战期间的大公报社评》，载《抗战时期的中国新闻界》，重庆出版社，1987 年版。

⑦ 徐铸成：《对大公报的几点个人看法》，载周雨编：《大公报人忆旧》，北京：中国文史出版社，1991 年版。

相关论著主要有：周雨著《大公报史（1902—1949）》[①]，是作者曾在《大公报》报馆工作，比较熟悉该报的情况下，遵循了传统史学的叙述方法，以《大公报》参与者的叙述语言，写成的《大公报》发展史，为《大公报》研究保留了珍贵的历史资料。

1994年，武汉出版社出版的吴廷俊的《新记〈大公报〉史稿》[②]，对于1926年以后的新记《大公报》进行了深入系统的研究，不仅从资料搜集，而且在观点论述方面也有进展和突破。对该报来龙去脉、政治倾向、言论观点等功过是非，进行了独到的剖析。评价客观，见解独到，在新闻界影响颇大，受到国内外关注着好评，堪称20世纪20年代以后新记《大公报》研究的扛鼎之作。2002年，该著作曾进行再版。

有关《大公报》的大事记有三部：方蒙的《〈大公报〉与现代中国——1926—1949年大事记实录》[③]，基本属于大事记的性质，对于《大公报》所揭示的有关史实进行了系统梳理，并且比较偏重于政治、经济方面的资料搜集、整理。还有吴廷俊的《新记大公报史事编年》[④]、《大公报一百年》[⑤]（前面已经提及此书），三部大事记各有特色。

特别是2002年《大公报》百年华诞后，《大公报》研究更如雨后春笋，研究工作进入一个崭新时期，研究广度和深度不断得以拓展。除前面提到的2002年，《大公报》出版有限公司与复旦大学出版社同时出版系列《大公报》丛书10册外，2004年，方汉奇主编的《〈大公报〉百年史（1902-06-17—2002-06-17）》[⑥]付梓，此书在梳理《大公报》百年历史的过程中，对于早期历史进行了比较完整的回顾，对于王郅隆时期《大公报》的研究尤有填补和补漏之处。

此外，从提供资料的角度看，关于《大公报》的历史回忆可谓研究《大公报》的重要成果。大多是当事人的回忆，有传记，也有专门的回忆录。如周雨的《大公报人忆旧》[⑦]、孔昭恺的《旧大公报坐科记》[⑧]、王芝深、刘自

---

① 周雨著：《大公报史》，江苏古籍出版社，1993年版。
② 吴廷俊：《新记〈大公报〉史稿》，武汉出版社，1994年版。
③ 方蒙主编：《〈大公报〉与现代中国——1926—1949年大事记实录》，重庆出版社，1993年版。
④ 吴廷俊：《新记大公报史事编年》，大公报出版有限公司，2002年版。
⑤ 《大公报一百年》，大公报出版有限公司，2002年版。
⑥ 方汉奇主编：《〈大公报〉百年史（1902-06-17—2002-06-17）》，北京：中国人民大学出版社，2004年版。
⑦ 周雨编：《大公报人忆旧》，北京：中国文史出版社，1991年版。
⑧ 孔昭恺：《旧大公报坐科记》，北京：中国文史出版社，1991年版。

立编写的《1949 年以前的大公报》。这些资料为研究《大公报》提供了方便。

杜素娟的《沈从文与〈大公报〉》①，则以流畅的文笔、丰富的细节和鲜明的形象，生动地描述、评点了《大公报·文艺副刊》背后的文坛人生。虽然说的是沈从文与《大公报·文艺副刊》的故事，我们却可以通过这位文坛巨匠与《大公报》的时代情缘，从侧面了解到《大公报》的点点滴滴。可谓是琐屑的小故事，新闻的大舞台。

在历年有关《大公报》的研究热中，王芸生之哲嗣王芝琛的文章较为突出，相关文章约有 40 篇（现已合成《1902—2006 百年沧桑——王芸生与大公报》②。他的文章的最大特色是以事实为据，不空谈，不虚夸，对有关《大公报》的重大争议，如"小骂大帮忙"问题、"起义问题"、"修明政治案"问题，能实事求是予以探求，还其历史真相。

（2）对《大公报》相关人物的研究

对《大公报》人物的研究当然应该先提英敛之，在改革开放前对这个人物的研究并不多。只有陈垣撰写的《天主教徒英敛之的爱国思想》③和前面提到的《大公报》老报人王芸生、曹谷冰联合发表的《英敛之时期的旧〈大公报〉》中专门提到他。但是，伴随近年来学术气氛的日渐宽松，报刊史、新闻史、社会文化史的不断深入研究，以及《大公报》百年华诞和天津建城六百周年等提供的学术机缘，英敛之这一人物更多地走进学术视野，如《天津十二大报人》④、《基督教大学与国学研究》⑤、《基督教大学华人校长研究》⑥ 等著作中，都对其进行必要的评价。《天津十二大报人》中主要是对英敛之的生平活动进行了一般性的记述；《基督教大学与国学研究》、《基督教大学华人校长研究》等著作则侧重于透过英敛之的宗教背景以及晚年经历来对其进行介绍和考究。

特别提到的是南开大学教授侯杰，他撰写了较多关于英敛之的文章。除了在撰写的《〈大公报〉历史人物》⑦ 一书中专门评介英敛之外，还发表了

① 杜素娟：《沈从文与〈大公报〉》，济南：山东画报出版社，2006 年版。
② 王芝琛：《1902—2006 百年沧桑——王芸生与大公报》，北京：中国工人出版社，2001 年版。
③ 陈垣：《天主教徒英敛之的爱国思想》，《光明日报》，1951 年 4 月 2 日。
④ 天津市政协文史资料委员会编：《天津十二大报人》，天津人民出版社，2001 年版。
⑤ 陶飞亚、吴梓明：《基督教大学与国学研究》，福州：福建教育出版社，1998 年版。
⑥ 吴梓明：《基督教大学华人校长研究》，福州：福建教育出版社，2001 年版。
⑦ 侯杰：《〈大公报〉历史人物》，大公报出版有限公司，2002 年版。

《英敛之与近代开民智》①、《中外文化冲突与融合——以〈大公报〉为中心探讨晚清中国社会文化的变动》②、《英敛之、〈大公报〉与中国近代社会文化变迁》③、《东西方文化冲突与融合：以天主教徒英敛之为例》④、《满族奇人——英敛之研究》⑤ 等论文，从民智开启、社会文化变动、中西文化交融、民族发展等不同角度，对英氏的思想、人生历程进行了较为全面的考察。

作为一份具有较高定位与层次的精英报纸，被誉为中国新闻界“黄埔军校”的《大公报》，在各个时期都培养出大批新闻专业人才。除英敛之外，《大公报》的其他重要人物也逐渐被人们所关注。作为当年《大公报》的老报人、亲历者，他们与该报的关系可谓密切，他们本人或其后代对于《大公报》的回忆，权威性和可信性是很高的。周雨的《王芸生》⑥、徐铸成的《报人张季鸾先生传》⑦ 和《徐铸成回忆录》⑧、方蒙的《范长江传》⑨、王芝深的《一代报人王芸生》、《1902—2006 百年沧桑——王芸生与大公报》⑩（前文提及）、王润泽的《张季鸯与〈大公报〉》等多种，是典型的代表作。其中周雨、徐铸成、方蒙均系老《大公报》人，也是成名已久的《大公报》名记者，王芝深则为《大公报》第二代领军人之一——王芸生的哲嗣。其材料的重量和等级可想而知。

另外，一些新闻史料中也零散记述一些《大公报》人物，《新闻界人物》对于范长江、彭子冈、杨刚等著名的《大公报》人都有专门介绍。此外还有《编辑记者一百人》⑪、《民国人物传》⑫ 以及天津史研究所取得的成果《天津

① 侯杰：《英敛之与近代开民智》，《天津师范大学学报》，2001 年第 6 期。
② 侯杰：《中外文化冲突与融合——以〈大公报〉为中心探讨晚清中国社会文化的变动》，载侯杰、杨栋梁、严安生编：《变动时期的东亚社会与文化》，天津人民出版社，2002 年版。
③ 侯杰等：《英敛之、〈大公报〉与中国近代社会文化变迁》，《天津社会科学》，2003 年第 1 期。
④ 侯杰：《东西方文化冲突与融合：以天主教徒英敛之为例》，载侯杰：《东亚基督教再诠释》，香港中文大学，2004 年版。
⑤ 侯杰：《满族奇人——英敛之研究》，侯杰等：《清史论集》，北京：紫禁城出版社，2003 年版。
⑥ 周雨：《王芸生》，北京：人民出版社，1996 年版。
⑦ 徐铸成：《报人张季鸾先生传》，北京：三联书店，1986 年版。
⑧ 该书由北京三联书店于 1998 年出版，是著名报人徐铸成的“搁笔”之作，自 1985 年 3 月开始动笔，历经两年杀青。以平实流畅的笔触，加忆了作者八十年丰富而坎坷的人生历程，着重于作者的记者生涯及所参加的政治活动，涉及了中国现代史上许多重要的历史事件和人物。作者自称：“司马温公有一句名言：事无不可对人言，我凑上一句，脸有是非堪自信，作为一副对联，用以自况。
⑨ 方蒙：《范长江传》，北京：中国新闻出版社，1989 年版。
⑩ 王芝琛：《1902—2006 百年沧桑——王芸生与大公报》，北京：中国工人出版社，2001 年版。
⑪ 王知伊：《编辑记者一百人》，上海：学林出版社，1985 年版。
⑫ 李新、孙思白等主编：《民国人物传》（多卷本），北京：中华书局，1978 年版。

近代人物录》[1] 等著作，曹世瑛的《〈大公报〉和胡政之》[2]、夏晓林的《坚持抗战，功在国家——张季鸾在抗战期间〈大公报〉的社评》[3]（前文已经提及）、王芝琛的《老报人王芸生》[4]、侯杰等的《近代知识女性的双重角色：以〈大公报〉著名女编辑、记者为中心的考察》[5]、章绍嗣的《著名记者范长江在武汉》[6]、仇学平的《试析范长江初当记者时的素质》[7]、穆欣的《周恩来〈致大公报书〉发表前后——纪念周恩来同志诞辰一百周年》[8]、宋梅的《简谈〈大公报〉的用人之道》[9]。这些著作对《大公报》人物介绍的同时，也对其给予了适当评价。

（3）对《大公报》某一专门领域进行研究

在《大公报》原始材料不断发掘的同时，与此相关的专门领域的研究也在蓬蓬勃勃地开展起来。2002 年由天津人民出版社出版的天津大学贾晓慧博士的论文《大公报新论——20 世纪 30 年代〈大公报〉与中国现代化》[10]，堪称有关《大公报》的第一篇专论。该著不囿于党派服务的狭隘观念，将《大公报》的研究置于中国现代化的历史主题上来定位其历史角色。分析了 20 世纪 30 年代《大公报》社评中所表现出的政治观点和倾向与中国现代化的关系。从现代化的角度分析了 20 世纪 30 年代的《大公报》社论中所表现出来的政治观点和政治态度。

任桐《徘徊于民本与民主之间——〈大公报〉政治改良思潮言论述评（1927—1937）》[11]，从报纸媒体与政治思潮的关系这一角度对这一时期的《大公报》进行了较为深入的诠释。该著认为，1927 年至 1937 年的《大公报》是一份泛政治化的民营报纸，其对政治的钟情和对政治改良的执着追求，使

① 天津市地方志编修委员会总编辑室：《天津近代人物录》，1987 年版。
② 曹世瑛：《〈大公报〉和胡政之》，全国政协文史资料研究委员会编：《文史资料选辑》第 97 辑，1985 年版。
③ 夏晓林：《抗战时期的中国新闻界》，重庆出版社，1987 年版。
④ 王芝琛：《老报人王芸生》，全国政协文史资料研究委员会编：《文史资料选辑》第 97 辑，1985 年版。
⑤ 侯杰等：《近代知识女性的双重角色：以〈大公报〉著名女编辑、记者为中心的考察》，《广东社会科学》，2005 年第 1 期。
⑥ 章绍嗣：《著名记者范长江在武汉》，《学习与实践》，1985 年第 9 期。
⑦ 仇学平：《试析范长江初当记者时的素质》，《新闻纵横》，1985 年第 6 期。
⑧ 穆欣：《周恩来〈致大公报书〉发表前后——纪念周恩来同志诞辰一百周年》，《新闻界》，1998 年第 4—6 期。
⑨ 宋梅：《简谈〈大公报〉的用人之道》，《新闻知识》，1999 年第 6 期。
⑩ 贾晓慧：《大公报新论——20 世纪 30 年代〈大公报〉与中国现代化》，天津人民出版社，2002 年版。
⑪ 任桐：《徘徊于民本与民主之间——〈大公报〉政治改良思潮言论述评（1927—1937）》，生活·读书·新知三联书店，2004 年版。

其成功地充当了传播政治改良思潮的载体。同时，由于《大公报》人儒家文化的深厚积淀和对西方文化认知的局限，使得《大公报》在传播中国政治改良思想的过程中，既彰显出浓厚的民本主义倾向，又体现了鲜明的民主主义意识，造成了其言论徘徊于民本与民主之间的尴尬。论文旨在有效地突出《大公报》引导舆论，偏重政治的特点，彰显《大公报》人基于民本思想、基于民主政治、弘扬民族主义的自由主义理念。

侯杰的《〈大公报〉与近代中国社会》①，主要分析了英敛之时期《大公报》所倡导的兴立宪、戒缠足、发展新式教育、推广白话文、防疫与贩灾、宗教信仰等一系列社会问题，从互动关系的角度探讨了《大公报》与当时中国社会结构和文化风俗变迁的关系。

岳谦厚、段彪瑞编著《媒体·社会与国家——〈大公报〉与20世纪初期之中国》②，以《大公报》的报道、社评及其所刊文章为基本素材，对该报进行了一些专题性研究，且以20世纪30年代前后发生的某些重要历史事件为主要研究对象或范畴展开讨论。

李秀云著《〈大公报〉专刊研究（1927—1937）》③。该书从社会文化史与学术思想史的理论视角，系统研究天津《大公报》专门性副刊的十年发展历程，在全面占有并细致梳理《大公报》专刊一手资料的基础上，勾勒《大公报》的发展概貌、发展特点、发展动因以及办刊立场、办刊原则与办刊理念，阐释《〈大公报〉专刊研究》对现代天津及中国的社会转型、思维方式转型与学术文化转型所起的推动作用。

刘淑玲的《〈大公报〉与中国现代文学》④，通过分析新记《大公报》时期文学副刊所刊载的文章，探讨了该报与中国现代文学发展的关系。

高郁雅所著《北方报纸舆论对北伐之反应——以天津〈大公报〉、北京〈晨报〉为代表的探讨》⑤以这一时期《大公报》、《晨报》中有关北伐的内容为主要研究对象，探讨了报纸舆论对北伐的多种态度，是对近代报纸舆论所进行的新颖而有益的尝试。

---

① 侯杰：《〈大公报〉与近代中国社会》，天津：南开大学出版社，2006年版。
② 岳谦厚、段彪瑞编：《媒体·社会与国家——〈大公报〉与20世纪初期之中国》，北京：中国社会科学出版社，2008年版。
③ 李秀云：《〈大公报〉专刊研究》，北京：新华出版社，2007年。
④ 刘淑玲：《〈大公报〉与中国现代文学》，石家庄：河北教育出版社，2004年版。
⑤ 高郁雅：《北方报纸舆论对北伐之反应——以天津〈大公报〉、北京〈晨报〉为代表的探讨》，台湾学生书局，1999年版。

唐小兵的《现代中国的公共舆论》[①]，通过考察《大公报》“星期论文”与《申报》“自由谈”，研究晚清以来的公共舆论直到1930年代前期（抗战发生前），呈现出怎样的历史特征及其原因。

洪芳的《〈大公报〉与中国近代高等教育》[②]，以《大公报》这份独特的报纸为研究资料，梳理了中国近代高等教育若干重要制度和举措演进的历程，描述了近代高校学生和高校教师的群体形象，还原了近代高校某些管理事务的复杂关系。并以相关的传媒理论为框架，探讨了《大公报》对中国高等教育发展进程的影响，阐释了《大公报》与中国近代高等教育在双向互动过程中公共空间的建构机制以及对“现代性”的诉求方式。

除去上述专著外，期刊论文方面也成果硕丰。贾晓慧、华道云的《论〈大公报〉与20世纪30年代西北开发》[③]；贾晓慧的《论〈大公报〉的报业观：以20世纪30年代为例》[④]、《工业化·科学化·中国现代化——〈大公报〉提倡的科学化思想及其意义》[⑤]、《〈大公报〉视角下的科学化运动》[⑥] 和《〈大公报〉与中国20世纪30年代的现代化运动》[⑦]，主要将《大公报》置于中国现代化进程中加以分析。

江南的《从三十年代〈大公报〉“文艺”副刊看京派文学》[⑧]、沈卫威的《〈大公报·文学副刊〉对新人文主义的张扬》[⑨]、刘淑玲的《〈大公报〉与中国现代文学》[⑩] 等，则从从文学的角度对《大公报》展开探讨。

侯杰的《辛亥革命前十年天津社会文化的变迁——以〈大公报〉与阅报社为中心》[⑪]、姜乐军的《〈大公报〉与清季反缠足运动》[⑫]、李学智的《〈大

---

① 唐小兵：《现代中国的公共舆论》，北京：社会科学文献出版社，2012年版。
② 洪芳：《〈大公报〉与中国近代高等教育》，福州：福建教育出版社，2013年版。
③ 贾晓慧、华道云：《论〈大公报〉与20世纪30年代西北开发》，《西北工业大学学报（社会科学版）》，2002年第2期。
④ 贾晓慧：《论〈大公报〉的报业观：以20世纪30年代为例》，《史学月刊》，2002年第8期。
⑤ 贾晓惠：《工业化·科学化·中国现代化——〈大公报〉提倡的科学化思想及其意义》，《天津社会科学》，2003年第1期。
⑥ 贾晓惠：《〈大公报〉视角下的科学化运动》，《自然辩证法通讯》，2003年第3期。
⑦ 贾晓惠：《〈大公报〉与中国20世纪30年代的现代化运动》，《近代史研究》，2001年第6期。
⑧ 江南：《从三十年代〈大公报〉“文艺”副刊看京派文学》，《复旦学报（社会科学版）》，2002年代第4期。
⑨ 沈卫威：《〈大公报·文学副刊〉对新人文主义的张扬》，《社会科学辑刊》，2004年第3期。
⑩ 刘淑玲：《〈大公报〉与中国现代文学》，《河北学刊》，2004年第3期。
⑪ 侯杰：《辛亥革命前十年天津社会文化的变迁——以〈大公报〉与阅报社为中心》，侯杰：潘镇贵主编：《近代中国维新与革命的历史轨迹》，凌天出版社，2002年版。
⑫ 姜乐军：《〈大公报〉与清季反缠足运动》，《安徽教育学院学报》，2004年第2期。

公报〉创办初期的思想启蒙》①、王印焕的《从天津〈大公报〉的时评看民初政局》②、吴廷俊、范龙的《〈大公报〉“敢言”传统的思想基础与文化底蕴》③、任桐的《论〈大公报〉和平裁兵言论的民本主义倾向》④，是从社会或文化变迁的角度进行剖析《大公报》的代表作品。

郭若平的《〈大公报〉编辑理念与“文人论政”》⑤、周敏的《〈大公报〉办报理念对当今报业的启示》⑥ 等，则从《大公报》作为新闻传播工具的角度，对其作用进行了深入的研究。

侯杰等的《20 世纪二三十年代天津女性生活状态解读——以蒋逸霄〈津市职业的妇女生活〉系列采访为中心的探讨》⑦ 一文，是以社会性别视角来对《大公报》中所挖掘出的史料加以分析和研究的。

唐振常的《大公报百年将至所感》⑧，是从自己在《大公报》工作的视角，回忆了自己在《大公报》的工作历程和感想。

曾宪明的《〈申报〉、〈大公报〉1925—1935 十年间广告手法评析》⑨ 一文，论述的虽然不仅仅是《大公报》，但对于两种名报纸广告手法的对比研究，可谓匠心独具，独具风姿。

（二）海外关于《大公报》的研究

1. 我国台湾地区学者对《大公报》的研究

我国台湾地区研究《大公报》的学者主要有陈纪滢、沈云龙、赖光临、朱传誉等，他们对《大公报》在新闻界的地位给予很高的评价：如沈云龙称，《大公报》“能兼顾书生论政及企业经营，并与学术文化界多方接近，而以社论、副刊及新闻采访擅长，奠定历久不衰的发行基础，乃至蜚声国际，见重当道者，殆莫若民国十五年后，由吴鼎昌、胡霖、张炽章先生接办的天津《大公报》，无论公办民营报纸，均无能出其右者，为中国报业创下了最

---

① 李学智：《〈大公报〉创办初期的思想启蒙》，《理论与现代化》，2004 年第 2 期。
② 王印焕：《从天津〈大公报〉的时评看民初政局》，《民国档案》，2003 年第 3 期。
③ 吴廷俊、范龙：《〈大公报〉“敢言”传统的思想基础与文化底蕴》，《新闻与传播研究》，2002 年第 3 期。
④ 任桐：《论〈大公报〉和平裁兵言论的民本主义倾向》，《史学月刊》，2002 年第 6 期。
⑤ 郭若平：《〈大公报〉编辑理念与“文人论政”》，《中共福建省委党校学报》，2003 年第 8 期。
⑥ 周敏：《〈大公报〉办报理念对当今报业的启示》，《新闻记者》，2003 年第 9 期。
⑦ 侯杰等：《20 世纪二三十年代天津女性生活状态解读——以蒋逸霄〈津市职业的妇女生活〉系列采访为中心的探讨》，侯杰等：《纪念天津建城 600 周年文集》，天津人民出版社，2004 年版。
⑧ 唐振常：《大公报百年将至所感》，《文汇读书周报》2000 年 7 月 8 日。
⑨ 曾宪明：《〈申报〉、〈大公报〉1925—1935 十年间广告手法评析》，《郑州大学学报》，1994 年第 2 期。

显著光辉的一页”。[1] 赖光临《七十年中国报业史》也称《大公报》“有别于政治性与商业性报纸而言，而兼有两类报纸的特色，即以商业经营为手段，不以赢利作目标，仍保持文人论政的本色与宗旨”。[2] 另外，赖光临的《中国近代报人与报业》[3]，有关于《大公报》的《张季鸾办报之事功研究》的专门章节，将《大公报》及其创办者放在近代这个大背景下研究，拓宽了研究领域，提供了新的研究命题。

在人物研究方面，辅仁大学的方豪神甫，是研究中国天主教史的专家。他不仅在《中国天主教史人物传》[4] 中为英敛之作传，还编录了《英敛之先生日记遗稿》，更发表了《英敛之先生年谱及其思想》[5]、《英敛之先生创办〈大公报〉的经过》[6]、《英敛之笔下的吕碧城四姐妹》[7] 等论文。通过揭示英敛之的生平、思想及其同时代人的来往关系，为研究英敛之提供了重要史料。刘绍唐主编的《民国人物小传》[8] 亦曾为英敛之作传。20 世纪 90 年代以来，陈方中发表了《汤若望与英敛之宗教思想的联系》[9] 等论文，从中西文化对比的角度介绍和评介了英敛之的宗教思想，有一定思想深度和内涵。李孝悌在《清末的下层社会启蒙运动（1901—1911）》[10] 一书中对英敛之在近代社会发展中为开启民智所做出的贡献也有所论及，颇有见地。

除英敛之外，张季鸾也是台湾学者研究的另一重要人物，在张季莺逝世 36 年（1978 年）之际，台湾的《传记文学》曾把他作为专题人物进行座谈回忆。有关张季鸾的专题资料主要有：《一代宗师哀荣余墨》[11]、《张季鸾传记资料》[12]（上下）。还有些相关论文，主要散见于论文集及有关新闻书籍中，

---

① 沈云龙：《从书生论政谈到报纸的企业经营》，载台湾《传记文学》，第 30 卷，第 6 期，第 30 页。
② 赖光临著：《七十年中国报业史》，台北中央报社，1981 年版，第 111 页。
③ 赖光临：《中国近代报人与报业》，台湾商务印书馆，1987 年版。
④ 方豪：《中国天主教史人物传》，中华书局，1988 年。
⑤ 方豪：《英敛之先生年谱及其思想》，方豪编录：《英敛之先生日记遗稿》，沈云龙主编：《近代中国史料丛刊续编》（第三辑），新北：文海出版社有限公司，1974 年版。
⑥ 方豪：《英敛之先生创办〈大公报〉的经过》，《方豪六十自定稿》，台湾学生书局，1969 年版。
⑦ 方豪：《英敛之笔下的吕碧城四姐妹》，张玉发、李又宁主编：《近代中国女权运动史料》，龙文出版社，1995 年版。
⑧ 刘绍唐主编：《民国人物小传》，传记文学出版社，1975 年版。
⑨ 陈方中：《汤若望与英敛之宗教思想的联系》，《天主教研究资料汇编》（第三十辑），上海天主教光启社，1993 年版。
⑩ 李孝悌：《清末的下层社会启蒙运动（1901—1911）》，台湾中央研究院近代史研究所，1998 年版。
⑪ 陈纪滢：《一代宗师哀荣余墨》，台北：重光文艺出版社，1976 年版。
⑫ 沈云龙编：《张季鸾传记资料》（上下），天一出版社，1979 年版。

如程沧波在《我所认识的张季鸾先生》、陶希圣在其论文《遨游于公卿之间的张季鸾先生》中，对《大公报》的这位巨擘型人物给予评价，但也对《大公报》与国民党的关系进行大肆张扬。程沧波在《我所认识的张季鸾先生》一文中说："《大公报》交的是国难运！《大公报》不逢着'九一八'哪能交进那一步红运？《大公报》交国难运，而遭遇的当国者是宽仁厚德的国民党，《大公报》由是左右逢源而欣欣向荣。"① 而陶希圣在其论文《遨游于公卿之间的张季鸾先生》指出："一般人认为《大公报》的头条新闻可以代表或暗示蒋委员长的政策，一般人是这样重视的。"② 可见，台湾地区极力想说明《大公报》对国民党的关注程度。这与在大陆不断争议《大公报》与国民党当局的关系形成鲜明对照。

在台湾地区的《大公报》研究学者中，陈纪滢是不得不提的。陈纪滢是《大公报》的特约记者，他所著的《报人张季鸾》③、《胡政之与大公报》④、《抗战时期的大公报》⑤ 是台湾研究《大公报》的主要成果。由于陈纪滢《大公报》票友记者的身份，使得其回忆更具说服力和可靠性，例如《抗战时期的〈大公报〉》，侧重史实铺陈，其具体细节的描写，有益于了解抗战时期《大公报》的某些具体情况。常被后来的研究者所引证。由于环境所限，陈纪滢的著述难免有政治印记，对中共的怨恨，对国民党的拥护，其观点明显与大陆相左。

2. 我国香港地区学者对《大公报》的研究

近年来，我国香港地区学者在《大公报》创始人英敛之的研究方面，也取得了丰硕的成果。如梁元生撰写的《三重文化身份的融合：中国现代历史行程中的英家三代》⑥ 一文，比较详细地考察了英氏家族三代人的心路历程以及其中所反映出的三种文化的发展与交融，分析独到，立论匠心。此外，林瑞琪在《近代中国基督宗教办报情况简述》⑦ 中也对英敛之创办的《大公报》及其与教会的关系，作了一定的介绍和分析。

---

① 台湾《传记文学》第30卷，第6期，第13页.
② 台湾《传记文学》，第30卷，第6期，第20页.
③ 陈纪滢：《报人张季鸾》，台北：重光出版社，1971年版。
④ 陈纪滢：《胡政之与大公报》，台北：重光出版社，1971年版。
⑤ 陈纪滢：《抗战时期的大公报》，台湾黎明文化事业公司，1981年版。
⑥ 梁元生：《三重文化身份的融合：中国现代历史行程中的英家三代》，赖品超、李景雄编：《儒耶对话新里程》，香港中文大学崇基学院宗教与中国社会研究中心，2001年版。
⑦ 林瑞琪：《近代中国基督宗教办报情况简述》，《鼎》2003年春季刊（总第128期）。

3. 国外学者对《大公报》研究

唐纳德·帕拉贡所撰写的《英敛之和北京天主教辅仁大学的兴起》① 一文中，集中在英敛之兴办辅仁大学等方面，史料深入且论证深刻。

在美国与欧洲的中国研究中，公认《大公报》是20世纪上半叶中国的主流媒体，并在有关的文章和著作中大量引用其言论、观点。如在费正清、费维恺主编的《剑桥中华民国史（1912—1949年）》（下卷）一书中，多处章节中提及《大公报》或引用《大公报》社评，并将该报称之为“中国一家持独立立场的大报”、②“一份最受重视并广泛传播的日报”，③ 还特别指出在决定中国时局走向的西安事变发生时，《大公报》这张“有影响的报刊”④ 的态度。

四、近年来《大公报》研究的博硕士学位论文

近年来，在《大公报》研究方面涌现的博士、硕士论文也不少。

博士论文：汪前军《〈大公报〉（1902—1916）与中国广告近代化》（华中科技大学2012年博士学位论文）、洪芳《〈大公报〉与中国近代高等教育》（苏州大学2010博士学位论文）、吴斌《〈大公报〉宪政言论分析（1902—1949）》（中国政法大学2009博士学位论文）、孙会《〈大公报〉广告与近代社会（1902—1936年）》（河北师范大学2009博士学位论文）、陈建新《〈大公报〉与抗战宣传》（浙江大学2006年博士学位论文）、唐小兵《现代中国的公共舆论——以1930年代《〈大公报〉“星期论文”和〈申报〉“自由谈”为中心的考察》（华东师范大学2009博士学位论文）、范文明《〈大公报〉教育评述研究》（北京师范大学2007年博士学位论文）

硕士论文：杨伟娣《〈大公报〉与知识青年从军运动》（吉林大学2011年硕士学位论文）、位娜《浅析抗战前十年〈大公报〉与西北开发》（河南大学2010年硕士学位论文）、吴晶《清末地方自治运动中的〈大公报〉舆论》（江西师范大学2010年硕士学位论文）、方巧君《〈大公报〉（1902—1911）反缠足

---

① ［美］唐纳德·帕拉贡：《英敛之和北京天主教辅仁大学的兴起》，《国际汉学》，第6辑，2000年。

② ［美］费正清、费维恺编：《剑桥中华民国史（1912—1949年）》（下卷），刘敬坤、曾景忠、李宝鸿、周祖羲、丁于廉等译，谢亮生校，北京：中国社会科学出版社，1994年版，第182页。

③ ［美］费正清、费维恺编：《剑桥中华民国史（1912—1949年）》（下卷），刘敬坤、曾景忠、李宝鸿、周祖羲、丁于廉等译，谢亮生校，北京：中国社会科学出版社，1994年版，第476页。

④ ［美］费正清、费维恺编：《剑桥中华民国史（1912—1949年）》（下卷），刘敬坤、曾景忠、李宝鸿、周祖羲、丁于廉等译，谢亮生校，北京：中国社会科学出版社，1994年版，第257页。

中的舆论传播策略分析》（黑龙江大学2010硕士学位论文）、田拥军《新记〈大公报〉与中国近代社会的历史变迁》（中南大学2009年硕士学位论文）、杨洁《从〈大公报〉舆论看民初京津地方对西俗的反应》（河北师范大学2008年硕士学位论文）、张敏《新记〈大公报〉政治立场的历史分析》（复旦大学2008年硕士学位论文）、葛凤《〈大公报〉与近代灾荒救济》（山东师范大学2007年硕士学位论文）、王艳华《清末《大公报》关于社会风俗变迁的舆论宣传》（河北师范大学2007年硕士学位论文）、陈雨璇《英敛之时期〈大公报〉与晚清女子形象的建构》（安徽大学2007年硕士学位论文）。赵欣《从广告视角看新记〈大公报〉的办报思想》（吉林大学2006年硕士学位论文）、冯玉龙《〈大公报〉与近代中国体育研究》（苏州大学2006年硕士学位论文）、韩晓《新记〈大公报〉的职业化理念与实践》（武汉大学2005年硕士学位论文）

综合以上研究得知，《大公报》研究的成果比较丰硕，但是，与笔者论著相关的《大公报》民国时期教育评述的研究，除贾晓慧《抗战初期〈大公报〉“战时教育”讨论探要》[①]和洪芳的《〈大公报〉与中国近代高等教育》[②]外，还没有发现其他相关论著。因此，本论文拟从《大公报》对1912—1922年教育问题的评述出发，结合当时的历史现实，来研究《大公报》对教育的议论、主张及其影响，从而对该报在历史上的地位作进一步的探讨。

研究特色：
特殊时期特别事物之特点追踪

任何一项新事物，必须有其独有的特点，才能立足于同行之中。综观本著作的研究视角，主要有如下几个特点：

（1）以历史的眼光审视新闻媒体。以往《大公报》的研究局限于改良、广告等角度，并且大多探讨新记《大公报》和英敛之《大公报》的情况。同时，研究者的成果偏重新闻史、广告史的居多。而从历史角度，并将民国初

---

① 贾晓慧：《抗战初期〈大公报〉“战时教育”讨论探要》，《中国青年政治学院学报》，2001年5月。该文从《大公报》抗战时期的教育改革观点、教育改革督导作用及作者评价三个方面，说明《大公报》如何“把抗日的激情引导为理智的行动”，“抓住时机，真实地表达群众的呼声，及时地反映民意，组织舆论督责政府，推动改革”。

② 此文前面已经简要介绍。

年社会背景、该报本身发展脉络、同时代其他报纸材料相统一的研究，显然较为缺乏。本论文则较为完整地梳理了《大公报》（1912—1922）教育论评、时评、闲评及部分附件、报道等，结合当时动乱复杂的社会背景。探讨了《大公报》将民初教育大势与当时政府教育态度的融合状况，较为全面地反映了该报的态度。特别是文中的一些具体方面，例如，《大公报》对教育经费、教育行政的评价、动荡的民初政局与教育政策成就的关系，等等，在以往同类研究成果中尚付阙如。为读者今后研究完整的《大公报》提供了借鉴。

（2）特定时期、特定报刊媒体视域下的教育解读。作者阅读了1912至1924年[①]的教育评论，尽量克服影印版带来的编排遗漏、字迹模糊的等缺陷，较为完整地梳理了《大公报》关于民国初年教育的观点，专门以《大公报》的视野分析当时的教育发展，针对性强，避免因为过多涉及多种类报纸而浅尝辄止的弊端。因为以往的研究较多注重《大公报》兴盛时期的发展情况，而对《大公报》发展低潮时期的研究较少涉及。因而，本文专门针对王郅隆时期，《大公报》低潮阶段的发展历程进行研究，说明在特定历史条件下该报走入低谷的历史命运。例如对民初《大公报》女子留学、职业教育、教育行政的悲观消极的观点进行研究，符合事物发展过程中白璧微瑕、美中不足的规律，使人们对《大公报》获得更加立体全面的认识。

（3）研究时段的拓展。以往《大公报》研究局限于研究英敛之和新记《大公报》时期，这两个时期是《大公报》发展、重整旗鼓和走向兴盛的时期，而本文却着重于英敛之与王郅隆交接《大公报》，乃至王郅隆经营《大公报》时，该报走向低谷的时期，在探讨中国社会转型带来报纸近代转型的同时，也阐述了教育近代化的艰难轨迹和时代特征。

思路方法：以民初社会大背景为依托，以历史研究法为基准，考察转型期《大公报》教育理念的跌宕起伏

《大公报》的发展，洋洋洒洒100多年，对中国社会影响至深且巨。穷

① 本来材料阅读整理应该到1922年截止，但由于1922年壬戌学制的影响，远超学制制定者之设想。为更为全面梳理，故而本文论及的内容也有一小部分涉及1923年、1924年。

尽笔者之一生，也不可能对其进行面面俱到的探讨，只能就其中某个小的方面进行梳理，阐发一管之见。因为对于大报而言，即使从某个小小的侧面，我们就可以窥探出其对当时社会的态度和认识，就可以透过其具体化、形象化的语言，揣度其背后的宏大意象。著名学者罗尔纲教授在总结《水浒传》研究的心得时表示："处理这个复杂的专题，是从大处着眼，小处下手。这是我国古人处事的做法。近代史上反革命巨头曾国藩也曾经说过'近年军中阅历有年，益知天下事当于大处着眼，小处下手'的话。我研究《水浒传》原本，从探索'水浒'真义出发，便是从大处着眼；到看出这个专题的各个方面的问题后，就逐次地进行细致的深入的钻研，便是从小处下手"。[①] 因此，笔者选取《大公报》的教育评论和报道，作为了解该报的一个窗口，进而探寻该报对整个中国教育的看法和态度，正所谓"桃花扇底看南朝"[②]，专心细处，以小见大，也不失为一种有意义之举。

民国教育的研究者颇多，每一次研究都是对前人成果的总结和提升。民国初年，正值中国政治经济发生剧烈变化的时期，中西文化碰撞、传统与现代交融、新旧思想的整合再生，时起时落的时代特点异常明显。其间，各种教育理念、教育措施乃至教育体制之变化和运作，无不在矛盾、冲突、纠葛、争论、化解中进行。无论是民初科举制度的遗影，还是军阀统治下教育制度的腐败，乃至教育经费的缺乏，学潮、教潮之不断，都充斥着民国新式教育发展的每一段历程。预示着每一种新旧教育体制转换中，新事物发展所经历的粗糙到完善、成熟的旅程。如此种种，无论如何都难以摆脱与新闻传媒的互动和影响。所以，《大公报》的研究正是建立在这一大背景基础上。从对《大公报》教育评书的研究，可以管窥当时教育发展的基本脉络，感受民国初年教育发展的风风雨雨。

本书探讨的时间范围包括1912年到1922年的民初十年。十年的历史，见证了民主共和建立又被颠覆的历程。同时也是《大公报》报纸风格转衰，滑向低潮的十年。鉴于作者能力所限，本书从讨论《大公报》对某些教育侧面的观点和态度入手，试图寻觅该报对当时整个教育的评价架构。具体而言

---

① 罗尔纲：《水浒传原本和著者研究》，南京：江苏古籍出版社，2001年版，第266页。

② 张建安的《桃花扇底看南朝》是王春瑜先生的《看了明朝就明白丛书》之一部，该作品通过对孔尚任的剧作——《桃花扇》之剖析，钩沉史事，讽刺政府，叙述了政事变幻、人情冷暖、权宦阴谋、大喜大悲、高尚卑鄙等社会百态，可谓中国封建时代的浓缩版。《大公报》通过叙述百年中国的政经文史，也可谓20世纪中国社会发展的缩影。

有以下几个方面：

（1）《大公报》呼吁教育振兴的实际效果。其时的《大公报》试图通过舆论呼吁，顺应潮流，达到促兴新式思潮，延续传统道德，惩治腐败，重振教育的目标。然而，政局不稳，百废待兴的民国初年，《大公报》的呼吁是仅仅停留于舆论层面，还是有其实际效果？

（2）《大公报》审视民初整体教育的态度。民初十年，是中国由专制到民主的过渡时期，国家和民族拥有太多的坎坷和波折，民主共和的招牌几度被军阀玩弄，教育领域亦是乱象丛生。教育成就、教育动向等也常引人们争议。《大公报》对教育领域的具体变化如何反映？它对教育发展的整体映像如何？

（3）《大公报》消极看待民国初年教育成就的原因。《大公报》的创办是带有维新色彩的，创办初期的舆论作用具有一定积极的意义。但在民国初年，其办报理念、评价态度等因为英敛之的逐渐淡出，军阀王郅隆的插手而发生如何的变化？其变化具体原因何在？

本书所涉及的《大公报》发展的十年，正是中国共和制度初建随即被北洋军阀所篡夺的阶段，政局紊乱，阁潮频繁；民族资本主义虽有发展而又举步维艰；新文化运动和五四运动带来的思想解放潮流，涤荡着人们心灵。同时，教育体制经历了“壬子癸丑学制”和“壬戌学制”的两次洗礼，国人希望新兴政府能找到摆脱屈辱，振兴民族的良药妙方，而“教育救国”则是当时一些人认可的重要方法之一。然而，作为上层建筑之一部分，教育毕竟依托于经济基础，是整个社会大背景的一分子，其发展和变迁无不深深打上时代的烙印。因此，在对《大公报》教育评述的研究中，以历史研究法为基本方法，首先以当时社会大背景为基点，联系军阀专制对政治、经济、教育的影响进行探讨，只有如此，才能把握当时教育之所以兴盛或衰败的客观因素。

既然以历史研究法为主，采用历史文献研究法为其必不可少，笔者搜集和分析了《大公报》报纸中论评、时评、闲评、代评及部分新闻报道，同时辅之以教育学、新闻学、社会学等学科知识，概括、归纳、整理、揭示《大公报》对当时中国教育的看法，注重对该报评论内容的深层探讨。点与面结合、宏观与微观兼顾，力求全面而准确地定位《大公报》对中国民初教育的客观印象，探讨《大公报》对当时教育发展的宏观态度，以及其受改良思想和保守观念的影响程度。

《大公报》属于新闻媒体范畴，“新闻本身不局限于对真实的判断，它也包含了价值观，或者说，关于倾向性的声明”[①]，其报道评述与一般的历史性叙述相比，自有其独特的风格和特点。本论文的目的是研究《大公报》的教育评述，论文撰写的辅助材料多来自教育领域。所以，撰写论文时，适当参阅一些新闻学、教育学的资料和理论书籍，就显得十分重要。否则，就很难全面地反映该报对教育的见地和主张。

《大公报》是具有改良思想的知识分子所办的报纸，“报人的政治态度、办报思想以及价值观、经营观念，直接影响和塑造着报纸的内在品质”[②]。“甚至在报人选择看什么和从什么角度看以及如何评说的时候，就已经有意无意地搀杂了报人的个人情感、阅历”，“赋予其相当多的主观色彩。”[③] 德国著名社会学家马克斯·韦伯也说：“个人信念的倾向，即他的心灵棱镜中的价值折射，给他的工作指出了方向。并且研究者使其与研究客体相联系的价值，或许限定（即决定）了整个时代的‘观念’不仅是关于现象中何者被认为‘有价值’的观念，而且是关于何者有意义或无意义、‘重要’或‘不重要’的观念”。[④] 故而，本文的撰写尽量结合《大公报》本身的发展史料及相关人物（包括该报创办人或经营者以及政界、教育界、报业界等社会知名人士）的思想观点。这些创办人或经营者更多了解当时社会的人情底里，内幕人脉，其报道教育史事，提高文化品位的背后，可以为我们展现多面丰富、鲜活有力的教育证据。

从这个意义上而言，研究民国初年《大公报》的教育观与研究《大公报》本身就成为一身二用，一个问题的两个方面。既是对当时教育本身的揭示，也是对《大公报》这一新闻载体教育观的很好呈现。

在《大公报》发展史上，绝大部分情况下，其报道能顺应历史潮流，抒发时人情怀，成为时人关注的重要媒体。但是，因为时代和阶级的局限，使其难免带有种种缺憾。所以，研究《大公报》的教育思想，应该坚持历史唯物主义的观点，一分为二地看问题，具体问题具体分析，不溢美，不贬抑。正如日本著名汉学家、中国思想史学家沟口雄三所言那样，“在操作过程中，

---

① ［美］沃纳·赛佛林、小詹姆斯·坦卡德：《传播理论：起源、方法与应用》，郭镇之等译，北京：华夏出版社，2000年版，第358页。

② 候杰：《〈大公报〉与近代中国社会》，天津：南开大学出版社，2006年版，第26页。

③ 候杰：《〈大公报〉与近代中国社会》，天津：南开大学出版社，2006年版，第8页。

④ ［德］马克斯·韦伯：《社会科学方法论》，杨富斌译，北京：华夏出版社，1999年版，第178页。

第一，进入资料的时候，不带特定的意图，不服从特定的意识形态和外来的或者既定的观念。包括对于知识领域内各种偏见的批判意图，也不可以构成阅读资料的前提。第二，不限定特定对象和特定主题。第三，尽可能扩展阅读文献的范围，阅读的时候也不能借助于二手材料，或者断章取义地阅读；要从头到尾地阅读，并且要阅读两次以上。第四，要以时代先后为顺序阅读。"[①] 总之，作为历史研究者，要尽量忠于报纸原来的意见，绝不硬伤原文，削足适履，生搬硬套，更不能断章取义，牵强成篇，无意中渗染个人成见，力争还原当时的历史情境。

研究时段：以民初两个学制之颁行为依托，以《大公报》自身经营转型为线索，考察该报教育理念转变的特殊时段

本文之所以选取1912—1922年作为研究时段，从总的方面来说，是因为这一段时期《大公报》的发展起伏不定、未盛先衰正与民初政局不稳、教育乱象紧密相连。而从《大公报》的报道态度而言，正处于开启明智和献媚军阀政府及日本人的两难时期，左右踌躇，骑虎难下，是《大公报》发展史上的犹豫和彷徨期，也是中国政局、中国教育发展的苦痛和彷徨期。

(1)《大公报》本身的原因

这一时期的《大公报》有两个转型期。一是英敛之开始对报务冷淡、消极应付的时期。受维新改良思想的影响，英氏本人对民主共和较为消极。民国的建立不能激发英敛之继续办报的热情，他逐渐减少对报务的参与，但报纸仍能坚持其积极议政的特征。二是英敛之完全退出该报，由王郅隆接替时期。这一时期的前一阶段，报务勉强维持，是因为编辑和采访仍由胡政之负责。胡政之是一位正直、负责的人士，他十分重视新闻的报道，对张勋复辟、马厂誓师、巴黎和会、蒋冯阎大战等，该报都有记者亲临现场，直接报道。这一阶段的报纸，仍然对帝国主义的侵略行为表示了极大的愤慨，对巴黎和会损害中国人民利益的活动也进行及时的报道，对五四运动中的反帝倾向也

---

① ［日］沟口雄三：《关于历史叙述的意图与客观性问题》，孙歌译，收入贺照田主编：《颠踬的行走：二十世纪中国的知识与知识分子》（《学术思想评论》第11辑），长春：吉林人民出版社，2004年版。

给予一定的支持。而后一阶段的《大公报》则更加衰败，以至于最后被迫停刊倒闭。曾为该报立下汗马功劳的张季鸾曾回忆道："近代中国改革之先驱者，为报纸；大公报，其一也……入民国后，英君渐老，社务中衰，民国六七年，曾经整理，营业再振，复因顿挫，至14年冬而休刊。"[①] 特别是1916年至1925年王郅隆控制时期，通常被认为是《大公报》最平庸的一段。其研究意义自然为人们忽视。有人曾认为这段历史的研究"还是一个空白"[②]。但是，"红花虽好还需绿叶扶持"，事物的发展不可能处处都是繁花似锦，一路高歌，也总有消极低沉，悲观颓废的时期。我们不能因为只关注其兴盛期的状况而忽视衰落期在整个事物发展过程中的反面价值或教训。这是笔者关注这一历史时段的重要原因。

（2）社会大背景

从社会角度而言，民国最初十年见证了中国教育界的两个学制，即1912—1913年壬子癸丑学制和1922年的壬戌学制，两个学制的颁行在教育领域反响强烈。同时，民国初年的二次革命、二十一条、储金运动、袁氏复辟，以及在王郅隆刚刚接替的几年时间里，张勋复辟、护国运动、护法运动、新文化运动、五四运动，等等。阁潮迭起，社会动荡，强烈地震撼着中国。这些事件，不可能不在《大公报》这样的媒体中成为"关注空白"。同样，这些历史事件引发的教育界、文化界此伏彼起的潮流，也是该报的关注焦点之一。另外，直皖战争、直奉战争、江浙战争等等军阀战争频繁，教育界的命运不得不受制于军阀之牵制，都是《大公报》记述教育发展的重要参照。从《大公报》的现有材料而言，其言论倾向明显处于一种明知呼吁无效却不得不呼吁的无可奈何的境地。所以，其言论可谓五味杂陈，酸甜苦辣。我们从教育行政言论中可以略见一般。

正因为如此，笔者才选取1912—1922作为研究该报的点。

---

① 张季鸾：《大公报一万号纪念辞》，见王芝琛、刘自立编《1949年一千年的大公报》，济南：山东画报出版社，2002年版，第1页。

② 曹世瑛：《〈〈大公报〉天津版〉一文的订正和补充》，载《新闻史料》，第20辑，天津日报社出版，第27页。

第一章 清末到民国最初十年学制的演变及《大公报》关于教育的基本思想

清末民初，伴随着社会的急遽转型，教育发生了前所未有的变化，开始向近代化的轨道迈进。不管是清末的教育改革，还是民初的教育新举措，都体现出教育随政治、经济的变化而变迁的轨迹。其中 1912—1913 年颁布的"壬子癸丑学制"，1922 年的"壬戌学制"，逐步清除了清末的封建性因素，并对其进行资产阶级改造。"三纲五常"为中心的传统封建教育逐步向"科学与民主"为核心的近代教育转型。这两个学制均产生于民国初创时期，政局不稳，军阀混战，其不足与缺点在所难免，但他们承上启下、继往开来的作用不容忽视。社会进步有赖于完善的教育，教育完善有赖于学制的制定，学制必须适应社会和教育发展的现实要求。近代学制的变迁虽然倍加艰辛，但毕竟带来了民主共和的气息，成为中国近代教育的发展的重要的里程碑。

加布里埃尔·塔尔德认为，"激励民族活力并使之万众一心、众志成城的，正是报纸每天的波动状况"。[①] 作为新闻媒体与时代脉搏最现实及时的载体，《大公报》不但适时报道了变革时期教育的方方面面，而且站在自己特定的立场，对这场亘古未有的转变予以评述，使得后人可以从媒体角度审视 19 世纪末 20 世纪初教育的遽变。

第一节 清末民初学制变迁中的几种主要教育思想

整个封建社会，科举制度都是封建教育的主绳。"科举制度在中国历史上

① ［法］加布里埃尔·塔尔德著，［美］特里·N·克拉克编，何道宽译：《传播与社会影响》，北京：中国人民大学出版社，2005 年版，第 237 页。

承负着整合传统社会生活并维系社会内部的文化生态平衡的功能。它对传统中国的政治、文化、思想、教育、经济与社会生活的运行均起到枢纽与调节作用。”① 相比之下，官学沦为科举制度的附庸，教学内容空疏无用，学风陈腐，积弊丛生。

近代西方的入侵，打破了中国士人关于科举的神话，人们开始怀疑科举作为中国教育准绳的指导地位。清末民初的学制变革，体现的正是国人如何改革旧的传统教育思维，迎合现代教育潮流，适应时代发展变化的教育动向。“壬寅癸卯学制”首先在学习日本的基础上制定出来。这个学制试图融吸中西教育的精髓，将维护封建道统与学习资本主义糅合起来，明显带有封建主义和资本主义的双重特性：让学生读经的同时，也要学习被顽固派视为“奇技淫巧”的博物、化学等；既要注重社会教育、国计民生，又要奖励学生科名。这样的学制虽然有点不伦不类，但其对中国近代教育的转型还是有一定作用的。特别是癸卯学制规定了近代教育发展的方向，“完成了中国教育由古典向近代化的转轨，极大地促进了新式学堂的发展，最终使中国教育步入近代化的道路。”②

辛亥革命后，民国政府又于1912—1913年颁布了“壬子癸丑学制”的相关法令。该学制注重民主共和精神，革除封建主义因素，用资产阶级性质的教育变革传统教育。却由于形势多变，环境复杂，各地问题相继出现，其贯彻执行受到多方掣肘。后恰逢新文化运动兴起，教育救国论盛行，实用主义教育思潮、职业教育思潮亦推波助澜，“壬戌学制”便应用而生。如果说，“壬寅癸卯学制’开中启中国近代教育改革之端绪，“壬子癸丑学制”根除封建之余孽，那么，“壬戌学制”则奠定中国教育此后发展历程的大致轨迹。历次学制变革都有其深刻的社会历史背景和动力源，都可谓社会政治、经济变化的晴雨表，都能反映出教育贤达通过规范人才培养的教育模式，达到提高民族素质，影响社会发展的强烈愿望。作为新生事物，改革的种种缺点在所难免，但作为整个教育发展过程中的一个个环节，他们却预兆着教育逐步摈弃专制，走向民主的过程。

一、清末民初的教育改革

（一）教育性质的改变

民族危机的加深，中西文化的碰撞，常常为教育的改革和发展提供新的

① 萧功秦：《从科举制度的废除看近代以来的文化断裂》，《战略与管理》，1996年第4期。
② 金林祥主编：《中国教育制度通史》（第六卷），济南：山东教育出版社，2000年，第292页。

机遇和动力。教育发展的历史，也常常是教育制度变迁发展的历史。如果说“人类教育进步与发展的每一次质的飞跃，无不是以教育制度结构的革命性突破为前提”,[①] 那么，教育性质的变革，则是教育制度结构变革的灵魂所在。教育结构的稳定与否，教育实践与思想的正确与否，教育效果的优劣与否，都与教育性质的服务宗旨密切相关。而中国近代教育性质的飞跃性发展，中国教育近代化的深层启动，则与中国近代的内外压力紧密相关。

两次鸦片战争的创伤，太平天国运动的风起云涌，使得清政府真正体会了西方的船坚炮利和自身的懦弱无能，于是掀起了求强求富的洋务运动。无论是京师同文馆的设立，还是各式技术学堂、军事学堂的创办，都可谓开启了中国近代新式学堂的先河。虽然洋务时期的教育逃不脱“中体西用”的窠臼，但毕竟引入了与传统教育模式有异的近代学堂，这是对封建传统教育的冲击。戊戌时期，维新志士“变科举，兴学校”的主张以及京师大学堂等的建立，进一步动摇了旧式封建学制体系。八国联军的入侵和《辛丑条约》的签订，以及孙中山领导的革命运动的发展，使得清政府被迫思考自己的出路何在。教育学制的改革是其抉择之一。

1902 年 8 月，清政府颁布《钦定学堂章程》（即“壬寅学制”），这是中国近代第一个新式的完整的学校体系。但“壬寅学制”没有施行，1904 年 1 月清政府又重新制订颁布了《奏定学堂章程》（即“癸卯学制”）。这是中国近代第一个实行了的学制，它标志着中国封建传统学校即将结束。1905 年 9 月，清政府下令“著即自丙午科为始，所有乡会试一律停止，各省岁科考试亦即停止。”[②] 1906 年，主宰中国选拔人才领域长达 1000 多年的科举考试制度，寿终正寝。

清末新学制的诞生和科举制度的废除，虽然是出于维护封建统治的需要，但其客观上有利于西方先进思想的传入和近代新型知识分子的崛起，特别是新教育中诞生了清王朝未曾料及的掘墓人。

武昌起义的爆发，最终推翻了统治中国两千多年的封建君主专制制度，在中国近代史上翻开了新的一页。政权的转移，民主共和的诞生，也催生了新一轮教育体制的变革。各界有识之士都在关心教育的发展，孙中山指出，

---

① 田正平、李江源：《教育制度变迁与中国教育现代化进程》，《华东师范大学学报》（教育科学版），2002 年第 3 期。

② 朱有瓛：《中国近代学制史料》（第 2 辑）（上册），上海：华东师范大学出版社，1987 年版，第 113 页。

“教育为立国之本，振兴之道，不可稍缓”①，并对普通教育、职业教育、师范教育、女子教育以及少数民族教育提出了一系列的指导性原则，为民国教育的顺利发展提供了较为充分的理论依据。蔡元培提出军国民教育，实利主义教育，道德教育，世界观教育，美感教育“五育并举”的教育方针，一洗前清以“忠君”、“尊孔”为宗旨的封建教育程式，用民主自由的思想代替了封建君权和儒学至高无上的地位，为资产阶级共和国的教育走上一个新的发展阶段制定了新的标准。

为了更好地发展教育，南京临时政府于1912年1月9日成立教育部，作为中央教育行政组织机构，并任命蔡元培为民国第一任教育总长。教育部下设承政厅、普通教育司、专门教育司、社会教育司，促进了普及教育的发展。一改清末学部一切由“钦定”或“奏定”的旧例，由教育总长统管部务。教育部机构的建制比清朝更为精简与合理。教育部成立后，发扬民主，集思广益，不但召开临时教育会议制定教育宗旨，讨论课程标准，而且从中央到地方进行一系列管理的改革，在中央设立了具有咨询审议作用的参事室（部），教育参议会（厅），董事会（局）；在地方，大多数省区在省都督府民政司之下设教育科，综理全省教育事务。1912年12月，军民实行分治后，各省都督府改为行政公署，教育行政机关的地位也随之有所提高。在省行政公署之下设教育司，与内务、实业、财政3司并列。1917年9月，北京政府教育部颁布各省《教育厅暂行条例》，同年11月颁布《教育厅署组织大纲》，规定各省设立教育厅，直隶于中央教育部。这些行政措施的制定和颁布实施，为民国教育的实际进行奠定了物质基础。

社会的变革必然带动教育的革新，民国建立之后各种教育机构的调整、教育政策的改变，都显示出教育性质的变化，表明中国教育向近代转型过程中走向新的征程。

蔡元培任民国教育总长后，对教育的性质进行了重新定位，将培养少数官吏的教育改为以广大人民为施教对象的国民教育。他在全国临时教育会上发表演说，认为民国教育“须立于国民之地位，而体验其在世界在社会有何等责任，应受何等教育”②；主张实施国民教育，“遍设小学于国中，养成国

① 转引自秦孝仪：《国父思想学说精义录》（第2编），台北正中书局，1976年版，第429页。
② 蔡元培：《全国临时教育会议开会词》，载高平叔编：《蔡元培教育论集》，长沙：湖南教育出版社，1987年版，第53页。

民应有之智识技能”[①]，并首次规定初等小学的四年为义务教育。一直到30年代，他仍然说，我国大多数人民“最低限度之教育亦未经受，无论国家政令，社会建设，施行举办，动生障阂。”若不推行国民教育，“则民族前途，实有不堪殷忧者”。[②] 可见他对国民教育的重视。国民教育的提出，表明教育是共和国民众应该享有的权利，而不再是特权阶级所独享的利益。教育性质的改变，为教育发展带来新的希望。

（二）学制的变革

学制就是学校教育制度的简称，也叫学校系统。它是教育制度的一个重要组成部分，也是一个国家教育的根本大法。学校的组织编制、课程设置和规章制度的拟定，都要以学制为准。我国的近代学制是从清末开始的。

1862年，清政府设立京师同文馆，这是我国历史上第一个新式学校。接着福建船政学堂、天津电报学堂、天津水师学堂和天津武备学堂相继建立，但是这些都是单一的专门学校。直到1895年（光绪二十一年）天津中西学堂的成立（分头等、二等，头等相当于大学，二等相当于中学）和随后上海南洋公学的设立（分师范、外院、中院和上院四部，外院即小学，中院即中学，上院即高等学校），我国才初步具备了近代学制的雏形。1898年（光绪二十四年）京师大学堂成立，明确规定设立大学、中学和小学，分级分科，逐渐递升，这就构成一个完整的学校系统，为我国近代学制的建立奠下基石。

我国有系统的近代学制，是前述1902年（农历壬寅年）清朝管学大臣张百熙拟定的《钦定学堂章程》，即“壬寅学制”开始的。在此之前，我国虽然有了近代新式学校，具备了近代学制规模，但并无完整的近代学校系统。该学制的诞生，是中国第一个纲领性的学制文件，只是“壬寅学制”并未实施。1904年的“癸卯学制”才是我国经法令公布，正式在全国实行的第一个完整的近代学校体系，它对整个国家的学校教育系统、课程设置、教育行政及学校管理等，都做了详细的规定。“癸卯学制”虽“节取欧美日本诸邦之成法”[③]，广采博收，用心讲求，但却是儒家思想和近代日本学制的大杂烩。

---

① 蔡元培：《在浦东中学演说词》，载高平叔编：《蔡元培教育论集》，长沙：湖南教育出版社，1987年版，第60页。

② 蔡元培：《实施义务教育标本兼治办法案》，载高平叔编：《蔡元培教育论集》，长沙：湖南教育出版社，1987年版，第558页。

③《张百熙进程学堂章程折》，转引自朱有瓛：《中国近代学制史料》（第2辑）（上册），上海：华东师范大学出版社，1987年版，第63页。

学制中含有大量封建伦理课程，具有浓厚的封建性。因此，清末的这两个学制，其功在奠定中国近代学制体系的基础，其遗憾是半殖民地半封建的性质并未彻底消除。

1911年辛亥革命推翻清朝统治，是中国历史发展的一大转变。随着政体的变更，学制也相应改变。1912年（农历壬子年）教育部成立，颁布《普通教育暂行办法》：改学堂为学校，小学废除读经，中学4年不分科，取消科名奖励。同年7月，在北京召开临时教育会议，重订学制，即为“壬子学制”，或称“民国学制”，这一学制连同1913年颁布的一系列相关教育政策，统称为“壬子癸丑学制”。该学制虽有抄袭他国学制的痕迹，但进步性很大，体现了资产阶级的自由、民主精神。

为了实施国民教育，“壬子癸丑学制”对清末的课程设置进行了改革，废止了中小学读经讲经课，规定高等以上学校一律禁止读《大清会典》、《大清律例》、《皇朝掌故》、《国朝事实》等书籍，同时加强了发展资本主义生产所需的国文、算术、历史、地理、理化等科目，将原先小学的随意科图画改为正式课程，中小学添设了唱歌课，并增加了体操课的课时。此外，把手工、家事、园艺等实用科目也正式列入课程。这既体现了近代工业对自然科学知识和实用知识的需求，又有利于培养适应近代社会的共和国民。

“壬子癸丑学制”继承和吸收清末“壬寅癸卯学制”的合理成分，剔除了不适于民主共和精神的内容，它是辛亥革命胜利成果在教育领域的反映。虽然，袁世凯妄图将“尊孔以端其基，尚孟以致其用”的教育内容，重新塞入教育宗旨中，但教育的民主自由精神已经成为不可逆转的历史潮流，“袁氏教育宗旨”很快成为历史的陈迹。与此同时，“壬子癸丑学制”的弊端也逐渐显露出来，如小学年限长，中学不分级，法制学校呈泛滥和畸形发展之趋势，教学内容与社会需要相脱节等等。这些都引起教育界的普遍关注，激发起人们进一步探索教育改革之新方案的要求。于是才有“壬戌学制”的诞生。它是相比于“壬子癸丑学制”更为成熟的一个学制，“表明中国学制近代化已发展到一个重要的转折阶段，即从较多的模仿外国到更多的依据教育规律、结合本国国情的创造”。①

1922年11月，教育部制定颁布了《学校系统改革案》，史称“新学制”，

① 郭三娟：《述评清末以来我国的学制变迁》，《山西大学学报》（哲学社会科学版），2000年11月。

即“壬戌学制”。该学制结束了袁世凯篡权后教育上的混乱局面。“壬戌学制”与清末民初学制的区别主要在于以往的学制都是抄袭日本，而“壬戌学制”则是模仿美国。“壬戌学制”对我国现代教育有很大影响，其后的学制改革，都是在它的基础上略加修改而成的。壬戌学制的制定过程，与清末和民初都不同，它不是自上而下颁布进行的，而是自下而上地酝酿成熟而产生的。它是新文化运动和五四运动的一个综合成果，是中国新的阶级力量——民族资产阶级的成长和发展，在教育上的反映。当时军阀割据、各自为政的局面，在客观上为教育的自由改革提供了机会。资产阶级在教育领域内的改革，要求北洋政府以法令的形式加以确认，以便巩固改革成果，使之进一步发挥作用。北洋政府之所以承认了这些教育革新成果，是因为这些改革并没有构成对它的危害，相反，可以藉此缓和矛盾、粉饰太平。

清末以来我国先后颁布的各类学制，是中国教育发展到不同阶段的重要标志，对中国教育现代化的实际进程产生了积极的推动作用。“癸卯学制”是中国近代第一部由国家颁布并在全国施行的学校系统，它改变了晚清以来只重视专业技术教育的办学模式，转而重视发展普通教育和师范教育，促进了课程的设置和教学内容的变革，使中国教育开始摆脱自我封闭，进而逐步融入世界教育发展的潮流之中。“壬子癸丑学制”是中国近代第一个资产阶级性质的学制，它为“五四”新文化运动打下了一定的思想基础，并在一定程度上促进了学校教育事业的发展。而“壬戌学制”是中国近代实施时间最长、影响最大、最为成熟的学制，它的产生，表明中国学制近代化已发展到一个重要的转折时期。

当然，清末以来我国几次大的学制变革，虽然对教育产生了巨大影响，但是由于我国教育体制的不成熟，各个学制几乎都是对外国经验的照搬照抄，忽视了本国的具体情况，结果造成许多不适应的现象，引发很多教育问题。

二、学制变革中的几种教育思想

（一）道德教育

道德教育是指一定的社会或阶级依据一定的道德原则和规范，有组织有计划地对人们施加系统影响的道德实践活动。在阶级社会里，道德教育具有阶级性，是统治阶级贯彻其道德要求、培养统治阶级人才的重要途径，道德教育也是道德调节社会行为、形成良好的社会舆论和社会风气的重要手段。

辛亥革命前，统治中国两千多年的封建道德，一直具有正统合法的地位，不被人们所怀疑。鸦片战争爆发，中国人民面临“启蒙与救亡”的双重变奏。有识之士开始从道德层面分析中国积贫积弱的原因，认为愚顽不化、缺乏公德意识的封建传统道德是中国发展滞后的重要原因。在1902年出版的《新民说》中，梁启超就曾言：“我国民所最缺者，公德其一端也。公德者何？人群之所以为群，国家之所以为国，赖此德以成立者也。”① 以公德启蒙为端，期冀中华民族团结一致，改变自身饱受欺凌的现实地位。在批判旧道德的同时，有识之士们也提倡符合民主和科学的公民道德。正因如此，儒学在传统教育中的地位逐渐式微，儒家经典也渐渐淡出了道德教育课本的范围，取而代之的则是渗透着公民道德教育思想的现代德育课程。有学者指出：“清末的德育课程虽然已经涉及这此内容，但只是少数未经学部审定的教科书才直接有所表露。民国之后，这些相关内容，包括人权、人格、尊重他人、正义、自由、平等、博爱等，则成为修身课及其教科书的重要内容，其表述也更加符合共和时代的宪政精神。”② 晚清的修身课程尽管比较传统，但是“自由与平等”以及爱国主义的提法已经出现。民国建立后，公民道德教育更成为教育的一大任务。

学校是统治阶级进行道德教育、培养统治人才的重要场所，学校的伦理道德教育为历来政府所重视。清末的“壬寅癸卯学制”就是表现之一，它非常重视道德教育，规定用“忠君、尊孔”的封建伦理道德来教育学生，督导学校教育的方向。

清末学制中有关道德教育的培养，主要表现在三个方面：

1. 教学内容。清末学制试图通过“修身”和“读经”以及历史、地理等科目，来进行道德教育。在《奏定初等小学堂章程》的“学科程度及编制章”中，小学5年中必学的前两门功课即为“修身”和“读经讲经”；“修身”的具体内容是“摘讲朱子《小学》，刘忠介《人谱》，各种养蒙图说，读有益风化之极短古诗歌”，并且要求“为教员者尤当以身作则，示以模范，使儿童变化气质于不自觉。”③ 而《奏定学堂章程》中所涉及的“高等小学堂

① 梁启超：《新民说》，郑州：中州古籍出版社，1998年版，第62页。
② 郑航：《中国近代德育课程史》，北京：人民教育出版社，2004年版，第233页。
③ 参见《奏定初等小学堂章程》，转引自舒新城：《中国近代教育史资料》（中册），北京：人民教育出版社，1961年版，第419、421页。

章程”、“中学堂章程”、“高等学堂章程”、“大学堂章程”，都规定了修身读经课程。而且随着程度的提高，要求更加严格，内容更加深奥，如“中学堂章程”中之“修身”课，是“摘讲陈宏谋《五种遗规》”，“所讲修身之要义，一在坚其敦尚伦常之心，一在鼓其奋发有为之气，尤当示以一身与家族、朋类、国家、世界之关系，务须勉以实践躬行，不可言行不符。”① 而“大学堂章程”中则“摘讲宋、元、明、国朝诸儒学案，择其切于身心日用而明显简要者。”② 其道德治学程度已明显深化，侧面透露出清王朝盛世已过，末日到来时的恐慌与不安，他们需要用进一步的思想枷锁束缚学子，安慰自己。

道德教育还被渗透到历史和地理课中，如清末学制是如此规定历史和地理课的：“中国历史，其要义在陈述黄帝尧舜以来历朝治乱兴衰大略，俾知古今世界之变迁，邻国日多、新器日广；尤宜多讲本朝仁政，俾知列圣德泽之深厚，以养成国民自强之志气，忠爱之性情。”“地理，其要义在使知地球表面及人类生计之情状，并知晓中国疆域之大概，养成其爱国奋发之心；更宜发明地文地质之名（各）类公用，大洋五洲五带之区别，人种竞争与国家形势利害之要端。”③

2. 教辅管理。俗话说，身教甚于言教，清末学制力求通过“总理”、“教习”等教辅管理人员的言传身教，对学生进行道德教化。“凡开学散学及每月朔，由总理、教习率学生诣至圣先师位前行礼；礼毕，学生向总理、教习各三揖退班。”“学生平日遇总理及教习，皆执弟子礼，遇其他官员及上等执事人均一揖致敬。”④ “除年假暑假合计在七十日之外，每岁恭逢皇太后万寿圣节，皇后千秋节，至圣先师诞日，仲春仲秋上丁释奠日，端午中秋节，暨房虚星昴日，各停课一日。”⑤ 言行举止屡屡强调封建时代严格的尊卑等级秩序。

3. 教育宗旨。清末学制还通过严密的教育宗旨，来规范道德教育。在

① 参见《奏定中学堂章程》，转引自舒新城：《中国近代教育史资料》（中册），北京：人民教育出版社，1961年版，第507页。
② 参见《奏定高等学堂章程》，转引自舒新城：《中国近代教育史资料》（中册），北京：人民教育出版社，1961年版，第569页。
③《奏定高等小学堂章程》，转引自舒新城：《中国近代教育史资料》（中册），北京：人民教育出版社，1961年，第436页。
④《奏定高等学堂章程》，转引自舒新城：《中国近代教育史资料》（中册），北京：人民教育出版社，1961年版，第546页。
⑤《奏定高等学堂章程》，转引自舒新城：《中国近代教育史资料》（中册），北京：人民教育出版社，1961年版，第547页。

《癸卯学制》中清政府规定了所有学堂的立学宗旨，“无论何等学堂，均以忠孝为本，以中国经史之学为基。俾学生心术壹归于纯正，而后以西学瀹其智识，练其艺能，务期他日成材，各适实用，以仰副国家造就通才、慎防流弊之意。”① 1905年12月，为加强对全国各级各类新式学堂的指导和管理，清政府于朝廷内设立专司教育管理之职的中央级职能机构——学部。1906年3月，由学部右侍郎严修执笔，专门拟订了一个《奏请宣示教育宗旨折》，呈请朝廷批准施行。该奏折所提出的教育宗旨方案计五条十字，其表述为：“忠君、尊孔、尚公、尚武、尚实。”其中，“忠君”、“尊孔”、“尚公”即为当时的道德教育。“忠君、尊孔”为第一类，系“中国政教之所固有，而亟宜发明以距异说者”。“尚公”系“中国民质之所最缺，而亟宜箴砭以图振起者”。关于“忠君”，即要求把列祖列宗开国缔造之艰难以及当代君主治国之忧劳作为教学内容，“务使全国学生每饭不忘忠义”，旨在藉感恩戴德的教育，使“一切犯名干义之邪说皆无自而萌”。“尊孔”是要求各级各类学堂“宜以经学为必须之课目，作赞扬孔子之歌，以化末俗浇漓之习”；要在开学之日和孔子诞辰日举行祭孔活动，还要把孔子的言论“条分缕析，编为教科”，旨在使学生正学不染，使“国教愈崇，民心愈固”。“尚公”系针对固有的“私病”而提出的。一方面，清政府要求将以三纲五常为主的伦理道德教育，依旧作为学校教育的中心任务；另一方面，又要求仿效西方之注重团体合作和社会公德的做法，旨在扫除“支离涣散”、“自私自利”② 的陋习。无论从正式批文，还是教育机构的设立，以及教学过程的践行。每一个环节，清政府都注意道德教育的潜移默化。其细致入微，用心良苦，力图用道德教育巩固人心的目标显而易见。

民国建立后，1912年7、8月全国临时教育会议召开，9月颁布了新的学制，规定了新的教育宗旨（即前述“壬子癸丑学制”）。新学制则体现了道德教育的资产阶级性质。（1）教育新宗旨规定了道德新趋向。当时的道德教育，全称为公民道德教育。蔡元培在《对于教育方针之意见》中对公民道德的解释最具权威性，其揭示道德之要旨为“自由、平等、博爱”。显然，这

① 张百熙、荣庆、张之洞：《奏定学堂章程折》，转引自舒新城《中国近代教育史资料》（上册），北京：人民教育出版社，1961年版，第197页。

② 《学部奏请宣示教育宗旨折》，转引自舒新城：《中国近代教育史资料》（上册），北京：人民教育出版社，1961年版，第220～222页。

是典型的资产阶级的道德精神，与忠君、尊孔、尽孝、守节的封建伦理道德观大为迥异。新学制之道德教育中虽然也有“修身”的要求，历史地理等科目和教育宗旨中也涉及到道德教育，但都是以建成共和国民为教育目标。另外，在小学校的教育“教则”中，规定“凡与国民道德相关事项，无论何种科目，均应注意指示。”① 说明民国的道德标准随历史情境变化的最新动向（2）教学新内容规定了道德新要求。如“修身”课中的道德教育要求，“修身要旨在涵养儿童之德性，导以实践。”“初等小学校，宜就孝悌、亲爱、信实、义勇、恭敬、勤俭、清洁诸德，择其切近易行者授之；渐及于对社会对国家之责任，以激发进取之志气，养成爱群爱国之精神。”② 此时之“修身”明显不同于清末之“修身”。中学校的道德要旨则是，“养成道德上之思想情操，并勉以躬行实践，完具国民之品格。修身宜授以道德要领，渐及对国家社会家族之责务，兼授伦理学大要，尤宜注意本国道德之特色。”③ 很明显，民国道德教育与清末相比，名称相同，内容迥异。再如，历史地理课程中的道德教育规定，“本国历史要旨，在使儿童知国体之大要，兼养成国民之志操。”“本国历史宜略授黄帝开国之功绩，历代伟人之言行，亚东文化之渊源，民国之建设，与近百年来中外之关系。”显然，如此的道德教育已经突破了“君为纲”的范畴，而涉及中外历史大事、人物及中外历史交流。“地理要旨，在使儿童略知地球表面及人类生活之状态，本国国势之大要，以养成爱国之精神。”“地理首宜授本国之地势、气候、区划、都会、物产、交通，以及地球之形状运动等，进授各洲地志之梗概，并重要各国之都会物产等，兼授本国政治经济上之状态，及对于外国所处之地位。教授地理，务须实地观察，示以地图、标本、影片、地球仪等物，使具有确实之知识”④。说明其注重学与用的结合，理论与实践的融洽，摈弃了空疏无用的纯道德说教。

总之，道德教育无论是在清末还是在民初，都是教育之根本问题，只是两个时期的宗旨与趋向不同。清末之道德教育从根本上而言，是为了维护爱

① 《教育部订定小学校教则及课程表》，转引自舒新城：《中国近代教育史资料》（中册），北京：人民教育出版社，1961 年版，第 455 页。

② 《教育部订定小学校教则及课程表》，转引自舒新城：《中国近代教育史资料》（中册），北京：人民教育出版社，1961 年版，第 456 页。

③ 《教育部公布中学校令施行规则》，转引自舒新城：《中国近代教育史资料》（中册），北京：人民教育出版社，1961 年版，第 527 页。

④ 《教育部订定小学校教则及课程表》，转引自舒新城：《中国近代教育史资料》（中册），北京：人民教育出版社，1961 年版，第 457 页。

新觉罗氏家族的家天下，为巩固专制统治作最后的苟延残喘。而民初的道德教育摒弃了两千多年来以“忠君”、“尊孔”为核心的封建道德思想，否定了君权的绝对权威和儒学的独尊地位，体现了资产阶级的民主共和思想，顺应了社会的发展，是历史的进步。

（二）职业教育

“所谓职业教育制度就是一种有目的、有组织、有计划的向学生传授其将来所要从事的某种特定职业所必需的知识、技能、态度以及职业意识和职业道德等的学校教育。”① 中国自古以来就有职业教育的传统，其历史可以追溯到远古的神农氏时期，早期古籍中就有“神农氏制耒耜，教民农作”②，伏羲氏“教民以猎”③，螺祖“教民育蚕，治丝茧以供衣服”④ 等记载。有学者把这种人类原始农业技术的传授称为“原始的职业性教育”。商周时期，在官吏中产生了子习父学的职业技术教育形式；春秋战国时期，一些私学里出现了职业传授，如墨子所办的私学中，有传授木工与器械制造的手工业，许行创立的农家学派，设学收徒，著书立说，传授与农业生产相关的知识和技能。秦汉以后，社会分工更加扩大，在继承前人职业教育的基础上，又出现学徒制等职业教育的新方式，学徒制又叫“艺徒制”、“师徒制”，它在前人职业教育的基础上，增添了技术教育的专业针对性，是职业教育的一大进步。

中国近代职业教育肇始于西学东渐、中国文化受到西方文化巨大冲击的历史情境之中。鉴于近代意义的职业教育，必须以大工业生产为基础，以大量的学校为依托，而中国当时占主要地位的仍然是以个体经济相联系的自给自足的自然经济这一客观原因，近代工业兴起前的中国社会，并没有产生对近代职业教育的迫切需求，即使是学校教育，也很少有职业教育。有人认为，1866 年成立的第一个西医机构——博济医院附属医校是教会在中国最早创办的职业学校。但那只是外国人办的职业学校，从真正意义而言，不能算是中国人自办的职业学校。不过，一个不容忽视的事实是，自同时期的洋务运动开始，中国民族资本主义逐渐发展起来，中国人开始萌发办实业的热情。后

① 顾明远、梁忠义主编（分卷主编：梁忠义、李守福）：《世界教育大系·职业教育》，长春：吉林教育出版社，2000 年版，第 7 页。
② 《周易·系辞》，引自孙培青《中国教育史》，上海：华东师范大学出版社，2000 年版，第 3 页。
③ 《尸子》，引自孙培青《中国教育史》，上海：华东师范大学出版社，2000 年版，第 3 页。
④ 朱熹《通鉴纲目·前编》。

来的戊戌维新虽然失败，也并没有阻止中国商人对实业的热衷之情。随着20世纪初年中国内外危机的进一步加重，实业救国的热潮不时涌上人们的心头。无论是清末，还是民初，教育当权者对实业教育的重视渐趋增多。这从清末民初的三个学制对职业教育的重视可见一斑。

1．“壬寅癸卯学制”——实业教育渐次提上日程。19世纪末20世纪初，随着资本主义的发展，兴办实业愈受人们青睐。1902年的“壬寅学制”中，除普通教育外，还有师范、实业两个旁系。关于实业教育，该学制提出设立与高等小学堂平行的简易实业学堂，与中学堂平行的中等实业学堂，与高等学堂平行的高等实业学堂。[①] 虽然这些实业学堂附设于高等小学堂、中学堂和高等学堂中，对其课程更未作明确规定，但其案头文件的制定，本身就说明实业教育已经进入教育当权者的考虑范畴。所以，此后颁布的“癸卯学制”规定，实业补习学堂、初等农工商实业学堂、艺徒学堂与高等小学堂并行；中等农工商学堂的本科和预科与中等学堂平行；实业教员讲习所和高等农工商实业学堂与高等学堂平行，实业教员讲习所应附设于农、工、商大学或高等农、工、商业学堂之内。初、中、高实业学堂以农、工、商、商船专业为主。“癸卯学制”还对各实业学堂的设学要旨、入学资序、学堂职务等做了总的规定。“癸卯学制”规定各种实业教育的目的在于培养不同专业的技术应用人才，“振兴农工商各项实业”，“富国裕民”[②]。说明教育开始注重实用，与经济发展、人民生活密切联系起来。特别是《奏定实业补习普通学堂章程》、《奏定实业教员讲习所章程》、《奏定艺徒学堂章程》的颁布，表明该学制对下层失学贫民予以一定的关注，对实业教员师资赋予特别的关心。另外，该学制在实业学堂中设置了外语课，表明了教育方面的开放性意识。虽然“癸卯学制”模仿日本学制严重，忽视本国实际情况，加之人伦道德课程较多，其作用未能充分发挥，但它确实表明人们对职业教育的重视程度日益增强，在一定程度上为工商业发展做了教育上的准备。

2．“壬子癸丑学制”——实业教育内容的进一步扩充。中华民国建立后，颁布了许多有利于民族资本主义发展的法律条规，民族资本主义得到进一步发展，因而对资产阶级教育体系提出了更新的要求，“壬子癸丑学制”

---

① 参见孙培青：《中国教育史》，上海：华东师范大学出版社，2000年版，第344页。

② 《奏定实业学堂通则》，转引自舒新城：《中国近代教育史资料》（中册），北京：人民教育出版社，1961年版，第750页。

在“癸卯学制”的基础上做了新的调整和修订。第一，新旧替代。用甲、乙种实业学堂代替原来的初、中级实业学堂；用专门学校代替原先的高等实业学堂，与大学和高等师范学校同属于高等教育之列。第二，充实内容。规定实业学校的种类为农业、工业、商业、商船、实业补习及女子职业学校等。相比于“癸卯学制”中农、工、商、商船四种主要专业更加丰富。《实业学校规程》对实业学校的编制、设备及修业年限、学科程度等都作了规定。[①]扩大了实业学校的专业门类，如农业学校包括蚕业、森林、兽医、水产等等。第三，女子教育。“壬子癸丑学制”对女子实业教育作了特别规定。学制规定“女子职业学校得就地方情形与其性质所宜，参照各项实业学校规程办理。”[②] 关于女子职业学校的规定，以前的学制中闻所未闻，在一定程度上有助于男女平等社会氛围的进一步营造。所以这在当时是一大进步。虽然“壬子癸丑学制”对“癸卯学制”的因袭较大，但其颁布和推行，毕竟在新形势下推动了实业教育的进一步发展和深化，起到了承上启下、继往开来的作用，是有一定意义的。

3.“壬戌学制”——职业教育地位的最终确立。第一次世界大战中，中国的民族工业获得了较大程度的发展，对技术人才的需求日益迫切。这就需要学校能够培养出有一定职业素养的劳动者，以及进行企业管理的专业人才。然而，“壬子癸丑学制”却不能满足民族资本主义发展的这一需求，高等职业教育在学制中的地位问题，已成燃眉之急。伴随着新文化运动的深入，资产阶级教育救国论和实用主义教育思潮、职业教育思潮，强烈冲击着中国的思想界和教育界。与此同时，社会上也出现了一些力倡职业教育的团体，譬如“中华职业教育社”，即为典型之一。该学社以宣传、研究、试验、推广职业教育为职志，其倡导的将个人生存、服务社会、为世界增进生产力的职业教育思想，迅速影响了当时的教育界，形成了一定的职业教育环境。而前两个学制重视的却仍然是普通教育，学非所用、毕业即失业已“成为教育界绝大的问题”，[③] 这就要求政府出台相关的职业教育措施来解决这一问题。在这样的背景下，经过长达7年的酝酿和研究，在各地改革试验的基础上，教育部于1922年专门召开学制会议，重新制定新学制，并于同年颁布了《学校

---

① 参见《教育部公布实业学校令》，《教育杂志》，第5卷第6号，1913年。

② 参见《教育部公布实业学校令》，《教育杂志》，第5卷第6号，1913年。

③ 周予同：《对于新学制系统草案的我见》，《教育杂志》，第14卷3期“教育评坛”，1922年。

系统改革案》，施行全国，称为“壬戌学制”，也称“新学制”。此学制不但沟通了普通教育和职业教育的关系，而且加重了后者在整个教育体系中的作用，标志着职业教育制度的形成。有关职业教育的内容，有如下规定：（1）小学课程，得于较高年级，斟酌地方情形，增置职业准备的学科；（2）初级中学施行普通教育，但得视地方需要，兼设各种职业科；（3）高级中学施行普通、农、工、商、师范、家事等科，但得酌量地方情形，单设一科，或兼设数科；（4）职业学校之期限及课程，得酌量各地方实际需要情形定之；（5）为推广职业教育，得于相当学校内，酌设职业教员养成所。[①] 从上述规定可看出，职业教育代替了原先的实业教育，并与普通教育相互混合。同时，为了适应中国各地经济发展水平不平衡、差距大的现实情况，学制将职业教育的机构分为两种：一是独立职业学校和专门学校；一是附设于高级小学、初、高中的职业科以及大学的专修科学校。这既体现出职业教育门类的多样化，也表明了职业办学的灵活性，同时还兼顾升学和就业两个方面。

另外，“壬戌学制”的 7 条标准不同于前两个学制笼统的以“尚实”来倡实用的提法，它较“准确、科学、全面地揭示了职业教育与社会、个人的关系”,[②] 有着丰富的内涵。“壬戌学制”颁布后，对新学制之讨论很激烈，但赞成者居多，教育家陶行知在《我们对于新学制草案应持之态度》中称该学制是“适应时势之需求而来的”、“应时而兴的制度”。[③] 当代学者撰文认为它是“一种历史的进步，它反映了我国民族工业的发展对教育提出的新要求”[④]；“其主流所体现出来的是一种民主气息和科学精神”[⑤]。其职业教育思想与当时的经济、生产力的发展和人民生活有密切的关系，是“壬寅癸卯学制”、“壬子癸丑学制”中“实用”思想的继续和延伸。[⑥] 所以，这一学制标志着职业教育在中国的最终确立，这种教育体系的建立，使近代社会以来教育与经济发展得到了良好的调整和有机的结合。

（三）军国民教育

鸦片战争迫使清王朝第一次与西方正面接触，战争的失败和坚船利炮的

---

① 参见毛礼锐、沈灌群：《中国教育通史》（第 5 卷），济南：山东教育出版社，1988 年版，第 84 ~ 85 页。
② 刘桂林：《中国近代职业教育思想研究》，北京：高等教育出版社，1997 年版，第 153 页。
③ 董宝良：《陶行知教育论著选》，北京：人民教育出版社，1991 年版，第 92 页。
④ 金林祥：《评六三三学制》，《华东师范大学学报》（教育科学版），1983 年第 1 期。
⑤ 田正平：《我国一十年代教育改革的回顾与反思》，《教育研究》，1989 年 1 期。
⑥ 廖承林、吴洪成：《近代中国学制演变与职业教育发展》，《西南师范大学学报》（人文社会科学版），2004 年 3 期。

刺激，震动了大清朝野。惨痛的现实昭示着末日王朝不可能沿袭武科选举军事人才的定制，“师夷长技以制夷”的改革思想应时而生。但是，直到1860年代的洋务运动之际，“师夷长技”的实践才有所启动。虽然并未达到“制夷”之功效，但现代军事文明逐渐渗入中国人的脑海，西式军事装备、军事训练、军事管理、军事理论、战略战术、武器制造、海运知识等内容相继在教育领域出现。整个社会似乎沿着清政府设定的路径向军事现代化迈进。

甲午战败，国人忧患意识更加迫切。梁启超感喟：“唤起吾国四千年之大梦，实自甲午一役始也。”① 孙中山也疾呼：“凡系中国国民，皆当存保全中国国土之心，即皆当存保全中国主权之心。”② 紧接着，瓜分狂潮，庚子喋血，辛丑条约，民族怒潮一浪高过一浪，革命风潮大有山雨欲来风满楼之势。正如孙中山先生所言：“国势危急，岌岌不可终日，有志之士，多起救国之思。”③ 这些都成为军国民教育蔚然成风的现实原因。

清末民初，梁启超、蔡愕、蒋百里纷纷撰文宣传军国民主义，蔡锷曾在自立军起事失败后，在梁启超创办的《新民丛报》上写了《军国民篇》，宣传军国民教育思想。“吾国之军国民主义之输入，以此为嚆矢。”④ 此后，甚至在阎锡山所著的《军国主义谭》一书中，也主张从“尚武”、“尊军”角度培养国民爱国精神。

至于学校的军国民教育，最先是以体育为主，它成为近代体育兴起之嚆矢。蒋百里曾在《军国民教育》中论述了该教育的主要内容：第一，体操；第二，体操外之活动游戏（行军、野外演习、射击、击剑、旅行、竞舟、登山等）；第三，军事上智识之普及。⑤ 同时，近代内忧外患的社会危机，也迫使清政府在制定学制的过程中注意到了军国民教育思想。当时全国各大城市纷纷举行运动会，北京、江苏、奉天、四川等省都举行了全省和全市的运动会。部分学校体育也确实因此而变化，《盛京时报》的一篇文章认为“国家之盛由于兵，强兵之道，由于国民尚武，而尚武之风实始于学堂运动会焉。”⑥ 之后，学校中开始普及军国民主义教育。

---

① 梁启超：《戊戌政变记》，梁启超：《饮冰室合集》第6册，北京：中华书局，1936年版，第1页。
② 杨天石、王学庄：《拒俄运动（1901－1905）》，北京：中国社会科学出版社，1979年版，第94页。
③ 孙中山：《孙中山选集》，北京：人民出版社，1981年版，第110页。
④ 赵式铭等：《蔡松坡先生事略》，载《蔡松坡集》，上海人民出版社，1984年版，第1449页。
⑤ 参见蒋百里：《军国民之教育》，《新民丛报》，1902年。
⑥ 《运动会盛观》，《盛京时报》，1906年11月17日。

1906年2月，学部的荣庆等奏称："凡中小学教科书，必寓军国民主义，稗儿童熟习而见闻之。"（这一建议可见于《学部奏请宣示教育宗旨折》）而同年《学部奏请宣示教育宗旨折》则又明确指出，"中国民质之所最缺，而亟宜箴砭以图振起者有三，曰尚公、曰尚武、曰尚实……欲救其弊，必以教育为挽回风气之具，凡中小学堂各种教科书，必寓军国民主义"。"体操一科，幼稚者以游戏体操发育其身体，稍长者以兵式体操严整其纪律，而尤时时勖以守秩序，养威重，以造成完全之人格"。[①] 尤其在"尚武"一纲中对军国民教育的意义及实施方法，作了较为详细的论述，其大意是：第一，论述东西各国，全国皆兵，上下同心，乐于从军，都是由于实行军国民教育之效果；第二，论述推行之方法必须是"学校隐寓军律"，养成民族国家观念；第三，凡是小学的课程内容均应渗入军国民教育思想，使儿童"熟见而习闻之"。虽然"尚武"思想在教育宗旨之五纲中仅占其一，而且清朝统治阶级是从维护自己统治的角度来阐述"尚武"思想的，但毕竟是在国家颁布的教育大纲中注入了军国民主义教育的内容，这对于进一步扩大军国民主义思潮的社会影响，无疑具有一定的推动作用，客观上也使国人对军国民教育有了比较深刻的认识。同年，在学部的倡导下，全国创办了一些体育学堂，各省还在省城师范学堂内设立了体操专修科。之后，各地方相继出现了一批公立和私立的体育专门学校，影响较大的，如中国体操学校（1908年徐一冰创立）和中国女子体操学校（1908年汤剑娥建立）。体育专门学校的出现，体现了教育制度在体系构成上的完善。为了促进体育教学，校内或校间的体育竞赛活动也逐渐开展起来，如举办各校的联合运动会等等。各级各类学校逐步把体育列入必修课之中，使体育教学得到振兴和发展。

辛亥革命之后，鉴于当时国内外仍然紧张的形势，民国首任教育总长蔡元培将军国民教育列为教育方针之一，成为"壬子癸丑学制"体系中的重要组成部分，从而使得军国民教育更加深入人心。蔡氏还阐述了军国民教育与其他各育之间的关系。他指出："军国民主义者，筋骨也，用以自卫"；"以教育界之分言三育者衡之，军国民主义为体育"。这一看法的提出，为学校加强体育教学，提供了坚实的理论依据，有力地指明了当时学校体育教育改革和实践的方向。这一主张得到社会各界人士的积极支持和响应。蔡元培所提

① 《学部奏请宣示教育宗旨折》，转引自舒新城：《中国近代教育史资料》（上册），北京：人民教育出版社，1961年版，第220、223页。

倡的军国民主义教育，从表面上看与清末的尚武教育相似，但是从本质上看，他所说的军国民主义含有资产阶级民主主义的因素。因为他不仅看到了中国所处的国际环境是“强邻逼处，亟图自卫，而历年丧失之国权，非凭藉武力，势难恢复”，更重要的是，他认识到“军人革命后，不保无军人执政之一时期，非行举国皆兵之制，将使军人社会，永为全国中特别之阶级，而无以平均其势力。”① 从辩证的角度对军国民教育的重要性进行了阐述，是一个比较全面的认识。

1918 年，第一次世界大战结束，当时一些人认为“军国民主义”没有前途，“公理必将战胜强权”。一些学校相继宣告废止兵操，将“体操”课改为体育课，课程内容也随之改为田径、球类和游戏等。1923 年，北洋政府在《中小学课程草案》中，正式将体操更名为“体育科”，规定在中小学体育课中，一律剔除兵操内容。至此，“军国民主义”退出了学校体育教学的舞台。但是，军国民教育乃至以此为嚆矢的中国近代体育，却从此成为中国教育发展历程中的必行科目，在中国体育发展史上留下了不可磨灭的印记。

教育历来从属于社会政治、经济和文化，因而学制的制定必然要随社会的变化而变化，军国民教育被列入学制中，后又从学制中淡出，正反映了社会发展对教育所提出的要求，是历史客观规律的反映。

（四）女子教育

由于中国几千年来的封建男权思想的影响，女子被剥夺了受教育的权利。即使有教育机会，也仅仅是维护父权制的“男尊女卑”、“三从四德”、“男主外女主内”、“女子无才便是德”等等伦理道德的教育。女子成为“三纲五伦”的受害者，他们无权进学校读书，② 造成中国女子智力水平得不到开发，自身素质低下，成为社会底层的隐忍者，更谈不上为国出力。

中国人较早关注女子教育，并将其纳入社会层面进行考察的是早期维新派。郑观应说：“世人只知男子不读书吃亏，不知女子不读书，孤陋寡闻，吃亏更大。”③ 他要求“广筹经费，增设女塾”④。但由于时代和阶级的局限性，

---

① 蔡元培：《新教育意见》，《教育杂志》，第 3 卷第 11 号，1912 年。

② 这里应该注意的是：尽管外国教会在中国办过女子学校，但是其办学宗旨大多涉及宗教宣传，忽视中国国情，不能算作真正意义上的中国女子教育。

③ 郑观应：《盛世危言·学务》，郑州：中州古籍出版社，1997 年版，第 63 页。

④ 郑观应：《盛世危言·女教》，郑州：中州古籍出版社，1997 年版，第 79 页。

早期维新派的女子教育思想都深深打上了封建时代的烙印。“为贤女”、“为贤妇”、“为贤母”、“三从四德”、“相子佐夫”是其培养目标，女子的社会职能受到人为的压抑。

甲午战争后，中华民族面临瓜分豆剖之势。资产阶级维新派积极主张发展资本主义教育。梁启超说：“亡而存之，废而举之，愚而智之，弱而强之，条理万端，皆本于学校”[①]，“欲求新政，必兴学校，可谓知本矣”[②]。其中，女子教育也被日益关注，“女学最盛者，其国最强”，“女学次盛者，其国次强”，“女学衰，母教失，无业众，智民少，国之所存者幸矣”[③]。中国女学的早期倡导者之一——经元善说：“我中国欲图自强，莫亟于广兴学校，而学校之本原，尤莫亟于创兴女学”。[④] 所以，兴办女学也是资产阶级维新派改革的重要内容，正是在这一声浪中，1898 年 6 月 1 日，由经元善、梁启超、严小舫等 5 人联名上书请求，南洋大臣刘坤一批准，中国历史上第一所由中国人自己创办的女学堂——经正女学堂在上海诞生了。谭嗣同、麦孟华、文廷式、张謇、黄遵宪等维新派人士和开明士绅也助资出力。梁启超亲手制定了《女子学堂试办章程》，显示出维新派对女子教育的热情和赞美。然而，由于维新派受自身知识结构及其阶级的局限性，学校除讲授英文、数学、地理、绘画和琴学等西学课程外，中学功课课程也讲授《女四书》、《十三经》、《古文》、《幼学须知解》等。他们兴办女学的目的仍然没有完全摆脱唤起女性为人妻母的“义务意识”，即妇女相夫教子、“宜家善种”的意识。正如时人林纾在《兴女学》一诗中所言：“兴女学，兴女学，群贤海上真先觉，……果立女学相观摩，中西文字同切磋，学成即勿与外事，相夫教子得已多。”[⑤] 这说明，早期女学仍没有根除轻视妇女的陈腐观念。随着维新变法运动的失败，经正女学在 1900 年被迫关闭。不过，应该强调的是，这一时期女子教育的思想和实践，为后来女子教育的重新崛起奠定了基础，或多或少为妇女的自我解放提供了觉醒和解放的先声。

20 世纪初，在清政府宣布新政后，国人兴办女学的热潮再度高涨。1902 年商务印书馆开始编印女子学堂用书，为女学堂的教学提供了可靠的保证。

---

① 梁启超：《饮冰室合集》第 1 卷，北京：中华书局，1989 年版，第 19 页。
② 梁启韶：《饮冰室合集》第 1 卷，北京：中华书局，1989 年版，第 9 页。
③ 梁启超：《变法通议 · 论女学》，《饮冰室合集 · 文集》第 1 册，北京：中华书局，1989 年版，第 43 页。
④ 经元善：《女学集议初编》，《经元善集》，武汉：华中师范大学出版社，1988 年版，第 213 页。
⑤ 张建仁、张建民：《中国近代女子教育发展述评》，《河北师大学报》，1989 年第 3 期。

同年，上海开明绅士吴怀疚还创办了务本女塾。然而，由于受封建正统文化的影响，1902 年所制定的“壬寅学制”的 6 个“章程”中，竟没有一个是与女子教育有关。虽然这一学制并未施行，但说明女子教育要进入正统教育体系中，是何等困难。

1904 年 1 月，清政府颁布《奏定学堂章程》（即“癸卯学制”），女子教育仍然没有得到重视，在它包括的《初等小学堂章程》、《高等小学堂章程》、《中学堂章程》、《高等学堂章程》、《大学堂章程》、《蒙养院章程及家庭教育法》、《初级师范学堂章程》、《优级师范学堂章程》、《初等农工商实业学堂章程》等多个章程中，只有《蒙养院章程及家庭教育法》之《蒙养家教合一章第一》中提到“以家庭教育包括女学”，其余章程则只字未提女子教育。其个中缘由，学制中已有明确答复，“中国此时情形，若设女学，其间流弊甚多，断不相宜。既不能多设女学，即不能多设幼稚园，唯有酌采外国幼稚园法式，定为蒙养院章程。”“惟中国男女之辨甚谨，少年女子，断不宜令其结队入学，游行街市；且不宜多读诗书，误学外国习俗，致开自行择配之渐，长蔑视父母、夫婿之风。故女子只可于家庭教之，或受母教，或受保姆之教，令其能识应用之文字，通解家庭应用之书算物理，及妇职应尽之道，女工应为之事，足一持家、教子而已。其无益文词概不必教；其干预外事、妄发关系重大之议论，更不可教。故女学之无弊者，惟有家庭教育。”所以说，女学教育仍然是维续封建女德的护身符。由此可见，张之洞[①]等人虽然承认女学的重要性，认为女学“实为国民教育之第一基址”。[②] 但实际上，封建的藩篱使得女学仍然没有独立地位，女子教育只能附属于家庭教育之中。

随着社会发展和舆论压力的加大，在科举制被废除后，清政府被迫于 1907 年 3 月 8 日发布了《女子小学堂章程》和《女子师范学堂章程》。这是中国教育史上第一次为女子独立设置学制。两个章程对女子教育的宗旨、修业年限、教学内容等都做了规定。至此，女子学校的建立终于得到了政府的认可，打破了男子独霸教育阵地的局面。不过，为了维护封建伦理道德秩序，这个学制仍然对仅有的这点女子教育做了种种限制，如偏重对女德的培养就

---

① 因为张之洞是“癸卯学制”主要参与者，所以，《癸卯学制》很大程度上反映了张之洞对教育的看法和观点。

② 璩鑫圭，唐良炎：《中国近代教育史资料汇编》（学制演变），上海教育出版社，1991 年版，第 396 页。

是一例。《女子小学堂章程》第四节，女子初等高等小学堂教育总要中，开篇即提出“中国女德，历代崇重，今教育女儿，首当注意于此，总期不悖中国懿孅之礼教，不染末俗放纵之僻习。”在《女子师范学堂章程》中写道：“中国女德，历代崇重。凡为女、为妇、为母之道，征诸经典史册，先儒著述，历历可据。今教女子师范生，首宜注重于此。务时勉以贞静、顺良、慈淑、端俭诸美德。总期不背中国向来之礼教，与懿孅之风俗。其一切放纵自由之僻说（如不谨男女之辨，及自行择配，或为政治上之集会演说等事）务须严切屏除，以维风化（中国男子间有视女子太卑贱，或待之失平允者，此亦一弊风。但须于男子教育中注意矫正改良之。至于女子之对父母夫婿，总以服从为主）。”[①] 可见，教育内容中十分强调女子尊崇“先儒”之道和封建“礼教”，摈除“自由”之说、“自行择配”的观念，说明当时女子教育的出发点充满了封建意味。该学制对女子修身教育所使用的课本也做了明确的规定，说明女子教育无非是在封建伦理道德的框架下，来培养贤妻良母。这在《女子师范学堂章程》中更有具体说明：“家国关系至为密切。故家政修明，国风自然昌盛。而修明家政，首在女子普受教育，知守礼法。……而欲家庭教育之良善，端赖贤母。欲求贤母，须有完全之学。”[②] 这些充分说明，清末女子教育之真实目的，就是为了更好地维护封建的男权社会。所以，《女子小学堂章程》和《女子师范学堂章程》，只是表面上承认女子有受教育的权力，本质上仍然是男尊女卑的老套子，男女不平等，男女学堂不能同在一处。尽管如此，《女子小学堂章程》和《女子师范学堂章程》的颁布，相比于以前学制，毕竟提到女子教育这一概念，多多少少为以后女子教育的发展奠定一些基础。

相比于清政府学制提倡的女子教育而言，资产阶级革命派对女子解放的要求更加前卫和激进，他们积极翻译西方妇女解放运动的著作，如：马君武翻译斯宾塞的《女权篇》，林乐知的《全地五大洲女俗通考》；报刊中的女性文章如《泰西妇女近世史》、《论欧洲古今女人地位》、《贞德传》、《世界十二女杰》、《东方女豪杰》等。另外，《中国新女界》还介绍了捷克教育家夸美纽斯的女学观，《女报》译载了日本成濑仁藏的《女子教育论》和下田歌

---

① 朱有瓛：《中国近代学制史料》（第 2 辑）（下册），上海：华东师范大学出版社，1989 年版，第 658、668 页。

② 朱有瓛：《中国近代学制史料》（第 2 辑）（下册），上海：华东师范大学出版社，1989 年版，第 668 页。

子的《论兴中国女学事》。而从 1902—1910 年间有影响的女子报刊有 30 种左右。[①]

资产阶级革命派还把女子教育与女权革命联系一起，金一的《女界钟》敲响了“巾帼而欲含有新造中华之资格，舍教育其仍无由，其所代替兴复权利者亦以教为归”的钟声，他强烈呼吁“女权革命”；鉴湖女侠秋瑾指出“引女学为己任，提倡不遗余力”[②]，提出了“国将亡而思补救，则匹夫与匹妇皆与有责也”[③]。他们还提倡男女平权思想，认为女子教育是男女平权的前提条件。“扶植女权当先提倡女学，而女权之主义尤须寓于女学之中。”[④] 陈天华在所著《猛回头》中认识到了“要兴女学，培植根本”[⑤]。孙中山则从文化对政治、经济的反作用角度，说明掌握文化的妇女就能摆脱政治、经济的奴役，实现男女平等。他说“中国人民受数千年专制统治，愚昧落后，要享受平等自由之权，必须从教育开始，因此四万万之人，皆应受教育”，“中国女子虽有二万万，唯有教育一道，向来多不注意，故有学问者少。处于今日，自应以提倡女子教育为最重要之事”，“教育既兴，然后可望男女平权，然后可成真共和民国”。[⑥] 邹容的《革命军》、陈天华的《狮子吼》以及秋瑾的《精卫石》等也抨击了奴役女性的旧制度，他们还指出女子应“求得高尚的学问，养成完全的人格，有独立的精神，坚韧的志气”，“做一个中兴的女国民”。[⑦] 资产阶级认为，女子要摆脱涂脂抹粉、闲散花瓶的社会地位，接受教育，成为国家富强的重要动力。

辛亥革命后，男女平权的呼声日渐高涨，新的教育观点也不断涌现。藉此有利的时代环境，“壬子癸丑学制”中制定了女子教育的相关条款，进一步提高了女子受教育的权利。该学制不但规定了初小男女可以同学的制度，而且将普通女子中学纳入了学制。提出在女子高小以上，可设女子中学，女子师范及女子高等师范。同时它还发展了女子职业教育。该学制在兴学规模

---

① 参见吕美颐、郑永福《中国妇女运动》，郑州：河南人民出版社，1990 年 7 月第 1 版，第 188 ~ 199 页。也可参见《中国报学史》、《中国近代报刊史》、《清季的革命团体》、《中国近代报刊发展概况》、《中国近代女权运动史料》等书籍。

② 《女权与女学》，《女报》，1909 年第 1 卷。

③ 《留日女学会杂志》，1911 年第 1 号第 1 页。

④ 《鉴湖女侠秋君墓表》，载王绍箕编《秋瑾女士遗集》，明日书店，1937 年，第 63 页。

⑤ 《陈天华集》，长沙：湖南人民出版社，1982 年版，第 47 页。

⑥ 胡汉民编，《总理全集》第 2 集，中国国民党执行委员会出版，1940 年，第 147 页。

⑦ 昙华《今日中国女子之三大急务》，《留日女学生杂志》，1911 年第 1 号，第 27 页，第 24 页。

上也有所扩大，提出“女子师范学校每省须设一所”，“使知从事于职业，此于女子职业学校养成之，每省至少亦须设立一所。”“女子高等小学，依于地方情形多设为是；女子中学则由省酌设之。”尽管该学制仍在强调培养贤良淑德之女性的教育，提出“我国女学幼稚，数年以来，各省渐知兴办女学，而无一定陶成之方针，影响所施，流弊滋大，今且勿臂高远之谈，标示育成贤妻良母主义，以挽其委琐龌龊或放纵不羁之陋习”[①]，但其主要内容是朝着男女教育平等的方向发展的，还是应当肯定的。

1919年10月，在《第五次全国教育会联合会议决案》中，曾专门提出“改革女学制度案”，指出“男女教育，理论上实际上均不应为严格之区别。况共和国家，男女皆有受平等教育之权利，教育者不宜歧视之。”同时，又规定了高等小学校、中等小学校、师范学校、大学及专门学校，或者男女“绝对共学”，或者“不宜有男女之分，但视地方情形，亦得同校分班”[②] 的议案。总之，对男女区分教育已不是十分严格。1920年，由郭秉文、陶行知等主持的南京高师和蔡元培、蒋梦麟等领导的北京大学同时开放女禁，招收女子旁听生，实行男女同学，从实践上履行了男女教育权的平等，是我国教育史上的创举。1921年10月，全国教育联合会又在广州召开第七届年会，提出了“学制系统草案”，此草案后经1922年召开的学制会议及全国教育会联合会第八届年会的讨论、修改，于1922年11月1日，以大总统令向全国颁布，即“壬戌学制”。它是中国近代教育史上实施时间最长、影响最大的学制，是我国第一个不分性别的单轨学制，彻底改变了“壬子癸丑学制”还带有的两性双轨制的色彩。男女教育平等的权利得到制度上的保证，女子教育得以合法化，男女教育机会均等的思想得到进一步体现。该学制在女子教育发展史上具有特殊的意义。

总之，中国近代学制关于道德教育、职业教育、军国民教育以及女子教育的演变，在中国教育史上影响巨大，受到社会的普遍关注。我们将以此为教育大背景，结合民初十年间国内社会形势的发展，对《大公报》的相关报道与评述，展开分析。

---

① 璩鑫圭，唐良炎：《中国近代教育史资料汇编》（学制演变），上海教育出版社，1991年版，第845页。

② 璩鑫圭，唐良炎：《中国近代教育史资料汇编》（学制演变），上海教育出版社，1991年版，第845页。

第二节　《大公报》对民国最初十年间教育的基本主张

费正清先生说："中国有过一个强烈而确有感召力的传统，每个儒生都有直言反对坏政府的道义责任"①。在近代，鉴于国破家亡的惨痛现实，知识分子以自身拥有的知识为武器，展开了对反动政府、腐败社会猛烈的批判。其中，中国士大夫文人以报纸为武器的抨击，是重要的方式之一。

近代报人以报纸为武器，评品史实，抒发见解，议论国事，臧否人物，担当起匡扶国家，救助社会的职责。近代儒生论政或者文人论政的传统，可以追溯到鸦片战争之后。当时，有感于外国报纸在中国的创办②，一些有识之士也开始著书立说，强调报刊的重要作用，阐述其办报报国的强烈欲望。虽然很多言论不乏维护清王朝统治之词，但其振兴民族、维护国家统一的动机还是应该肯定的。这些办报行为，不仅为国人办报高潮的到来准备了条件，也为近代文人指斥社会弊端搭建了平台。在此基础上，一些更加激进的人士将办报理想付诸实践，如《昭文新报》、《匯报》《循环日报》《广报》③ 等。其中，王韬的《循环日报》最具代表性。该报于 1874 年 2 月 4 日在香港创刊后，内政外交，日常生活，样样具备。其最具特色、别具一格之"论说"，开中国近代报刊"文人论政"之先河。据不完全统计，仅 1874—1884 年，王韬在《循环日报》上发表论说 880 篇④。其特立独行、翘楚当时报界的姿态，正如创办人王韬所言"本局倡设循环日报，所有资本及局内一切事务皆我华人操权，非别处新闻纸馆可比"⑤，"是报之行专为裨益我华人而设"⑥。以王韬、容闳办报为嚆矢，到维新运动时期，特别是在 1895—1898 年的第一次国人办报热潮中，国人新办中文报刊 120 种，其中 80% 左右为中国人自办，其

---

① 费正清：《中国传统与变迁》，北京：世界知识出版社，2002 年版，第 237 页。

② 这些外国报纸如《中国丛报》（1832—1851）和《北华捷报》（1850—1864，后改名为《字林西报》），它们基本上反映了当时外国侵略者对中国的态度和要求。

③ 《昭文新报》是艾小梅于 1873 年在汉口创办；《汇报》是容闲于 1874 年在上海创办；《循环日报》是王韬于 1874 年在香港创办；《广报》是邝其照于 1886 年在广州创办。参见丁淦林：《中国新闻事业史》，高等教育出版社，2004 年版。

④ 夏良才：《王韬的近代舆论意识和〈循环日报〉的创办》，《历史研究》，1990 年第 2 期。

⑤ 王韬：《倡设日报小引》，《循环日报》，1874 年 2 月 12 日。

⑥ 王韬：《倡设日报小引》，《循环日报》，1874 年 2 月 12 日。

广泛性、多样性和进步性为中国前所无[①]；而在武昌起义后的半年里，我国的新闻界又迎来了“报界的黄金时代”，全国的报纸由100余家猛增至500家，总销量达到4200万份[②]，创下历史新高。各阶层社会精英畅言所想，竞相加入论评行列，抒发个人见解和社会救亡之方。其时，舆论界巨子之一、著名学者、政论家梁启超曾言：“凡欲为国民有所尽力者，苟反抗于舆论，必不足以成事”，并指出“舆论者，寻常人所见及者也”。他还在《国风报》中将舆论分为建设性的积极舆论和破坏性消极舆论，并宣称“故非舆论之可贵，而其健全之为可贵。”[③] 梁氏又积极倡导舆论自由，“言论自由、出版自由，为一切自由之保障……报馆者即据言论、出版两自由，以龚行监督政府之天职者也。”[④] 这种办报的浓烈氛围，有助于中国自由评论氛围的营造和形成。

20世纪初，清政府迫不得已推行了“新政”，而西方文明也越来越多的进入到人们的生活当中。但是，人们思想观念中“天下兴亡，匹夫有责”的传统并未退出历史舞台。特别是文章报国，“对国家兴亡的关注”，“以天下为己任的襟怀”的知识分子的文人论证传统并未丢掉。因此，《大公报》创办伊始，就订立自己的办报宗旨：“开风气，牖民智；挹彼欧西学术，启我同胞聪明。”希望由此“能取长舍短，推陈出新”，“总期有益于国是民依，有裨于人心学术。”[⑤] 从此后该报的发展历程看，《大公报》力求秉承这一宏旨，并希图更有长进。正如该报一千号祝辞中，创办人英敛之指出的那样：“《大公报》自出世至今，已一千号矣！自念区区苦心，始终坚持者，其宗旨在开风气，牖民智，通上下之情，作四民之气；其目的在救危亡，消祸患，兴利除弊，力图富强。”[⑥] 为具体践行上述宗旨，《大公报》试图通过新闻评论这一窗口，对时事进行精分细析。社论、论说、来稿、代论、译论等栏目特色纷呈、分量有加。在这些论说之中，对中国教育的宣传与关怀始终占据相当的比例。“报纸是文字史料的一种，也是比较重要的史料，通过它可以看到当

① 参见刘家林：《中国新闻史》，武汉大学出版社，2012年版，第133页。
② 参见吴廷俊：《中国新闻史新修》，上海：复旦大学出版社，2012年版，第131页。
③ 梁启超：《国风报（叙例）》，李华兴，吴嘉勋：《梁启超选集》，上海人民出版社，1984年版，第559页。
④ 梁启超：《十种德性相反相成义》，李华兴，吴嘉勋：《梁启超选集》，上海人民出版社，1984年版，第159页。
⑤ 《大公报序》，《大公报》，1902年6月17日。
⑥ 《大公报千号祝词》，《大公报》，1905年4月13日。

时社会的各个方面”。[①] 故此，我们借力《大公报》这份北方大报，梳理民初教育的方方面面，以期对今天的中国教育提供可资借鉴的资本。本文即撷取《大公报》的教育评述，探究民初十年中国的教育状况，以期深化其时《大公报》对中国教育认识的研究。

一、积极宣扬教育为“立国之本”的理念

从整理《大公报》资料的过程，人们会发现，《大公报》对民初教育的变化给予了足够的重视，它极力宣扬教育是“立国之本”，以及通过教育来培养国民道德的思想。其中，其关于教育是“立国之本”的思想中，蕴含着使国家富强、人民素质提高的内容，实际上涉及了当时教育救国思潮的基本主张。因此，本文首先将结合清末民初教育救国思潮的简要背景，对《大公报》的教育“立国”思想作一探讨。

（一）清末民初“教育救国论”的演变

“教育救国论”作为一种社会思潮，在中国近代产生过广泛而深刻的影响，是改良思潮的重要组成部分。它的产生是在近代中国危机四伏、任人宰割的社会现实下，有识之士苦苦探求抵御外侮、救亡图存出路的结果。其基本观点认为：近代中国之所以贫弱落后，之所以受外邦欺凌，其根本原因是人才不足，教育不发达、不普及、不注重培养人才的缘故。因此，要想转变国家软弱受欺的局面，必须通过改革教育来消除上述弊端。它的萌芽可以追溯到晚清洋务运动所举办的各类学堂中。

当时，鸦片战争的失败，惊醒了士人“华夏中心”的长梦，教育领域随之出现了批判传统教育空疏腐朽的经世致用思潮，人们开始发现传统教育的内容和结构有很多缺陷，并思考西方现代教育内容是否比儒家学说更能使中国拥有“财富和势力”。人们也开始将教育与国家存亡相联系，反省中国传统教育的种种弊端。龚自珍、林则徐、魏源可谓放眼世界先觉者的典型代表。魏源鲜明地提出，“欲制外夷者，必先悉夷情始；欲悉夷情者，必先立译馆、翻夷书始”。[②] 迈出了向西方学习的第一步。他还指出：“善师四夷者，能制

---

① 张宪文：《中国现代史史料学》，济南：山东人民出版社，1985年版，第78页。

② 魏源：《筹海篇三·议战》，魏源：《海国图志·卷二》，长沙：岳麓书社，1998年版，第26页。

四夷；不善师外夷者，外夷制之。”① 因此，中国人应抱着“尽得西洋之长技为中国之长技”② 的态度学习西方。至于向西方学习的内容，魏源认为，“夷之长技三：一战舰，二火器，三养兵、练兵之法”。③ 当然，时代背景的影响使他们并未能明确中国传统制度的劣根性所在，但其探求西方先进科技，学习西方军事装备的思想，对后来教育救国思想的萌生有一定的启发和引导作用。

正因如此，从19世纪60年代开始，洋务派的一系列兴办学堂、培养新型人才的活动，实际上渗透着“教育救国”的主旨。奕䜣就认为，“华人之智巧聪明不在西人以下，举凡推算格致之理，制器尚象之法，钩河摘洛之方，倘能专精务实，尽得其妙，则中国自强之道在此矣。”④ 洋务派的地方官僚冯桂芬建议，在上海创立翻译公所，请西人教授各国语言文字，请国内名师讲授经史，并习算学，以培养翻译人才。他认为：“此议行，则习语言文字者必多，多则必有正人君子通达治体者出乎其中，然后得西人之要领而驭之。”⑤ 而时任曾国藩幕僚的容闳则强调，中国学生不仅要学习西方的语言文字知识，还要学习算学、光学、化学、力学等知识，把学习的对象扩展到西艺、军事甚至留学教育上。同时，洋务派也主张会通科举，改革旧的取士制度，应该“专设一科取士，以移风气，造就人才”。⑥ 洋务派还主张通过留学教育使国家富强，认为其是造就人才，渐图自强之奇方妙法。无论是学习外人语言，还是格致、算学及军事，洋务派的最终目的都是想通过学习西方技术富强家国，维护清朝摇摇欲坠的统治。虽然仅仅学习国外的先进技术而不去变革制度的做法，存在着片面性与局限性。当时也没有“教育救国”之名，但洋务派所办学堂却有“教育救国”之实，只不过当时是作为“技术层面”的救国而已。

与洋务派相比，薛福成、王韬、郑观应等人为代表的早期维新派对上述问题的认识则更加深刻，他们疾呼废除科举制度，学习西方先进的文化教育

---

① 魏源：《大西洋欧罗巴洲各国总叙》，魏源：《海国图志·卷三十七》，长沙：岳麓书社，1998年版，第1093页。
② 魏源：《筹海篇三·议战》，魏源：《海国图志·卷二》，长沙：岳麓书社，1998年版，第26页。
③ 魏源：《筹海篇三·议战》，魏源：《海国图志·卷二》，长沙：岳麓书社，1998年版，第29页。
④ 朱有瓛：《中国近代学制史料》（第1辑）（上册），上海：华东师范大学出版，1983年版，第13页。
⑤ 冯桂芬：《校邠庐抗议》，郑州：中州古籍，1998年版，第251页。
⑥ 《同治朝筹办夷务始末》卷25，沈云龙：《中国近代史料丛刊》第62辑，台北文海出版社，1985年版，第255页。

制度，以使“西国之学术技艺大兴于中土”。[①] 郑观应说：“学校者，人才所由出；人才者，国势所由强；故泰西之强，强于学，非强于人也。”[②] 他又说：“古今中外各国，立教养之规，奏富强之效，原本首在学校”，“不修学校，则人才不出；不废帖括，则学校虽立，亦徒有虚名而无实效也！”[③] 早期维新派不仅从军事、经济上寻找中国文化落后的原因，而且试图从文化落后，国民素质低下的角度，强调发展教育，培养人才的重要性，具有比较明显的教育救国倾向。

甲午受创，晚清帝国再次遭受“城下之盟”、割地赔款之辱，“教育救国”再次受到人们的关注，梁启超所言“甲午受创，渐知兴学，学校之议，腾于朝庑”。[④] 康有为指出：“尝考泰西之所以富强，不在炮械军兵，而在穷理劝学”[⑤]，徐勤也认为：“凡泰西之所以富强，横绝地球者，不在其炮械军兵，而在其学校也”。[⑥] 维新知识分子在阐述技术重要性的同时，更认识到现代教育与人才的关系，开始探讨人才与学校的关系，把发展教育，提高国民素质作为教育救国的紧迫措施。康有为说：泰西各国“中等学校小学校遍地”，“举国男女，无不知书识字”，“民智而国富以强”，“万国咸畏之”。[⑦] 梁启超认为：“变法之本，在育人才；人才之兴，在开学校；”[⑧] “亡而存之，废而举之，愚而智之，弱而强之，条理万端，皆归本于学校。”[⑨] 学校为培育人才之“第一义”[⑩]。严复考虑到国民素质的优劣与民族盛衰和国家兴亡的关系后，指出：“是以今日要政，统于三端：一曰鼓民力，二曰开民智，三曰新民德。”[⑪] 强调救国之道在人不在物，其“智”之一端则是通过教育而获得。

---

① 王韬：《漫游随录》，载钟叔河主编：《走向世界丛书》，长沙：岳麓书社，1985 年版，第 155 页。
② 郑观应：《西学》，载夏东元编：《郑观应集》（上），上海人民出版社，1982 年版，第 276 页。
③ 郑观应：《学校上》，载夏东元编：《郑观应集》（上），上海人民出版社，1982 年版，第 261 页。
④ 梁启超：《倡设女学堂启》，梁启超：《饮冰室合集（文集之 2），北京：中华书局，1989 年版，第 20 页。
⑤ 康有为：《上清帝第二书》，汤志钧：《康有为政论集》（上册），北京：中华书局，1981 年版，第 130 页。
⑥ 徐勤：《中国除害议》，舒新城：《中国近代教育史资料》（下册），北京：人民教育出版社，1981 年版，第 951 ~952 页。
⑦ 康有为：《请饬各省书院淫祠为学堂折》，载汤志钧：《康有为政论集》，北京：中华书局，1981 年版，第 311 页。
⑧ 梁启超：《变法通议 · 论变法不知本原之害》，载《饮冰室合集 · 文集》第 1 册，北京：中华书局，1989 年版，第 10 页。
⑨ 梁启超：《变法通议 · 学校总论》，载《饮冰室合集 · 文集》第 1 册，北京：中华书局，1989 年版，第 19 页。
⑩ 参见梁启超：《变法通议 · 学校余论》，载《饮冰室合集 · 文集》第 1 册，北京：中华书局，1989 年版，第 61 页。
⑪ 严复：《原强》（修订稿），载王栻主编：《严复集》（第 1 册）（上），北京：中华书局，1986 年版，第 27 页。

他还“主张变法，但坚持‘变法当以徐而不可骤’。他所主张的‘徐而不骤’的变法办法就是提倡‘教育救国论’”。[①] 资产阶级改良派对禁锢人们智慧和思想的科举制度的抨击更加猛烈，认为其“使天下消磨岁月于无用之地，堕坏志节于冥昧之中”，“破坏人才，国随贫弱”[②]。从早期维新派到戊戌维新派，都希望通过废科举、兴学校、派游学、开民智、育新人来改造国家，他们从教育制度的层面深刻探讨了教育救国思想的重要性，超出了洋务派“技术教育救国”的范畴。

庚子事变和《辛丑条约》的签订，使中国蒙受更大的耻辱，救亡图存的呼声更加高涨，教育救国仍是重要话题之一。此时，国人“始知教育为中国存亡之绝大问题，于是众口一声，曰：教育！教育！”[③]“东南学士，咸知振兴学务为救国保种之惟一途径，此唱彼和，盛极一时”。[④] 清朝统治阶级中的部分人士幻想通过教育改革，挽救清朝颓运，也唱起了废科举、办学堂的调子。1903 年，张之洞、袁世凯合奏请废科举，声称“科举一日不废，即学校一日不能大兴；将士子永远无实在之学问，国家永远无救时之人才；中国永久不能进于富强。”[⑤] 但清末统治者万万没有想到，正值王朝末日、大厦将倾之时，“教育救国”论指导下的实践活动，不但不能“兴清”，反而是“亡清”。

民国政府诞生不久，政权很快落入袁氏之手，假共和的气氛没有延续多久，即被军阀混战所代替。亡国灭种的“二十一条”的签订，证明帝国主义瓜分中国的企图并未消除，孱弱的中国再次深陷民族危机。教育救国的呼声再度兴起。民初教育的有志之士，为培养资产阶级的共和国民，或倾资助学，或毁家兴学，或舍身殉学，不管其效果如何，但笃信教育能救国之情则殷殷可见。五四运动后，随着新文化运动蓬勃发展，各种教育思潮如雨后春笋，层出不穷，教育救国的思潮空前活跃。一批先进知识分子认识到文化教育的彻底变革会对社会变革、国家兴衰产生重要影响。于是，他们力倡改革中国旧有的文化教育，以此转变中国内忧外患的局面。此时“教育救国思想”的宣传达到了高潮。胡适说：“救国的事业须要有各色各样的人才”，[⑥] 他把

---

① 陈景磐：《中国近代教育史》，北京：人民教育出版社，1983 年版，第 131 页。

② 严复：《救亡决论论》，载王栻主编：《严复集》（第 1 册）（上），北京：中华书局，1986 年版，第 192 页。

③ 脱羁：《教育箴言》，载《教育世界》第 1—5 期合订本，上海 1901 年。

④ 冯自由：《中国教育会与爱国学社》，载《革命逸史》（初集），北京：中华书局，1981 年版，第 119 页。

⑤ 朱有瓛：《中国近代学制史料》（第 2 辑）（上册），上海：华东师范大学出版社，1987 年版，第 105 页。

⑥ 胡适：《爱国运动与求学》，载《胡适文存三集》（卷 9），中华民国十九年九月初版，上海亚东图书馆印行，第 1150 页。

"苦心造诣"的读书求学，作为"救国的预备"，视发展教育为某种更深层的拯救，是为祖国造不能亡之因。职业教育救国论的倡导者黄炎培指出："方今吾国最重要最困难的问题，无过于生计。根本解决，惟有沟通教育与职业。同人认此为救国救社会惟一的方法。"[①] 蔡元培认为，国民素质高低关乎国家命运，"一国之中，人民之贤愚勤惰，与其国运有至大之关系。故欲保持其国运者，不可不以国民教育，施于其子弟"。[②] 教育家张伯苓认为："我国欲在现代世界求生存，全靠新式教育，创造一代新人，我乃决计献身于教育救国事业"。[③] 另外，当时其他许多社会名流如陈独秀、鲁迅、徐特立等人也抱有教育救国的思想，使得教育救国成为这一时期一股强大的思想潮流。虽然他们对教育救国的观点有正误之别，但口号却同为"救国"；尽管其救国内容各不相同，但目标只有一个，即试图通过振兴教育来振兴国家；尽管其专业背景不同，却试图从各自的研究领域，提出各具特色的教育理论。因此，国民教育救国、职业教育救国、实业教育救国、平民教育救国、科学教育救国、女子教育救国等思潮此起彼伏。

作为成长于"教育救国论"氛围中的新闻媒体，《大公报》不可能对这些思潮熟视无睹，其"教育立国"的观点不可能不受这种"救国论"的影响。

（二）《大公报》宣传教育是"立国之本"的因由

以教化民，本固邦宁，自古以来就是中华民族重视教育的真实写照。《礼记·学记》即有"是故古之王者，建国君民，教学为先"[④] 之教导。

时至近代，西方坚船利炮来袭，国家民族危亡之秋。教育救国思潮再度成为时人力挽危局的思想法宝之一。林则徐、魏源的"师夷长技"之主张，教育救国之情愫已然可见；洋务派兴办职业教育，虽然成功乏术，但其教育救国的思想仍可略见一斑；郑观应指出"教育为立国之本，国运之盛衰系之，国步之消长视之。"[⑤]"学校者，造就人才之地，治天下之大本也。"[⑥] 郑氏将

---

① 黄炎培：《中华职业教育社宣言书》，载田正平、李笑贤编：《黄炎培教育论著选》，北京：人民教育出版社，1993年版，第84页。

② 高平叔编：《蔡元培全集》（第2卷），北京：中华书局，1984年版，第227页。

③ 郝庆元：《张伯苓在南开的育才之道》，《历史教学》，1983年10月。

④《礼记·学记》，《十三经注疏》，北京：中华书局，1980年影印版，第1521页。

⑤《致伍秩庸先生书》，夏东元编：《郑观应集》（下册），上海人民出版社，1988年版，第270页。

⑥《盛世危言·学校上》，夏东元编：《郑观应集》（上册），北京：中华书局，2013年版，第24页。

学校、教育、人才三者与国家前途、民族民运结合起来，阐明了教育培养人才，人才促进国家富强的关系；康有为则强调："泰西之所以富强，不在炮械军兵，而在穷理劝学。"任何一个国家，"才智之民多则国强，才智之士少则国弱"[①]；作为资产阶级革命派的代表，孙中山谋求救亡图存、振兴中华，也不忘"教育立国"的信念，他坚持"学问为立国根本"，"世界进化，随学问为转移"，"东西各国之文明，皆由学问购来"[②] 的理想和信念，"屡踣屡起"，"愈挫愈奋"，最终在许多人心目中树立了民主革命的思想。

西方入侵，民族危机，有识之士想通过教育"兴学养才"，将西方先进文明吸纳中华体内，强国固本，化解危机，改变中国的历史命运。于是，"教育为立国之本"和"教育救国"论应运而生。

在民国最初十年，本着"开民智"的宗旨，《大公报》一直把教育是"立国之本"作为一种理念来宣扬，提出教育不兴，必然危及国家发展的观点。它认为："国何以成？集多数人民而成者也；何贵乎多数人民？贵乎多数人民之知识能力也。"[③] 该报还进一步评论说："国家能永久存立，与不能永久存立，初不在地之广人之多物之丰，乃实在于学，实为发达国家之要素，存立国家之命脉。"[④] 为什么教育是"存立国家之命脉"呢？《大公报》认为，"中国现时所以至于扰乱不靖者，人民程度不齐有以致也"，[⑤] 人民程度不齐，是因为前清教育的腐败，所以，"民国肇基，教育实为首务，措置之当否，动为国家存灭所关"。[⑥] 中国今日欲图自强，"必先以振兴教育为第一着"[⑦]。如此，才能达到国盛民强、治国安邦之目的。上述言论，旨在说明要想实现国富民强，只有兴办教育这一出路。教育使人民智力发达，国家永久存立，教育是"立国之本"的观点显然是该报的首倡。

同时，民初国家的危局，如沙俄企图吞并外蒙、英国觊觎西藏、"二十一条"的签订、巴黎外交和会的失败等社会现实，在警醒各界爱国人士寻求救

---

① 《上清帝第二书》，汤志钧编：《康有为政论集》（上册），北京：中华书局，1981 年版，第 130 页、131 页。

② 《在北京湖广会馆学界欢迎会的演说》，《孙中山全集》第 2 卷，北京：中华书局，1982 年版，第 422 ~ 424 页。

③ 《通俗教育研究会宣言》，1912 年 5 月 15 日《大公报》。

④ 心森：《对于各界之箴言》，1914 年 11 月 21 日《大公报》。

⑤ 《中国今日之教育》，1913 年 6 月 10 日《大公报》。

⑥ 《直隶高等学校校长刘春霖上教育部说帖》，1912 年 7 月 4 日《大公报》。

⑦ 《中国今日之教育》，1913 年 6 月 10 日《大公报》。

国方法的同时，也促使《大公报》人思考，如何用媒体的力量满足人们思想上对救国方法的渴望。从这种基调出发，《大公报》从本阶级的立场出发，再次肯定了教育是“立国之本”的观点，并以评论和报道的方式，从教育振兴方面提出了多种解决社会危机的办法。

从民国初年到20年代，该报一直把教育为“立国之本”作为其教育评述的主导线索，典型的报道和评论如：《直隶高等学校校长刘春霖上教育部说帖》（1912年7月4日）、《通俗教育研究会宣言》（1912年5月15日）、《论根本救亡当以道德教育改革人心》（1912年6月15日）、《对于各界之箴言》（1914年11月21日）、《教育救亡论》（1915年10月14日、15日）、《论教育普及当确定方针》（1913年1月17日）、《论革命事业之真际》（1912年3月19日）、《中国今日之教育》（1913年6月10日）、《教育与政治》（1921年6月8日）等等。姑不论其言论正确与否，其希望通过教育“化战场为庠序，纳戈矢于诵琴”[①] 的心情则是十分明显的。

（三）《大公报》宣传教育为“立国之本”的言论

1912年1月，南京临时政府教育部颁布《普通教育暂行办法通令》，将前清教科书一律废除。3月，又通令各省，高等以上学校“应暂照旧章办理”，但有碍民国精神的如《大清会典》、《皇朝掌故》等书籍一律禁用。《大公报》在肯定上述措施正确的同时，进一步指出，若要真正“革教育之命”，应将前清学部颁定之“不通章程，鉴定之奴性课本，悉数拉杂摧烧”。[②] 因为前清之旧章，理论上虽无继续推行之理，而事实上难免有沿袭传染之虞。这一主张表明该报彻底清除前清教育遗渍的决心。

1912年8月10日，全国临时教育会议刚结束，《大公报》就发表了《论民国教育宗旨之规定及其将来之希望》（1912年8月25日），积极表明对教育改革的态度。9月2日，北京临时政府教育部公布民国教育宗旨，引起了教育界的广泛关注。《大公报》于1913年1月发表《论教育普及当确定方针》一文；几个月后，该报又转载了《大陆报》的社评——《中国今日之教育》。这些文章和评论，从教育与人才之关系、“人民程度”、政治风俗、国力发展等角度，阐述了振兴教育可强国、忽视教育则乱国的观点。

第一，“立国之本”与“立国之资”。“教育为立国之本，一日无教育，

---

① 选：《教育救亡论》，1915年10月15日《大公报》。
② 无妄：《论革命事业之真际》，1912年3月19日《大公报》。

即失立国之资"[①]。《大公报》认为，教育为国家重要构成基础，是国家之"元气"，一日不可或缺。教育培养出的人才正是该报所谓的"立国之资"。首先，学校教育能培养出国家需要的人才。该报认为，学校是人才的摇篮，办理者应根据中国国情，设立适宜于我国实际的各级各类学校，既要有"作育人才之心"，[②] 也要有培养人才之力，不可因种种政党纷争而使教育时办时辍，伤害国家"元气"。其次，中国"处帝国主义、民族主义之世"，只有振兴教育才"可立国于地球之上"。[③]《大公报》认为，普鲁士败于法国，却因为教育崛起而"复法仇"；日本"见屈"于欧洲大国，却因广兴教育而与之"列于平等"。"国非民不立，国不能自强其民，则国将不国"，自强之道，即为如何使教育"腾达"。教育"腾达"可免"灭国夷种之祸"，[④] 国乃"立"矣。

第二，教育兴废与"国家盛衰"。教育兴废、人民知识程度、国家盛衰三者紧密联系、密切相关。《大公报》认为，"国家之盛衰，视乎人民程度之高低；人民程度之高低，视乎教育之兴废。教育不兴，而欲人民程度之高，不可得也；人民程度过低，而欲国家之盛，亦势所必不能。"[⑤] 何谓该报之"人民程度"？"民之程度云者，合道德与知识言之也"，[⑥] 然而，道德和知识都必须由发达教育而来。为了说明"人民程度"的重要性，该报列举了"人民程度"不足之两大弊端：（1）中国的"人民程度"低下，对官僚专制之识别能力就弱，长期倍受"官僚党"之压制。因此，政府不思竭力尽职而敷衍度日，议员不求"无付人民付托之重"而以捣乱为事，人民却因为程度低下而对此黑白莫辨，"彼曰善则从彼，此曰善则从此"，而"伟人"则利用此机"遂其私图"，于是国家"紊乱"不已。假如人民稍有"程度"，就会对"伟人"行为，"当服从者服从，当反抗者反抗。威不能挟，利不能诱，谣言不能惑，诡计不能愚"。[⑦]"伟人"不能得逞，国家遂能平安。（2）"人民程度"低下，就"不足以维持公同之秩序"，"不能有美满之设施"。正因为"人民程度"低下，所以人人不知有国家，不知有社会。政治之设施，公共之秩序，

① 郛公：《教育与政治》，1921年6月8日《大公报》。
② 《中国今日之教育》，1913年6月10日《大公报》。
③ 选：《论教育普及当确定方针》，1913年1月17日《大公报》。
④ 选：《论教育普及当确定方针》，1913年1月17日《大公报》。
⑤ 《中国今日之教育》，1913年6月10日《大公报》。
⑥ 选：《论教育普及当确定方针》，1913年1月17日《大公报》。
⑦ 《中国今日之教育》，1913年6月10日《大公报》。

皆反悖公理，国势乃“左支右绌，遍体疮痍”[①]，中国不但无蒸蒸日上之迹，反而有“亡国灭族”之象。那么，如何提高“人民程度”呢？该报认为，A：通过教育“引起国民之自立心”。《大公报》认为，世界上本来人人平等，但因为“智”与“力”不齐，才有阶级和高下之区别，使得尊者愈尊，卑者愈卑。帝王专制时代，统治者深恐民智渐开，施行愚民之术，所以，“人民程度不齐”而国力弱。现在是民主共和之国，应该“人人有国家之责任，即人人宜有自立之心”[②]，而这一“自立之心”必须通过教育来完成。B：通过教育“使人民有国家之观念”。《大公报》说，“集人民而成国家，国家者，人民所集合之团体也，爱国家即所以爱个人，无国家则人民亦直受其害。”[③] 专制时代，国人心目中个人、家族的观念重，国家观念“薄弱”，总认为国家是君主之私产，与自己“痛痒不相关”。如今共和已建，对外联系加强，应该教育人民真正树立“天下兴亡，匹夫有责”的观念。C：通过教育改良旧习惯。《大公报》的观点是，“一国之立也，必有一国之习惯，世代相沿，久而成性。故无论其为善为恶，未有不为人群进化之阻碍者。”人们崇奉的英国，其习惯尚遗“守旧之讥”，我国为专制之国，尊卑之等级，贫富之区分，相袭成风，其剥夺人权，妨害自由者，不胜枚举。所以，共和建立，应该通过教育去前清之“旧染之污”，谋社会之发达。D：教育人民破除迷信。《大公报》之所谓“迷信”者，不仅指神权，而且指“种种之恶学说，及不完备之假道德”。在神权和恶学说、假道德之间，又有程度轻重之分，“盖神权之说，荒诞不经，人民虽易为所愚，而尚无确证可寻，不难直揭其隐。惟其信仰之恶学说，及不完备之假道德，入人已深，牢不可破，究其流毒，较之迷信神权者，尤为猛烈”[④]。所以，只有通过教育才能破除“迷信”，尤其是破除“恶学说”和“假道德”，才能提高“人民程度”，振兴国家。E：教育人民要维持公共道德。《大公报》视公共道德为“人类自由之保障”，“共和国家之精神”，“人类之一举一动，必使无损于人，有益社会，尊重他人之自由，斯为自由之真谛，由此而组成文明之社会，始能孕强有力之国家”。而中国人却只有私德，没有公德，“损国以肥家”，损人利己，当然不可能“孕”强大之国家。F：教育应能辅助国民生计。《大公报》认为，我国目前生利少而消耗

---

① 选：《论教育普及当确定方针》，1913 年 1 月 17 日《大公报》。
② 选：《论教育普及当确定方针》，1913 年 1 月 17 日《大公报》。
③ 选：《论教育普及当确定方针》，1913 年 1 月 18 日《大公报》。
④ 选：《论教育普及当确定方针》，1913 年 1 月 18 日《大公报》。

多。再加国人轻视工商，外人工业入侵，使得生计凋敝，人民无法安生，国家可能混乱。“欲为根本之抵制，必使一般普通人民，皆能自谋生计，而尤非教育有方，不能具此种能力也。”[①]

总之，《大公报》提高“人民程度”的六点建议，不可能尽善尽美，但作为新闻媒体，其建言献策、呼吁教育的心情，跃然纸上。虽然不可能起到振聋发聩的效果，但也足以警醒一部分国民，其态度和心情是可以理解的。

第三，教育盛衰与共和成败。《大公报》认为，“教育为万事之母，立国之本。凡一国中之政治风俗人心，胥随教育为转移，教育良则政治、风俗、人心罔弗良；教育不良则政治、风俗、人心罔克良。故觇国者恒以教育为望气之先，而谋国事者亦于此加之意焉。”满清时代之教育“袭牖民之名，以行其愚民之术”，推行的是奴隶教育，政治、风俗、人心皆染有奴隶之“意味”。如今民国成立，“国民皆有与闻国事之责，则谋教育普及，实为根本之图。”[②] 所以，应该通过教育移易人们脑中奴隶之“恶根性”，树立良好的政风人情，使人人有共和之资格，才是造就新生共和国的基础。

第四，教育存废与国家存续。教育良则国家安宁、国力强盛。“教育本为国家一切未来事业之母，教育良则日后事业必发达，教育不良则日后事业必退败。”[③] 该报说，远古之周代正因为教育发达，才形成政通人和，国泰民安，邦国来朝，贤士“咸造”（拜访）的局面。正所谓“文明之大兴，种族之勃兴”。[④] 周代衰落后，“诸子蔚兴，济济于堂，各奋其学，矫直众枉”，道家、儒家、墨家、阴阳家、名家等宣传其教育思想，使得各自的国家能延续繁荣。该报又用国外历史作比拟，认为“普人创法”，“日本挫俄”，都是庠序谨教，“学校若林”的结果。所以，“教在国家者王，国家失教，人民起而代之者强；人民代之，国家复从而摧沮者亡”。[⑤] 在这里，《大公报》用春秋战国时期百家争鸣、各国争雄的实例说明教育的兴衰与国家存续的关系，有一定的道理，不过该报显然忽视了国家存在的经济基础，过分夸大教育救国的作用。但是，该报说明教育兴衰与国家存亡的关系却并不过时，还是有一定的社会积极意义的。

教育救国论作为一股重要的社会思潮，在民国初年的特殊背景下产生过

① 选：《论教育普及当确定方针》，1913 年 1 月 18 日《大公报》。
② 无妄：《论革命事业之真际》，1912 年 3 月 19 日《大公报》。
③ 心森，1914 年 11 月 30 日《大公报》。
④ 选：《教育救亡论》，1915 年 10 月 14 日《大公报》。
⑤ 选：《教育救亡论》，1915 年 10 月 14 日《大公报》。

积极的影响。而《大公报》宣传“教育立国”的主张，也正是民初教育救国思想盛行的年月，其评述之观点自然包含许多教育救国思想的成分。那时，政治腐败，经济凋零，列强环伺。如何使新生而羸弱的民主共和国摆脱恶劣环境，求得生存并逐步走向富强，是有识之士争相探讨的话题。《大公报》作为“中国最有影响的独立无党派报纸”[①]，适时提出“教育立国”的观点是有一定积极意义的。该报倡导培育人才、提高“人民程度”等“立国”主张也有一定的合理性。这一主张和下面的道德教育主张是贯穿该报整个教育评论的主线。可以说，《大公报》提倡的每一种教育主张，诸如实用主义教育、职业教育、军国民主义教育、女子教育等，不管其具体想法在今天看来是否正确，它都是以“立国”相标榜、作旗号的。然而，由于该报所处时代和本身认识的局限性，使其“教育立国”的观点亦是真伪混杂、瑕瑜互见。其“教育立国”思想对教育功能的认识，既蕴含有可取之处，又有芜杂之点；其对当时教育的发展进程，既具有积极的作用，也不乏负面的宣传。

“教育立国”主张的合理性。《大公报》主张立国之本在于优秀的人才、较高的“人民程度”、良好的政风人心等，有其积极之处。当时，民国初建，满目疮痍，百废待兴，部分觉醒的国人想通过教育来巩固新生的政权，尽管具体主张不同，但目标只有一个，就是如何使得国家在列强纷争的世界中长久生存。《大公报》作为资产阶级改良主义的媒体先驱，其“立国”主张无疑有益于国家的发展和繁荣；其以古喻今的道德说教无异是处于懵懂中之国人的清醒剂；其力求通过舆论宣传来为正在兴起的民族资本主义的发展尽一份力量的心情，亦属于情理之中。因此，《大公报》“教育立国”的思想，对其时正在热兴的教育变革起到了一定的推动作用。

“教育立国”主张的局限性。教育发挥作用的程度是有限度的，也是有条件的。在半殖民地半封建的旧中国，军阀官僚和帝国主义控制中国的政治经济命脉，人民无任何权利，毫无民主可言。该报撇开这一社会现实对教育所产生的阻碍作用不提，盲目夸大教育的作用，将其视为立国之不二法门，其“根本错误在于否定革命是改变旧中国半封建半殖民地社会性质的唯一手段”，[②] 即忽视了教育发展的社会前提；“颠倒了教育与政治、经济的关系”，[③]

---

① ［美］费正清主编《剑桥中华民国史》第二部，章建刚等译，上海人民出版社，1992年版，第78页。
② 朱作仁：《教育辞典》，南昌：江西教育出版社，1992年版，第674页。
③ 张念宏：《教育百科辞典》，北京：中国农业科技出版社，1988年版，第179页。

单纯把发展教育作为国家长治久安的依据，幻想在不推翻帝国主义和封建势力的前提下，单纯依靠发展教育来"立"国，违背了政治、经济决定教育发展的客观规律。其实，国家"立"否，既依赖于教育，更依赖于符合历史发展的政治经济因素。否则，就不可能抓住根本，不可能真正达到"立"国的目的。同时，《大公报》的"教育立国"主张亦忽视了教育本身发展的规律。教育是一项长久的事业，需要较长的周期和稳定的环境，而民国初年很明显不具备这一条件。所以，《大公报》幻想通过教育改变一个国家面貌的"立国"理论，也只能是空喊口号，纸上谈兵而已。然而，正如梁厚甫先生曾对《大公报》的文人办报作过这样的注解，"文人报国有心，回天无计，寄希望于白纸黑字，把内心告诉大家，其内心是正其义不谋其利，明其道不谋其功。"① 从这一点而言，《大公报》对当时形势虽感无奈却内心坚定。

二、崇尚道德人格的培养与教育

（一）近代以来道德教育发展的演变

在漫长的封建社会里，"三纲五伦"一直是道德教育的核心内容，修身、齐家、治国则是封建道德教育的理想境界。近代以来，国势日趋衰落，人们在对社会制度产生怀疑的同时，对以"三纲五伦"为主的道德教育也提出了疑问。早期维新派对封建伦理纲常的批评，对"自由"、"平等"的朦胧认识就是明证。而维新志士对三纲五伦的猛烈抨击，更显现出传统道德教育所受到的挑战。谭嗣同强调，"朋友"是"五伦中于人生最无弊而有益"的一伦，它体现了"自由"、"平等"和"不失自主之权"② 的精神。梁启超把中国贫弱的根本原因归结为民力、民智、民德的缺失，只有在上述三个方面痛下一番自新的工夫，以"新民为今日中国第一急务"③，才能使中国走向富强，而国民道德建设，则是"新民"的重要组成部分。严复是一位"教育救国论"者，是近代名人关注国民道德教育的始作俑者。他认为："德行仁义之强"是国家"强弱存亡"的三"大要"④ 之一，而他针对中国"民力已苶，民智

① 转引自王润泽：《张季鸾与〈大公报〉》，北京：中华书局，2008 年版，第 52～53 页。

② 谭嗣同：《仁学》，载蔡尚思，方行编：《谭嗣同全集》（下），北京：中华书局，1981 年版，第 350 页。

③ 梁启超：《新民说》，郑州：中州古籍出版社，1998 年版，第 48 页。

④ 严复：《原强》（修订稿），载王栻主编：《严复集》（第 1 册）（上），北京：中华书局，1986 年版，第 18 页。

已卑，民德已薄”的贫弱落后状态，提出的“鼓民力”、“开民智”和“新民德”三个药方中，他认为“新民德”是上述三者之中最难实现的。

辛亥革命后，蔡元培“五育并举”的教育方针，也非常重视公民道德教育。此方针主张，“五者以公民道德为中坚，盖世界观及美育皆所以完成道德，而军国民教育及实利主义，则必以道德为根本。”① 在公民道德教育中，蔡元培又特别关注国民公德的建设，强调必须尽快培育起国民的公德意识“以与外国相抗”。② 孙中山把“自由、平等、博爱”作为道德教育的指导思想，并且他把“民族主义”、“民权主义”、“民生主义”分别比作法国大革命的“自由、平等、博爱”，认为“法国的自由和我们的民族主义相同，因为民族主义是提倡国家自由的。平等和我们的民权主义相同，因为民权主义是提倡人民在政治之地位都是平等的，要打破君权，使人人都是平等的。……博爱和我们的民生主义是相通的，因为我们的民生主义是图四万万人幸福的，为四万万人谋幸福就是博爱。”③ 所以，“自由、平等、博爱”，就是孙中山进行道德教育的根本纲领。孙中山还阐述了道德教育中“家”与“国”的关系：“各个家庭都要靠国家，才可以生活。国家是合计几千万家庭而成，就是大众的一个大家庭。学生受先生的教育，知道对于学校有尊敬师长爱护学校的责任，对于家庭有孝顺父母亲爱家庭的责任，对于国家也有一种责任，这责任是更大的，是千万人应该有的责任。”④ 在此，孙中山把爱国心和社会责任感提到道德教育的层面上来讲，阐述了道德在资产阶级共和国建设中的重要性。

北洋政府的黑暗统治，使民国人心离散，社会混乱，大多数国民视公共安危为不关己身痛痒之事，这就迫使有识之士对道德教育提出更高的要求。陈独秀曾指出：“爱国心为立国之要素”，“国人无爱国心者，其国恒亡。”⑤ 他要求大力培养国民自觉的爱国心和责任感。李大钊同样对中国人的“群德”衰败痛心疾首，认为自“神州光复之后，吾群德之堕落，乃反有江河日

---

① 蔡元培：《全国临时教育会议开会词》。载中国蔡元培研究会编：《蔡元培全集》（第2卷），杭州：浙江教育出版社，1997年版，第178页。

② 蔡元培：《全国临时教育会议开会词》。载中国蔡元培研究会编：《蔡元培全集》（第2卷），杭州：浙江教育出版社，1997年版，第178页。

③ 孙文：《三民主义》，北平中国文化服务社北平分社选印（无出版时间、地点，北京师范大学图书馆库本阅览室藏）。

④ 孙文：《三民主义》，北平中国文化服务社北平分社选印（无出版时间、地点，北京师范大学图书馆库本阅览室藏）。

⑤ 陈独秀：《爱国心与自觉心》，载任建树等编：《陈独秀著作选》（第1卷），上海人民出版社，1984年版，第113页。

下者”。[①] 他呼吁国民注意爱国心、公德意识和责任感的培养，使国民能够担负起复兴中华民族的重任。

综上所知，随着国家危机的逐渐加深，仁人志士对道德教育的认识逐渐由加强自身修养转向爱国心、社会责任感的培养，对道德教育与国家兴衰联系的认识也进一步深化。

在近代国人呼唤道德教育的同时，教科书中关于道德教育的内容也在慢慢发生着变化。在洋务学堂的课程和教科书中，道德教育还是以中国传统的“圣经贤传”为主要内容。但到清朝末年，这一传统的道德教育模式发生了改变。新式学堂中“修身”这一专门的道德教育课程的设置，客观上推动了道德教育的发展，同时也为道德教育教科书的变革创造了契机。有些教科书，如南洋公学所编《蒙养课本》“二编”的课文中，对如何选择道德教育的素材，进行了评论。编者认为传统教材“或高远难行，或简淡无味”，“故概不登录”，而是“大半译自西书，略加点窜”。[②] 这表明道德教育的内容与性质已发生变化，传统内容被放弃，西方道德观念渗入了教科书。

在倾向革命的资产阶级知识分子所参与编写的道德教育教科书中，传统道德教育中的糟粕成分被抛弃的痕迹更是比比皆是。如商务印书馆出版、蔡元培等人合编的《最新修身教科书》，在10册200课小学修身课文中，无一处涉及到“忠”和“君”字。它讲“爱国”，是从养育之恩来讲报效祖国，而不是“忠君报国”；它讲家庭关系，是要求家庭成员“人人当自尽其职分，而不可苛求于人”，而不是“夫为妻纲”的论调。它还直接宣传了一些“自由、平等、博爱”思想，认为“使以贵贱贤愚之别，而有所厚薄于其间，非博爱之道也。”[③] 体现了与传统德育教材完全不同的伦理道德观和民主爱国观。

另外，丁宝书编写的《蒙学中国历史教科书》、东新译社编纂的《中国历史》，也充满了新的道德教育气息，其“牺牲自身，以为国民求幸福”的主张具有很强的吸引力和鼓动性。

辛亥革命后，各级各类学校取消了与读经有关的课程。为贯彻南京临时

---

① 李大钊：《暗杀与群德》，载《李大钊文集》（上），北京：人民出版社，1984年版，第22页。

② 《南洋公学蒙学课本初编、二编编辑大意》，转引自葛新斌，郭齐家：《西学东渐与中国近代道德教育观的演变》，《华东师范大学学报》（教育科学版），1999年第1期。

③ 蔡元培等编：《最新修身教科书》，北京：商务印书馆，1906年版。

政府的教育宗旨，中华书局在范源濂主持下编写了《新制中华教科书》，提出“阐发共和及自由平等之真义”、“提倡国粹以启发国民之爱国心”，以及“兼采欧化以灌输国民之世界知识”的编辑方针，以期达到“养成独立、自尊、自由、平等、勤俭、武勇、绵密、活泼之国民”① 的目的，体现出封建伦理教育的废止，资产阶级自由、平等和注重爱国、公德等观念的引入，这些都影响着教科书的编纂。教育部规定的“修身科”方针，也把“注重道德之实践，养成国民公共心及自治习惯”② 放在首要位置上，充分说明民初道德教育是倍受重视的。

另外，从清末民初颁布的几个教育宗旨中，也能看出道德教育内容的演变，这一问题前已叙述，此处不再赘述。

总之，道德教育在近代是朝着自由、平等、爱国的方向发展的，逐渐突破和摆脱了“三纲五伦”、“忠孝节义”等封建思想的束缚。对此变化，《大公报》又是如何看待的呢？

（二）《大公报》对道德教育的认识

民国初年，政体不稳，社会动荡不安，《大公报》把这一局面归因于道德教育的缺乏。该报认为，“中国自辛亥国体革新，道德一落千丈”③，“官则纳贿，殃民罔上、欺下肥己而外，绝无目的；绅则营私害公，争权攘利，武断乡曲，为害闾阎；商则贩鬻作伪，倒骗时闻；农则懒惰成性，不加振作。”④ “伟人”也廉耻道丧，对政府常常拥兵迫挟。所以，该报不时发表文章，要求当局昌明礼教，提倡道德，纠正风俗，清明政治。如前所述，该报相信教育救国，并主张首先要进行道德教育。所以，民国之初，《大公报》就发表了美国传教士丁义华的文章，论述道德教育对新建共和国之作用，宣称“共和无他，惟有德者能之。”“诸公果欲缔造坚固之共和国，道德心切不可不有也。”⑤

1912 年 2 月 10 日，教育总长蔡元培在《教育杂志》上发表《新教育意见》一文，提出军国民、实利主义、公民道德等五项教育。4 月，蔡文经修改，以《对于教育方针之意见》为题，在《东方杂志》第 8 卷第 10 号上发

① 《新制中华初等小学国文教科书》“编纂旨趣”，《中华教育界》，第 9 卷第 9 期，1913 年。
② 教育部：《修身科采取方针》，《教育杂志》，第 6 卷第 7 期，1914 年。
③ 笑生：《论中国第一步当提倡道德以正人心》，1916 年 7 月 9 日《大公报》。
④ 斐：《提倡道德挽回末俗》，1919 年 11 月 1 日《大公报》。
⑤ 丁义华：《论中国青年宜如何自处于今日之时会》，1912 年 3 月 9 日《大公报》。

表。蔡文认为，民国新教育方针的“五主义”并不是平行的，而是以公民道德为“中坚”，“德育兼意志情感二方面”，“公民道德及美育皆毗于德育”。也就是说，在军国民主义教育和美育中，都兼有德育的成分，在世界观教育中更含有德育的成分。蔡文还认为必须革新清末德育关于忠君、尊孔的内容，因而废除了课程中的读经讲经。修身课程名称虽然保留了下来，但内容却是强调养成道德上之思想情感，并鼓励躬行实践“完具国民之品格”，注重自身以及对家庭、对社会、对国家、对人类的责任和义务，根本点是从“自治”出发的。另外，蔡文也把“公民道德”与自由、平等、博爱相比附，指出，“何谓公民道德？曰法兰西之革命也，所标揭者，曰自由、平等、亲爱。道德之要旨，尽于是矣。”“教育而至于公民道德，宜若可为最终之鹄的矣”。[①] 以此说明道德教育在整个教育进程中的核心地位。对于蔡元培关于道德教育的阐论，《大公报》的反映是比较敏锐的。该报于1912年6月15日发表了《论根本救亡当以道德教育改革人心》一文，旨在阐发道德教育在“五育”中的首要性。《大公报》认为，在世界上，中国的人民最多，壤衍最腴，物产最富，礼教最盛，应该是世界上“最富强、最完美、最为各国所慑服宗仰之国”。“乃进而征之，国用匮乏，穷达极点；外交力薄，动辄失权；矿山藏宝而不兴，舟车交通而不启；农事腐败，如古图腾；工商不振，如黑种奴；政多井蛙之见，不若蜂蚁之犹有世界观；官皆贪婪之辈，不若绿林之公道；习俗浇离，每下愈况。茫茫兮前途，狂澜往而莫返。于是强邻环伺，四面楚歌；君子畏焉，而犹内讧迭乘，如痴如梦，耗矣哀哉！是何以故？人心邪乱而臻于死也。”[②]

由该报上述言论来看，中国之乱局全都由于“人心邪乱而臻于死”，“人心”就是道德心，“臻于死”就是道德沦丧到达无以复加的地步。该报进一步评论说：“慨自戊戌迄今，学制改革，军制改革，实业改革，政治改革，改革之风潮不谓小，改革之经历不谓少。由今拟昔，人固不能谓中国无进步，试由国民的精神上、心理上观察之，则大反是；由国际上之现象推究之，则更不能形容其危状矣。”[③] 原因何在？这是因为国家只注重小部分改革，不注意大部分改革；只注重外观，不注重内容；这大部分的、内容的改革指的是

① 蔡元培：《对于教育方针之意见》，载高平叔编：《蔡元培教育论集》，长沙：湖南教育出版社，1987年版，第43、46、47页。

② 郑泽垲：《论根本救亡当以道德教育改革人心》，1912年6月15日《大公报》。

③ 郑泽垲：《论根本救亡当以道德教育改革人心》，1912年6月15日《大公报》。

什么呢?《大公报》认为是道德教育。只有道德教育，才能使人心改革，才能怯除攘利夺权、剥公利肥身家、丧尽廉耻盗卖国柄之恶习。总之，即“道德还魂，则人心再造”。[①]

最后，《大公报》提出道德教育在改革人心的同时，对军国民教育、实利主义教育和美育教育都有一定的制约作用:“且夫持军国主义者，无道德为之通融，必失之骄;持实利主义者，无道德为之根本，必失之诈;持世界观主义者，无道德为之磨练，必失之荡佚;持美观主义者，无道德为之陶冶，必失之淫慢。”为了进一步证实此提法，该报用斯巴达、雅典、埃及、朝鲜以及中国历史上的少康、光武时代的统治作例证，阐述了“国民有道德植其基，而后有爱国心，而后人心不死，国家不亡”[②] 的道理。

随后的日子里，虽然民国政局动荡，政府人选变换频繁，但《大公报》宣扬道德教育重要性的立场丝毫不变:

1915 年元旦，袁世凯发表“第一申令”，表明要注重国民教育，命令各地切实筹办义务教育。《大公报》于元月 14 日发表《教育之精神与形式》的论评，指明何者为教育之精神，何者为教育之形式，并着重就教育之精神的重要性进行详细论证，阐明教育成败主要取决于教育之精神而非教育之形式，而教育之精神就是道德教育。文章认为:第一，教育的实质精神。学舍美观，学术“精巧”只是教育之形式，而完善的道德教育才是教育之精神，是教育实质所在。第二，重视道德教育的重要性。封建时代之教育，家自为学，首先重品德，然后才是学问。故而师道立则善人多，“师能躬行大仁、大义、大孝、大节，则学生亦必能躬行大仁、大义、大孝、大节”，耳濡目染，习惯自然，故而一乡一村，无作奸犯科者，进而国家安定。第三，教育“新政”失败的原因。清末民初实行“新教育”，教育成效“转不如未言教育之先”。“盖教育有体有用。体者何?道德是也。用者何?技术是也。技术为国家之末，故谓之为用;道德为国家之本，故谓之为体。舍本逐末，国家焉得不日趋日下?准斯以谈，则道德堕落，实为国家之大不幸也。”所以，不重道德教育是教育失败的根本原因。第四，道德为救国之本。今日若要救国，只有从根本之道德入手。《大公报》把道德教育分为家庭道德熏陶和学校道德教育。前者在于父兄，后者在于教师。两种教育互为表里，“家庭教育，可以补助学

① 郑泽垲:《论根本救亡当以道德教育改革人心》，1912 年 6 月 16 日《大公报》。
② 郑泽垲:《论根本救亡当以道德教育改革人心》，1912 年 6 月 16 日《大公报》。

校；学校教育，亦可以感召家庭。由是言之，为人师者，对于青年子弟，其关系倍重于子弟之父兄也审矣。”学校教育不只是重视学问，更要重视道德。道德有合力作用，“道德为国家无形之城郭，众志成城”，而“凝聚道德，非爱人如已，博爱大群不为功”，所以道德“能合群爱群，国家无论有如何危险现相，必可以转危为安，化险为夷”。① 通过道德教育护卫江山社稷，使国家转危为安。可见，《大公报》鼓吹的是道德教育救国论。

1915 年，袁世凯与日本签订了屈辱的“二十一条”，此举遭到国人的谴责，舆论普遍认为这是袁政府道德败坏所致。一时间，道德教育可以救国的观念甚嚣尘上。这种观念认为，道德教育能使“人人知自尽其义务”，能激起人们“爱国爱群之心”，能使“中国四百兆之众，上下一心，群策群力，以固邦基，以御外侮”②，道德教育成为人们强国御辱之策的一种呼声。《大公报》认同道德救国的观点，并认为欧洲战祸，波及远东，“我国民困心衡虑，所冀雪耻辱于将来者，惟教育是赖；教育良否，又视学校之有无公德心以为断”，公德心之养成，“非于学校植其基不可”，只有公民道德“齐备”，国家才有“中坚国民之势力”，公民才能“视国家如一身，国家有事，虽经万难无所逃避，即牺牲其身亦无所惜”③，所以应该注重养成公民之公德心。《大公报》于 1915 年 7 月，连续四天发表《学校养成公德心方法之商榷》，上述观点即出自此文。

民国初年出现用道德教育革除社会弊端的思想并非偶然，它是当时探索社会现实的解决办法在教育领域中的一种反映。因而，《大公报》把道德教育作为其众多教育评论的立脚点，也就不足为奇。《大公报》关于道德教育的评论有其合理的成分，公民道德高尚对稳定社会、富强国家确实有重要作用。但《大公报》过分夸大道德教育的作用，特别是夸大道德教育在改善人心、服务社会、建设国家方面的作用。甚至把封建的忠孝节义等落后思想，混同于共和国新形势下的新道德，却不是什么进步的观点。

诚然，道德教育在任何一种社会形态下都有其特殊的作用，只不过各个社会形态下的道德教育的内容和要求各自不同，但忽视道德教育内容的演变趋向却是一些媒体易犯的错误。作为受改良思潮影响的《大公报》，自然难

---

① 心森：《教育之精神与形式》，1915 年 1 月 14 日《大公报》。
② 清河：《论提倡道德为近今之必要》，1915 年 5 月 18 日《大公报》。
③ 参见《学校养成公德心方法之商榷》，《大公报》1915 年 7 月 3 日、4 日、5 日、6 日。

以逃脱这一惯性思维。另外，在民初的几年间，封建传统道德教育、西方民主平等的道德教育交相混杂、互相较量，最终民主、自由、平等的思想逐渐成为道德教育中的主要内容。《大公报》在这一问题的认识上是落后于时代的。《大公报》对道德教育的宣扬有很大的局限性：第一，《大公报》过分夸大了民国初年道德败坏的混乱局面。由于袁世凯的倒行逆施以及袁死后北洋军阀的争权夺利，国家的确处于失控状态，社会非常混乱。再加上帝国主义对中国的破坏，更使得人心不稳。当时人们的道德观念淡薄是事实。但与此同时，却是民主、平等观念的深入人心，是思想上的一次次解放。特别是新文化运动兴起后，当时的社会精英不但批判中国传统的旧道德，而且能尝试用西方的自由民主思想来引导国人。人们的道德观念正在改变中，不像《大公报》所说的那么糟糕。该报的这种说法是有很大片面性的。第二，《大公报》没有找到社会道德败坏的真正原因。该报没有找到道德败坏、人心混乱的社会现实是由于军阀官僚的黑暗统治，帝国主义插手破坏造成的。在《大公报》看来，民初混乱实乃社会道德堕落，尤其是政府“伟人”无道德所致。在该报眼里，这些“伟人”主要指参与和领导辛亥革命的重要人物，至少是与革命派有牵连的人物。该报认为，清朝的改革不好，民国建立后情况更坏。出于挽救严重社会危机的需要，《大公报》附和当时社会上道德教育的潮流，揭橥道德大旗，对社会现实评头论足，呼吁道德教育。但从其言论看，是与资产阶级的道德革命相违背的。该报并没有找到真正败坏道德的罪魁祸首，没有认识到军阀官僚、帝国主义才是民初社会动荡、道德堕落的真正元凶。因此，尽管该报批评当时社会因循苟且、骄惰畏葸、贪图私利、廉耻丧尽、上下欺蒙、言而无信、误国害民等道德堕落的现实，却没能找到道德败坏的根本缘由，当然更不会提出什么有效的拯救措施。第三，《大公报》道德教育救国的想法是不现实的。该报认为道德好了，就可以救中国，这种认识是错误的。救中国的根本在于推翻帝国主义和封建主义的统治，改变半殖民地半封建的社会制度，该报是看不到这点的。《大公报》主要围绕提倡道德之“心”来发评论，认为只要提倡道德教育就可改变人心，只要有良好的“心态”，就可驾驭当时的政治、经济、外交等，一厢情愿地夸大了上层建筑的反作用。鸦片战争后，魏源提出欲除中国之积患，客观上需要“先平人心之积患”① 的

① 魏源：《海国图志叙》，载《魏源集》（上册），北京：中华书局，1976 年版，第 207 页。

思想；龚自珍也说，人心为世俗之本，世俗为王运之本。“人心亡，则世俗坏，世俗坏，则王运中易。”① 到后来，梁启超认为“心”之于社会、国家的作用甚大，“报大仇、雪大耻、举大难、定大计、任大事，智士所不能谋，鬼神之所不能通者，莫不成于至人之心力。”② 这些思想在封建专制时代，可以说是较为进步的道德教育思想。但到民国初年，该报还是以类似的思想来要求国民，就不切合社会发展的实际了。同时，这种思想透露出该报在这一问题上的唯心色彩，暴露了该报在这一问题上的认识是与时代脱节的。从以后的论述中可以看出，该报的“人心”并非一般意义上的“人心”，而是具有特定封建道德内涵的，是保守和落后的。第四，《大公报》宣扬封建道德则更不合理。《大公报》在许多教育评论中，特别是以后关于女子教育的评论中，经常把“三纲五伦”、“忠孝节义”作为其道德宣传的主要内容，就更为荒谬与反动。因为后面章节将要涉及，在此不再赘述。

总之，在民国初年，《大公报》力图从道德教育入手去根治社会弊病的思想，是有社会现实背景的。其道德教育思想旨在通过改造“人心”，净化社会，以挽救国家危机。但囿于时代和阶级的局限性，该报只能从传统伦理道德中寻找可资利用的思想资源，没有接受西方民主、自由的新思潮，所以很难从当时纷繁复杂的社会现实中找到解决道德问题的正确方法，即使有些建议较为合理，也只是皮毛而已。陈独秀指出，教育的实质在于“适时为兴废”，“补偏救弊，以求适世界之生存而已”。③ 所以，随着“五四”后民主思潮的进一步发展，《大公报》的道德教育思想越来越不适应当时社会的主流，其道德教育观点的滞后性也就不言而喻了。

本章小结

社会存在决定社会意识，经济基础决定上层建筑，社会变革时期剧烈的变动肯定会在文化、教育领域引起很强烈的反映。清末民初遽变的社会现实引起教育领域的变化在所难免。姑且不论太平天国时期教育的变化，单单洋务运动

---

① 龚自珍：《平均篇》，载《龚自珍全集》，上海人民出版社，1975年版，第78页。
② 梁启超：《饮冰室文集之四》，北京：中华书局，1989年版，第49页。
③ 陈独秀：《今日之教育方针》，载《独秀文存》，安徽人民出版社，1987年版，第17页。

时期的各式学堂，就曾经在中国教育领域写下值得铭记的一笔，出现了徐寿、华蘅芳这样的知名大家，也出现了像詹天佑、严复这样工业、翻译界的巨擘。时至戊戌维新、清末新政时期，尽管教育方面的改革并不大或者领域狭隘，但是他们带给后人的启示或经验教训，也足以让后人能借鉴和学习，给后人提供了或多或少的经验和积累。至于民国初年，共和国的缔造者们呕心沥血进行的教育改革，就更不待言。虽然民初的教育改革因为政局不稳而成效不显，但这些教育改革留给后来者的影响和意义，却是众人皆知的，甚至为新中国教育的变革提供了可资借鉴的蓝本。其学制所宣传的道德、职业、军国民、实业等思想更是为今天的教育、教学提供了启示，使我们值得怀念和感慨。

新闻作为社会最快速、最迅捷的一种反应，能够及时对社会突出事件进行准确的反映，尤其是那些在当时社会最为著名的媒体，他们凭藉其独特的社会视角、有利的舆论环境，大有登高一呼而众人响应的姿态，很可能因为一件或两件响亮的事件而成为时代的弄潮儿。同时，作为传播工具，报纸与杂志一样，具有流动性的特点，其流动范围内的受众，就是报人影响的对象，报人的思想和倾向对受众思想进行有形无形的控制和支配、引导。“在信息最终被刊播出去之前，不仅存在记者、编辑这些把关人，整个信息制作流程的每个节点，都有把关人在工作，信息流通过程中存在着一条由许多关口组成的‘把关链’”。[①] 按照新闻传播学的定义，报人就是“把关人”，他们对信息传播过程的有效干预形成一个个相互联系的“把关链”。他们用过滤后的带有倾向的新闻影响受众的思想。从这个意义上而言，《大公报》的思想无疑是其办报人世界观的一种反映，其评述文章不会在社会上没有反响。

《大公报》在“把关人”的“把关”之下，尽量准确反映时代特征，把准时脉，大胆创新，勇于以各种形式的报道和评述，对清末学制的变化、清末教育思潮的演变、教育名流的作为等进行或赞美、或讽刺甚至揶揄的报道。不管采用哪种形式，但目标只有一个，就是对当时教育的发展找一条更为切合中国实际的道路。当然，由于种种原因，该报的报道和评述不可能尽善尽美。但是，它的动机和出发点以及最终目标是不容否定的。同时，不管它的结论是否正确，作为一家有影响的大报，其观点都或多或少能影响当时的舆论导向或教育走势，也给后来的研究者提供了很好的研究材料和蓝本。

---

① 参见陈力丹：《传播学是什么》，北京大学出版社，2007 年版，第 249 页。

第二章 《大公报》对民国初年几种教育主张的宣传与评论

20世纪初期，是中国近代历史舞台剧烈变动的时期。辛亥革命的爆发，推翻了中国延续两千多年的君主专制；第一次世界大战的厮杀，使得中国民族资本主义得到一次喘息机会而有所发展；猛烈的新文化运动和“五四”运动，使得中国社会的各种思想或逐步萌生，或得到升华。政治、经济、文化的变迁，使得社会风尚发生转变。旧的思想观念、社会习俗和道德信仰渐趋崩溃瓦解；各种报刊的出现以及刊登的内容，反映了人们价值观、世界观等的转化。在教育领域，人们开始突破是否向西方学习的问题，而专注于如何应用西方知识改造中国教育，使中国教育更加实用、更加有利于学生个性的发展、更加有利于国富民强，同时也更加有利于女子摆脱封建主义的传统束缚，成为中华民族发展中不可忽缺的一份子。中国的教育在民国初年注入了大量的新鲜血液，出现了新局面，并逐步进入现代教育的轨道。为此，政府加大了对教育的改革，颁布了《壬子癸丑学制》、《壬戌学制》等，特别是后者的颁布实施，是上述教育现象出现的催化剂，促进了教育的发展。诚然，由于这一历史时期的善后借款、尊孔读经、帝制丑剧等政治经济因素的阻挠，使得学制内容未能贯彻到底，但它们仍在中国教育史上产生了深远的影响。与此相适应，清末“新教育”以来，即将产生或已经产生的各种教育思潮得以发展，如：实用主义教育思潮、职业教育思潮、美感教育思潮、军国民教育思潮、女子教育，等等，不时出现于各种媒体报道或某个团体的开办“宗旨”中。如民国元年1912年，“教育统一会”制定的章程中，宗旨即为“本会联合全国教育家谋教育上之完全改革，以监督教育行政，养成共和国群”，在其开展事项中主要提到三种教育思潮——“振兴实业教育”，“提倡军国民教育”，“振兴女子教育”①，说明三种

① 1912年4月21日《大公报》。

思潮在民国初年的广泛性。尽管上述思潮兴盛时间不一，关注点不同，但在追求科学和民主，呼唤国强民富，追求受教育权利的扩大上，目标则是一致的。作为主要新闻媒体的《大公报》，不甘沉默，紧随时代步伐，发表独特观点，力陈相关建议，及时反馈社会的舆论信息，起到了新闻媒体应有的作用。本章针对《大公报》对民初几种主要教育思潮的宣传和评论加以系统阐述，旨在理清民初的教育情况以及《大公报》的媒体作用。

第一节 从倡导“实用主义教育”到规划“职业教育”

关于实用主义教育的直接源头，在清末颁布的学制中可见一斑，只是名字没有“实用主义”四个字而已。1903 年（光绪二十九年）《奏定学堂章程》提出的教育宗旨规定，“……俾学生心术壹归于纯正，而后以西学沦其智识，练其艺能，务期他日成材，各适实用，以仰副国家造就通才，慎防流弊之意。”《学务纲要》又明确指出：“此次遵旨修改各学堂章程，以忠孝为敷教之本，以礼法为训俗之方，以练习艺能为致用治生之具”[①]。而在 1906 年清末颁布的正式教育宗旨“忠君、尊孔、尚公、尚武、尚实”中，虽然“尚实”处于最后，但在《奏请宣示教育宗旨》中释“尚实”条云：“所谓尚实者何也？夫学所以可贵者，惟其能见实用也。……方今环球各国，实利竞尚，尤以求实业为要政，必人人有可农可工可商之才，斯下益民生，上裨国计，此尤富强之要图，而教育中最有实益者也”[②]。只是由于时代所限，这些宗旨流于纸面文本，未能付诸实际。但是实用主义思维意识已经赫然其中。

在清末关注教育的人士中，有人则直接提出“实用主义”的概念。1903 年出版的《实用主义教育学》，介绍了实用主义的教育理论，主张学校应该培养具有自主自治精神的公民。浙江留日学生创办的《浙江潮》杂志，连载了《盎格鲁索逊人种之教育并中国今日教育之方针》的文章，用实用主义教育思想抨击清政府的教育体制，提出“国民教育之所重者，在家庭，在实际社会”[③]，培

① 《奏定学堂章程》，舒新城：《中国近代教育史资料》，北京：人民出版社，1961 年版，第 197 页。

② 学部《奏请宣示教育宗旨折》，陈学询主编：《中国近代教育史教学参考资料》（上册），北京：人民教育出版社，1987 年版，第 568 页。

③ 毅巨：《盎格鲁索逊人种之教育并中国今日教育之方针》，《浙江潮》，第 1 期。

养学生“独立独行之精神与智识为第一义”[①] 的观点。1906年，留日学生张东荪和蓝公武等人在日本东京创办的《教育》杂志上，发表了许多介绍实用主义观点的文章，为以后中国教育提倡实用主义埋下了伏笔。南京临时政府成立后，颁布《实业部通电各省都督设立实业司文》等政令，这些措施有利于民族工商业的发展。政令认定“实业为民国将来生存命脉”。[②] 力图“振兴实业，扩充国民生计”[③]。政治、经济的发展，迫切需要打破封建教育中脱离社会生活实际，没有谋生技能的教育模式。至此，实业与教育成为社会的热门话题，引起社会各界的重视，实用主义教育的推行正式提上日程。然而，从教育结构和比例来看，却不尽合理。以普通教育和实业教育为例，前者在1912年的学堂数是86691所，学生2847574人；而后者学堂数是425所，学生31736人[④]。教育比例极不相称的同时，也存在“学无所用”的问题，绝大部分受教育者，“往往受学校教育之岁愈深，其厌苦家庭鄙薄社会之思想愈烈，扞格之情状亦愈著。而其在家庭社会间，所谓道德身体技能知识、所得于学校教育堪以实地运用处，亦殊碌碌无以自见。”[⑤] 学生所学知识与实际脱节的状况十分严重。1913年，《教育杂志》第5卷第7号发表黄炎培《学校教育采用实用主义之商榷》和庄俞《采用实用主义》两篇主张学校教育采用实用主义的文章，提出“教育为实业之先导”，“实业为教育之中心”[⑥]，“教育正当之目的，须与以物质的精神的关于生活上之准备”，使学生“得生活上之实用”[⑦] 的观点。两篇文章集中典型地指出了清末民初以来，教育中普遍存在的学校教育与社会实际相脱离、书本知识与生产要求相违背的弊端，明白晓畅，应者甚多。江苏、上海各小学响应热烈，安徽、江西、浙江、山东、直隶各省亦有实行。因此，“全国教育界观念为之一大变”[⑧]，一年之间，“鼓吹之声愈唱而愈高，响应之区渐推而渐广。而一部分之教育界盖已由研究进于施行”[⑨]，使得实用

① 毅巨：《盎格鲁索逊人种之教育并中国今日教育之方针》，《浙江潮》，第4期。
② 《实业部通电各省都督设立实业司文》，《临时政府公报》，第8号，1912年2月5日。
③ 《实业协会电音》，1912年2月6日《天铎报》。
④ 参见《第一次中国教育年鉴》（第四册），台北金氏印刷有限公司民国23年印，第1615页、1652～1655页。
⑤ 黄炎培：《学校教育采用实用主义之商榷》，《教育杂志》，第5卷第7号，1913年。
⑥ 黄炎培：《学校教育采用实用主义之商榷》，《教育杂志》，第5卷第7号，1913年。
⑦ 庄俞：《采用实用主义》，《教育杂志》，第5卷第7号，1913年。
⑧ 陈青之：《中国教育史》，北京：商务印书馆，1936年版，第664页。
⑨ 黄炎培：《实用主义产出之第一年》，《教育杂志》，第7卷第1号，1915年。

主义“四字”“几有春风一到，繁华便增之概”。①当时，《教育杂志》、《中华教育界》等教育界知名杂志，都竞相刊登相关文章。《教育杂志》第五卷第七号还刊登征文启事，征文的内容为：今日学校应否采用实用主义。教育界人士“莫不以实用主义为其谈话之资料。盖此四字印于一般教育者之脑海深矣”。②

另外，陈独秀在《青年杂志》上发表《今日之教育方针》，提出教育要贯彻“四大主义”，其中“职业主义”就是要教育学生“了解个人与社会经济之关系”③，使学生有独立自营的思想，有参与社会经济竞争的能力，将实用主义上升到科学理论的高度。总之，教育提倡“实用”是当时叫得很响的口号，实用主义成为一种时髦的思潮。教育史学家舒新城称，实用主义“于民国二、三年间，蔚为一种思潮，流行全国。”④

一、《大公报》对实用主义教育发展的关注

1912年7月，全国临时教育会议在北京召开，蔡元培在会上提出以军国民教育、实利主义、公民道德、世界观、美育等“五育”为基础的教育方针。蔡氏认为，“民国教育方针，应从受教育者本体上着想，有如何能力，方能尽如何责任；受如何教育，始能具如何能力。”教育“须立于国民之地位，而体验其在世界、在社会有何等责任，应受何种教育。”⑤实际上强调了教育的实用问题。在会上，除关于“世界观”和“美育”，人们认为不适合国情外，其他“三育”都取得比较一致的意见。对此，《大公报》发表《论民国教育宗旨之规定及其将来之希望》一文，积极推崇“实利”、“军事”、“道德”、“三育”，主张只有现实生活得到满足，才能上升到审美和世界观的角度，如果像现在的中国这样，“道德”、“实利”、“军事”，“犹未得其十之二”⑥，就谈论世界观和美育，“是即执儒家言以重现在而救亡救死之不暇，何能即夫审美的观察而导之图未来之幸福也?”欧美国家生活富足，才开始谈“艺术的教育（即美育）”，反观我国，共和国成立“仅数月”，“全国患穷。

① 张显光：《实用主义潮流中之作文教授》，《教育杂志》，第9卷第8号，1917年。
② 黄炎培：《实用主义产出之第一年》，《教育杂志》，第7卷第1号，1915年。
③ 陈独秀：《今日之教育方针》，载《独秀文存》，上海亚东图书馆，1922年，第20页。
④ 舒新城：《近代中国教育思想史》，上海中华书局，1932年版，第148页。
⑤ 蔡元培：《全国临时教育会议开会词》，《教育杂志》，第4卷第6号“特别记事”，1913年。
⑥ 张佐汉：《论民国教育宗旨之规定及其将来之希望》，1912年8月25日《大公报》。

上焉者，寡耻丧廉而不克养其人格。下焉者，壮盗老僵而未克全其躯壳"①，如何谈得上"世界观"和"美育"？所以，注重实效，讲求实用，避免走向空虚无用、脱离实际，才是正途。虽然"实利"与"实用"不能完全等同，但是提倡"实利"就有提倡"实用"的含义②。二者互相包含，这在当时是两个经常混用的概念，二者都"强调实际运用，学用一致，以适应社会生产发展的需要，并曾对当时的中小学教育产生了较大的影响。"③ 在当时财政拮据的情况下，无论哪一个概念，都主张寻求解决人民生计，使国家臻于富裕的有效途径。因此，该报的观点，配合了中国早期实用主义教育的发展。此后，《大公报》不断发表文章，评述实用主义教育，批评传统和现实教育中之不实用状况，并提出具体的推行办法。

（一）《大公报》论述以"实用主义"为中心的教育主张

"实用主义"是民国初年非常流行的教育概念之一，它与军国民教育、道德教育都是那时教育界的热门话题。《大公报》在阐述自己对实用主义教育的看法时，表明了两个方面的含义：一方面，是指教育教学过程本身要实用，要符合中国实际，要顾及我国"实状与民族过去之历史"，反对盲目引进抽象哲学，惹起难以遏制之波澜，赞扬设立"教育实业"的计划是"立富强之基"④；另一方面是指，中国"教育事业之维新"，教育内容应该以实用主义"为一切进行之导线"，它关系到教育宗旨、教育制度的制定，关系到学校教育的进行，是"各主义中之主将而指导一切者"⑤。真正的实用主义讲求以"受教育者"为中心，"以儿童为教育之中心"，"以人为教育之中心"，而不是以"教"（教授）为中心，进而教育设施也以趋于实用为中心。具体来说，对国家而言，能根据"国势民情"而定教育方针、学校编制，从而收到一定效果；对儿童而言，能根据生理、心理、道德"为合时之顺序发展"。

---

① 张佐汉：《论民国教育宗旨之规定及其将来之希望》，1912 年 8 月 25 日《大公报》。

② 如蔡元培在《对于新教育之意见》（发表于《东方杂志》，第 8 卷第 10 号，1912 年 4 月）中就曾说："欧洲近世教育家，如海尔巴脱氏纯持美育主义。今日美洲之杜威派，则纯持实利主义者也"。在这里，蔡元培先生的"实利主义"显然是指"实用主义"。而郑登云《中国近代教育史》中也认为民国初年之"实利主义"就是后来之"实用主义"。因此，"实用主义"与"实利主义"是两个经常混用的概念。

③ 吴洪成：《略论民初实利主义、实用主义教育思潮》，《四川师范大学学报》（社会科学版），1994 年 1 月。

④ 张佐汉：《论民国教育宗旨之规定及其将来之希望》，1912 年 8 月 26 日《大公报》。

⑤ 《中国教育宜采用实用主义》，1915 年 1 月 23 日《大公报》。

欧洲正因为如此，所以“教育之进步，遂有一日千里之势”[①]。这种以“受教育者”为中心，以“儿童为中心”的教育观，类似于五四后杜威来华所推崇的实用主义的观点[②]。为便于人们较快地接受实用主义教育思想，该报在介绍实用主义的同时，还寻找中西教育的共性之点，“西洋教育家之恒言曰：‘教育当法自然’。又曰：‘实用者，自然之密论，而教师所当服膺’。西儒言教育必明自然。吾国言教育则本诸天性，其理一也。《中庸》曰：能尽人之性则能尽物之性，能尽物之性则可以赞天地之化育。实用为人之性，故明实用即所以灵性，亦即所以立教。天演之为律也，有用者生存，无用者灭绝”[③]。古今中外，包括人类的祖先，“本层累之经验，成实用之天性”[④]，实用就是“尽物之性”，实用才能使人类生存。这些言论的阐发反映了该报反对因循保守、强制划一，要求取法自然、注重个性的观点。依此，该报批评了国人学习只是为做学问之故、不求学习的东西是否将来有用、是否能适用一定的职业等错误认识，认为这是违反人的天性，是教育的失败。总之，该报从东西哲人那里，寻找实用主义通行中国的依据和必要性，为中国实行实用主义教育摇旗呐喊，制造舆论。

当时，“实用教育”、“实利教育”、“应用教育”等概念相似的观点同时流行，有些人把“实用”当“实利”，有些人则把“实用”当“应用”，有些人还专门就此撰文鉴别。其实，这些观点既有联系，也有区别。有鉴于此，该报及时指出“实用”与“实利”，“实用”与“应用”的区别，说明有人“或误实用为实利，否则误实用为应用。其误以为实利者，则以为重物质而略精神；其误以为应用者，则以为贵事物而遗理论。不知实利专在物质之扩充，而实用包括精神之陶冶。应用与理论为对待，而实用则注意应用并讲求理论。”[⑤] 说明“实用主义”是兼顾二者的教育理论，“实用”比“实利”、“应用”更加全面，既有物质，又有精神；既有应用，又有理论，是一种综合全

① 《中国教育宜采用实用主义》，1915年1月23日《大公报》。

② 杜威认为，教育的最终目的是促进社会的进步。他反对在课程设置上的将各种学科孤立看待的做法，认为将以往既有知识为中心的教材以及由此组成的学科课程，强加给儿童，“违反了儿童的天性”，必将阻碍儿童的生长。因此他提出，“学校科目相互联系的中心不是科学、不是文学，不是历史，不是地理，而是儿童本身的社会活动”。无论教学方法、课程设置都应该以儿童为中心，与儿童的生活发生联系。同时，教育应该充分考虑社会发展，否则教育就没有意义。参见赵祥麟，王承绪编译：《杜威教育论著选》，上海：华东师范大学出版社，1981年版，第6页。

③ 《中国教育宜采用实用主义》，1915年1月24日《大公报》。

④ 《中国教育宜采用实用主义》，1915年1月24日《大公报》。

⑤ 《中国教育宜采用实用主义》，1915年1月24日《大公报》。

面的理论。这似乎较好地从学术角度论述了“实用”之所以区别于“实利”和“应用”之根由。但不论这一观点正确与否，辩论本身就说明，该报对于实用教育的强调和重视，而该报的结论更说明其对实用教育的强烈要求。

（二）《大公报》从实用角度阐发教育目的

为什么要进行教育？教育的目的是什么？这是研究教育的出发点。中国封建社会有“学而优则仕”的观念，到民国初年，虽然社会变化，学生学习目的有所改变，但人们头脑中这一观念仍未消除，而且在民国初年有愈演愈烈之势，这就势必造成学生学习科目多样化的同时，学习目的的单一化。而学校的诸多科目并不可能是为学生走上“仕途”作准备。所以，“学而优则仕”的思想使学生抛弃学到的专业知识，而奔波于“仕途”，最终造成所学非所用的局面。围绕这一现状，《大公报》回溯到几个世纪以前的封建时代，寻找民初教育不切实际的原因，“查中国历来之教育，上下皆注重于‘通经致用’四字。通经则在家修，致用则在廷献，上下两方面之目的，质言之，皆在从政一事也。”[①]“从政”风习的形成也经历了一个过程，开始从“乡举里选”选取“才德轶众”之人，后因选举“难周”或“不真”，于是改为考试，先为“论策”，后为“八股取士”，“贤臣良相，出于此途中者，代固不乏其人，而侥幸弋取功名者，亦所在恒是，相沿已久，浸成中国一种特别风俗习惯，直视为不为学则已，一为学则必应改仕。”[②] 该报阐明了“从政”习俗的根深蒂固和久远历史，以证明数千年来学非所用、用非所学的教育，是中国目前教育不切实际的深层次的、传统的原因。“实为政治腐败，社会退化之最大原因。”[③] 传统教育之弊端，导致学生学非所用，钻心仕途，沉迷腐败，堕入歧途。

正如《大公报》所言，民国建立不久，政权被袁世凯窃取，政治混乱，经济凋敝，社会混乱。教育方面，虽然采取了一些措施，制定了新的学制，然而却是“费无数之金钱，过如许之岁月，而成绩甚少”。其个中原因仍然是“教育不切于实用”，进一步来讲，是因为“教授训练管理等”，不能“深合于社会之需要”[④]。“谈教育者只务空虚而不注意社会实况。于是学校人才

① 心森：《教育刍言》，1914年5月19日《大公报》。
② 心森：《教育刍言》，1914年5月19日《大公报》。
③ 1917年1月31日《大公报》，“冷观小言”。
④ 郭秉文：《中国现今教育问题之一》，1915年3月23日《大公报》。

不适社会之用，一面苦于求职者之多，一面又苦于办事者之少。”[①] 学无所用的学生，最终被排斥在职业大门之外。《大公报》将中国教育与社会实际相脱节说成是政治腐败、社会退化的“最大原因”，虽然这种看法有因果倒置之嫌，但是其阐明了“学”与“用”分离的传统恶习，所指出的民国初年“供”（办事一方）与“求”（求职一方）相脱节的现象却是比较客观的。而致使教育不切实际的传统原因——“学而优则仕”的局面，仍然没有改变，原因是“政府奖励作官尤诱致人材于安闲之途”[②]。具体来讲，该报阐述教育“不实用”的情况有以下几种：

第一，中小学校对学生“学非所用”应负首要责任。中小学学生毕业后，既不能研究高深学问，又找不到对应的职业，“无棲身之地者”，所在皆是。除学校课程与社会脱节外，学生的“选择职业之道”也“有所未备”[③]，两者共同造成“学非所用”的现实。如果按此推理，当教育普及后，无用者会更多，找不到工作的人会更多，会有更多的“高等游民”，那时“教育为世诟病，学生被人唾弃”，这就是“学非所用”的结果。但“职业选择”的责任在谁呢？该报认为并不在于“工业窳败，事业消沉，人浮于事”，就责任而言，“学校实当其首冲”，“学校之于学子，操练身体，灌输知识，养成道德，固为其分内之责任”[④]，所以中小学是学生“不实用”的始作俑者。因此，学校应该配合社会设立“种种团体”或“职业引导会”，以引导少年选择“适当”之职业，使其能“用其所学”，成为社会真正有用的人。

第二，学校与社会共同造成“学非所用”的现象。该报既批评学校为追求形式上的高分，拼命给学生灌输一些“不实用”知识的“情状”，又谴责社会恶劣风气成就了学生“学无所用”的现实。该报认为，学校开设一些不实用的课程，以“不实用”课程之积分作为评定学生优劣的标准，缩小了学生的视野，使学生在学校读书时，对社会知之甚少，“对于社会情状”，“无外教员所提示，以为循其道以求之，固无往而不利，顾其实殊不然”。学校将积分高低当成自身能否优于同行的标准，为此目的，即使“记问琐屑，无当大体之学术”，学生“亦复劳精敝神，悉全力以赴之。”[⑤] 学生所学课程不实

---

① 1917年1月31日《大公报》，“冷观小言”。
② 1917年1月31日《大公报》，“冷观小言”。
③ 郭秉文：《中国现今教育问题之一》，1915年3月25日《大公报》。
④ 郭秉文：《中国现今教育问题之一》，1915年3月25日《大公报》。
⑤ 磊菴：《论学生宜知将来之考试》，1922年9月10日《大公报》。

用，教师“教授”也不实用。因此，学生进入社会后，出现怪现象，那些在校“积分之劣者”，“在国家往往尊显之。其言论风采，社会奔走之恐后。”而在学校“考试至优者，尚须趋承之以谋生活。”① 这就证明，学校的积分制度不利于培养学生的社会实践能力。学校“优秀”者，在社会未必“优秀”；学校“劣”者，在社会未必“劣”。这种教育怪象，使得《大公报》不由哀叹，学生为积分而努力，积分却并非社会所认可。社会对人才的“考试”，不是凭“学术”，而是凭“手腕”，那些所谓能力“超群”的人（在校时积分较低），他们学术不好，但却依靠其“特殊能力”，或者靠金钱贿赂，或者依门第等级，或者托亲戚关系，获得“席丰履厚”的结果。而那些在校积分高的人，“以学术为营业者”，因没有上述关系而“转为所奴”②。所以，用学校的积分来作为“社会用人之标准”，是“断不容其见诸事实”的。看来，社会的“参互错综之妙，不可终穷也”③。因此，“学校所以储才、第才之等第，则以考试；考试之标准，则以积分。顾社会所以用材，其第才之等第，则在手腕，在地望，在凭藉，固与学校之考试有别。”这就是“积分优者”在社会上尚须趋承“积分劣者”以谋生活的主要原因。《大公报》既批评学校的教育制度不合理，学校高分者进入社会则“低能”，学校低分者进入社会“高能”的不合理现象；也揭露了民初社会人浮于事，正不抑邪、混淆是非的恶劣风气。《大公报》为那些只顾埋头学习，“对于社会之情状，一无所知”的学生叹息，不但叹息“其心地之纯洁”，也叹息其“将来无涯之戚”④，对他们抱以无限的同情心。

第三，“学非所用”对人的精神危害。《大公报》不仅从现实的角度，而且从精神的角度，阐述“学非所用”对人的危害。在该报刊登的《材与识》一文中指出：

> 盖人类为理性的动物，于肉体之欲望以外，尤有其精神之欲望。口腹之豢养，妻孥之字畜，此属于肉体之欲望者也；材能之表著，自我之实现，此属于精神之欲望者也。教育之程度愈高，则精神之欲望亦愈发达。今不问其天性之特长，学诣之专至，而强之以素不相习之事业，则

① 磊菴：《论学生宜知将来之考试》，1922 年 9 月 10 日《大公报》。
② 磊菴：《论学生宜知将来之考试》，1922 年 9 月 10 日《大公报》。
③ 磊菴：《论学生宜知将来之考试》，1922 年 9 月 10 日《大公报》。
④ 磊菴：《论学生宜知将来之考试》，1922 年 9 月 10 日《大公报》。

才能必末由表著，才能既末由表著，则自我亦未由实现。虽尸位素餐，旅进旅退，亦足免饥寒之苦，而精神上则兀臬不安。载鼷鼠以车马，享爰居以钟鼓，犹适适然惊之。况在首出庶物之人类乎？故其始则感于事之不可为而思去之，其继则牵于势之不得已而强忍之，后则且以凡事为终不能为而一切听之。夫至于凡事为终不能为而一切听之，而人材之堕落，亦不可问矣！或醇酒妇人以寄其慨焉，或倒行逆施以殖其私焉。生乎污世，合乎流俗，久假不归，乌知非有？则且人人无尽职之心，而苟且因循，蒸焉风习，其表面似颇沉静，其内部则极骚动。盖处此社会中，不特大多数人失其职业，即少数有职业之人，亦以材职之不相应而无异乎失职也。社会学之公例，人民不得其职则乱，其所以能保片刻之安者，特酝酿犹未成熟耳。大雨之将至，必有墨云漫空，万籁俱息之一顷，以状今日之社会，最为近似。①

以上叙述至少包含三层含义：第一，人是生理欲望和精神欲望的结合体，二者缺一不可。人是“理性”动物，既有“肉体”欲望，也有“精神”欲望。人们在找到工作，满足“肉体”欲望的同时，对“精神”之欲望也越来越高，然而社会却“不问天性之特长”，“而强之以素不相习之事业”，虽然其解决了“饥寒”问题，而心理却“兀臬不安”，精神欲望没有满足。第二，精神欲望得不到满足导致人才“堕落”。“精神”欲望不满足的人，始而欲放弃职业，继而不得不“强忍”痛苦，最终不得不“一切听之”，走上“倒行逆施以殖其私”的路子。第三，“材”与“职”不相适应导致人心思乱。“材”与“职”脱节，无异于有财之人却是无职业之人。人心思乱，社会不稳，“学非所用”最终会导引社会走向混乱境地。

在阐明民初教育不切实际与社会上用人举措失当的同时，该报还积极提供思路，介绍欧美实用主义教育方面的成就。当时，中国教育正处于变革时期，新的教育举措相继出台，但由于“壬寅癸卯学制”的影响，整个中国教育体制仍不能完全摆脱日本学制的模式。该报能突破这一框架，把注意力转向欧美教育，介绍其实用主义教育情况，用英美之职业教育为例，介绍父母如何引导孩子实践，以此获得各种职业之“情形、利弊、机会，以及其他种种之要素”②，建议我国在注意父母教育引导的情况下，学校等团体要设立

① 东方：《材与职》，1915 年 10 月 18 日《大公报》。
② 郭秉文：《中国现今教育问题之一》，1915 年 3 月 23 日《大公报》。

“职业引导会”，解决我国教育不实用的弊端。这无形中为教育提供了另外一种新的思路，是值得思考的教育方法。

1920 年 8 月，杜威正在中国宣传其实用主义教育思想。他主张，经验就是人和自己所创造的环境的交流，一切理论都可以归结为经验，提出“教育即生活”、“学校即社会”、“儿童是中心”、“从做中学”等观点。杜威的实用主义思想在当时的中国引起广泛的影响。为配合这一形势，《大公报》报道了德国柏林工科大学学生参观工厂的情况，文章详细介绍德国学生将所学应用于实际。同时介绍其“实地教授”法、灰中取煤法、抹布中取油以及硫磺厂、空中炸药等先进工艺①，等等。《大公报》的这些报道，反映了该报关心世界，重视国家实业教育的倾向。《大公报》所积极倡导的实用主义教育，不仅在民初产生一定影响，而且对今天的教育改革也有某些启发性。

（三）《大公报》对实用主义教育具体实践的报道

《大公报》不仅从理论上提倡、引导实用主义教育的开展，寻找我国教育“学非所用”的根源，提供教育走向实用的思路，而且以当时中国的重点实业学校为例，阐明实用主义之重要性所在，并亮出具体建议。河海工程学校是由时任北京政府农商总长的张謇，于 1915 年 3 月在南京创办的一所培养水利技术人材的学校，学习水力学、水文测验（当时称“水事测量”）等实用课程。在该校正式招生前夕，《大公报》以之为例，说明近年农业专业的毕业生重视理论、疏忽实践的现象，提出教学过程“实用”性的具体主张：“教授河海工程必需之学理技术，注重实地练习以养成切实应用之智识。”②因为国人近年来长于“推玄”、“总汇”，短于“征实”、“分析”，学习农业工艺虽不乏人，但“毕业供教育著述之资料者多，而以之施于实用者鲜。”解决这种现象的具体办法是：教员要有工程经验，“教科”则广储仪器，教授则能使学生活用学理，此外还要参观工程，派遣实习。只有如此，才能养成“切实应用之智识”③。这就解决了教学中“学非所用”，专业不对口，或学而中辍，或学而不施诸实际，虚掷光阴，浪费金钱等弊端。申明“德、体、用”三者结合才是河海工程学校之办学旨趣。从这个案例中，《大公报》既有理论阐述，又有实际观点和建议，进一步详细论述了学校教育中所存在的

① 参见《德国工厂参观纪事》，1920 年 8 月 2 日《大公报》。
② 《河海工程专门学校旨趣书》，1915 年 1 月 29 日《大公报》。
③ 《河海工程专门学校旨趣书》，1915 年 1 月 29 日《大公报》。

“学非所用”的现象，以及解决此问题的具体办法，进一步宣传了实用主义教育的思想。

直隶法政专门学校是清政府为实行新政而于1906年成立的，当时称北洋法政学堂，校址在天津，1911年改称“北洋法政专门学校”。1914年6月，直隶省当局决定将保定法政专门学校、天津高等商业专门学校并入“北洋法政专门学校”，改称“直隶公立法政专门学校”，设法律、政治、商业三科。北洋法政学堂自创办起，在学制、课程设置、任教师资等方面处处效仿西制，走了一条新型办学之路。该校分为速成与专门科两类：速成科学制一年半，旨在短期内为政府培训急需的法律人才。在当时实用主义教育刚刚兴起之时，速成之法律人才常常是人们批评的“不实用”典型，《大公报》就是其中之一。1915年1月下旬，教育总长汤化龙到直隶法政专门学校视察并发表演讲。演讲批评当时做学问者“只研究考试的敲门砖之智识”，却没有其他实际的本领，认为立宪国之学生“尤当知实践两字，为不可缺。”“立宪”与“专制”之区别就是，“立宪之国，欲其民知行合一；专制之国，则欲其民知行分歧”。就法政学生而论，当然“以所讨究之学问，见诸实际，以合于知行合一之学说。设使知自知，行自行，学问自学问，事实自事实，虽习法政，既不能本其所学见诸实行，又不能本其所习得之知识，以批评他人之行动，则其无裨实际，与习八股试帖者，又何以异?”[①] 这篇演讲充满了立宪思想的味道，但其要求学生学以致用的主张符合当时《大公报》提倡的“学以致用”思想，所以该报对汤氏之讲演做了全文转载，很大程度上说明了《大公报》对汤氏观点的认同。

第一次世界大战开始后，中国的民族资本主义得到发展，与工业相关的商学倍受人们的重视。该报认真分析当时中国工厂“寥寥”、资本“薄弱”的商情后，得出中国工业失败的总因是商学“知识薄弱”的结论。因此，提出增加消费税、奖励“制造家”、奖励大公司、“浚发商业知识”等四条对策，而在“浚发商业知识”中，首先要“振兴商学”。只有具有商学知识，商人才能“具世界之眼光，本充实之学理”[②]。同时国家政策优惠，资金充足，就能取得商战之“美果”。那么，我国商学状况如何呢？该报认为，我国之商业学校，发展多年，“实未睹优良之效果”，主要原因是学生之“自

---

① 《教育汤总长莅法政专门学校讲演词》1915年3月5日《大公报》。
② 俞逢清：《中国今日之保商政策》，1916年10月8日《大公报》。

弃”，学商非商。学生没有认识到学科不同，特点各异，求学方法迥然不同的问题，甚至入商学校“而所学竟不知何属?”产生这一情况的具体原因有二：一是学生视入学为“求资格”，转为异日谋生之捷径，另一是学生所攻非所学。第一种原因乃“鄙夫短见，昏鲁已极”，不值一提；而第二种“则为识者所惜也”。如今“实学”进步，科学“大兴”，各国设有专门学校，“所谓专门者，即专研究某种学科之谓也。奈何已为专商之学生，竟置重者要者于度外，而每日专攻文学部，或则专攻洋文也。”[①] 文学、洋文当然不可轻视，但与学生入校之志相悖，有人甚至立志于文学或洋文上出成就，岂不是南辕而北辙? 所以，该报批评道：“人各有志，本难强同，但诸君设志于他，即可直入相当之学校，胡为乎入此志与学违之专门? 诚恐若是为之，既负各人之所志，复违国家师长教育人才之苦心耳! 若夫能专攻商，而以二者助之者，则固余所乐闻也。”变相批评学生好高骛远，避实求虚的错误心理。因此，该报一方面鼓励青年“乘此大有为之时，竖起英雄志，破除懦夫情，异日挽商况于衰颓”[②]。另一方面希望政府积极推广商学，司教育者应该克尽厥职，添设各种奖励与补助，为商学发展创造良机。可见，该报指出了我国学生学商过程中不切实用之现状，并对学生和政府相关部门提出了相应建议，也侧面反映出该报对民初学校现状的不满。

二、筹划职业教育的具体方案

民国初期，有利的工商业政策，以及第一次世界大战造成的资本主义国家无暇东顾的有利时机，促进了民族资本主义工商业的发展。以民族资本家大量投资棉纺织业为例，1914 年至 1922 年 9 年内，纯由民族资本所开设的纱布厂共 54 家，仅 1920 年至 1922 年内开设的就达 39 家，三年的努力超过战前 20 余年外籍资本开办纱厂的总数。[③] 其他如面粉业、火柴业等等，民族资本家的投资也很多。因此，新建的资产阶级共和国教育体系能否为民族资本主义经济的发展提供足够的职业技术人才，成为当时教育的一个重要问题。与民族资本主义发展的同时，清末民初以来普通教育与实业教育比例失调的状况却更加严重。民国初年兴起的实用主义教育，虽然也提出了当时一些迫切

---

① 俞逢清：《中国今日之保商政策》，1916 年 10 月 9 日《大公报》。
② 俞逢清：《中国今日之保商政策》，1916 年 10 月 9 日《大公报》。
③ 严中平：《中国棉纺织史稿》，北京：科学出版社，1955 年版，第 186 页。

需要解决的教育问题，并开始了一些初步性的工作，但它主要解决的是学校教育和社会实际需要相脱节的矛盾，主要回答的是如何改善、提高普通教育的质量问题，对于实业教育与普通教育的比例问题却较少涉及。随着民族资本主义工商业短期内的迅速发展，企业发展“需才”孔亟与学校“育才”滥而无用的矛盾更加明显，“社会所需要的是做事的人才，学堂所造成的是不会做事又不肯做事的人才。”① “新事业需技能，吾国教育则重纸上谈兵。”② 造成了“在失业者方嗟叹活计之难寻，在事业界方忧虑需要人才之无多”③ 的尴尬局面。学校教育与社会需求不相协调，严重脱节。新文化运动兴起后，国内开始出现一股批判旧教育的热潮，就连实业界的著名人士如张謇、穆藕初、宋汉章、聂其杰等也加入进来，人们热切地探讨中国教育的出路。实用主义教育、职业教育以及完全人格教育、国民教育等等，都是人们议论的焦点。而从教育本身发展的内在逻辑看，职业教育思潮“是对清末民初以来普通教育畸型发展的一个反动”④，是对上述失调比例的最好治愈方法。所以早期实用主义教育思潮的衰落和职业教育思潮的兴起都成为历史的必然。“从鼓吹实用主义教育到提倡职业教育，其思想发展脉络与中国民族资本主义得到较大发展的历史进程是一致的。”⑤ 所以，职业教育思潮的兴起，反映了民族资产阶级发展资本主义、建设独立富强的资产阶级共和国的强烈愿望。不论哪个政治派系，不管出于何种目的，都对教育和实业倾注一定的关怀，即使是袁世凯复辟帝制期间，他也附和声势，被迫作出姿态，表现出对教育与实业“殊深关切”⑥ 的态度。

最早提倡“职业教育”的是陆费逵。早在1911年，他就说“国民生计之赢绌，恃职业教育”。⑦ 随后他又说，职业教育“以一技之长可谋生活为主”⑧。随着民初民族资本主义的发展，职业教育逐步成为我国20世纪初颇有影响的教育思潮之一。著名学者舒新城曾认为，“中国近代各种教育思想在

① 胡适：《归国杂感》，《胡适文存》（卷4），上海亚东图书馆，1921年版，第10页。
② 蒋梦麟：《职业界之人才问题为教育界所当注意者》，《教育与职业》，第2期，1917年。
③ 《穆藕初先生演说实业上之职业教育观》，《教育与职业》，第7期，1918年。
④ 王炳照、阎国华主编：《中国教育思想通史》（第6卷），长沙：湖南教育出版社，1994年版，第109页。
⑤ 王炳照、阎国华主编：《中国教育通史》（第6卷），长沙：湖南教育出版社，1994年版，第108页。
⑥ 1915年1月23日《大公报》。
⑦ 陆费逵：《世界教育状况序》，《教育文存》（卷5），上海中华书局，1922年版，第31页。
⑧ 陆费逵：《论人才教育职业教育与国民教育并重》，《教育文存》（卷1），上海中华书局，1922年版，第12页。

实际上之影响，无有出乎职业教育思想之外者”[①]。孙中山先生在上海中华实业联合会上发表演说也认为：“中国乃极贫之国，非振兴实业不能救贫”。[②]教育界中，除教育宗旨中增加了职业教育的成分外，一些教科书广告中，也特别注明教学内容与职业教育的关系，如有的条目特别写明“注重国民生活上之智识技能，以养成独立自营之能力”[③]；有的商业“半夜学校”强调，所学课程有修身、书札、珠算、簿记等等[④]技能性知识。而一些职业高等学校为吸引学生报考，也经常挂出“学费暂免”[⑤]，“学宿费免交”[⑥]的招牌。可见在民族资本主义亟待发展之际，职业教育发展顺应了时代发展的趋势。

在全社会呼吁重视职业教育之际，1917 年，中华职业教育社成立，其宣言书中指出了兴学二十余年，全国学校“教育较盛之区”，“饿殍载途如故”，“匪盗充斥如故”[⑦]的现实状况，阐明沟通教育与职业对于个人生计、实业发达、国家强盛的重大关系；提出了实施职业教育的方法、内容及设施等问题。作为中华职业教育社主要创办者之一，黄炎培还提出了“百业之不改良”等三个“刺激”[⑧]职业教育发展的因素，并在以后将其发展为“个人谋生”、“服务社会”、“增进生产力”[⑨]为内容的职业教育要旨，深化了人们对职业教育的理论认识。

在社会各界对职业教育热烈讨论的同时，《大公报》认为，我国“兵火余（荼）生，茹痛滋深”，“游民遍国，非盗即匪”。惟“振兴实业，藉工厂以为消纳地”，才是“善后之策，弭乱之要道”[⑩]。从自身角度抒发对职业教育的观点。

（一）职业教育在教育中的基础地位

蔡元培任民元教育总长后，于 1912 年 2 月发表《对于新教育之意见》，提出了“德育主义”、“军国民主义”、“实利主义”、“世界观”、“美育主义”

---

① 舒新城：《近代中国教育思想史》，北京：中华书局，1928 年版，第 218 页。
② 1912 年 4 月 26 日《大公报》。
③ 1912 年 4 月 26 日《大公报》。
④ 1912 年 4 月 27 日《大公报》。
⑤ 1912 年 4 月 11 日《大公报》。
⑥ 1912 年 4 月 26 日《大公报》。
⑦ 黄炎培：《宣言书》，《教育与职业》，第 1 期，1917 年。
⑧ 参见黄炎培：《实用主义产出之第三年》，《教育杂志》，第 9 卷第 1 号，1917 年。
⑨ 黄炎培：《职业教育谈》，《教育与职业》，第 3 期。
⑩ 1912 年 4 月 25 日《大公报》。

的新教育方针。其中，"实利"教育是"强兵富国"之基础。《大公报》发表的文章认为，"五育"发展过程中，"偏废"固然不好，但"并进"又不可能，只能"统观世界之趋势，熟查我国之内情"，从而作出"精确之抉择"。斯巴达、普鲁士、日本等称雄一时，靠的是"军事主义"，但我国处于"公私交困，元气惨伤之时"，无"自立"之能力，万万不能单以军事主义教育为教育之根本。所谓"自立"之能力就是养活自身之"智识技能"，证明"执（职）业"教育的基础地位。所以，当前首要任务是培养人民道德心和职业技能。"人民无普通生活之技能，虽尧、舜为君，周、孔为相，不能禁社会之腐败。故道德为万事之根本，而执业又为涵养道德之源泉。吾所主张之教育主义，舍实业一途，洵无以救目前之急也。"[①] 该报进一步追溯中国职业教育不振的危害，认为，"今日中国所谓五痨七伤，千疮百孔垂死之人也"，"实由于人民无一定执（职）业之故"。更因为"满清时代，专以利禄牢笼天下之士。于是一般社会心理，皆有最高度之猎官热。而农工商贾诸执（职）业，几乎不齿于儒林"。在"猎官热"之风气中，当官与亲戚朋友，"此依彼靠，如盲之于相，如跛之于杖，如比翼鸟、比肩兽之不能独立。是故官僚一有变动，酿成全国社会之恐慌。"辛亥革命后，"种族问题，政治问题，诸事逐渐解决，而独此人心惶惶"，"则尚无平静之希望也"，所以，"欲救此弊，宜从发达实业始；实业发达，宜从教育始；教育之方针既定。全国视线一致，始而家庭教育，继而学校教育，终之以社会教育。千条万绪，无不以人人各有执业为归宿"，"引诱其执业思想，发展其实业之能力，扩充其实业之经营。推之可以争世界之利权，约之可以谋个人之独立"。[②] 实业发展重要，职业教育发展更重要。只有良好的职业教育，才能培养出适应实业的人材。1917 年，黄炎培组办的中华职业教育社成立，我国职业教育的发展蒸蒸日上之时，《大公报》更是认为"职业教育之关系，非仅为国民智愚问题，而实为国民生死问题也。"[③] 将职业教育上升到关系个人命运与国家前途命运的角度，对职业教育基础地位的认识随形势的变化而不断深刻。

（二）我国职业教育不振的原因

中国职业教育是在实利主义、早期实用主义教育基础上发展起来的。但

---

① 选：《论今日教育宜注重实业》，1912 年 5 月 9 日《大公报》。
② 选：《论今日教育宜注重实业》，1912 年 5 月 9 日《大公报》。
③ 无妄：《振兴职业教育之先决问题》，1917 年 3 月 3 日《大公报》。

是，中国职业教育并没有像西方国家的职业教育那样，具有得天独厚的生存土壤。虽然民初民族资本主义的发展，为职业教育发展带来一线生机，却并不能在短时间内彻底治愈多年来形成的职业教育的顽疾。《大公报》为了探讨职业教育的方案，立足现实，顾及传统，从传统和现实两个角度剖析了职业教育不兴的原因。

传统原因：

1. “学而优则仕”的消极影响。致仕思想阻挠了人们对职业教育观念的接受。《大公报》分析了中国学生学习目的的历史原因，认为，“中国一种特别风俗习惯，直视为不为学则已，一为学则必应致仕”[①]。这种观点一直延续到今天，“中于人心，牢不可破”[②]，影响着人们的世界观，最终扰及中国职业教育的发展，使国人只有做官思想，没有职业观念。

2. 讲求西学之“始基不慎”。如上所言，民国年间，学者常常“惟官是望”，连海外归来，学有所成的学生也不例外。对此，时人有种种看法，其典型之一是，西学之引进导致中国学生丧失职业观念，奔向作官一途，从而使中国失去职业教育的必要性。对此，该报认为，人们之所以读书求官思想根深蒂固，并非是因为讲求西学，而是因讲求不当，特别是讲求西学之“始基不慎”而成。“当讲求西学之时，若仅提倡其乡学之心，而不予学成出身之路，吾想一般作官热之辈，见无官可作，其希冀升官发财之念头，早已暗消，亦必早为自谋生利事业矣。其真心求学不萦情于利禄者，学至今日亦必更大有可观。如兴办各种实业，亦断不至处处延聘外人不可”[③]。看来，该报所说之“始基”，就是“实业”，如果当初政府能引导学生学习兴办“实业”，打消其“利禄”之念，学习目的纯正，学生自然会转离“仕途”。该报注意学习之初灌输职业教育之观念，从源头斩断人们人们传统的利禄之心。一方面阐明人们求官思想的原因是因为引进西学之时无正确引导；另一方面，是因为国家在教育过程中没有为学生找到正确出路，使学生在毕业后仍然怀有升官的传统念头。那么，正确出路为何？该报指明的是让学生在国家兴办的实业中发挥作用，具体来讲，国家设立农业、工艺、商学等学校，进行职业教育，从而奠定“始基”之源头。

---

① 心森：《教育刍言》，1914 年 5 月 19 日《大公报》。
② 心森：《教育刍言》，1914 年 5 月 19 日《大公报》。
③ 心森：《教育刍言》，1914 年 5 月 19 日《大公报》。

现实原因：

1. 国民没有工商心理素质，只有作官之念。由于民初政潮迭起，国家混乱，中国经济濒于衰败边缘，人民生活贫困。很多人把重视工商作为经济摆脱困境的有效方法之一，该报分析原因后认为，人民生计困难是因为“实业不振”，“实业不振”是因为职业教育不倡，职业教育不仅关系到国民的智愚，更关系到国民的生死。“夫以我实业之不振，生计之窘蹙，自非使国民人人有生活之常识及能力，不能树自立之基。故职业教育之关系，非仅为国民智愚问题而实为国民生死问题也”①。而我国国民现在不具备作工商的素质，使职业教育难以“推行”，“重视作官，轻视工商已成第二天性”，一进校门就“辄以登进仕途为目的”，毕业只是取得“作工之资格”②，将来并未真正从事工商事业。那么，“振兴”职业教育的途径又是什么呢？“欲求职业教育之发达，必先减轻作官之权利而厉行工商之奖励。庶能将固有之劣根性，潜移默化相率而趋于自谋生活之一途。”③ 按照这样的观点，在“学而优则仕”思想根深蒂固的中国，要想发展职业教育，其阻碍力并非全部来自职业教育本身，而更多的是来自政治，必须靠政治的力量作为引导人们提高工商素质的途径。正如时人指出，“吾国自来重士而轻农工商，益以科举之遗毒，乃愈积重难返，谬见牢不可破，闻职业教育之名而不生其蔑视之心者几希。诋之者甚至仅以啖饭教育视之。”④ 政治原因造成工商心理素质缺失，最终引发职业教育不倡。

2. 职业教育者敷衍粉饰，社会风气败坏。社会上管理职业教育之人，不求实际，漠视经济实际，匆促行事，教育失时，职业教育与社会需求脱节，使职业教育徒有虚名，效果不良。该报指出“人材之不得其职，有未可尽为用材之人咎者。盖欲适如其人之所能，而予之以职业，则必社会上之事业，共同发达，有以容纳不同性质之人材而后可，此其有待于经济之能力，与预备之期间，均非浅鲜。而吾国则何有焉？自其兴学之时，本不过浮慕虚名，袭东西诸国所曾行者，以为观美计，未尝斟酌时地之宜，通盘筹划”⑤。管理不善，华而不实，职业教育虽兴而犹败，“人才”过多而并无真才。政府为避免社会混乱，便采用作官一途来笼络人心，社会风气之不良破坏了清纯学子的就业美梦。

---

① 无妄：《振兴职业教育之先决问题》，1917 年 3 月 3 日《大公报》。
② 无妄：《振兴职业教育之先决问题》，1917 年 3 月 3 日《大公报》。
③ 无妄：《振兴职业教育之先决问题》，1917 年 3 月 3 日《大公报》。
④ 邹恩润：《职业教育之意义》，《职业教育研究》，北京：商务印书馆，1923 年版。
⑤ 东方：《材与职》，1915 年 10 月 19 日《大公报》。

该报认为，在社会职业机会甚少之时，有另外三种社会现实影响了学生职业的选择。第一，少数人的垄断。这些人是“荐绅先生”，他们利用作官时获得的“资格”，在“不得志于政治时”兴办实业，很多人“无往而不利”，从而减少了社会上的职业机会。而“白屋寒门”之士，不管其是否受过职业教育，其学识终不能用之于职业实践。第二，“阀阅的游民”。这些人追随于“荐绅先生”周围，或为其办事，或充其雇员，一旦“荐绅先生”办实业，他们当然是近水楼台先得月，社会上职业机会又为之减少。第三，“地方的党派”。那些“同里闬共乡井”者，最为熟悉，则一事业主者为何地方人，那么其办实业所引用者也多为何地方人，在职业选择上比其他人一般优先。久而久之，则形成某地方团伙排斥他方人士。某种职业，往往“非某地方人不得与者”①。以上三种情况直接导致无知识之人材排斥有知识之人材。其直接结果是排斥“有用之材”，间接结果是破坏社会事业。以上三种人担当职务，则投资者少，投资者少则容纳人材的职业机会就更少，受教育者多而无相当之职业机会，职业教育的社会效果得不到实现。因此，该报主张，若想使社会各方人士得其正当之职业，非除去上述不正当之三种人士。其实，《大公报》叙述的上述三种人，只是职业机会减少的部分原因，并非根本原因。根本原因是半殖民地半封建社会、帝国主义和封建主义的压迫剥削，经济落后，政局混乱，社会残破。如此，社会上职业之少与职业教育的落后互为因果，恶性循环，最终到达不可收拾的地步。

3. 国民只有职业知识，没有职业观念。我国的教育没有培养出既有“职业智识”，又有职业观念的人材。民国成立不久，该报就批评职业教育的现状是：“吾国人材，往往虽有职业之智识，而无职业之观念，此亦人材职业两不相应之原因也”。譬如留学生，学识不多，希望却“无与比伦”。然而社会只能提供“相当之职业”，不能满足其需求，于是“注意于劳力至微食报至厚之官场”。如果有职业观念，他们会按照“所习之业，历级循资，以显其头角，而后得谓之豪杰”，就避免“才不适用”的现象了。该报还赞扬欧美教育发达之国，职业观念发达，不仅“人材无失所”，而且“其各职业中之人材，亦与教育相伴，而增高其程度”②，给读者塑造了无形的榜样。

从传统和现实两方面来分析导致中国职业教育落后的原因，该报的分析

---

① 东方：《材与职》，1915 年 10 月 19 日《大公报》。
② 东方：《材与职》，1915 年 10 月 19 日《大公报》。

未必十分正确，却为当时职业教育的发展提供了克服困难的思路。尽管动荡的政治经济生活使当时职业教育的发展步履蹒跚，然而该报尽新闻媒体之力，提出了一些可供参考的意见或建议，其态度还是可取的。

（三）职业教育的具体建议

《大公报》在针砭中国职业教育弊端之时，也不忘提出振兴中国职业教育的建议。

关于职业学校的设立。还在民国刚刚建立，职业教育思潮兴起之前，部分地方就有一些职业学校，如1912年的一则报道——“筹办直隶全省实业教育议案”，该文提到准备在山海关、石家庄等地“设商业学校三处”，准备在宣化等地“设农业学校畜产二”①。这可谓职业教育走向现实的开端，但民初职业教育的概念未提出来之前，职业教育该如何走，教育界人士各有看法。《大公报》则认为职业学校的兴办程序依次为农业、工艺、商业，是一个循序渐进的过程。这一程序可以打消中国学生历来就有的升官发财念头，从此专注于“实业”，愈来愈趋于“实用”，愈来愈接近实际生活。在职业教育的兴办过程中，该报认为首先应该兴办农业学校，因为“我国居温带，一片大陆，天命之农业国也。农业兴，一切制造原料，可以不用外求，始足以言工战；工作精，一切应用商品，可以不用外购，始足以言商战。若本末颠倒，躐等而进，就令商工学校徧立国中，亦徒见其漏卮日甚而已！”②。因此，不能“妄思”与列强比拼，先把农业办好才能办工商业。同时，农业较其他各业，有独特之优点：一曰“发达实业”，不但解决人民生计问题，而且可以补电报学堂、铁路学堂，矿业学堂等实业学校之不足；一曰“培养俭德”③，打消学生争妍媚俗，穷奢极欲之心。

关于农学教育。广兴农学，对于国家长治久安也有很大关系，“言教而养亦在教中，言养而教亦在养中，一举两得，事半功倍。”④ 既使国家“受利溥矣”，又能“杜未来之害”。既然农业勃兴能够“齐家”，那么，广兴农业亦能够治国，“甚至国家之治安，社会之秩序，罔不与农家有扼要紧切之关

① 《筹办直隶全省实业教育议案》，1912年7月12日《大公报》。
② 心森：《教育刍言》，1914年5月19日《大公报》。
③ 心森：《教育刍言》，1914年5月20日《大公报》。
④ 心森：《教育刍言》，1914年5月21日《大公报》。

系”[①]。在此基础上，该报提出了各省府县遍立农业学校的具体办法：（1）严格挑选学生。将以前学子，挑选“心地纯正者”，量为录用，先不论其学识，只要操守谨慎即可，将这些人才用完，然后再兴农业学校。农业兴，才能为工业提供原料，工业兴才能为商业提供商品，才能进行商战，与列强“交锋”或“竞争”。（2）学校校址。要选在农村，因为农村没有城市那种“奢华之习，浮夸之风”，相反能使学生懂得“物力之艰，俭德宜尚”[②]。（3）学校开设的课程。主要有：农业、历史、地理、美术、算术。其他如作文、洋文、游戏、读经等暂时“删去”。因为历史“所以示中国古昔明哲发明之□物，知之详，庶不忘本”；地理“所以示中国版图宽袤广狭之界址，知之悉，庶可爱国。”等等。每门课程在实践中都各有其具体应用，如算术对于“经济”，美术关于“标本”，都有确实之用处。“而尤要者则不专在讲堂授课，乃在于郊园实地练习”，因为讲堂讲课，无论如何生动，总是“虚想之象”，而“郊园练习，增长识见，兼裕阅历”[③]。而且在实地考察过程中算术、地理“亦必熟悉”，历史等知识也得到应用和巩固。该报首先肯定在道德良善的学生中，挑选兴办农业的人才，然后才用历史、地理、算术等理论与具体实践相结合的观点，说明兴办职业教育的具体途径，即职业教育内容的实际应用。关于兴办农学教育的经费，也是该报提出的难题之一。教育经费短缺一直是困扰民初教育的大问题，政府总会以种种借口克扣教育经费。对此，该报直言不讳地批评道，“是当局无心兴办耳。苟当局能以实心办实事，则彼此挹注之事，吾国已数见不鲜，岂独对于教育费用而必鑿鑿于非库存的款不能兴办乎？无款之说，其托词耳。讬词无款，则学校必有停辍者。学校一停辍，则后起人才，已暗中遭挫折矣。人才悉被挫折，教育又安望有生机，岂为最堪痛心之事乎？”[④] 所以，应该乘此“新制改革”之机，赶紧办大中小农业学校。开办之费用，“悉由中央担任，中央款无着落，可将其他无关紧要各事之经费暂为挪用，或竟为拨用，皆无不可”[⑤]。《大公报》由经费短缺推及人才之前途的观点是可取的，而关于款项“暂为挪用”的建议，在当时背景之下，显然是画饼充饥，难以成真。事实表明，政府大部分款项或流入政客的

① 心森：《教育刍言》，1914年5月20日《大公报》。
② 心森：《教育刍言》，1914年5月20日《大公报》。
③ 心森：《教育刍言》，1914年5月20日《大公报》。
④ 心森：《教育刍言》，1914年5月21日《大公报》。
⑤ 心森：《教育刍言》，1914年5月21日《大公报》。

腰包，或用于军事开支。教育经费转化成军费，是20世纪20年代《大公报》一直批评的话题之一。

关于医学教育。《大公报》也特别强调医学教育之重要性，认为其“谋进国利民福，诚为我国亟不容缓之图”①，并说明要保护儿童的正确方法。具体建议是：第一，注重医学教育发展。该报详细介绍了英国、美国先进的医学教育，说明其参加之人数、接待之隆重、技术之精湛及对国外求学人员的欢迎盛况等；赞扬其兴办医学学校，“务期形式与精神并臻美善”的目标；感叹“外人对于振兴实业，发明科学，研究医药，讲求卫生，精益求精，大有听夕不遑之势。”其对于“解剖头颅”、“疗治心肺”等“新奇繁难”之术，“天花、鼠疫”、“瘟热”、“麻风”、“痨伤”等难治杂症，都有新法救治和预防，“或已杜绝净尽，或已寥寥无多”②，如此详细推介，对于当时医学事业尚不发达的中国，无疑是莫大的震动。相形之下，中国相关医学知识之“短少”，进步之“迟滞”，因此“毙命者”甚多的状况，却令人汗颜。从中，《大公报》暗示当局，医学教育急不可缓。第二，改善医学教育之行政管理。该报推崇西人医学行政，认为其完善至美。建议我国不仅要创办医学校，还要注意医学管理人员之选拔，“非医学渊博，于西国学校医院管理富有经验之人才，未可与言办法。”“苟任用非人，必无成效，不特一般学生，不能与人争胜，而且日形退步。”中国“代有伟人，遗传医学方药，未尝皆无可取”，“然学者徒守旧法，昧于发明，惰于研究。精粹尽失，新理无闻”③，看来，传统医学之堕落，西方医学不能流行于中国，与医学行政管理的失当有很大关系。所以，医学教育管理一定要选取富于“经验”之才。第三，提倡卫生教育。该报认为，西人注意卫生，避免了某些传染病，如瘟热、麻风以及花柳等病症的发生。以此说明，上述等症在我国并非不可治愈，主要在于杜绝不良的卫生习惯，如通风不良、随地吐痰等。这些习惯的养成，主要靠卫生教育。第四，医学教育应该与时俱进。西人能将中国的一些发明，如种痘发展为预防天花的牛痘。而中国人却停滞不前，未能发扬长处，进一步发展此种技术。这是医学教育落后造成的。所以，中国的毕业学生在西方留学，“西人皆致之初级”，过五年才与西方医学程度齐等。这些毕业生在国内也不受重

① 伍连德：《论中国亟宜谋进医学教育》，1915年5月11日《大公报》。
② 伍连德：《论中国亟宜谋进医学教育》，1915年5月11日《大公报》。
③ 伍连德：《论中国亟宜谋进医学教育》，1915年5月11日《大公报》。

视，人们常常重视外来医士。该报告诫国人，当今世界交通日便，一日千里，传染病也随之传入我国，我国医术如若踯躅徘徊，就难于与各国争衡。故而，中国不但要设立医学校，而且要延长年限，增加普通科学知识，与世界医学教育同步。第五，建议中国设立“中央医学统辖处”。该处统辖全国“医学事务”，规定医学教学年限、教授方法等。由教育部授权，“将全国医学教育，完全改组，力谋进行，以收整齐划一之效”。如此，我国的学生方能受国外重视，“收回利权”，“强国强种”①。推及全国，收普及之效，促进国人对医士之信任。这充分显示了《大公报》对当时中国医学教育的期望。

关于商学教育。《大公报》也提出了良好的建议。该报认为，商学关系国家之存亡，能“富强家国”，而人们却时有敷衍，甚至破坏。该报指出，“商战须才，作才为学。欲学之兴，学校赖焉！”但国内商业学校太少，“既乏商学之振兴，商战自难希图最后之胜利，富强遂无望矣！”② 因而，该报提出振兴商学的具体计划：第一，执政者“宜知本末”。《大公报》发表的文章认为商战之“本”在于“商学”，希望当局诸君将平日发放官僚的钱财，分出一部分用于振兴商学。同时谴责当局寻找借口，迟缓办学的行径，“然仆以为财源纵极枯竭，商学不容缓图。设因陋就简，则一切设施俱可停止，以待财源之渐裕，天下宁有是理也？仆之言此，非敢强其词，悖正理，诚以兴商始能生财，生财方能裕用，所谓根本之图者此也。”③。该报还指出，建立商校，费用较低，“执政者不乏贤才，当见及此。”“诸君果有意以图治也，则此区区之款，岂难筹划？”看来，兴办上学之费用，不是经济原因，而是人为问题。第二，希望议员能尽职商学。袁世凯死后，北洋政府重开国会，该报借新旧人事交换之际，希望新议员能“各尽厥职”，“谋兴商学”，“固我国本”。第三，学生尽力于商学。不仅社会上层谋兴商学，该报希望学生“不负专商之名目”，怀“振兴商学之决心”，“在其位者应谋其事”④。不要辜负父兄、师长、国家之期望和至意。“专心科学”，为商学而努力。该报从政府、议员到学生，从政府到学校，都提出了各自具体的要求。

全社会对职业教育的重视。《大公报》认为家庭、学校、社会团体、通

---

① 伍连德：《论中国亟宜谋进医学教育》，1915 年 5 月 12 日《大公报》。
② 逢清：《商学与商战》，1916 年 9 月 15 日《大公报》。
③ 逢清：《商学与商战》，1916 年 9 月 15 日《大公报》。
④ 逢清：《商学与商战》，1916 年 9 月 15 日《大公报》。

俗教育团体等，应该共同促进职业教育的发展。学校若想使其对学生之“教授、课练、管理”适应于社会之职业，应“注意于学子职业之选择”。虽然父母为“自然之职业教育引导者”①，但未必尽善。若想选择正当之职业，必须知道其情形、利弊、机会等等要素。而家庭接触范围毕竟较窄，经验有限，主要的职业引导责任就在社会、学校，他们是“正当之职业引导者”。他们的“职业引导”之宗旨，可以使父母和子女略知商业工艺和职业发展之梗概，及如何预备之方法，其中包括介绍职业，以免选择职业不当而“害及人之康强与精神”。总之，社会各阶层共同努力，帮助学生选择理想的职业，也是职业教育健康发展的重要途径。为说明社会团体的作用，《大公报》还介绍美国职业引导局和家庭学校联合会等工作情况。如美国职业引导局的具体操作情况是：中小学校各派职员专管其事，对小学生演讲“职业情形”，毕业生就业后，学校要随时考察指导，具体记录毕业生就业后的种种情况，包括职业工资和升迁等情况。力图说明家庭、社会、学校共同引导学生选择职业之重要性。《大公报》又介绍美国家庭学校联合会、英国学徒会等职业引导方法，认为英国儿童的职业引导是“使彼等学习职业而进学校”，并“使彼等得适宜之位置”②。苏格兰则成立“教育通信与职业雇佣局”，特别“注意于自十四岁至十七岁之青年”的职业选择情况。建议我国学校设立“职业引导会”，为学生指明职业方向。会员必须是“富于职业经验者”③，如此才能办好职业教育办并推及全国。除上述职业引导方法外，该报也建议使用通俗教育补充学校等职业教育的不足，从多个角度提出了职业教育的具体建议。

（四）对职业教育社会效应的报道

随着中国职业教育的逐步倡兴，各地职业教育慢慢兴盛起来。《大公报》及时搜集相关信息，迅速报道，予以赞扬。四川省巡按使鉴于民初以来各地方中小学校没有按照教育部令，将手工、图画、音乐、体操列入必修科，造成职业技能虚有其名，所以该巡按使对职业教育“详为规划，行将开办”，被《大公报》认为是“注重技能”之举。④ 1919年1月，“顺直省议会以振兴农业为富国要政”，决定在口北、大名两地分别设立一处农业学

① 郭秉文：《中国现今教育问题之一》，1915年3月23日《大公报》。
② 郭秉文：《中国现今教育问题之一》，1915年3月24日《大公报》。
③ 郭秉文：《中国现今教育问题之一》，1915年3月25日《大公报》。
④ 1915年1月12日《大公报》。

校，“授以农林、畜牧、蚕桑等学科。”该报乐观地预计，“庶几地无遗利，农业可日见发达。”[①] 1919年2月19日，天津第三公立学校校长张升甫“筹划贫生生计”，在该校添设职业班，认为“东西各国往往将职业教育寓于普通教育之中，其锁定科目首为工艺”，于是开办石印、织染等班，期冀工业发达，并“造成完全国民资格”[②]。直隶安邑县率先于小学内部设立工业学校，《大公报》认为，振兴职业教育，是地方官应尽之职责，赞扬安邑县此举，不啻为“谂知世界潮流，趋赴科学”，“独得风气之先”[③]，并希望其他各县也要效仿。上述职业教育案例的具体报道，显示出《大公报》对兴办职业教育的积极姿态。

民国初年，农民的农学知识比较缺乏，农商部曾派农业讲演员分头到北方数省讲演改良农业之事。《大公报》对此发表评论，认为我国为“天然农业之国”，然农业却“不能大为发展”，“良由拘守旧法，田家缺乏农学知识之故”，希望通过农业讲演能有助于振兴农业。但“人民普通知识尚多茫然”，“然则讲演农学首要问题，首在实行强迫教育”[④]。《大公报》对农学教育反复劝导，多方筹划。

《大公报》还报道行政当局如何管理职业教育的情况。直隶全省，民国以来，“实业次第推行”，而实业学校却“因陋就简，仍无何种之发展”。1920年4月，教育部派人到天津调查实业教育情况，“以调查为入手，以改良扩充为结尾。其基础未立者，则振兴之；其规制未备者，则增益之。”《大公报》认为，“不数年间，人才蔚起。学以致用，皆足为实业之良教师。直隶遵其先路，各省竞作模范。实业前途，庶几其蒸蒸日上”。[⑤] 实践与教学脱离，这是导致“学”、“用”矛盾的原因。该报对教育部采取振兴实业教育的措施给予称赞，表明其促兴职业教育的迫切心情。

职业教育兴办伊始，《大公报》的评说、报道很多，我们不可能一一列举。该报之评论自然有很多幼稚之处，但它能一如既往的积极报道，对推动职业教育当然有益无弊，对中国职业教育的发展不可能完全徒劳无功。

---

① 1919年1月7日《大公报》。
② 1919年2月19日《大公报》。
③ 遯：《注重职业教育之先声》，1919年9月13日《大公报》。
④ 无妄：《讲演农业》，1918年8月18日《大公报》。
⑤ 遯：《注重实业学校之期望》，1920年4月17日《大公报》。

第二节 《大公报》对军国民主义教育的宣传

军国民教育是中国近代重要的教育思潮之一，经历了渐进发展的过程。1902 年，蔡锷以奋翮生的笔名在《新民丛报》创刊号上发表《军国民篇》，从教育、学派、文学、风俗等八个方面探讨了中国贫弱的原因，声称："军者，国民之负债也。军人之智识，军人之精神，军人之本领，不独限之从戎者，凡全国国民皆宜具有之"①。接着，蔡锷的同学蒋百里也在《新民丛报》上以《军国民教育》为题，提出学校、社会、家庭三方面分项实施军国民教育的方案，鼓动军国民主义教育。② 1903 年创办的《浙江潮》也强调用军人知识养成学生"强毅力以鼓吹勇往耐苦之气"③。同年，梁启超于《新民说·论尚武》中系统地论述了军国民教育。在他看来，要使国民尚武，必须作到"三力"：一曰心力，二曰胆力，三曰体力。他赞扬欧洲国家奖励体育竞技，务使举国之人，"皆具军国民之资格"的行为，批评中国"以文弱为美称，以羸怯为娇贵"的观点。他指出中国处于"群盗入室，白刃环门"的险境，如若再不进行尚武精神的培养，无异"立羸羊于群虎之间"，难免被其吞噬。梁氏大呼"立国者苟无尚武之国民……必无以自立于竞争剧烈之舞台"④。梁文进一步推动了军国民主义教育思潮的发展。而在当年的拒俄运动中，留日学生组织的"军国民教育会"，则从实践上体现了这一思潮。

民国建立后，中国仍然没有摆脱帝国主义列强的歧视和压迫。外国人蔑称中国为"豆腐中国"、"西瓜中国"，"以中国为软弱可欺"⑤。这样的环境，使民国初年的军国民教育仍然具有重要的意义。蔡元培《对于新教育之意见》发表后，军国民教育成为当时重要的教育论题之一。伍达撰文认为，学生课程之外有 10 种"教科以外之教育"，"其类别繁，其效用普，其影响于社会至远且大。"在这 10 种教育中，"锻炼教育"即指军国民教育。此种教育旨在养成强健之体魄与坚定之心志，虽遇困难之境而能以勇往前进之决心

① 曾业英编：《蔡松坡集》，上海人民出版社，1984 年版，第 16 页。
② 参见瞿立鹤：《清末民初民族主义教育思潮》，台湾中央文物供应社，1984 年版，第 106 页。
③ 毅巨：《盎格鲁索逊人种之教育并中国今日教育之方针》，《浙江潮》第 4 期。
④ 梁启超：《新民说》，郑州：中州古籍出版社，1998 年版，第 182、190、191、192 页。
⑤ 《豆腐中国考》，1912 年 8 月 25 日《大公报》。

排除之。按此实施教育，“可以振起尚武精神，一洗文弱之习；大之与人种强弱问题，国家存亡问题，皆有直接之影响，而合诸今日情势，尤属当务之亟”。[①] 另外，陈独秀、范源濂、张謇等社会名流，都主张把军国民教育寓于学校其他相关学科的教学之中，“养勇励志，磨厉以须”[②]。在与列强竞争中，“自端其战胜之基”，[③] 成为“角胜世界文明之猛兽”[④]。他们的呼吁，扩大了军国民教育思想在全社会的影响，客观上有利于军国民教育的开展。

政府部门，特别是教育部门颁布的相关政令、政策及教育宗旨，都推动了军国民教育的继续发展。此外，民间以发扬军国民教育思想为中心成立的社团，如：上海等地的“体操会”、“体育会”、“尚武会”等，试图“锻炼体魄，研习武课”，“提倡武风，挽救文弱”[⑤]。这些社团的成立，都为推广军国民教育营造了良好的社会氛围。

一、军国民教育关系国家的发展前途

《大公报》作为主流媒体，对军国民教育也很关注，频频发文，阐发军国民教育之必要性。甚至在一些教科书广告中，也注重宣传“体育及军事上之智识，以发挥尚武之精神”[⑥]。在有关的社团报道中，北京体育会是比较典型的一个。在其宣言中明确宣布：“卫身、卫家、卫国三者，广狭不同，而防患则一。人不自卫，家且不保，何有于国？是卫家、卫国必先自卫身始。”国民“自当力挽从前积弱之习，各任军国民之义务以谋富强。”[⑦]《大公报》对该会的成立宣言和章程、成立盛况等都作了详细的报道。这些报道一方面反映出这一时期军国民思潮的活跃，另一方面也说明该报对此思潮的关切。

（一）军国民教育实施的必要性

《大公报》论述军国民教育之重要，主要有以下几点：

---

① 伍达：《教科以外之教育》，《教育杂志》，第4卷第11号，1913年。

② 范源廉：《今日世界大战中之我国教育》，引自舒新城编：《中国近代教育史资料》（下），北京：人民教育出版社，1961年版，第1067页。

③ 张謇：《通州女师范学校第一次本科实习教授评议案序》，引自张怡祖编：《张季子（謇）九录·教育录》（卷三），台湾文海出版社，1974年，第11页。

④ 陈独秀：《今日之教育方针》，载《独秀文存》，上海亚东图书馆，1922年，第26页。

⑤ 引自陈晴：《军国民教育思潮对当代军事体育及国防建设的启示》，《解放军体育学院学报》，2004年4月。

⑥ 1912年4月26日《大公报》。

⑦ 《北京体育会宣言》，1912年5月16日《大公报》。

首先，从国家与世界的宏观角度来阐明军国民教育的必要性。1912年7月，全国临时教育会议召开，蔡元培在会上讲了关于“五育”的教育宗旨，在教育界引起关注。对此，《大公报》及时表露自己的观点，关于“五育”中之“尚武”教育，该报认为：

> 有国民斯有国家，有国家斯有战争。国家者，国民之所结合而成者也；战争者，国家所赖以生存之具也。今之国家，乃国民全体之国家，而非一人一姓之国家也。今日之战争，乃国民全体之战争，而非一人一姓之战争也。全体之国家当以全体之国民经营之。全体之战争当以全体之国民捍卫之。此十九世纪以来民族帝国主义之所以盛行，而军国民教育所以为强国之必要也。[①]

《大公报》从国民、国家与世界格局关系的角度，回顾了军国民实践的历史，阐述了三者与军国民教育的必然联系，以此证明军国民教育的时代迫切性。事实确实如此，当时我国“国势阽危，基于累卵”，“苟全国无尚武精神，殆难存于黑铁赤血之世界”[②]。没有军国民教育的民族，必将被20世纪初年列强纷争的潮流所吞噬。

其次，从中日两国的对比中，说明军国民教育的必要性。该报首先以日本为例，说明其以“蕞尔”小国，既胜于我，又胜于俄，原因是“实行全国皆兵之主义而军国民教育之讲求有素也。”[③] 其讲求要点有二：第一，对军人之尊重。在日本，军人很受尊敬，购物为之“贱其值”，行军为之“厚其糈”，死后为之“恤其孤”，且学校有军事教育。而我国却有“好铁不打钉，好男不当兵”的谚语羁绊人们的思想，无形中削弱了军国民教育在国民心目中的地位。第二，注重军人“四要素”的培养。该报分析了军人教育之“四要素”：爱国心、公德心、名誉心、质朴与忍耐力的重要作用。说明“四要素”在日本有良好的培养环境，“盖不独军人为然，其全国之学校，皆以军事教育铸造之”[④]。而且从社会到家庭皆贯之于军国民主义教育：“抑不独学校为然，凡社会上一切工商团体之组织，皆以军事的法律布置之，社会上一切风俗器用之习惯，皆以军人之精神贯注之。……推而至于家庭儿童培壮健

---

① 周震勋：《论中央教育会宜注重军国民教育》，1912年7月14日《大公报》。
② 选：《军事教育概论》，1913年1月9日《大公报》。
③ 周震勋：《论中央教育会宜注重军国民教育》，1912年7月14日《大公报》。
④ 周震勋：《论中央教育会宜注重军国民教育》，1912年7月14日《大公报》。

之根基，女子受武健之教育。”[①] 可见，军国民教育的提倡，确实有利于一个国力的增强。该报甚至主张女子也应该受“武健之教育”，这在倡导女子学习家政、注重“女红”的年代，是可贵的。

《大公报》还从中日两国国情出发，分析实施军国民教育的必要性。它认为“以日本撮尔之区，一行军国民教育，即为世界强盛之邦。”而我国“土地四千三百万方里，……倘行军国民教育，使四万万人皆知军国民之义务。……全国一心如联指臂，以视日本又□如何？”[②] 这一议论旨在以日本当时之强盛，参照我国现实，反衬我国“徒以二千余年陷于专制之手，不知改革，不行军国民教育……而欲与世界全国皆兵之国文明教育之师，竞争于二十世纪之大舞台”，“不劣败即以归于淘汰”[③] 的危局。因此，共和肇建，统一将成之际，正是当局实行全国皆兵，速行尚武教育之机。《大公报》言辞似乎有点夸张和臆想，但对比现实，也不无道理。

最后，从军队本身的重要性来说明军国民教育的必要性。该报认为，伸张国权，发扬国威，不得不依靠军队。“夫军队者，聚千万人之心而成一心，聚千万人之力而成一力者也。然聚之集之者，果谁之力耶？曰教育，曰军事教育。”[④] 而当时中国军事形势严峻，经过中法之战、中日之战之考验，中国军队之不足恃，已经暴露无遗。虽有后来之新法练军，但终归无效。“国权不立，国威不振”之根本所在，正是“由于国民教育未普及，与夫军事教育未讲求，尤为最大之关系。”[⑤] 作者还以斯巴达、日本为例，说明其之所以强盛，是因为提倡“尚武”和“武士道”精神，而中国目前受军事教育者仅仅局限于几所军事院校和军队中的一小部分人。若想改变这一状况，增强国家军事力量，必须实行全民皆兵、全国皆兵。

其实，近代以来中国战争的失败，不单是军事方面的原因，主要还有社会制度腐败，经济技术落后等原因。该报为证明军国民教育的必要性，只从军事方面分析战争胜败之因，虽有一定道理，但也失之于片面性。

（二）课程中增加兵式体操内容的重要性

《大公报》对军国民教育的提倡，还表现于学校课程中增加兵式体操内

---

① 周震勋：《论中央教育会宜注重军国民教育》，1912 年 7 月 14 日《大公报》。
② 周震勋：《论中央教育会宜注重军国民教育》，1912 年 7 月 14 日《大公报》。
③ 周震勋：《论中央教育会宜注重军国民教育》，1912 年 7 月 14 日《大公报》。
④ 选：《军事教育概论》，1913 年 1 月 9 日《大公报》。
⑤ 选：《军事教育概论》，1913 年 1 月 9 日《大公报》。

容的观点中。袁世凯统治时，浙、闽、粤等省的一些学校要求加课兵操，川、冀等省提议将中学以上学生一律改组为学生军，各省“文电交驰，群情一致”，赞成者“不可胜数”[①]。而中央政事堂，却以“国内军事张驰”，学生正在“志学”之年，自应潜心学业，不容“纷心旁涉”为借口，一概拒绝，加以取缔。《大公报》对此种行为深为不满，立刻撰文予以批评。该报认为，前清时代，定教育宗旨，“不得不标示尚武一条”。而今日民国处“弱肉强食之际”，“不于武装中求和平，将无我立国之地”[②]。当时中日因为“二十一条”之交涉，全国沸沸扬扬，该报认为，“交涉失败”，“实源于军事脆薄，无与人战斗之资格”。所以要做到：第一，国人应趁此时机，“储金以备扩充武事”，“请课兵操以作士林之气”，振兴军事，或可改变夙昔“右文轻武之风。”[③] 第二，学生为我国之“聪明材俊”，“初不让于外人”，因学校不注重体育一科，故不免有“文弱之讥”。体育课中加上兵操，“无事则出所学以扬国光，有事则执干戈以卫社稷”[④]，“中下社会”，“自靡然相从，强种之机，实基于此矣！”第三，从数量上看，学子占农工商军之“最大一部分”，如果加以兵式体操，毋俟征募，则大部分人有军国民资格，事半功倍。第四，练新军，办民团，军需军食需要一大笔款项。而以学子练成军人，无需军需军食之款，可以为国家节省军费开支。既然在学生中加试兵式体操有如此多的好处，袁世凯的中央政事堂却以种种借口加以拒绝，将因此而“启外人之疑”，贻“外人所笑”。所以，该报对中央统帅办事处政事堂拒绝学校加课兵式体操被驳，颇有微辞。

《大公报》对军国民教育的倡导顺应了时代潮流，许多观点也较为可取。虽然在当时的中国，它的一些想法是不可能实现的，但它的某些直面政府腐败与社会危机的观点，却是大胆而客观的，也发挥了新闻媒体应尽的义务，是应该肯定的。

二、尚武教育促进国民身体素质和道德修养的提高

军国民教育的提倡唤醒了人们对尚武精神的推崇。民国初年，国人在注

① 选：《闻某学校请加课兵式体操被驳感言》，1915 年 7 月 24 日《大公报》。
② 选：《闻某学校请加课兵式体操被驳感言》，1915 年 7 月 24 日《大公报》。
③ 选：《闻某学校请加课兵式体操被驳感言》，1915 年 7 月 24 日《大公报》。
④ 选：《闻某学校请加课兵式体操被驳感言》，1915 年 7 月 24 日《大公报》。

意军事教育重要性的同时，也开始注重尚武教育对国民素质的提高。《大公报》认为，中华并非自古无尚武之习，而是科举兴起以后才开始“善文鄙武”。“古之礼乐射御书数，为士人通习，其时俊秀堪列戎行，命卿皆为军帅，非人人有当兵之资格也。自学校废而士不习武，科举兴而俗偏尚文”，从此“武力不扬”①。而当今正处尚武时代，“现世强国，学校兼习兵操”。以我国人口之众，若能去懦弱之习，“发扬武毅之精神，通晓国家之意志，即不必全国皆兵，临时征调，已可得雄师千百万”②。该报既认识到传统教育中尚武精神的缺失，更认识到了尚武精神对提高身体素质的作用。所以，从提高国民身体素质的高度，对民国初年的尚武教育进行阐述，期冀培养国民尚武精神，以利于怯除懦弱之气，使民族体魄臻于强健。

（一）对“尚武”一词的阐述

“夫尚武一端，不独训练国民，使有当兵之资格，且注意其身体之康健，以补助其智能之发达也。夫尚武则重体力，体力之操练，实足以补益心灵。”这是该报对“尚武”的解释，其中包括两个方面，即当兵资格和康健之身体是尚武的重要因素，特别是后者，能“补助其智能之发达”，有益心灵。该报引用希腊前哲之言：“康健之心，必寓于康健之身”③。在这里，该报明显认为尚武含义更趋向于强身健体，即人的身体素质的培养在尚武教育中占首要地位。正如后来学者所言：“身体与人格虽非一件事，但一般的讲来，物质的血气不足的人，精神的血气也不易发达。”④ 要培养尚武精神，当然离不开强健体魄的养成。

中国人自古信奉“天行健，君子以自强不息”⑤ 的箴言，它可以被看做是尚武精神的最佳体现，它是中华民族世代繁衍生息的动力所在。世界上每个强盛的民族，其强盛之因，无不有尚武精神作为其重要一份子。一个没有脊梁的民族最终会被浩浩荡荡的世界潮流所淹没，一个没有尚武精神的民族必然不会有一个很坚强的脊梁。

《大公报》从当兵之资格、身体之康健、智能之发达等不同角度，说明

① 《尚武教育》，1915 年 2 月 27 日《大公报》。
② 《尚武教育》，1915 年 2 月 27 日《大公报》。
③ 《尚武教育》，1915 年 2 月 27 日《大公报》。
④ 雷海宗：《中国文化与中国的兵》，北京：商务印书馆，2007 年版，第 215、181 页。
⑤ 《周易·乾卦》，郭彧译注《周易》，北京：中华书局，第 3 页。

尚武精神的重要，阐明武功与智力相互促进的关系。它告诫人们，单纯的武力无法永久性的维护自己民族的利益。其目的就要近代中国人只有文武兼有，心身俱强，才能在抵抗外族入侵过程中无坚不摧、削铁如泥，才能担负起国家昌盛，唤醒民族的历史责任。

另外，《大公报》所要求的尚武精神，也是理智和意志的完美结合，缺乏智慧和缺乏意志同样危险，“仁而不智则爱而不别也，智而不仁则智而无为也”[①]，只有这样的尚武精神才能把中华民族的智慧与意志牢牢凝聚在一起，才能将中国传统的仁与智，智能发达与身体康健，文治与武功有机地结合在一起，这才是《大公报》所倡导的尚武思想。

（二）尚武教育利于身体素质的增强

尚武教育从小处而言，有利于身体素质提高，大处来讲有利于国家富强，这也是民国初年许多人的共识。1912 年 5 月成立的北京体育会，其宗旨即为“养成强壮之身体，振起卫国卫家尚武之精神”[②]。《大公报》认为文明各国之所以发达，与其强健身体、重视尚武教育是分不开的，“其运动体力之时间，不少于其运用脑力之时间。游戏运动之场，为教育重要之部”。自大学以下的学生，生机勃勃，神采奕奕，或竞渡，或赛球；有时“连合数校”；有时“远适异国，以决胜负”，其观看者千万计。对参加运动的人，“社会倾慕之，报纸颂扬之”。有此种尚武的精神和尚武的社会环境，身体素质当然康健。尽管如此，而这些国家的教育家仍然大声警告，“社会上之官吏、律师、教习、学者、商人等”习于“安坐生活”[③]，其体力必趋于退化，不仅影响自身，而且祸及后代，影响民族。因此，呼吁全社会引起重视，务使国民皆为健全分子，民族日进于康强。相反，在我国，身体训练“向来不以为重”，学士大夫“尤不解游戏运动，安坐之弊更深，若女子则益无论矣。”若按西方人的标准，我国有强健体魄和当兵资格者，“不及半数”，先天素质既薄，后天无适宜之教育，“以遂其筋肉之发展繁荣，以致书生文弱，十而八九”。上层社会如此，劳动者更是“衣食不给，卫生不讲”，“精神昏聩，跬步徐徐”[④]，常

---

① 董仲舒著：《春秋繁露·必仁且智》，阎丽译注：《董仲舒春秋繁露译注》，哈尔滨：黑龙江人民出版社，2003 年版，第 152 页。
② 《北京体育会简章》，1912 年 5 月 16 日《大公报》。
③ 《尚武教育》，1915 年 2 月 27 日《大公报》。
④ 《尚武教育》，1915 年 2 月 27 日《大公报》。

受外人嘲笑。该报指明了尚武的深远意义及尚武不昌的弊端。该报还列举那些历史上的“力任艰巨者，必精明强固之人”，而事业未成身先死的人，都是因为体质差，“精神困惫，气体不充”，“有志未逮”，“败于半途”①。正是由于《大公报》等主流媒体的大力宣传，尚武教育在民众之间流行开来。重视身体素质，强调体格强健，国人对教育世人的标准发生改变，那种只知埋头读书，不知强健身心的习惯逐步有所改观。

（三）尚武教育有利于道德修养的提高

尚武教育既有利于提高身体素质，又于道德问题，关系重要，而足以“挽救吾国人之积习。”②。首先，健康的身体是道德素养提高的基础。《大公报》认为，身体素质好，人就可以从事多种事务，在劳动中陶冶个人的道德情操。该报以西方人为例，认为其“自治力”、“实行力”、“责任心”等等与道德有关的行为，都与平时讲求尚武有很大的关系。在那里，家庭主妇对于烹调洗熨等日常家务，事事躬亲；学生勤于动手，花圃美丽，宿舍整洁。暑假又能勤工俭学，增加收入，运动体力，休息脑力。而我国稍富之家，就习于雇佣伺候，女子不懂家政，学生“依赖成性，莫能自治”③，这些行为降低了孩子身体素质，削弱了其长大后的独立能力和吃苦毅力，助长了社会上的官僚习气和其他不正之风。该报提醒父母兄弟，“勇武之精神，坚强之体魄，当养之于平日，然后大之能膺军国重寄，小之亦可以治家人之生产”④，平时注意培养孩子吃苦耐劳的能力，配合学校社会，形成一个良好的尚武环境，使国民拥有“自治力”、“实行力”、“责任心”，让这些提高身体素质和道德修养的因子，潜移默化地形成于日常生活之中。其次，健康之体质是开展道德学术之前提。该报在关于河海工程学校的代论中认为，该校应注意教育方针者三事：第一事为“注重学生道德思想以养成高尚之人格。德，本也；才，末也”。人们所羡慕的外国物质文明，不是立国之本，而根本是道德。勉励该校师生要避免不讲道德，专事浮夸的弊端。第二事为“注重学生身体之健康，以养成勤勉耐劳之习惯”。因为“体质为精神之附丽，无健康之体质，自无

① 《尚武教育》，1915年2月28日《大公报》。
② 《尚武教育》，1915年2月28日《大公报》。
③ 《尚武教育》，1915年2月28日《大公报》。
④ 《尚武教育》，1915年2月28日《大公报》。

奋发之精神。而道德学术，举无所施。”[①] 这说明，虽然道德为人材培养之“本”，但没有强健的体魄，勤勉耐劳之精神，道德就无法推行。河海工程学校由于专业需要，经常外出，“跋涉山川，踰越险阻”，没有好的身体，就谈不上提高道德修养，更不能开展学术。第三事为“教授河海工程必须之学理技术，注重实地练习以养成切实应用之智识。”[②] 强调与实际相结合。德、体、用三者结合，没有健康的身体条件，“德”、“用”也无从谈起。

三、军国民主义教育的物质基础和内容

社会的经济结构（基础）决定着国家和社会意识（上层建筑）的存在及其形式。任何一种特殊的经济关系都决定着与其作用相适应的国家和社会意识的存在形式。一个社会的经济基础发生任何变化，都会导致国家和社会意识的转变。马克思在《德意志意识形态》中说过：“直接从生产和交往中发展起来的社会组织，在一切时代都构成国家的基础以及任何其他观念的上层建筑的基础。”[③] 马克思还对经济基础和上层建筑做了进一步比喻性解释：“人们在自己生活的社会生产中发生一定的、必然的、不以他们的意志为转移的关系，即同他们的物质生产力的一定发展阶段相适合的生产关系。这些生产关系的总和构成社会的经济结构，即有法律的和政治的上层建筑竖立其上并有一定的社会意识形式与之相适应的现实基础。物质生活的生产方式制约着整个社会生活、政治生活和精神生活的过程。”[④] 然而，马克思也注意到经济基础和上层建筑之间的关系随历史而变化的不平衡的一面，因而断言：“要研究精神生产和物质生产之间的联系，首先必须把这种物质生产本身不是当作一般范畴来考察，而是从一定的历史的形式来考察。例如，与资本主义生产方式相适应的精神生产，就和与中世纪生产方式相适应的精神生产不同。如果物质生产本身不从它的特殊的历史的形式来看，那就不可能理解与它相适应的精神生产的特征以及这两种生产的相互作用。”[⑤] 这就是说，经济基础决定上层建筑，但是要把经济基础放在特定的历史条件下去考察，才能真正

---

① 《河海工程专门学校旨趣书》，1915 年 1 月 28 日《大公报》。
② 《河海工程专门学校旨趣书》，1915 年 1 月 29 日《大公报》。
③ 《马克思恩格斯选集》第 1 卷，北京：人民出版社，1972 年版，第 629 页。
④ 《马克思恩格斯选集》第 2 卷，北京：人民出版社，1972 年版，第 82 页。
⑤ 马克思：《剩余价值理论》第 1 册，北京：人民出版社，1975 年版，第 296 页。

了解其所决定的上层建筑的精神实质。《大公报》提倡军国民教育虽然顺应了时代的潮流，但也是以当时的物质基础为前提。我们考察《大公报》提倡军国民教育思想的同时，必须分析该报提倡的军国民教育依附的物质基础，只有如此，才能更全面客观地看清该报的观点。

（一）实业是军国民主义教育之物质基础

蔡元培在谈到“五育”时认为：“今之世界，所恃以竞争者，不仅在武力，而尤在财力。且武力之半，亦由财力而孳乳。于是有第二之隶属政治者，曰实利主义之教育，以人民生计为普通教育之中坚。”① 强调了实利主义为军国民教育推行之基础。该报既秉承这一观点，又阐明实业教育是军国民教育基础的原因。首先，经济发达对军国民教育的推动。《大公报》强调军国民教育的经济基础是实业，经济不发达，国家不能自立，仅仅凭藉世界主义而“图存”，明显是徒然。生于20世纪，若不能用海陆军与“列雄”相见，所谓万国公法、海牙和平会议等都是空谈。但军队之组织，并非一二简单元素构成，“提倡军事主义，而一切军用上之准备，事事与财政相关。当公私交困，元气惨伤之时。欲举数千万万之外来借款，一掷诸不生产之消费场。□曰有此武健善斗之国民，可以企图桑榆之收复，是何异赤手空拳，饿七日而与悍夫决斗也。”共和肇建，经济低迷，国人衣食温饱尚成问题，毋谈与敌人战斗。只有通过“实业一途”解决基本的生理生存问题，才能谈尚武，谈战斗。该报从最基本的生存原理来讲述实业的基础地位。其次，羸弱的国情决定了实业的基础地位。民国刚刚建立，民族资本主义企业得到较大的发展机会，国家的一系列工商政策也顺应这一历史趋势。所以，《大公报》在强调实业为军国民主义推行的基础时，鉴于我国当时“五痨七伤，千疮百孔”② 的经济状况，该报在“五育”中抉择了实业。这显然是该报与前述欧洲单纯注重军事教育有所区别的地方。只有雄厚的物质基础才能支撑良好的教育，《大公报》的认识是合理可取的。

（二）军国民教育内容的变化

由于国内外形势的变化，军国民教育在民国年间经历了由注重军事知识的灌输向注重体育课程转化的过程。当时，鉴于列强环伺之危局，加之第一

---

① 蔡元培：《对于新教育之意见》，《东方杂志》，第8卷第10号，1912年。

② 选：《论今日教育宜注重实业》，1912年5月9日《大公报》。

次世界大战的爆发，《大公报》主张军事教育和体育并重。第一，推崇“军事之智识”和“军人之精神”。军队教育即“使上自将校，下迨士兵，皆当具有军事之智识，与军人之精神者也”[①]。民国初年，重文轻武的传统“习尚”基本没有改变。虽然政府“注重于武事，整顿陆海军，设立陆海军学校，而受军事教育者，不过学校及军队中之一小部分，尚不能普及于全国之人民”[②]。同时，军人之精神在军队教育中有更重要的意义，“有军事之智识而无军事之精神，其技能虽有可取，而当枪林弹雨之间，九死一生之地，欲其奋不顾身泰然从事者，殆未易易。”[③] 诚如马相伯所言，欧洲之兵，胆量充足，勇气可佳；而中国兵却是胆小怕事，遇事躲避，平时“说起打仗来激昂慷慨”，每逢战事，则是“勇敢不勇敢”，“威武不威武”[④]，都与军人的精神有密切关系。该报指出受军事教育之人不仅是军事院校学生，而且应包括中小学生，特别是注重小学的军国民教育，应从最基本的教育入手，灌输军国民教育的思想。第二，倡导“当兵之资格”和“身体之健康”。当今之急务，首先是“训练国民，使有当兵之资格”。其次，是注重锻炼身体。健康的体魄可补其“智能之发达”，“体力之操练，实足以补益心灵”，“身心相关”是“稍治生理心理学者”[⑤] 都具备的常识。

《大公报》除重视宣传军事知识外，也重视运用体育活动来提高国民素质的方法，从其大量的体育报道中即可看出这一点。如天津城北宜兴埠村设立的体育社曾“徒手操练”，“购买枪械，俾收自卫之效”[⑥]。又如该报在1912年4月10日登载的“天津县葛沽体育社章程”中，详列了该社宗旨、名称、会议、社员、操章、枪械及服装、职员任期等规则[⑦]。由此可看出，该报对军国民教育的重视，同时从“枪械及服装”一目中，可以说明那时体育是和军事教育联系在一起的。接着第二天，该报又报道葛沽镇体育社的练习情况，认为其“操法颇为整齐，社员职员，亦均踊跃从事”[⑧]。《大公报》连续报道此事，其专注于军国教育的心情可见一斑。

---

① 选：《军事教育概论》，1913年1月9日《大公报》。
② 选：《军事教育概论》，1913年1月9日《大公报》。
③ 选：《军事教育概论》，1913年1月9日《大公报》。
④ 《马相伯先生在广东会馆中国社会改良会演说词》，1915年6月23日《大公报》。
⑤ 《尚武教育》，1915年2月27日《大公报》。
⑥ 1912年4月11日《大公报》。
⑦ 1912年4月10日《大公报》。
⑧ 1912年4月11日《大公报》。

第一次世界大战结束后，许多人认为世界和平已经到来，该报对军国民主义教育的内容要求也发生了相应变化，由以前重视当兵资格和体格训练，变为单一的体育锻炼，要求学校重视体育课即是其中的反映。《大公报》认为，学校不仅要有体育课，还要上好这门课。该报以战后法国重视小学体育之例，暗示我国应该“知所变计”，及时把军国民教育的方向转到体育上来。1920年4月，直隶省教育厅“厘定新章”。《大公报》主张，“体育一门，与智德俱重”，今日学生，或者“终日不上操场”，或者“任意随时运动”，都不利于身体康健，进而“留社会之弱点”①。该报对教育厅之体育新章，倍加赞赏，称其“无偏废，无专重”，“补弊救偏，洞中窍要。”② 同时，该报批评当时“视教员为无足轻重，辄一身而兼数职，终日奔走，潦草塞责”的现象，希望当局能扭转局面，“藉以收循循善诱之功”③。

总之，《大公报》适应形势，不但其宣传的军国民教育内容能随形势的变化而有所改变，而且能独抒己见，阐发宏论，值得后人借鉴。

四、军国民教育的实施建议及效果

《大公报》在阐述军国民教育的重要性后，还提出了军国民教育的具体施行建议。

首先，注重小学的军事教育和培养。民初，受中国传统文化“重文轻武”思想的影响，入军校的人较少，而政府也只设立了少数军校来培养军事人才。《大公报》分析了这一现象后认为，政府的海陆军学校，只是使“一小部分”人受到军事教育，“欲全国人民遍受军事教育，则必自实行征兵制度始”，“而中小学中不可不附以兵学一门，使于文学之外，兼晓兵学，是亦目前之要图也。不然，普之胜法，卑斯麦何以谓此役战胜之原因宜归功于小学乎？”④ 所以，军国民教育应从小学开始。

其次，注重社会教育中军国民教育思想之输入。当时，各种教育思潮争相并起，单凭学校教育，已经不能使这些教育思潮得到较为完整的宣传，加以经济落后，辍学或失学的人很多，很多人只有通过社会教育才能接受新思

① 遯：《注重体育之商榷》，1920年4月21日《大公报》。
② 遯：《注重体育之商榷》，1920年4月21日《大公报》。
③ 遯：《注重体育之商榷》，1920年4月21日《大公报》。
④ 选：《军事教育概论》，1913年1月9日《大公报》。

想。《大公报》利用时机，主张将军国民教育思想输入社会教育。通过补习学校，将“教育之时期已过，求学之能力已丧失”，“既闲无求学之经费，尤苦无求学之时间”的四五十岁以下的人，“用极简便之方法，极短少之时间”①，“补助其生活上应有之技能，并输入以军国民应有之知识。牖启其所不知，增益其所不能，化弃材为成才，变无用为有用”②。《大公报》还批评当时在办教育过程中，那些好高骛远，不求实际，议论蹈空的弊病。批评政府在兴办教育时，看重大学，忽视小学这一教育之根本。而多数没钱或没能力上大学的人，就过早走向社会，“倘置此多数老大失学者于不顾，则全国皆兵之希望，非五十年后不能作到。”③ 该报提倡利用社会教育，作为学校教育的补充形式，以便快速、全面地传播军国民教育思想。

另外，《大公报》也经常报道学校体育锻炼在提高学生素质方面的重要作用，随时介绍各校体育教学的进展情况。民国初年，各校常常举行“联合运动会”，这是当时尚武精神的象征之一。1918 年 9 月间，第一次世界大战即将结束之际，天津县葛沽镇新城各校开秋季联合运动会，包括村镇各小学校，场面颇为热烈，该报感叹此举是“尚武精神之一进步也”④，对此项运动作了详细报道，并予热烈赞扬。1919 年 6 月间，天津兴办武术讲习所，各省中学堂添加拳术一科。该报认为，提倡武术训练，能“强固精神，凝练筋骨”⑤，中国处“此武力世界，知非注重武术，断不足以挽救末运。果能实力举行，将来通过健儿，一洒无权无勇之耻，御侮敌忾，闻风蔚起，其亦转弱为强之嚆矢也。”⑥ 当时，正值“五四”运动方兴之际，巴黎和会的屈辱还使人们记忆犹新，该报的类似评论无疑能鼓舞人心。

总之，军国民教育作为清末民初的一种重要思潮，引起许多人的关注，各种媒体都做过相应报道。虽然该思潮一度曾为军阀所利用，但大多数论者是本着抵御外侮、救亡图存、发展实业、富国强兵这一主题而展开的。《大公报》作为宣传者之一，能顺应历史潮流，竭力推动军国民教育，为其呐喊助威、献计献策，尽管在宣传中也有一些不当甚至错误的言论，但仍有不少独到的见解。

---

① 杜权：《论社会教育为当今之急务》，1914 年 11 月 9 日《大公报》。
② 杜权：《论社会教育为当今之急务》，1914 年 11 月 10 日《大公报》。
③ 杜权：《论社会教育为当今之急务》，1914 年 11 月 11 日《大公报》。
④ 无妄：《秋季运动》，1918 年 9 月 30 日《大公报》。
⑤ 遯：《武术宜及时提倡》，1919 年 6 月 22 日《大公报》。
⑥ 遯：《武术宜及时提倡》，1919 年 6 月 22 日《大公报》。

第三节 保守的女子教育观

中国近代女学的兴起经历了一个缓慢发展的过程。最早的女学开始于传教士在通商口岸兴办的女校。早期维新派也曾倡办女学，他们建议“各省郡县之间，就近筹捐，广增女塾”[①]。但是，他们对于兴女学的认识仍未超出旧式封建女子教育观的范畴，仍是使女子“能相子佐夫”，而“不致虚糜坐食”[②]。戊戌维新时期，空前严重的民族危机，迫使维新派深切地感到，要实现救亡图存的历史使命，唤醒民众的爱国热情，占人口一半的妇女是一支不可忽视的力量。他们不仅继续对反对兴办女学的陈腐观念进行猛烈抨击，而且把兴女学与国家富强联系在一起，把女子教育提高到“保种强国”、“兴国智民”的高度。正是在这种背景下，上海出现了中国第一所自办的女校——“经正女塾”。但是，维新派倡导的女学仍以培养传统的贤妻良母为宗旨，中西杂揉，新旧并存，其理论与实践还远不够完善。辛亥革命时期，资产阶级革命派认识到女子受压迫的一个重要原因，就是无自营生计的能力。他们认为，若要摆脱男子的束缚，必须“学得科学工艺”，“求一个自立的基础，自活的艺业”[③]。这在认识上比维新派前进了一步。面对中国强邻环列、虎视鹰瞵的处境，资产阶级革命派翻译书籍，创办报刊，组织团体，为兴女学积极呼号奔走，表现了争取妇女受教育权利的坚强决心。更为值得一提的是，革命派以及更多的先进人士，已经将女学和女权结合起来，诸如“女学不兴，则女权不振”，“女学不兴，则平等永无能行之一日”[④]，“扶植女权，当先提倡女学，而女权主义尤须寓于女学之中”[⑤]等等。金一在《女界钟》中甚至明确要求把妇女培养成“天赋之人”、“自由之人”、“国民之人’、“革命之人’，将“兴女学’与保国、革命相连，“从而使女子教育的目的从培养纯贤妻良母转向了为革命而培养新女性，使戊戌时期具有改良色彩的兴女学思想

---

① 陈炽：《妇学》，《陈炽集》，北京：中华书局，1997年版，第129页。
② 郑观应：《女教》，《盛世危言》，北京：华夏出版社，2002年版，第121页。
③ 秋瑾：《敬告姊妹们》，《秋瑾集》，上海古籍出版社，1991年版，第15页。
④ 张肩任：《欲倡平等先兴女学论》，《女子世界》，1904年第2期。
⑤ 《女权与女学》，《女报》，1909年第1期。

获得了民主革命意义上的升华”①。

“壬子癸丑学制”颁布后，女子教育日益引起社会团体的关注。如京师小学维持会曾倡议设立女子教育维持会，并宣称：“女学为国民教育之基础，世未有女学不兴而家庭教育完善者，更未有家庭教育不完善而社会教育得美满之结果者，此女子之必宜受教育较之男子为尤重也。”“女学荒废，不但女子之学可惜，国家教育前途亦大可忧。”② 这一认识阐明了女子教育与社会教育、国家前途的密切关系，也说明当时开展女学已是大势所趋。针对“女学逐渐发达，女子情殷于学者，亦日益见众”的局面，《大公报》积极参与到对女子教育讨论的队伍中，多次发表评论，表明看法。但遗憾的是，在女子教育问题上，《大公报》的很多看法趋于保守和错误，这是其宣传教育活动中的一处败笔。

一、《大公报》的女子教育“立国”观具有封建性

《大公报》对民初女子教育的提倡是积极响应的，并且将其提升到立国强民的角度来认识。1912 年 4 月，京师女子师范学堂毕业生韩吴咏等，京师女子师范传习所张寿松等，联名上书教育部，要求“创办”女子法政学堂。他们认为，民初以来，京师女子师范学堂创立后，各省闻风兴起，而女子教育偏重“姆教”，于法政则“缺焉弗及”。现在有人提议创办女子法政学堂，在“百端待举”之时，此举动符合“男女平等之旨”，可以“养成女子高尚之人格。人人有法学知识，则家庭教育无不修；人人有自营之职业，则国家财力日以舒于，以造成强固伟大之民国”。③《大公报》发表这篇上书，说明该报不但赞同女子教育，而且认同女子教育可以强国的观点，并力求推动女子教育的发展。然而，从整个宣传内容和过程考察，《大公报》的思想则显得保守和腐旧。

（一）以封建伦理道德为内容的女子教育“立国”观

“振兴姆教”是民国时期一些人在女子教育上的观点，该观点认为“振兴姆教为教育之基础”④，母亲为一家之长，母亲的教育对孩子影响甚大。所

① 陈文联：《中国近代兴女学思想的历史考察》，《湘潭大学学报》（哲学社会科学版），2004 年 3 月。
② 《北京女学维持会公启》，1912 年 5 月 16 日《大公报》。
③ 1912 年 4 月 2 日《大公报》。
④ 1919 年 1 月 21 日《大公报》。

以，女子教育搞好了，女子将来做母亲时就能教育好孩子，从而就可以造成良好的社会风气。上述观点与《大公报》所认同的改良社会和世道人心“必自女学始”[①] 的说法是类似的。《大公报》总体上主张发展女子教育，但在一些具体问题上，却是片面有余，全面不足。

《大公报》认为，有了良好的“世道人心”，正派的社会风气，国家才能稳定。在认识到女子教育对世道人心的改良作用后，该报却以封建伦理道德为内容，来阐发女子教育与立国关系的问题。该报认为，国家盛衰强弱的根本，在于“齐家”。但我国目前家庭中“纷斗不息”。因而，“家无以齐，国亦不易治”。“家安则国亦安，家扰则国亦扰。母者慕也，妻者齐也”[②]，古代“画荻之欧母”，“荆布之孟光”，都是教子成龙，保存“志节”之典范；“孟母择邻”，“曹昭续史”，“缇萦上书”，“木兰从军”，是万世“师表”，她们都是那时“齐家”的典范，也是今天“齐家”的楷模。而今天这样的人却是凤毛麟角，寥若晨星。原因是“习俗恶劣，言之痛心”。近世女子教育，一落千丈；女子道德，“日渐澌灭”；“忠孝节义之义理，无复闻问”。加之，“维新派轻佻之妇女，遂有女子平权、女子自由之声浪。”“佻脱者”盲导于前，无知者附和其后。纵欲肆狂，“四维不张”，国几灭亡。人们不知忠孝节义之道德为何物？甚且反对之而不能“自判其是非”。国家处于如此恶劣的环境，自然是：

> 波澜叠起，掣肘频仍；族党猜离，家庭纷扰。弱者则守服从，虽受荼毒而噤若寒蝉；强者肆悍悖而反噬，把持恶威，乃狂如猛兽。无能之男子，隐忍退避；犷厉之丈夫，酷加暴虐。社会之间，因缘相生；无昧无旦，纷纷哄哄。不惟衣食尸位，无益于家。抑且扰攘兴波，有害于国。[③]

该报的观点是，辛亥革命后，立国之道德丧失，国家陷入混乱，挽救之法只有重塑道德，而这一道德的重塑应该从家庭开始，因为家庭之“观感”或“激刺”对道德重建有很大作用。而家庭又以女子为中心，因此，必须推行女子教育，其首要问题是振兴女子道德，培养贤惠女子，才能“齐家”定国，振兴社稷。

---

① 《马相伯先生在静宜女校第一次周年大会演说词》，1914 年 5 月 17 日《大公报》。
② 朱济美：《论国家欲转弱为强当积极进行普及女子教育》，1915 年 3 月 26 日《大公报》。
③ 朱济美：《论国家欲转弱为强当积极进行普及女子教育》，1915 年 3 月 26 日《大公报》。

虽然，“中国的家庭社会有着古老的风俗习惯、价值观念，并且强调家庭和宗族是社会的基本单位，但清末最后十年里，这一基础摇摇欲坠。儒家思想中诸如家庭忠义、孝道、贞节、三纲五常等观念已被西方思想中的个人主义、自由思想和男女平等等观念代替。”① 《大公报》以封建伦理道德作为女子教育的出发点是保守和落后的。作为一家有影响的媒体，其对女子教育的错误宣传，对当时女子教育的发展，肯定不会产生积极的影响。

（二）以封建女德教育为女子参政的前提

近代女子参政意识的兴起可以追溯到戊戌维新时期。当时，出于维新宣传的需要，维新派创办了第一份女性报刊，其中渗透着知识女性积极参政的萌芽和思想。1898 年的《女学报》曾要求：“如西国设贵妇院例，设贵妇院于颐和园，召各王公大臣命妇，一年一次，会集京师”；“公举 12 人，为女学部大臣，分任各省”；“准荐拔高等女学生及闺媛，入贵妇院授职理事”。② 这可谓女子参政的最早呼吁，但并未形成风起云涌的社会大潮，只能算是少数思想精英或者社会“先觉者”的诉求。20 世纪初，随着女性活动家的增多，要求女子参政的意识也愈发成为人们的共识。例如，早年加入华兴会，第一个参加同盟会的女会员，被称为“潇湘三女杰”之一的唐群英，就曾提出“国亡而不能补救，则匹夫与匹妇，皆与有罪；国将亡而思救，则匹夫与匹妇皆与有责”③ 的观点。她还热心发动女子留学参与革命的活动。1906 年 9 月，唐群英与其他人组织成立爱国团体“中国留日女学生会”，在成立大会上甚至宣誓：“吾辈远别宗帮，留学异国，所担负之责任何如！国内同胞之希望何如！今日既以此团体始，他日幸勿仅以此团体终。愿共牺牲个人之私利，尽力致死，务为我女同胞除奴隶之徽号，革散沙之性质，以争取最尊严最壮丽无上之位置，勿使至二十世纪之中，犹不入世界优胜民族之列也。”④ 1911 年 5 月，该会会刊《留日女学会杂志》在东京创办出版。该刊提倡女学，主张男女平权，要求改良婚姻，振兴职业。“我国女界数千年来，浑浑噩噩，以依赖为生活，以服从为义务，不知国家为何物。且不知国家与女子有何关系，

① ［美］徐中约：《中国近代史（1600—2000）：中国的奋斗》第 6 版，计秋枫、朱庆葆译，北京：世界图书出版公司，2008 年版，第 341 页。
② 卢翠：《女子爱国说》，《女学报》，1898 年创刊，第 5 期。
③ 引自陈家新《辛亥女杰唐群英与民国初年的女子参政运动》，《中国国家博物馆馆刊》，2013 年第 7 期。
④ 燕斌：《中国留日女学生会成立通告书》，《中国新女界》，1907 年第 2 期。

故对于国家放弃权利，对于男子毫无自由。”强调恢复女权和实行女子教育对于挽救国家危亡的重要性：“今日恢复女权，还我自由之声遍天下。女界同胞，正宜当此国家多难危急存亡危在眉捷之秋，与男子奋袂争先，共担义务，同尽天职，则不失天职，即能得自由之先声……中国今日强邻迫处，四面楚歌，欲免瓜分非专恃铁血不可。纤纤女子，何能为力？不知铁血者，男子之事业，亦教育之结果也。非教育之力不能收铁血之效。女子者，教育之起源，文明之根本也。教育完备，专赖女子。女子不学则已，女子有学，吾敢断言之曰：救国家之危亡，得力于女界者尤为多。”①

辛亥革命的胜利，女子参政意识更加公开和明显。1911 年至 1913 年创办的女性报刊，其最大特点便是鼓吹女子参政，如《神州女报》、《女子白话报》和《万国女子参政会旬报》等便是代表，第一次掀起了由女性自己领导的争取女子参政权的高潮。《女子白话报》认为，革命成功以后“应当享受参政的权利”，“参政是女子本分应作的事情，并不是格外的要求，是女子应有的，也是女子应争的”②。《神州女报》号召女性积极争取参政权：“借文明潮流之趋势，以公理为武器而争还我第二生命之天然所有权”③。《万国女子参政会旬报》的《简章》则明确宣布“本报以增进女子常识，阐明天赋人权，为将来女子参政之预备。”④《女学报》撰文指出，“女子之有参政权，为人类进化必至之阶级，今日不实行必有他日，则与其留为日后之争端，不若乘此时机立完全民权之模范。”⑤ 女性报刊、女性团体日新月异，女子参政、男女平权的潮流此伏彼起，并引发连绵不断的女子参政的宣传鼓动，拓展了民主革命思潮。

相形之下，在女子参政的鼓动方面，资产阶级革命派更胜一筹。随着男女平等思想的传播，资产阶级革命派指出，女子参政是世界性潮流，“在今日世界已不可得而避矣”。“专制之国无女权”，欲恢复女权，只能靠奋斗争取，“终不可以向圣贤君主之手乞而得”。并号召人们绞以脑、卷以舌、达以笔、溅以泪、迸以血、助以剑、“破坏而建设”⑥，以此来实现女子参政。

---

① 唐群英：《留日女学会杂志发刊词》，《留日女学会杂志》，1911 年第 1 期。
② 《同女子参政同盟始末记》，《女子白话报》，1912 年第 1 期。
③ 周籁：《神州女学旬报发刊祝词》，《神州女报》，1907 年第 3 期。
④ 《简章》，《万国女子参政会旬报》，1913 年第 1 期。
⑤ 卢翠：《女子爱国说》，《女学报》，1898 年第 5 期。
⑥ 金一：《女界钟》，上海古籍出版社，2003 年，第 62 ~ 64 页。

民国建立后，女子地位不断提高，随着男女“平权”等观念的深入，女子要求参政的意识也逐渐增强。京师女子师范学堂曾于1912年4月1日召开“女子参政权大会”，并将商议办法“于五号上书大总统听候办理”①。对此，《大公报》则发表文章，认为发达的女子教育是女子参政的前提，而当时中国女子教育落后，不够参政的条件。随即该报以讽刺的口气来评价女子参政问题。恰巧这一年，有一参政“女子团”，因为南京政府没有答复其参政要求，便随着北上的参议员到京，“誓与参议员一决雌雄”。对此，《大公报》慨叹：“娇滴滴之女子团，何强硬若此耶？铁铮铮之参议员，何疲软至此耶？相形之下，真足令英雄气短，儿女情长。”② 该报继续讽刺道，如果“将来新院开时，女子团贾其余勇，作再接再厉之激战”，参议员很少有不“降服于石榴裙下者”，“于此可见女国民程度之猛进，实胜于男国民万倍，恐异日不平等之痛苦，将不在女而在男。”③ 而在另一首“共和歌”中，该报从“女国民”的角度揶揄道：“女国民，女国民，国民举动真惊人。中华旧习原可厌，男子如天女子贱。自从欧化渐东方，男女平权之说腾播太平洋。扫除红粉烟花气，昔日可怜今可贵。呜呼！女权女学虽日新，强夺学堂议院一席毋乃太不伦。”④ 极尽挖苦讽刺之词汇，表达了该报对女子参政的强烈不满。

《大公报》虽然也承认女子教育有利于改善世道人心，有利于立国，有利于妇女解放和参政议政。然而，该报又认为，中国的女子教育没有达到使妇女像男子一样参政议政的地步。这种认识在《大公报》的另一些有关女子参政的评论中也有体现。五四运动后，妇女更多地走向社会，男女共学，女子参政开始成为一种风气。而该报认为，欧美、日本女权膨胀，有一日千里之势，我国亦曾有“贤妃助国君之政”，但后来中国“但言女德，不讲女学”⑤，是因为女子知识程度不如男子，并非造物主让男子专美，所以造成今日女子不如男的局面。民国建立以来，女子教育不普及，与欧美、日本相比“相差大”⑥。比如欧美女子能在家“营生活”而不依赖男子，为国家谋生产，分担男子之事业，中国女子则不能。其他如教育、工场、银行、会社、铁道

① 1912年4月13日《大公报》。
② 1912年4月19日《大公报》。
③ 1912年4月19日《大公报》。
④ 《女国民》，1912年7月15日《大公报》。
⑤ 斐：《女子问题》，1919年8月20日《大公报》。
⑥ 斐：《女子问题》，1919年8月20日《大公报》。

等事，中国女子亦然。造成这一状况的原因不是女权的缺乏，而是“女子智识”的缺乏。有知识才能参政，所以不必急于兴女权，而是要兴女学，女权之兴立是在女子接受教育之后的事。正如前面所言，《大公报》所主张的女子教育是指忠孝节义为主的保守教育，而所谓的兴女学，不过就是要培养所谓的“贤良淑德”的封建女性而已。建立在如此观点之上的女子参政思想，《大公报》女子参政观的正确与否，不言自明。

二、发展女子教育应受道德的制约

20 世纪初，资产阶级革命派提出了“女子家庭革命”、“女权革命”、“振兴女学”等口号。秋瑾说：“观四千年来，沉沉黑狱女界之现象：曰三从四德也，培养奴隶之教育也；曰缠足也，摧残奴隶之酷刑也；曰女子无才便是德也，防范奴隶之苛律也”①。辛亥革命后，袁世凯假国民教育为复辟帝制服务。1915 年 1 月 1 日，袁世凯申令注重国民教育，谓：“兴学为立国要图，……，使中华民族为大仁大智大勇之国民，则必于忠孝节义植其基，于智识技能求其缺。”② 同年 7 月，教育部公布《国民学校令》、《高等小学校令》，国民教育的内容仍是强调以“忠孝节义”为基础的修身读经。已被废除的读经也重新列为高等小学校的必修科目③。女子教育在民国初年虽然初见成效，但由于袁世凯复辟帝制的需要，使得“三从四德”之类的讲词又登上了女子教育的讲堂。尽管时间短暂，但毕竟给女子教育带来了负面影响。而《大公报》所主张的女子教育却从始至终停留在“三从四德”的圈子内，不管其是否迎合袁世凯复辟帝制的需要，毕竟是历史的倒退。

《大公报》对女子教育持保守态度，它所认同的“三从四德”教育与其日常宣扬的“节妇”、“烈妇”的报道是分不开的。1912 年 5 月，天津城北北仓镇齐思立 25 岁的女儿，因其夫病死而继之“仰药而死”；而塘沽居民张树元 18 岁之儿媳景氏过门年余，因其夫病故，而“七日未食，从容就义”。《大公报》称二氏行为“其志虽愚，其情亦可悯”④。同样，天津南门内大街居民邹绪安，“因患痞症而死，其妻孙氏亲视成殓毕，竟尔服毒殉命”，该报

---

① 黄公：《大魂篇》，上海《中国女报》，1907 年第 1 期。

② 《教育杂志》，第 7 卷第 1 号，“记事 · 大事记 · 大总统申令注重国民教育”，1915 年。

③ 参见《教育公报》，第 2 年第 4 期“法规”，1915 年。

④ 1912 年 5 月 13 日《大公报》。

认为“其志可嘉”。这些报道都表明《大公报》认同“贞女”、“烈女”的封建婚姻观，是非常错误的观点，这样的女子观必然影响到《大公报》对女子教育的态度。

《大公报》的创办人英敛之是天主教徒，又是戊戌维新思想的积极支持者，其思想中既有深厚的君主立宪成分，又有明显的宗教道德保守之因素。其所接触的许多人，如马相伯等也是虔诚的天主教徒。因此，以英敛之为创办人的《大公报》也不可能不受君主立宪和宗教保守思想的影响。尽管他在民国初年，就退出《大公报》，但其思想仍然影响着该报的舆论方向，这在该报关于女子教育的主张中就突出反映出来。1914 年 5 月是英敛之创办的香山静宜女校成立一周年的纪念时间，当时著名的教育家、爱国人士马相伯到该女校演讲，《大公报》全文刊登。该文首先提及开办静宜园是“喀拉沁王福晋领衔奏请隆裕太后，借给为办女学女工之用”① 的。然后又讲女学要义在人道，人道除圣贤之言论外，最浅显的意义是为人要能“自治”、“改良”以有益于人，这是兴女学之意义。文章最后强调“女学一日存在，即每年每日，人必不忘隆裕太后之德、喀拉沁王福晋之功”②。在民国已建，清王朝已被推翻的情况下，该报发表马相伯女子教育演讲的同时，念念不忘皇家的恩德，凸显其女子教育思想的浓郁保守色彩。这种色彩一直主导着早期《大公报》的舆论方向，使得《大公报》的局限性在宣扬女德的过程中表露了出来，我们从以下论述中可以很清楚地看到。

（一）女德是女子教育的首要任务

在保守思想的影响下，《大公报》把女子教育与女德、家庭、社会联系起来。该报认为人类“自呱呱堕地以迄出就外传”，“十九消遣于家庭之中”③。家庭对于人类，至为重要。人走向社会以后，会“渐移其家庭生活之一小部分或大部分于社会”，而社会生活之一小部分或大部分又会渐移其于家庭，家庭与社会相互影响。然而，今日家庭中无“雍穆完善”者，“妇姑勃谿，娣姒决裂，父子异趣，兄弟阋墙”之像比比皆是，推原其故，“中国缺少稳练有为之国民者，由于家庭之不良。家庭之不良，由于女德之不立。女

---

① 《马相伯先生在静宜女校第一次周年大会演说词》，1914 年 5 月 17 日《大公报》。
② 《马相伯先生在静宜女校第一次周年大会演说词》，1914 年 5 月 17 日《大公报》。
③ 《女德与家庭》，1915 年 8 月 28 日《大公报》。

德之不立，实家族制度有以致之”[①]。这是因为“封建废，宗法无由明”，今之家族制度仅仅是古之宗法制度的变形，已失去其实义。虽有严父、长兄之教导，但其实际效果，远不如古代宗法制度。今之教育家，欲以西方制度来破坏今之家族制度。而我国青年惯受父母之卵翼，不能骤然自治或独立。所以，对于今天的家族制度不能破除，只能“改进家庭中之分子”。该报“因拜祷今之从事女子教育者，不必使女子殚见洽闻，训以天下国家之经纶，豪杰伟人之志行，□（仅）陶冶其家庭应用之道德；不必使之驰骛高远，训以当行出色之技艺，深造绝艺之学科，但养成其家庭应用之职业。”[②]。该报信奉“男子之幸福，女子造成之”的西人恒言。如果家庭之不良，男子回家，劳顿一日，不能享应有之天伦之乐，其服务于国家社会之可造之才，就徒为“恶家庭”所磨折。所以，家庭不良，不能养成强健之国民。国家费无数金钱“谋培养国民而不足，被家庭破坏之而犹有余”[③]。该报哀叹今日社会，“主之者固殊少培养女德之方，而就学者亦皆偏重学科与技艺；道德之沦亡无日，国民之堕落可期。急起直追，犹未为晚。”[④] 该报由此认为，今天家族制度既不能发挥应有的作用，又盲目引进西方的制度，这就使得女德更加混乱。所以，教育者不必教授女子什么宏才大略，只要能陶冶女德，为男子专心于事业创造一个良好的环境即可。否则，女德不立，家庭不安，男子不能致力于工作，国家社会前途则岌岌可危。女德是女子教育的首要任务。

《大公报》把社会安定、家庭幸福与女学、女德联系在一起，而忽略女子教育科学与技艺的培养，是很不妥当的。尤其该报处处把“女德”置于立论之首。无论何事，稍不适宜，动辄以女德沦丧而论，其维持封建女德的顽固言论，实为进步言论所不齿。

（二）女德教育的具体内容

《大公报》在强调女子教育对家庭、社会和国家的重要作用时，也非常强调女德的具体内容。在该报的心目中，“忠孝节义”就是女德内容之中心。该报以“忠、孝、节、义”为出发点，参照中国封建社会的古书典籍，详细阐述这四字在新时代的意义。该报没有忘记当时女子要求平等、要求参政的

① 《女德与家庭》，1915 年 8 月 28 日《大公报》。
② 《女德与家庭》，1915 年 8 月 28 日《大公报》。
③ 《女德与家庭》，1915 年 8 月 28 日《大公报》。
④ 《女德与家庭》，1915 年 8 月 28 日《大公报》。

呼声，只是把这一呼声与自己所阐发的“忠孝节义”联系起来。并且认为，若要养成女子“平等之资格”，“必养成其贞顺之性情。教义维何？道德之真相是已；道德之真相安在？则必使忠孝节义之事成为普及之习惯。”[①] 前面所言被破坏的女德和女子不平等，现在就要通过这样的女子教育来规复了。《大公报》还参考《说文》、《玉篇》、《增韵》、《礼疏》、《孝经》、《礼记统》等古书，对忠孝节义的定义作了具体的解释：妇女之忠，就是不要“偷情”，“虚妄”，“伪诞”，要“勤俭”，“敬事慎言，竭诚无私”。妇女之孝，“能顺于道不逆于伦。勿居处不庄，知慈惠爱亲，斯可云孝之至矣”。妇女之节，“大伦务持其正，节制其本身之范围，正定其情，不或犯越。”；妇女之义，“为善之心，慈祥恻怛者，固不乏人，惟昧于事物之宜，或且宝贵财帛，吝于成全，或者迷信神权，为无谓之施舍，思以祈福，良由未知大义耳。”[②]。观其所述，《大公报》心目中的女子教育内容，整个就是封建女德的大杂烩。

该报虽然重新解释了“忠孝节义”，但基本上是“三从四德”的封建保守思想在民初的翻版。在民国初年，男女“平权”、男女平等的观念逐渐深入人心之时，该报仍然坚守封建女德之藩篱，不能不说是一种落后保守的表现。

（三）男女同校“败坏”道德摧残人性

《大公报》在阐述女德之核心内容的同时，也极力宣扬女德败坏给社会、国家带来的危害。这在男女同校问题上反映得更为强烈。“五四”以前，中国女子入学逐渐增加，但关于男女同学的种种规定，限制束缚了女子教育的发展。如辛亥革命后只规定初等小学可以男女同学，1915 年《国民学校令》规定，只准一、二年级同班上课，三年级以上只可同校不能同班。“五四”新文化运动反对封建礼教，抨击男尊女卑，主张妇女解放，男女平等，个性独立，男女社交公开，男女有受教育的权利等。于是，开明人士不但要求兴办女学，并且主张男女同学，男女同校。许多著名的刊物如《新青年》、《解放与改造》、《少年中国》、《妇女杂志》、《平民教育》等，竞相刊登主张男女同学的文章，有的还开设了《男女同校问题》专号。1920 年 10 月，全国教育会联合会第六届年会通过《促进男女同学以推广女子教育案》，吁请教

---

① 朱济美：《论国家欲转弱为强当积极进行普及女子教育》，1915 年 3 月 27 日《大公报》。
② 参见朱济美：《论国家欲转弱为强当积极进行普及女子教育》，1915 年 3 月 27 日《大公报》。

育部“通令各省区，各级学校，招收学生，或绝对的男女同学，或分部（部分）同学，或添设女子班，或附设女校。”[①] 这个提案比较集中地概括了当时的社会要求，由教育部公布于全国，促进了男女同校、同学、同受教育权利的逐步实现。但在实际推行中，仍不免受到保守顽固势力的阻挠。《大公报》在这个问题上，既反对大学男女同校，更反对男女同行。

“五四”以前，《大公报》曾提倡过男女同校，但范围只限于初小的男女生。该报对男女同校抱谨慎态度，相关报道也不多。“五四”以后，国人思想更加开放，社会上男女平权的呼声更加强烈。当时比较活跃的平民教育思想提倡者就认为，要想实现真正平等，实现平民教育，首先必须使女子教育得到解放，因为“女子占人类全体的半数，她们是改进社会文化的重要分子，那么女子与男子在教育上当然须绝对的平等，要是不平等，就不得谓之‘平民教育’”[②]。在此背景下，教育界逐步打破男女大妨之传统道德，女子上大学，男女同校成为一种趋势。这些举动，固然提高了妇女在社会上的地位，但也引起保守势力的反对。《大公报》即是反对大学男女同校的主力军之一，它认为此举败坏女德，遗患无穷。首先，男女同校不仅“酿教育之污点”，而且“贻风俗之隐忧”[③]，损害女子道德。1920 年初，北京大学率先招收女生，允许男女同校，该报嘲讽北京大学的这一举动为中国“破天荒”之特例。[④] 其次，男女合校名为“解放”，实为“戕贼人性”。1920 年 3 月，北大文科哲学系招收女生，其他系之男生也有提出转入哲学系的要求。《大公报》即发表文章予以讥讽：

> 夫天赋人权，男女无别。均是人也，受同等之教育，习同样之学业，本属当然之理。惟我国习惯，男女之界极严。改革以还，平等自由之说，讹以传讹。男女之荡检逾闲，已类失笼之马。今更推波助澜，倡言解放。在智识高尚者，或有裨益。若欲责血气未定之青年，立转移风化之规范。其奚可哉？
>
> ……此风一开，窃恐办学者误会其意，且将以男女合校，为招揽生徒之妙诀，是非解放女子，实属戕贼人性矣！[⑤]

---

① 郜爽秋：《历届教育会议议案汇编》，教育部编译馆，1925 年印行。
② 《女子教育的解放就是“平民教育”的第一步》，《平民教育》第 6 期。
③ 《男女同校之宜慎》，1920 年 3 月 2 日《大公报》。
④ 《男女同校之宜慎》，1920 年 3 月 2 日《大公报》。
⑤ 无妄：《男女合校之利害》，1920 年 3 月 13 日《大公报》。

民国建立以后，扩大女权，男女同校已经势如大潮。在新文化运动期间，李大钊提出在教育上应给“一个人人均等的机会”。① 同时，“男女平等”、“社交公开”、“婚姻自由”、“男女同校”、“妇女解放”成为一种时尚。1919年初，教育部下令高等小学和部分中学允许男女同学。同年10月，全国中学校长会议通过扩大女子职业教育方案。女子教育逐渐走向高潮，1916年全国女中学生仅724名，1922年增加到3249名，1925年再增加到7956名，1928年已达24870名，前后12年，增长了34倍有余。② 另外，报刊媒体竞相辅助这种潮流的发展，1919年5月，北京《晨报》、上海《民国日报》等许多大报竞相登载甘肃邓春兰上书北大蔡校长，解除女禁的信件。《少年中国》、《少年世界》等杂志出版“妇女号”，倡导男女教育平等、职业平等及婚姻自由等问题。同年10月15日，《少年中国》第四期妇女号，登载了胡适文章：《大学开女禁问题》，主张大学开放女禁。在全社会舆论声浪的推动下，蔡元培率先于北京大学开放女禁。1920年2月，第一次招收9名女生入北京大学文科旁听，开创了中国大学内男女同校的先例。1919年12月17日，南高师教务主任陶行知提出规定女子旁听办法案，③ 1920年6月2日校务会通过招收特别生办法，规定“各科各学程有缺额时，得招收男女特别生。④ 上述时事表明，男女同校、男女同教育已经逐渐为社会大流所认可，任何与之悖逆的观点只能是蚂蚁撼树，螳臂当车。

然而，《大公报》在承认男女平等，可受同等之教育的同时，却又发表男女界限极严，大部分智识水平尚低，男女同学实属“戕贼人性”的论点。这种自相矛盾的论调，显然有违时代潮流，是《大公报》在女子教育问题上的又一保守观点。

三、女子留学应该从缓

19世纪以前，中国没有女子学校教育，更无女性留学可言。那时，“女

---

① 李大钊：《劳动教育问题》，《晨报》，1919年2月14、15日。

② 钱卓升：《女子教育》，见吴俊生等著《中华民国教育志》（二），台湾：中华文化出版事业委员会，1955年9月出版，第17页。

③ 参见《南京大学校史资料选辑》，南京大学校庆办公室校史资料编辑组出版，1982年版，第78～79页。

④ 中国第二历史档案馆藏《南高师案卷》，见《中国近代学制史料》（第3辑）（下册），上海：华东师范大学出版社，1988年版，第664页。

子无才便是德”是女性人生的标准。“幼从父兄，嫁从夫，夫死从子”① 是广大妇女人生的全部生活依靠；养幼奉老，活跃家庭是其先天的职责。19 世纪后半期，特别是甲午战争后，民族危机日益沉重，女性的地位也发生嬗变。兴办女学，派女游学，日益成为冲击旧制度的潮浪。据清政府不完全统计，到 1909 年，全国已有女子学堂 308 所，女学生 14054 人（不包括教会女学）。② 女学的确立，为女子留学创造了条件，但是，初始的女学步履维艰，发展困难。鄙薄妇女、轻视女学的旧道德仍然在人们的心目中阴影浓重，各种保守势力或者撰文弹劾，或者围观嘲讽女学和女生的现象时有发生，并成为一种常见的社会行为。因此，办学者们为能求得暂时生存，被迫在女学管理上稍作让步，如新建女校在办学宗旨、课程设置等方面，尤其在学校管理上特别强调男女大防，以此作为妥协。清政府颁布的《女子小学堂章程》中也明文规定：“女子初等高等学堂堂长教习均须以女子年岁较长者、素有学识、在学堂有经验者充之”。③ 这样，女学中上自总监、正副教习，下至勤杂员工，一律由妇女充任。由此，女性师资成为女子学校首先遇到的难题。因为中国有文化的女性极少，个别名门闺秀识字有限，她们不可能充当老师，更不懂西学。教会学校的女生又缺乏国史知识，以至于“今日内地欲立一女学校，则求一女师不可得；欲设一幼稚园，则求一保姆不可得”。④ 于是，女子留学成为当务之急。1901—1905 年的新政中，留学即为教育“新政”的内容之一。特别是清政府派遣官员端方、京师大学堂总教习吴汝纶分赴英国、日本考察时，专门考察了女子学校的详细情况。驻日公使杨枢还赞助日本实践女校设立了中国女子留学生师范、工艺速成科，并亲自参加留学生的毕业典礼。并在国内发表公启，号召“凡我国名门秀媛，有志于世界学术之途者，若能翩然渡海相率来游，实为我中国之幸”⑤ 这些举动，对推动了女子留学教育的兴起是有一定作用的。

日本学者二见刚史、佐藤尚子所制的“中国人日本留学史关系统计”一表显示，清末留日高峰是在 1906—1909 年期间，这一时期留学生总数分别为：1906 年 7283 人，1907 年 6797 人，1908 年 5216 人，1909 年 5266 人。

---

① 《礼记 · 昏礼》。
② 吕美颐、郑永福：《中国妇女运动》，郑州：河南人民出版社，1990 年版，第 158 页。
③ 舒新城：《中国近代教育史资》（下册），北京：人民教育出版社，1961 年版，第 908 页。
④ 《东方杂志》第 2 卷，第六期。
⑤ 《东方杂志》第 2 卷，第六期。

1910年人数降至3679人。在留学人数下降趋势时，女子留学却并未持续走低，而是时高时低，可谓女子留学的高峰期。在1907—1910年之间，据不完全统计，女子留学1907年为139名，1908年126名，1909年149名，1910年125名。①

民国初年资产阶级教育体制的初步确立，也使得女子留学教育掀开了新的一页。1913年，留学规程规定女子可以同男子一起竞争官费。清华留美庚款从1914年起间年招考10名女生赴美。1914—1923年间，清华共选送43名女生赴美。② 据1914年统计，中国留美学生共计1300人，其中女生94人，1917年留美女生增至200人。③ 这些都说明女子留学教育在民初呈现繁荣趋势。

《大公报》受前述“贤妻良母”，“忠孝节义”思想的影响，对于女子留学，也持保守的态度，认为女子留学应该从缓，其理由如下：

其一，女子就业难于男子。该报认为，中国实业消歇，“起衰策进，在在需才”④，于是派遣学生游学。但是，留学归来者是否可用？可用者实效如何？该报对之表示怀疑，提出了如下问题：

> 官费留学生回国后，“其由政府派以相当职任，使尽义务者有几何人？其本由政府派任义务，而由本人自尽义务，或迫于处境势不能尽义务者有几何人？吾人之所知者，不过少数急于就事，用非所学之人。其大多数新人才，终业回国后，政府不之用，其怀才而深愿为世所用者，或能在社会事业上少尽义务，或力有不逮不能少尽义务，均之用其所学也。即使长才短用，循序渐进，亦可展布其抱负，造福于邦家。然由实际上观之，脱离宦途献身社会者，亦寥寥若晨星。”⑤

多数高层人物，海归男子，留学后就业仍然“难如登天”，既浪费国家钱财，也虚耗个人光阴。相比而言，女子留学归来之命运，更是可想而知。

其二，女子中西文功底浅薄。该报批评倡言女学者，只讲女学对教育事业、国家前途、社会的巨大关系，而不问其国文程度是否坚立根柢，西文程

① 周一川：《清末留日学生中的女性》，《历史研究》，1989年第6期。
② 舒新城：《近代中国留学史》，上海中华书局，1927年版，第130页。
③ 《留美中国学生会小史》，《东方杂志》，第14卷12期，1917年。
④ 穆湘玥：《派遣女学生出洋游学意见书》，1916年3月25日《大公报》。
⑤ 穆湘玥：《派遣女学生出洋游学意见书》，1916年3月25日《大公报》。

度是否“十分预备”。[①] 中国女子中西功底兼有的人恐不多得，当然不能马上派遣游学。即使找到中西学兼有的女子，花万金培养出来，“然献身国家社会担任义务”，“求之男生尚不多得，而况女学生也?”[②]。所以，女子只进行普通教育即可，“普通教育最适用于现社会，最为现社会所需求”，“多设若干女学校，使一般女界俊秀，共增智识”，“使我中国国家社会实际受益之为得也”。[③] 那些连男子都难学的新科目，女子就更不待言。所以，该报认为“惟以中国金源窘迫上下交困之现状言之，觉此举大可从缓耳。”[④] 不难看出，无论是女子智力不如男的论调，还是女子中西文化功底浅薄的认识，都是《大公报》重男轻女的思想在作怪。

其三，女子留学学非所用。《大公报》又从音乐、图画、医学等方面详细分析了女子游学之不可。认为“音乐舍学校与会场调节心神外，不过求家庭间欢感而已。”而中国之雅乐，如古琴，精其艺者也能“惊风雨泣鬼神”。如今我们抛弃这些有用的音乐，却让日本人学了去，岂不可惜?“西画长于写生”，“大足促吾人之研求”，“于家庭之布置，儿女之训育”，“于女子独立自助事业上，有无限之作用，然掷国家巨万金钱，而仅易得此戋戋之美术，似得不偿失矣”。又若家政、烹调等科目，国习不同，施行即不适，假如自己家作欧化计，则更是自趋于困境。“至于医学，为进化国家重要学科”，人民卫生意识增强，所以，应该急急讲求，“然而女子学此，须得终身守不嫁主义，方克鞠躬尽瘁，造福人间”[⑤]。中国传统文化的优秀之点，我们应该承认，但是因为中国文化之优点而忽视中国文化之不足，甚而拒绝接受西方文化中的先进因素，这显然不是什么进步的观点。《大公报》对音乐、美术的认识本来有一定偏差，至于医学就更为荒谬。

综观《大公报》所有有关女子教育的文章，我们不难发现该报在此问题上的落后性。该报自始至终高举“女德”的旗帜，把女子置于封建的伦理道德之中，处处为女子教育设置各种理论上的障碍，处处把女子置于男子之下来考虑问题，可见《大公报》关于女子教育的主张是保守的。虽然五四运动

① 穆湘玥:《派遣女学生出洋游学意见书》，1916 年 3 月 25 日《大公报》。
② 穆湘玥:《派遣女学生出洋游学意见书》，1916 年 3 月 26 日《大公报》。
③ 穆湘玥:《派遣女学生出洋游学意见书》，1916 年 3 月 26 日《大公报》。
④ 穆湘玥:《派遣女学生出洋游学意见书》，1916 年 3 月 25 日《大公报》。
⑤ 穆湘玥:《派遣女学生出洋游学意见书》，1916 年 3 月 26 日《大公报》。

后，该报也认为女子应受教育，以摆脱“供人驱使，劳如牛马”① 的命运，但从根本上来讲，不能改变其在女子教育方面的保守腐旧形象。

本章小结

鸦片战争以来，中国人民备受欺辱，几乎没有安生的一天。进入20世纪初期，中华民族的灾难有增无减。无尽的浩劫在加重人们痛苦的同时，也迫使一些有识之士开始思考现实，谋求变革水深火热的现实生活。教育救国便是他们考虑的一条出路。于是，20世纪初期的学制变革也应时而生，几次学制的变革适应当时的潮流，顺应了有识之士对东西方教育救国理论的渴求和引进。其时，实业教育、职业教育、军国民教育、留学教育、女子教育，等等，不一而同。究竟何种教育适合于中国国情，他们进行了有益的尝试和激烈的争吵辩论，尽管大部分辩论和探讨对中国教育或许起不到多大的作用，但其引领教育思考和教育探讨的作用却是不容忽视的。

新闻媒体讨论教育在近代并不是什么新鲜事情，近代史上的许多著名报纸，如《申报》、《国闻报》等，都对教育进行过热烈的讨论。《大公报》也并不例外，它从实用主义到职业教育，从军国民教育到留学教育，乃至女子教育，等等，报道了许多教育名士的宏学大论，提出自己的鲜明观点。虽然很多观点带有明显的偏见和错误，但是关心时政，出计献策，共谋国事的精神是不能抹煞的。具体而言，该报在实用教育、职业教育、军国民教育方面的观点有较多可取之处，但是在留学教育、女子教育方面，落后观点显然多一些。这一方面与中国国情有关，另一方面也与该报总体的思维态势有一定关系。实用教育、职业教育、军国民教育更切合实际，更多与现实的、物质的东西结合在一起，所以更容易让人接受，所以对于这方面的教育，该报还是能够较多提出进步和时尚的观点。至于留学教育、女子教育等等这些中国传统文化中较少涉及或从未涉及的观念，该报就不能够马上转变思维，弃旧从新。因而该报在这些方面常常持有较为落后，甚至是错误的观点。这些都与该报一贯保守的改良主义思维关系甚密，这一点前文也已经说明，毋庸多言。

---

① 遯：《建妇女职业之初基》，1919年7月2日《大公报》。

第三章 《大公报》对民国初年教育现状的评判

报人作为观察社会的前锋，对社会各种风潮最为敏感。美国著名记者普利策曾形象比喻："倘若一个国家是一条航行在大海上的船，记者就是船头的眺望者，他要在一望无际的海面上观察一切，审视海上的不测风云和浅滩暗礁，并及时发出警告"。[①] 作为民初大报，有"北方清议之望"[②] 的《大公报》，不可能对民初的教育现状熟视无睹，它一定会对民初中国教育的现状及未来进行点评或预测，或乐观，或悲观，应用其灵敏的"嗅觉"，"嗅出"中国社会的特别"味道"。正因如此，《大公报》不仅对教育潮流评判，对民国初年的现实也不断发出慨叹。

民国建立后，曾有人上书袁世凯，认为"百端待理，然一时之维持与永久之筹划，皆有不可不同时并谋者。而教育一端，尤为培养人才至要之图"，教育"缔造艰难，非一人之私所能举"[③]，期待政府能够特别关注教育问题。同时，从中央到地方各级行政部门，从教育部到地方相关教育部门乃至各社会团体，都开始实施一些具体措施，如"注重奖进年长失学之人"[④]、"定期发放学堂经费"[⑤]、"补助各小学义务教员"[⑥] 经费、开办夜校等，这些措施对教育的发展大有裨益。各级绅士也积极参与教育变革，如天津绅士华泽沅、刘宝廉、张鸿来等上书教育总长蔡元培，要求进行教育改革，提出"确定升

---

① 转引自邓绍根：《将正义发扬广大，令邪恶瑟瑟发抖——普利策的精神遗产》，《新闻与写作》，2007年第7期。

② 转引自《大公报一百周年报庆丛书》编委会：《我与大公报》，上海：复旦大学出版社，2002年版，第454页。

③ 1912年4月6日《大公报》。

④ 1912年1月2日《大公报》。

⑤ 1912年4月2日《大公报》。

⑥ 1912年4月9日《大公报》。

学之限制”、“减省无谓之表册”、“废简易识字学塾以推广小学”[①] 等五条建议。一些社会团体，如“教育统一会”、“北京教育会”等提出“联合全国教育家谋教育上之完全改革，以监督教育行政，养成共和国群为宗旨。”[②] 于是，南京教育部从总体上制定和颁布了“教育新章”，具体规定：改革学堂、堂长之称呼；各州县小学校应于元年三月初五日一律开学；中学校、初级师范学校视地方财力亦以能开学为主；初等小学可以男女同校；小学读经科一律废止等[③]。这些都表明，社会各界对教育开始给予一定的重视，并且尽量采取一些具体的措施。

然而，社会各贤达、各阶层和各团体对教育的关心，只是造就了教育成长的良好气氛。由于政局混乱不稳，政府“重视教育”的“铮铮誓言”常常流为空谈，教育经费难于到位；各种政策或者因初次实行流弊难免，或者带有浓厚的封建性。教育结果常常是：愿望与绩效差距甚大，公文规章与实践效果南辕而北辙。从这个意义上而言，教育“只有在政府有足够的重视，社会有一定的财力时，才能真正有所成效。”[④] 所以，民国初年的教育，在《大公报》视域中是一个残缺不全的形象：小学有点成就，中学次之，大学和留学教育是失败的教育。本章从《大公报》对民国初年教育的总体评判、小学成就、大学和留学教育等几个方面，梳理该报对民国初年教育成就的看法和观点。

第一节 《大公报》的评判：教育成效令人失望

《大公报》的报道表明，民国政府虽然致力于革新教育，教育也开始出现了一些新气象，但总体效果却令人失望。新学诸生“不洽人望者”比比而是，“夫苟且偾事之人固自作孽而自受之，而使国人之欲从事事业者，几无一可信之途。”[⑤] “教育现象，实可伤心”[⑥]。

---

① 1912年4月25日《大公报》。
② 《教育统一会暂定章程》，1912年4月21日《大公报》。
③ 参见1912年4月25日《大公报》。
④ 王炳照、阎国华：《中国教育思想通史》（第6册），长沙：湖南教育出版社，1994年版，第76页。
⑤ 《丙辰学社宣言》，1916年12月1日《大公报》。
⑥ 1916年12月3日《大公报》。

《大公报》认为，民国初年教育成绩之不理想表现在各个方面。更甚者，是培养了一大批“候补”官吏，耗损人才，靡费国帑，给本来就拮据的民国财政雪上加霜。本节从总体上叙述《大公报》对民国初年教育的评判，试图概括该报对当时教育的综合评价。

一、教育状况的整体性落后与隐忧

早在清末，《大公报》对当时教育改革的无效状况就进行了严厉批评，提到“设立学堂为普及教育”，而“受教育者反不如从前之多”①；科举虽废，但许多科举时代的东西，仍然在作怪，生员之考试，举贡之选拔，挂“科举绝迹”之名，行变相科举之实，使“教育无进步，而一般人士之希望绝”②。这些言论流露出《大公报》对晚清教育改革之新汤旧药、有名无实的愤懑之情。

民国建立之初，《大公报》对教育抱有一线希望，希望政府能抓住时机，迎难而上，促进教育快速发展，进而转变中国之危局。如在第一次世界大战中，该报发表的文章认为，中国可以趁帝国主义无暇东顾，实业开始走上坡路之机，通过教育来弥补国家在诸多方面的不足，并就此对当局敷衍教育的现象提出警示：“德、英因实业之竞争，变为兵戎相见。而俄、法、奥、土，各有所袒，战祸遂数月不息。吾国新造，政局甫奠，突遭此世界奇变，当局者方谋外交之完好，金融之补救，固已疲于应付矣。□教育职业之意志薄弱者，局抱悲观。而对于教育前途，谨出以敷衍手段，此大谬也。”“夫教育者，政治上之惟一手段也。人类演进以图生存，惟教育能主宰之；国家政策之目的，惟教育能奔赴之；时局愈危，则教育愈要。新造之国，尤以此为图存之本原”。该报的文章还认为，现在列强纷争，无暇对我国专注，政客失去财东支持，几如傀儡登场，突失玩弄之人而不知所措，正是掌教育权者“唤醒人心”，“俾之自觉之好时期”，应该“急起力追”，“以教育发达吾国民之生活技能”。据此，该报积极响应教育总长之通饬，提出四点建议：（1）“理学款，用人才”，一定要“宰待公平”，管理和教理统一规划。该报积极倡导教育、行政互相统一，和谐筹谋、公平公正的思维。（2）“厘课程，膺讲

---

① 1909年12月27日《大公报》。

② 《哀考试》，1909年12月11日《大公报》。

演”，力求“真求应用”。既提出课堂教学的注意事项，也说明学习内容注重实用性，配合了当时的实用主义教育。（3）学生要有服从规则之自觉心，力图进取。（4）教育家要审时度势，配合政府谋教育之发达。该报还要求，教育家应从欧战之经过推断其结果，并由此判断各交战国教育之经验教训，汲取别国良好的主张和方法，结合我国“国情积习”，“与政府同趋于一轨”，制定教育对策，以“谋国家崭露头角于世界”①。总之，《大公报》在民国初年，特别是欧战开始后，对推进教育发展的态度是比较积极的，它渴望政府能重视教育，期盼自己的建议能得到得到采纳并付诸施行。岂知教育这一上层建筑，受制于经济基础，没有得到经济基础决策者的允准，教育改革无论如何都不可能取得实际效果。《大公报》未能把军阀控制的政府考虑在内，一厢情愿地认为，只要教育部大力整改，就可使教育成效大增，显然有点痴人说梦，天真无稽。几年后，失落和悲叹就再次流露于《大公报》的案头笔端。

（一）《大公报》对教育发展的总体印象

如上所述，民国初年，缘于中国特殊的政治、经济和国际环境，使得中国教育未能像《大公报》人所想象的那样效果灿然。于是，《大公报》发出了似乎绝望的呼声，“人无希望，乃人类之大患，乃国家之大患”②，中国之“士”已经没有希望，所以国家危局凸显，面临大难。

具体来讲，《大公报》认为民初教育成效不显的表现有：第一，整个教育改革，成就寥寥。特别是袁世凯企图复辟帝制以来，倒行逆施，“政治窳矣！经济苦矣！学术废弛矣！”③，造成“教育荒落，工商衰歇，生计之蹙，万方一概”④ 的后果。当然，教育上更是“成绩甚少，进步甚迟”⑤，各种新式教育或空挂虚名，或避繁就简，敷衍了事。《大公报》的文章评论说：“国民教育之普及，遥遥无期；人才教育之设施，徒具形式；专门教育，则群趋法政专门之一途，以求达中华官国之目的；实业教育、社会教育，则牵于财政问题，非因陋就简，则无暇计及；教育的活动之不健全，又无可讳言也。”⑥ 普及教育不能推行，教育发展向非正常趋向发展。

---

① 张佐汉：《欧战中之中国教育》，1915 年 2 月 23 日《大公报》。
② 《马相伯先生在广东会馆中国社会改良会演说词》，1915 年 6 月 24 日《大公报》。
③ 东方：《少年中国之社会观》，1914 年 5 月 9 日《大公报》。
④ 无妄：《民国三年之遗影》，1914 年 12 月 31 日《大公报》。
⑤ 《中国现今教育问题之一》，1915 年 3 月 23 日《大公报》。
⑥ 东方：《少年中国之社会观》，1914 年 5 月 9 日《大公报》。

《大公报》还指出当时教育弊端之明显动向，就是学生毕业后走向社会，其学识与社会职业两不相称，职业少而人才多，学生于是“弃其职业，以相竞于求官一途”，“与世俗同流合污”①。该报对袁世凯当政时期教育衰败的陈述，暴露了袁氏当政时期，教育衰败，成绩寥寥的客观现实。

第二，个人与国家，均未从教育中受益。即，个人与国家均未享受教育改革带来的成果。《大公报》曾指出：“当今教育，学而未受益。未讲强迫、普及教育，人已致累。”“学而无成者不必论，即学而稍有成者，试问于自身之益，获有几何？以愚观之，益仍未见，累将终身，岂非教育前途之一大遗憾哉？何以致此？动曰东西欧美，实行强迫教育与普及教育，国家所以各跻富强。□我中国在夫（未）讲教育之先，尚无大□，至既讲教育之后，转生大累，何也？然此犹为未行强迫教育与普及教育之现相。倘至实行强迫与普及办法，则学者必较今日为尤众多，其为累更当何如？”②《大公报》的这段文字包含两层含义，一是无论学而无成者还是学而稍有成者，均未获益，同时“累将终身”；二是国家在实行新教育政策后，“转生大累”。如果实行普及和强迫两教育，“累”会更多。《大公报》从个人和国家两个角度分析教育改革无效，颇有见地，类也比较客观。但将个人和国家均未受益的原因归之于强迫教育和普及教育施行不得力这两个层面上，就难免简单化了。因为，教育效果有诸多因素的影响，如教育政策、教育组织办法、整个社会大环境等等，教育种类的实施只是整个联系网中重要的一节而已，其成败系诸多因素综合而成，只抓一点，不及其余，只见树木，不见森林，其认识有待商榷。

那么，民国初年教育衰败的缘由为何？《大公报》分析认为，一方面，是中国人根深蒂固的懒惰习性所致。1914 年到 1915 年，袁世凯为早日当上中华帝国的皇帝，多方招募“人才”，曾进行过四次县知事考试。在县知事的报名考试中，参加者多为青年学生，其中很多人并无宏图大志，只是想按照中国“学而优则仕”的传统，谋得升官发财的机会。对此，该报感慨万千，借此探求中国教育仍然未摆脱“学而优则仕”理念的原因，最终结论为“懒惰”。正因为懒惰，才使得许多人总想寻找费力少而见效快的职业，他们寻着传统的思路，去找自己喜爱的“官业”。《大公报》批评道：“中国号称有四

① 东方：《材与识》，1915 年 10 月 17 日《大公报》。
② 心森：《教育刍言》，1914 年 5 月 19 日《大公报》。

万万国民，实则有四万万懒惰之闲人耳！以如是懒惰之人民，以如是懒惰之风俗，国安得而不贫穷乎？国安能立足于大地之上乎？”[①]《大公报》把教育无效归因于“有四万万懒惰之闲人”，甚为荒谬。有些青年走“学而优则仕”之路，懒惰只是表浅的原因。其实，深层的原因存在于国人的精神上、灵魂中，存在于几千年来代代相袭的封建文化精髓中。简单把把四万万中国国民称之为“懒惰之人民”，未免有武断之嫌。

另一方面，教育衰败与民国初年严酷的社会现实密不可分。当时，“军务繁兴，财政支绌”，教育不受重视，“教育经费居预算中最少额”[②]；各省没有专官管理，教育的进步步履维艰。因此，当1916年袁世凯死后，政府在调整政策时，准备增设教育、实业两厅。《大公报》像久旱盼甘霖似地期待政权的力量能给教育带来一线生机。它发表社评，予以支持。不过，教育失败的先例又使《大公报》对增设两厅之举动疑虑重重，“设官厅办事，一属于法，一属于人。假使教育厅、实业厅虽经设立，而备官两厅者不能实心任事，则其效果不过与从前之提学使、劝业道相等。于国是有何裨益？故两厅官制之规定，特教育实业之种因。至其能否收良好之效果，而致国家于富强与否？还须与两厅官员之得人与否卜之。”[③]《大公报》在支持教育行政政策的同时，对当局选贤用能之能力存有疑虑。从政府行政管理方面来探讨教育问题，说明《大公报》比较注重教育上层管理与教育现状、教育效果的关系，这是应予肯定的。然而，由于时代和阶级地位的局限性，该报的认识也只能如此。因为，《大公报》虽然能针对社会的真实情况去探源究因，但仍不能从现实最核心的经济基础和上层建筑中，去找寻教育失败的核心根源。《大公报》没有从动荡的现实中找到根本因缘，而总是从教育的结果中分析表面原因，其分析大多流于肤浅，对教育最多只是呼吁而已，并无根本性改观。

（二）《大公报》对庚子赔款与教育关系的认识

1900年，八国联军借口保护义和团运动中的本国侨民利益，发动了侵略中国的战争。他们在进攻中国的过程中，发生了“瓜分中国”与“继续扶持清政府”的争论，最后达成妥协，即倾向于保全“清王朝”，但前提是必须接受他们提出的所有“必不可少的条件”。其中对他们各个“国家、社会及

① 《马相伯先生在广东会馆中国社会改良会演说词》，1915年6月22日《大公报》。
② 无妄：《教育实业两厅增设问题》，1916年12月4日《大公报》。
③ 无妄：《教育实业两厅增设问题》，1916年12月4日《大公报》。

个人以合理的赔偿”，就是条件之一。[①] 因此，1901 年 9 月 7 日，由德、奥匈、比、西、法、英、意、美、日、荷、俄等国公使组成的外交团，在团长葛络干主持下，于 11 时在西班牙使馆与中国全权大臣庆亲王奕劻和李鸿章举行会谈，签订《辛丑条约》。其中条约第六款规定，清政府赔偿俄、德、法、英、美、日、意、奥匈八国及比、荷、西、葡、瑞典和挪威六“受害国”的军费、损失费等款项 4 亿 5 千万两，加上年息 4 厘，本息合计 9 亿 8 千多万（982238150）两白银。因为战争爆发于庚子年，故称“庚子赔款”。中国财政全面破产，中国完全陷入苦难深重的境地。

事实上，列强的索赔程度远远超过条约的规定程度。美国出于其长远的战略利益考虑，采取了以退为进的策略。1908 年，美国声称“查原定数目过巨，实超出应要求赔偿美国人民所受损失数目之上”，为“促进中美两国邦交起见”，经国会议决，退还美国部分中的一部分，首开“退款”先例，并先后进行过两次“退还”[②]。如前所言，美国退款并非出于对中国人民的仁慈，而是其长期的利益。当时美国官民鼓吹“退款兴学”最具代表性和影响的，是伊利诺斯大学校长爱德蒙·詹姆斯（A. James），他在致罗斯福总统的一件备忘录中的言论很是著名：“哪一个国家能做到教育这一代中国青年人，则这一国家就会由于这方面的努力在精神和商业上取得最大可能的报偿……乃至控制中国的发展”[③]。发展在华教育，在潜移默化中培养一批对美国具有好感的青年才俊，这才是美国退款的真正意图。

第一次世界大战爆发后，英、法、俄等国极力拉拢中国参战，打击德国在远东的利益，也答应了中国提出的缓付庚子赔款的要求。1919 年凡尔赛和约规定德国放弃 1917 年 3 月 14 日以后的赔款，从奥匈帝国分解出来的奥地利和匈牙利也分别于 1919 年和 1920 放弃赔款。十月革命后，中国又开始考虑停付俄国赔款，1924 年，俄国赔款正式放弃，同意用来办中国的教育。

伴随着民国初年帝国主义国家“退款”的时势，我国教育界掀起“退款兴学”的热潮，促使西方列强加快退还庚子赔款进程，发展中国教育事业。

---

① 对外贸易部海关总署研究室编译：《帝国主义与中国海关》第九编，《中国海关与义和团运动》，北京：中华书局，1983 年版，第 9 页。

② 参看亨脱：《美国退还庚子赔款再论》（M. H. Hunt. “The American Remission of The Boxer Indemnity：A Reappraisal），《亚洲研究》（The journal of Asia Studies）第 31 卷第 3 期，1972 年 5 月；李守郡：《试论美国第一次退还庚子赔款》，《历史档案》1987 年第 3 期。

③ 参见斯密司《中国和今日美国》（A. H. Smith，China and American Today），纽约，1907 年版，第 213 ~ 218 页。

其中，法国是继美国之后较早同意退还庚款的国家。1922 年初，在蔡元培、李石曾、吴玉章等人以及华法教育会、中法学务联合会、中法协进公会等组织的努力下，法国准备将部分庚子赔款退还中国，以此作为办理中法教育的经费。但是《大公报》对该款是否能给中国带来实际效益并不表示乐观，认为“军阀横行，百政废弛，教育状况，江河日下”，“一般官立学校，大半将就倒闭，教员辈枵腹从公，莘莘学子，茫无所从”，“教育之一落千丈”，因外人“鹿鹿然代吾谋之”，中国“当局”应该“愧死”，中国教育前途“尚可问哉”?[①] 显然，该报认为中国教育主要责任在自己，自己不能主宰教育的发展，单靠外人发展教育，是不可能有前途的。

1924 年，英国也准备退还中国庚子赔款，如何处理这笔赔款，是时人争论的焦点。当时，中国已经历了直皖战争、第一次直奉战争等几次大的军阀混战，而且第二次直奉战争正在酝酿之中。此时，《大公报》对教育的看法与一战结束时相比，态度发生了转变。虽然该报认为办教育是中国“需要各事之一”，但已不是“最需要”之事：

> 教育事业，是否为今日贫病疲乱之中国最需要之事？是否能在最近之将来，为中国造最大之幸福？吾人虽认教育为今日中国需要各事之一，而不认为需要各事中之最需要者；吾人认教育在将来之时期中，必能为中国造最大之幸福，而在目前之时期中，教育固亦能造福，而未必能造最大之福。使用途之中，而可有选择数种之地位，教育必可占其一；若只有惟一之地位，则教育似尚不能膺选。建造铁路之于中国之需要，实犹驾于教育之上也。[②]

从上面一段话看来，经过民初几年的动荡，尤其是军阀混战，《大公报》对中国教育能否取得成就信心不足，故而情不自禁地回到了实业兴国的老路上去了。这和其在民国二、三年所极力提倡的兴办实业有相似之处，不过那时是乘着民族资本主义发展的东风，而此时则是“千呼万唤”教育无效果后的无可奈何之举。接着，该报阐述了提倡教育与兴办铁路的四项利弊：“（1）各国在中国提倡各国式之教育，不免有教育侵略之嫌疑。（2）提倡教育之效果迟缓，在二十年内，不能对于中国有直接之利益，故非救治今日中国贫病疲乱之最切症之药。（3）提倡教育不外创设大学，提高学科，此为提高专门之智识，

---

① 湛之：《法国退还庚子赔款感言》，1922 年 3 月 19 日《大公报》。
② 思任：《退还庚子赔款用途之拟议》，1924 年 5 月 24 日《大公报》。

不如建筑铁路，能普及国民智识，而使全国国民程度，提高于水平线之上。（4）提倡教育，不能兴利；建筑铁路，兼能富国。”①

《大公报》的上述四点理由自有其根据。第一点它认为各国在中国提倡各国式之教育，有教育侵略之嫌疑，这个“各国”系指英、美等国家。《大公报》从创办初期开始就有亲日倾向，其办报地点在日租界。1916年王郅隆从英敛之门下收购了《大公报》，王是安福系头目之一，安福系是亲日派。而从民国初年教育学制的改革来说，虽然1912、1913年的《壬子癸丑学制》力图摆脱清末以来教育上模仿日本学制的现象，但是日式学制的影响还很深。例如，《大公报》就经常介绍留日学生状况、日本的教育制度等，这些都是明证。1922年的《壬戌学制》明显改仿日为仿美，参加制定《壬戌学制》的多数教育名流，都是从英、美留学归来的。所以《大公报》所谓的“教育侵略”既有“侵略”中国本土教育的含义，也不无指英、美退还赔款办教育是无形中在《壬戌学制》的基础上进一步削弱和“侵略”日式学制之嫌。再就第二点来看，《大公报》认为，提倡教育在二十年内不能对中国有直接之利益。当时的现实情况确实不令该报乐观，民初叫嚷几年的实用主义教育因当时政治经济的混乱而成绩甚少，其他教育形式也没有多大起色，这就不能不使该报又回到提倡具体实业，以谋最直接、最现实、最快捷的铁路事业上来。再看第三点，《大公报》从民初就一直提倡普及教育，特别是小学教育，在各种报道评论中对小学教育尤为重视。同时，自五四运动以来，大学学潮屡屡发生。该报认为大学是“干政”、“乱政”的窝点，对高等教育评价颇差。所以，既然此款是用来办大学而不是办小学，倒不如用来兴办铁路。最后一点，一方面《大公报》认为教育不会短期收效，另一方面又对教育颇感失望，认为兴办铁路却能近期获益，使国家富强。因此，《大公报》对铁路建设十分推崇，对赔款用于教育非常反感，这在吴佩孚与董康的对话中也可见一斑。当时，军阀吴佩孚和法学家董康都曾对此发表言论，吴主张庚子赔款用于教育，而董主张用于提倡工业。《大公报》批评吴佩孚“一介武夫”，“头脑简单”，认识问题“浅薄鄙率”，其主张也是“人云亦云，了无新绪”，“不足多取”②。董康之意，认为赔款用于文化教育事业，无甚“实际之效用”。辛亥革命前之退款“专用于清华学校等，结果已不过制造几个绅士，

① 思任：《退还庚子赔款用途之拟议》，1924年5月24日《大公报》。
② 思任：《再论庚子赔款之用途》，1924年5月27日《大公报》。

若更推广其范围，名之曰教育及文化事业，则恐并制造几个绅士之可能性"①。该报赞同董康的建议，认为董的振兴工业建议可取。但又指出，董康要"振兴工业"的话太笼统，没有一定范围，建筑铁路才是当时中国最需要之事，有更普遍的实效。《大公报》对董氏振兴工业的认同，以及该报提出修建铁路的提议，说明该报已经将实业振兴放在教育振兴之上。这是《大公报》对教育与其他方面的关系，在认识上的一种新变化。

总之，帝国主义退款客观上有利于中国教育发展，但是无论哪个国家，其主观动机并非良善，并非全是帝国主义之"亲善态度"、热心兴学的表现。正如前述詹姆士（Edmund J·James）在给美国总统罗斯福（Theodore Roosevelt）的一份备忘录中所说的那样，趁中国面临革命，国势动荡之际，美国"一定能够使用最圆满和巧妙的方式，控制中国的发展。——这就是说，使用那从知识上与精神上支配中国的领袖的方式。""为了扩展精神上的影响而花一些钱，即使从物质意义上说，也能够比用别的方法获得更多。商业追随精神上的支配，比追随军旗更为可靠"②。从美国这种居心叵测的"退款"动机考虑，中国人应该积极想办法，摆脱帝国主义借"退款"之名，行"控制中国"之实的发生。而不是把主要精力放在争论退款的使用去向上。《大公报》对董康看法的支持，只能是一家之言，并非代表当时该问题的看法主流。

（三）《大公报》对中国地方教育的忧虑

民国初年的地方教育也是令人堪忧的。以安徽为例，1915年至1917年间，安徽国民小学和初等小学数量减少近30%左右。安徽省教育经费被挪作军用，被削减53%。更有甚者，民国五年（1916年）五月六日，安徽巡抚使倪嗣冲通令各县官立学校一律停办，将办学经费移作地方办理团防之用。③安徽教育地位由此落居全国倒数第二位。④另外，安徽其他教育管理等问题也层出不穷，据《全徽教育协进社议案》记载，各县、学校所提交的请求处理的议题，如教材选择、国语推广、女子教育、私塾取缔等问题，几乎涉及教育发展的所有方面，这是各级学校无力、无法解决，又与学校自身发展密切相关的问题。尽管民国初年县级教育行政设有劝学所机构，处理教育行政

① 思任：《再论庚子赔款之用途》，1924年5月27日《大公报》。
② 转引自清华大学校史编写组：《清华大学校史稿》，北京：中华书局，1981年版，第2~3页。
③ 转引自王世杰主编《安徽教育大事记》，合肥：安徽教育出版社，1999年版，第28~29页。
④ 转引自王世杰主编《安徽教育大事记》，合肥：安徽教育出版社，1999年版，第24页。

事宜。但劝学所独立性差，结构及人员组成也十分简单，[①] 并不能处理和协调学校面临的多种问题。像安徽这样的情况，其他地方也存在不少。

《大公报》除对教育总体情况表示悲观外，对一次大战、五四运动后地方教育状况也并无好感。该报认为，自清末新政以来的二十年中，传统的父子兄弟之“伦纪”日见“荡轶”，夫妇“道苦”，婚姻“义乖”；“家庭龃龉，十家而九”[②]；社会混乱，国家毋宁。这种状况，教育无法脱其干系，只是因为在第二章已有涉及，故而此处不加赘述。其实，该报从对地方教育的思考中，表现了对青年教育的三点隐忧：

> 近数年来之教育，新文化未见输入，旧道德只益沦丧。虽近之教育当局，锐意改革，持一般不宜吾国之学说，推波助澜有以促之，而青年之为学茫无根柢，为异说所簧鼓，如海中泛舟，失其磁极。其从之也，固未必确知其说之由来，惟便于我之是求，于是举古先哲人之嘉言懿行，一举而破坏之，使无丝毫之存在，夫然后为我之所欲为焉。……彼青年者方以为吾师言如是，盲从不已。天属之亲，已失其天然之结合，乃谓异日可以为国效用，为社会尽力，吾又知必不可者也。此可隐忧者一矣！年来学校数目日增，而科学程度，较之初办学校时幼稚殊甚，就学四五年所得之科学，至为浅率。而学校方以格于部章，谓小儿之脑筋，未臻充分发育，不能骤施以艰深之科学，故不得不姑徐徐云耳。且学校有一定阶级，小学为国民教育，至于人才教育则有大学，其说甚辩。殊不知以今日社会之生计困难，学生之求学，能达于大学之阶级，至为少数，其余或中学毕业而止，或高小毕业而止，或初小毕业而止。今使学生于毕业以后，不复能于社会谋生活，则其所谓造就良好之国民者，适得其反。盖其所恃只一二时髦教育家，所授之不新不旧之名词，以欺饰乡愚，他固无所知也。此尤就科学言之也。至于国文，则堕落之程度，年复一年，又如江河之日下，固记者所不忍言矣！此可为隐忧者二矣！自清季振兴教育以来，士子读书，不能于政治上有所活动者，率伏属于教育界。民国肇兴，乡选数举，教育界要人，往往一跃而登政治之舞台。其伏处各县学校者，自不能不视其职为过渡。其贤者固已不能忘情于政治，其劣者则把持知事，包揽词讼，固无所不至也。以故各县知事，以教育界

① 李国钧、王炳照主编：《中国教育制度通史》第七卷，太原：山东教育出版社，2000 年，第 17 页。
② 砭：《我对于地方教育之隐忧》，1922 年 10 月 31 日《大公报》。

为强御。至于教育之本身，其进步奚若？又不问可知者也。此可为隐忧者三矣！①

以上三点“隐忧”是：首先，道德沦丧是教育之责任。该报对民初以来之教育改革深为不满，认为以“不宜吾国”之学说，使茫无根柢之青年盲从不已，“举古先哲人之嘉言懿行，一举而破坏之”，这种破坏传统“美德”的学说，即使学生学习努力，他们也不会将其所学“为国效用，为社会尽力”。显然，该报是责怪教育改革并未有何成效，反而败坏了中国固有的道德。实际上，《大公报》的所谓“道德”，乃是一种保守的道德，带有浓厚的封建性。这种封建性的道德思维一直影响着该报的认识趋向，使该报对革命以后新建的教育制度总是心存疑忌，认为革命破坏了中华民族自古以来的许多优良传统，其教育内容不足可取。其次，教育改革只带来了浅薄的学问。改革以来，学校数目虽然日增，但学科程度却“幼稚殊甚”，四五年所学之知识“至为浅率”，而民国经济不太发达，不可能有太多的人上得起大学，只能实行普通教育。所以，在短短几年的普通教育中，就应该让学生学到能在社会上谋生活的本领。而教育当局和少数教育家，或以小儿脑筋未充分发育为借口，拒绝授以艰深之科学；或以时髦之“不新不旧之名词”来“欺饰乡愚”，白白浪费了青年人的宝贵时光。该报暗示，教育改革的最终结果使大学程度以下之学生没有谋生能力，只是“欺饰乡愚”。而少数大学毕业者也未必能为社会服务，而且还会使国文程度日趋堕落。最后，教育与行政关系难以厘清。该报对民国初年政界与教育界人事关系交相混杂，教育者往往以政治为最终登进之途，深恶痛绝。地方教育更是如此，常常把教育职位当作过渡，教育上之“贤者”留恋政治，“劣者”更是“包揽词讼”，阻挠教育发展，教育前途实在让人担忧。反映了该报对政治与教育体制交错混杂、纠缠不清的强烈不满。

二、“候补官吏”之形成

中国古代统治阶层选拔官吏的政策从周朝分封、汉代举孝廉、魏晋九品中正制到隋唐科举，经历了一个变化的过程。特别是科举制度，在中国延续了一千三百多年。它“是中国一项集文化、教育、政治、社会等多方面功能

---

① 砭：《我对于地方教育之隐忧》，1922 年 10 月 31 日《大公报》。

的基本体制”，“是传统中国社会能维持基本稳定的重要支柱”。[①] 科举制度在其起始阶段，确实是一种较为先进的选官制度，但是到明清时期，这一制度已经逐渐成为枷锁人们头脑，禁锢人们思想的工具，腐朽性日渐明显。

辛亥革命后，孙中山按照建立民主共和的思想，设立了五权宪法的思想。其中，考试明显优越于以科举为首的选官制度。在孙中山的五权宪法中，由国家设立考试院，主管文官的选拔和任用，这在中国历史上尚属首次。在孙中山看来，文官要“有才、有德”、“有能干”[②]，也就是德才兼备，而其德则是要符合三民主义、五权宪法和资产阶级民主共和的道德，“是人民的公仆”[③]。在考试具体操作层面，孙中山主张“要通过考试制度”“最严密、最公平地选拔”[④]。这样，就把考试权利独立于监察之外，任何人不得干预，“将来中华民国宪法，必要设独立机关，专掌考选权。大小官吏必须考试，定了他的资格，无论那官吏是由选举的抑或是委任的，必须合格之人，方得有效。这法可以除却盲从滥举及任用私人的流弊。”[⑤] 真正发挥考试选拔人才的积极作用。

北京政府时期，民国政府共举办过四次考试，分为文官高等考试和文官普通考试。第一次文官高等考试于 1916 年 6 月举办，共录取 194 人。[⑥] 第二次文官高等考试于 1919 年 10 月 21 日举办，录取行政官员 480 名和外交官、领事官 10 名。[⑦] 1917 年 4 月，北京政府在首都举行了第一次文官普通考试，录取 295 人。[⑧] 第二次文官普通考试原计划于 1920 年 9 月进行，后因直皖战争爆发而取消。此外，外交官、领事官考试与文官高等考试合并进行[⑨]。

民国初年的文官考试制度，作为封建科举制度废除后选拔国家官员的替代物，为当时人才的合理使用和社会的安定起到一定的作用。它在一定程度上解决了科举制度废除后知识分子的出路问题，为他们找到了新旧选拔制度交替空档期的平衡合理的心理归宿。正如其后 30 代的人们评定的文官考试一

---

① 罗志田：《权势转移：近代中国的思想、社会与学术》，武汉：湖北人民出版社，1998 年版，第 161 ~ 162 页。
② 《孙中山全集》第 5 卷，北京：中华书局，1985 年版，第 501 ~ 511 页。
③ 《孙中山全集》第 6 卷，北京：中华书局，1985 年版，第 2 页。
④ 《孙中山全集》第 1 卷，北京：中华书局，1981 年版，第 319 ~ 320 页。
⑤ 《孙中山全集》第 1 卷，北京：中华书局，1981 年版，第 319 ~ 320 页。
⑥ 钱端升等：《民国政制史》，上海书店影印本，第 99 页。
⑦ 《东方杂志》，第 16 卷，第 12 号。
⑧ 《考选制度》，南京行政院新闻局，1937 年。
⑨ 参见《政府公报》1915. 10. 1。中国第二历史档案馆藏，档案号：9—16，分别对考试资格、考试科目、考试形式及其他细则等做了规定。

样："社会的不安定，原因很多，但其中很重要的一个，是在于聪明才智之士，心里觉得不平。政权是多数人所喜欢的，若是没有公平的方法，确定的制度，使大家能循这种方法和制度，以为进身之阶，则这种心里上的不平，是无从消灭的。"① 所以，这种当时多数人存在的想法，《大公报》一定有其独到的见解和看法。

（一）政府引导下的"候补官吏"

早在清末新政后，《大公报》就对"新政"之教育成就多有怨言。它谴责"新政"有名无实，草率行事。科举虽废，但考试仍是科举模式，仍然采用"生员"、"举贡"等旧式名号。所录官员，亦是五花八门，鱼目混珠，既有"自命不凡"的政治家，又有"素负名望"的教育家，"教员、堂长、总董、教务长、新议员，种种人物，无一不备。"② 教育改革之不彻底性显而易见。正因为教育"无进步"，所以《大公报》对清末教育失望多，希望少。民国初建，政权就落入袁世凯之手。袁氏政府为强化"中央用人行政之权，涤荡地方滥用私人之弊"，更主要是为强化袁世凯个人统治，颁布了"以考试知事实为澄清吏治根本要图"③ 为由的县知事考试，企图重建所谓公开、刚性、程序化的选官制度。1913 年 12 月 3 日，北洋政府颁布了《知事任用暂行条例》和《知事试验暂行条例》。《知事任用暂行条例》规定了"各县知事非依《知事试验暂行条例》试验及格或经保荐由部注册者，各该地方民政长官不得荐请任命"④ 等任命办法。《知事试验暂行条例》则规定应试者须年在三十岁以上，"在本国或外国大学或专门学校，修法律政治经济之学三年以上得有毕业文凭者"；"或在本国或外国专门以上各学校或本国法政讲习所，修法律政治经济之学一年半以上得有证书，并曾办行政事务满二年以上者"；或"曾有与简任荐任文官相当之资格，在本国或外国专门以上各学校或本国法政讲习所，修法律、政治、经济之学一年半以上得有证明书，并曾办行政事务满一年以上者"⑤，方可应试。这些条例的颁布实施，极大地刺激了当时社会上一般青年的"官热"之情。

---

① 《建议确定公务员考试制度并实行抽考现任公务员以刷新政治安定社会促成教育案》，1934 年 11 月，中国第二历史档案馆藏《全国考铨会议汇编》。

② 《哀考试》，1909 年 12 月 11 日《大公报》。

③ 《试验知事之谈片》，1914 年 2 月 3 日《申报》。

④ 《知事任用暂行条例》，《政府公报》第 20 册，文海出版公司影印本，第 54 页。

⑤ 《知事试验暂行条例》，《政府公报》第 20 册，文海出版公司影印本，第 55 ~ 56 页。

1914 年 2 月，北洋政府举行首届知事考试，报考者大约 2500 人，大多为法政学堂毕业生及各部裁撤人员，最后录取 500 余人。8 月，政府举行第三届知事考试，报名者超过 5000 人，人数大增。[①] 对上述举措，《大公报》颇有怨言，就在第二届知事考试结束后，该报即发表多篇评论，讽刺和谴责北洋政府的知事考试。一方面，知事考试诱导青年以“官”为业。该报指责政府举措是引诱青年“趋入于为官之一途”，使“安于为民者日鲜”，其“制造官僚一端，洵非前朝所能及”[②]。另一方面，该报对被录取者的人格提出质疑。该报认为所谓的被录取诸生，“虽未可一概而论，然大抵品端学粹者十之二三，品行卑鄙者十之八九。政府但凭彼辈纸上文章定去取，去之者未必不为端谨之士，取之者未必不为贪污之流。”而且，被录取者多为前清官吏，“有知为治之事”，“有强作解事者”，“或竟有一事不知者”，“朽木居其半，坏料居其半耳”[③]。确实，在第一次考试后，录取之 500 余人，大多为前清官员。所以第二次考试时，前清官吏相率来应试，被录取者身份自然与第一次无异。当时，直隶之控告县知事之事，“无处无之，无日无之”。[④] 证明该报对县知事考试的批评是有客观依据的。因而，此等考试，青年学生即使考中，其堕落自不必说；考不中者，其奔向“官途”之目标也是学生惟一的“出路”，其对中国教育的消极影响不言而喻。《大公报》的批评不是没有道理。

1914 年 9 月，北洋政府举行第三届知事考试，1915 年 4 月举行第四届知事考试，一股股考县知事之风数度掀起。京师琉璃厂，“除少数教科书外，法官知事考试必读等书，新出者为多”[⑤]，反映了时人热衷考“官”，奔竞仕途的不正常风气。据《大公报》报道，最后一次报名者近万人。经过四届知事考试，合格人员达数千人，然而全国知事空缺为数甚少。这些人“苟不设官职以维系之，悬希望以羁縻之，将营营扰扰，于秩序安宁，极多阻碍”。恶性循环由此可见。另外，知事考试“若犹赓续举行，是举全国之青年，诱而致之求官之歧路，耗其有用之精神，误其毕生之事业”[⑥]。对青年前途大有障碍。之后，《大公报》又预测，倘若这样的考试屡兴不止，“迨至数十次以

---

① 无妄：1914 年 8 月 22 日《大公报》。
② 无妄：1914 年 8 月 22 日《大公报》。
③ 无妄：1915 年 5 月 19 日《大公报》。
④ 心森：1914 年 8 月 28 日《大公报》。
⑤ 《教育汤总长莅法政专门学校讲演词》，1915 年 3 月 5 日《大公报》。
⑥ 高劳：《知事试验》，《东方杂志》，第 12 卷第 7 号，1915 年。

后”，“将全国无民，悉变官材”。《大公报》甚至认为，中国人之“奴”性与这种“官热”不无干系。因而在另一篇文章中讽刺道：“人有恒言，官吏公仆也；人民，主人翁也。今国号民主，而国中之人，偏竞弃其主人翁之资格，以趋入于公仆之一流。世每谓中国人富于奴隶性，于此益信。”“虽然，公仆者，为本国人民之奴隶也。若人人谋作公仆，则本国已无主人翁，欲不为他国人之奴隶，得乎？”①《大公报》用“主人”与“仆人”的例子，嘲弄当时的县知事考试。另外，《大公报》还以戏谑的形式，取笑蛊惑青年作官的知事考试，如一篇调侃文章采用某协会成立的广告形式，有力地鞭鞑了这一社会现实。

定名，造就不耕而食，不织而衣，白手成家，平空创业之人才。

旨趣，养成官禄人才，增进贪酷之风，扩充括民政策。

资格，年在二十岁以上，一百岁以下……能具媚骨，富有狼性，嬉皮厚脸，唾面自干者。

学费，分二等缴纳，甲等十万元，乙等五万元。

学科，运动大意、作官精义、敲剥大全……媚上欺下、桃（逃）之夭夭等法。

卒业，用最新速成法，三个月零一日为本□期。曾缴甲等学费者，由所长代为运

动，立刻补差②。

文中的“二十岁以上”的人，指的就是刚从学校毕业的学生；文中的“协会”，其宗旨是造就不劳而获，坐享其成，能贪会刮；“入会”资格是具有阿谀奉承，野性十足，死皮白赖，寡廉鲜耻之能力；学科内容是有运作官场，敲剥吸髓，弄虚作假，见利忘义，见危就溜之徒。这样的“协会”如何不令人心酸，这样的教育如何不令人悲观。《大公报》认为，整个民国时期的人，“大率皆舍作官外更无道以得衣食。质言之，则凡以谋救死之计，我国之皇皇求官者，泰半皆此类也。”“其性质既变为职业问题。”③ 把做官当做个人终生追求的理想之路，这样的现象蔚然成风，对青年学生的恶劣影响不问也知。在《大公报》等舆论的讥诮、指责等压力下，袁政府被迫退让。内务

① 无妄：1915 年 3 月 4 日《大公报》。
② 悼愚：《戏拟高等游民养成所章程》，1915 年 1 月 12 日《大公报》。
③ 选：《作官与谋生》，1915 年 11 月 3 日《大公报》。

部于第四届知事考试举行前呈文袁世凯，要求在此次考试结束后，暂停知事考试。证明了包括《大公报》在内的社会舆论，确实对袁政府的错误做法有一定的震撼作用。

民国初年的文官考试是在当时国家动荡不安的情况下进行的，尽管其条文、其制度具有合法性、规范性。但在运行过程中，却因实际情况的出入，而常常出现考试内容陈旧、考后任用不当等种种弊端。以致当时一些聪明才智之士心生怨愤，发泄牢骚。

但是，我们也应该看到，根据文官考试应考资格的规定，其主要考试对象应是大学或高中毕业生①。这对于当时学生在不稳定的社会状态下找到工作，提供了一条出路，解决了大学生的就业问题。

辛亥革命建立了中华民国，但是封建残余却长期浸润在这个共和机体之中，新的共和体制并未从根本上脱离与旧制度的关系，甚至没有建立起自己的完整统治。特别是袁氏复辟，军阀专权，国家政治无法步入正轨，“中国近代社会历史演化的总趋势是勉力朝着独立资本主义工业化社会的目标迈进，但由于封建历史传统的巨大惯性力量和外来殖民势力的干扰，这种不断的迈进运动又始终难以达到目标，新社会的诞生陷于痛苦的难产，与之相伴随的是长期社会动荡和一次又一次的历史反复。”② 考试制度出现弊端属于正常现象。应该看到，尽管北京政府还有种种不合理的地方，但从整个考试过程而言，民初的文官考试并不是一无是处，正如当代学者所言：“清末改革法律时制订的许多新律法，南京临时政府时期草创的许多新制度，不少是在北京临时政府时期趋于完善的，清政府和南京临时政府尚未来得及制订的应有制度也由后者填补了空白。北京临时政府在制度建设方面，借鉴西方、日本等国家的经验，对清末预备立宪时期建立的制度与南京临时政府时期建立的制度加以磨合，并有一定程度的创新。”③ “当时文官任用之设计，乃与文官考试密

① 民国历届政府的文官考试法规，除南京临时政府对应考资格并无学历要求外，其他各届政府均以大学专科毕业或同等学力作为应高等文官考试的基本资格。高级中学毕业或同等学力作为应普通文官考试的基本资格。详见南京临时政府《文官考试令草案》，《民立报》，1912 年 3 月 24 日；北京国民政府《文官考试令草案》，《政府公报》第 243 号；南京国民政府《考试法》（1929 年 8 月 1 日），陈天锡编：《考试院施政编年录》初稿第一编，1945 年印行，第 39 ~ 41 页。

② 马敏：《过渡特征与中国近代社会形态》，载《马敏自选集》，武汉：华中理工大学出版社，1999 年版，第 7 页。

③ 严昌洪：《民国初年部院之争》，载《庆祝章开沅先生八十华诞中国近代史论集》，武汉：华中师范大学出版社，2005 年，第 142 页。

切配合，不惟官等与考试等级配合，其任用资格，更以考试及格为主。当时的文官考试，分文官高等考试及文官普通考试，系为任用荐任及委任文官而设计。但民国肇造初期，由于政局动荡不安，文官任用制度以及文官考试制度，迄未能有效的施行。尽管如此，就考试与任用设计上，已以相互配合为准则。换言之，即文官之任用，应以考试及格者为主要对象，因之，考试及格者必须分发任用。这对于后来公务人员高普考试之分发任用，具有很大的影响。”① 也就是说，民初文官考试尽管弊端多多，但其成绩也不可随意抹煞。该制度尽量从设计方面寻求与实际的吻合。《大公报》的评论与实际情形并非吻合。

（二）“储才”与“候补官吏”

就在县知事考试的同时，袁世凯为复辟帝制，加紧与日本帝国主义勾结，签订丧权辱国的“二十一条”。这一事件激怒了全国人民，北京、上海等地群众为反日救国，曾发起“救国储金”运动，并成立了各种各样的救国储金团。1915 年 5 月，数以万计的北京市民聚集在中央公园，号召抵制日货，募集救国储金。最多一次储金大会参与者达到了 30 万人②。天津绅商学报工各界发起成立直隶救国储金团，并在广东会馆内召开成立大会，到会者 1 万余人，演说员数十人，分三院发表演说，演说者慷慨激昂，声泪俱下，场面激愤，当场募得储金 20 余万元。同年 7 月 31 日、8 月 1 日，直隶救国储金团假广东会馆合演古今音乐大会及各项精妙技艺、文明新剧及电影，演述《亡国惨状》及《救国镜》等剧，颇受社会欢迎。这些戏剧被认为是激醒同胞之良剧。售票所得归作救国储金及广东水灾义赈。成千上万的人涌入广东会馆，表现了人民的爱国热情。对上述社会活动，《大公报》及时关注，表明态度，并将其与“储才”进行关联评述。该报认为，储金固然能尽爱国之职，然而在当今，“人才衰靡，社会以□维系”。所以，“储才”与“储金”同样重要，“或更甚于金”。但是，该报又表现出矛盾的心态，它指出，中国之“储才”等于“储官”或“储吏”。原因如下：第一，错误的传统“储才”观。数百年来，中国教育专注于“文艺取士”，人们趋于“文士”一途，专重“帖括”。晚清稍重“经验”，于是“能吏”大增，也是“弁髦法纪”、“专事为

---

① 考试院考铨丛书指导委员会主编：《中华民国高普考试制度》，台北：正中书局，1984 年，第 227 页。

② 参见《申报》1915 年 5 月 13 日、17 日、28 日、30 日，这一现象也被当时在京的外国观察家所注意，参见 Sidney Gamble，Peking：A Social survey ［M］. Newyork：Geogre H. Doran Company，第 237 页，1921 年。

恶”之辈。国体变更后，“余风未泯”，乱中“猎禄位”者、“侔厚利”者、“从而和”者构成民国以来的所谓“人才”。人才是国家中坚，而中国的人才萧条如此，并非偶然之故。是因为自古以来“仕宦之念太深”，误以为“官吏以外无人”，不知国民责任。中国之所谓人才，就是造就官吏而已。所谓培养人才，就是培养“官才”，“舍官吏外无发展才能之地”，“本末倒置”，使得“储才”变成了“储官”。[①] 这是造成中国目前人才衰竭、俊杰奇缺的重要原因。第二，污浊的储才环境。民国建立前后，政府虽然也提倡整顿学校，但收效甚微，所以，《大公报》对民国以来学校教育的改革心存悲观，消极扫兴。认为学校教育固然为国之根本，但社会积习已坏，已不是一二“奋勉之士”所能挽回，“数年以来，朝士大夫，乡里耆儒，未闻有以治事修学树为宗风”，平时燕居无事者，抱消极娱乐的态度。即有职务者，也是舍舞弊营私外，无所事事。上中流社会之人，十之六七，“未能逃此范围”。即使所谓“贤俊”者，“亦或不免”，此种社会流毒，“可谓深矣”。社会如此这般，“整顿学校，又安能获真才?”[②] 故而，即使是贤俊之才，在趋官若鹜的社会环境中也变成“候补官吏”。在此，《大公报》对中国学校教育环境的恶劣表示悲哀。第三，发达交通的消极效应。《大公报》认为，现在交通发达，上中流社会之恶习，以交通便利之故，短时间内，“几将全国景从”。而学校学生所学，若想效用于国家，必待数十年后。恶劣之风远快于学校的教育效应，学生“操守未坚，难违大势”，能保持束身自好者已属不易。所以，若想真正“储才”，应规范社会风气，特别是铲除人们心中的“求官”热望。尤其是整顿北京、上海等地的上中流社会，这是风气败坏之渊薮。应把整顿社会与整顿学校一视同仁。在这里，该报将改善学校教育与社会风气的扭转相配合，思路合理，逻辑顺畅。第四，道德和经验的双重欠佳。道德颓废，经验欠缺是中国“学而优则仕”思想蔓延的温床之一。关于道德，《大公报》认为：“吾国社会，近于道德观念，几尽泯灭，苟可自恣？殆无所不为，致外人有讥吾道德破产者”，“吾国不幸适陷此境”。“今欲求学卫国，必先砥砺德行，庶几欺妄无恒之弊可除。”关于经验，《大公报》指出：“西儒有言，吾人日常所处，在在可以增长智识，故经验与学术并重。吾国旧习，于所事每多忽略，

---

① 振庸：《救国储才论》，1915 年 5 月 9 日《大公报》。
② 振庸：《救国储才论》，1915 年 5 月 10 日《大公报》。

因之罕有进境。而所谓经验者，又皆营私舞弊之能”[①]。总之，国人道德沉沦，经验匮缺，何以谈“储才”和“储金”？这样，《大公报》的观点便是，中国“储金”，不如“储才”，而“储才”又因教育滞后等种种原因，备受束缚。《大公报》对于教育的如斯言论，留给世人的印象是，民国教育一塌糊涂，无望可言。虽然该报也提出某些良好的建议，诸如平时经验的积累、“学术与经验并重”、强国必须注重学术等等，但与当时动荡社会现实中的诸多弊端相比较，这些建议只触及皮毛，未涉及根源。

归纳上述，无论是毕业考知事的学生，还是正在求学的莘莘学子，其目标皆为“官业”。这正如第四次县知事考试结束后，马相伯在广东会馆中国社会改良会演说中所言：参加知事考试的学生，“问他为什么？他说是希望中秀才中举人进士，希望中了之后，可以作官，可以发财。为学生者或求学近校，或远出重洋，学外国语言文字，学各种科学，问他为什么？他说希望得毕业文凭，希望得毕业文凭后作官发财。”[②] 诸如此类，应验了《大公报》所谓官方引导学生趋向“官途”的预言。

那么，“候补官吏”的最终结局如何？《大公报》认为，不管是国内诸生，还是留学归来者，由于其求官心切，甘愿成为“候补官吏”，所以，他们难逃三种结局：（1）形成养尊处优的堕落习气。该报认为，中国人之心理，“凡入学校者志在求官，无志求官者则不复肯就学”。虽然他们“年富力强，其实际不必以为官，只因求业颇艰，遂奔向官途，又见前此者安富尊荣”，“歆羡而思踵其武”[③]，所以，当官后自然想着享乐无忧。另外，“官业（指恃官以谋生者，非指官办事业）所以最足歆动人者，则劳作少而收入丰也。”[④] 因而，大家群起而赴官，作官久了，就会自然融入堕落的风气中而不能自拔。（2）变成无用之人。由于很多不适于作官的人进入官场，大多数之青年，其性质不宜为官吏者，比比皆是。“其所学与官吏事业绝无关系者，亦且泰半。”[⑤]“今乃悉设诸官吏之大制造厂中”，自暴自殄。青年“所固有之本能，悉从束阁。束阁经时，则本能消失。”[⑥] 所以，官吏社会，能使人才在短

---

① 振庸：《救国储才论》，1915 年 5 月 10 日《大公报》。
② 《马相伯先生在广东会馆中国社会改良会演说词》，1915 年 6 月 24 日《大公报》。
③ 选：《作官与谋生》，1915 年 11 月 4 日《大公报》。
④ 选：《作官与谋生》，1915 年 11 月 6 日《大公报》。
⑤ 选：《作官与谋生》，1915 年 11 月 9 日《大公报》。
⑥ 选：《作官与谋生》，1915 年 11 月 6 日《大公报》。

时间内消磨其专业特长，变成废堕无用之人。（3）人格变坏。《大公报》还认为，“以官吏之量，供过于求，故其得之也，必须至剧烈之竞争。而此种竞争，非若陈货于肆，惟良斯售，其间恒杂以卑屈之钻营，阴险之倾轧，其得而患失也，则亦若是。故虽以志节之士，一入乎其中，则不得不散其本来，而人格既日趋卑微，则此后求自树立之途乃愈隘。”① 竞争之失序既已至此，人格腐化自然难免，《大公报》对官路茫茫之描述可谓惟妙惟肖，入木三分。

《大公报》之所以不厌其烦地叙述官场的黑暗，一方面，从侧面揭露当时政治黑暗的社会大环境是滋生青年堕废的温床；另一方面，以此证明青年甘愿奔向官途的客观原因。种种现象表明，民国初年的许多考试都与“官业”有万缕千丝之关系。《大公报》的批评可谓有的放矢，定位准确。

综上所述，《大公报》既不赞成因反日而形成的“储金团”，又不同意当时社会的“储才”观，表现出左右为难的矛盾心理，反映了其摇摆不定的立场。该报对人民群众反对“二十一条”的“救国储金”活动表示消极态度，认为“人才多寡，国运隆替所分；国家财政紊乱，苟得其人，治之不难复理。若人尽窳惰，虽多资且无益。即如今日之事，国人麕集锱珠，成一巨额，□为矜炫富厚计，亦将有所为耳。然设续主其事者无人，糜贵而续不能举，将何以慰毁家纾难之诚？”② 在该报看来，“储金”固然重要，但“储才”更重要，是人才管理“金”，强调用“储才”来代替“储金”。但对如何储才，《大公报》也并无得力的对策，只是分析了中国储才环境之劣败，探讨了中国教育失败的渊源。这里，既有《大公报》抨击民初教育混乱的合理性，也有该报认识问题上的摇摆不定性和局限性。《大公报》能从社会角度认真分析人才枯竭的原因，显现其寻求客观、把握真实的一面。但对储金的观点则有失偏颇，未必尽佳。尤其在“储金”与“储才”的关系问题上，该报未能考虑日本“二十一条”的严重危害。岂不知，“储金”与“二十一条”有一定牵连，即使不能最终阻挠这一条款的签订，但其鼓动人心、一致对外的作用不可小觑。更有甚者，如若“二十一条”得逞，中国“国将不国”，怎么会有管理“金”之人才？所以，在这一点上，《大公报》的考虑似嫌浅陋。

另外，如果我们认真考证民国初年教育的发展，尽管问题成堆，但绝不是一无是处。虽然由于军阀专权和几次企图复活封建主义教育的逆流，使得

① 选：《作官与谋生》，1915 年 11 月 11 日《大公报》。
② 振庸：《救国储才论》，1915 年 5 月 9 日《大公报》。

教育进程几近中断或未能正常进行，但民国政府仍然采取了西方先进国家的某些进步措施来改进教育。其中不少管理办法客观上促动了当时教育的发展，有利于中国教育向现代管理转化。当时的一些进步教育团体，譬如：全国教育会联合会、中华职业教育社、中华教育改进社、中华平民教育促进社等，集中了当时教育界许多知名人士和先进分子。这些人士或者从专业方面，或者以民间团体的名义，贡献了许多改革的方案和建议。基于其努力倡导和推动，加之广大教育界与社会各界进步势力的配合，整个中国教育事业亦可谓乱中有进，乱中有升。据统计，1914 年 8 月至 1915 年 7 月，全国有大专院校 102 所，其中大学 7 所，学生 730 人，专科学校 95 所，学生 31346 人；中学 784 所，学生 82778 人；师范学校 231 所，学生 26679 人；职业学校 82 所，学生 96000 人；小学 121081 所，学生 3921727 人。1915 年 8 月至 1916 年 7 月，全国大专院校 104 所，其中大学 10 所，学生 1219 人，专科学校 94 所，学生 24023 人；中学 803 所，学生 87929 人；师范学校 211 所，学生 27975 人；职业学校 96 所，学生 10551 所；小学（包括幼稚园）128525 所，学生 4140066 人[①]。这些数字说明，民初教育环境不佳，并不能全然阻断教育向前发展的进程。《大公报》对中国当时教育现状的评判，难免有些过分悲观。这是与英敛之时代的旧《大公报》“主张君主立宪，大体上赞同维新，……和《新民丛报》气味相投”[②]，对民主共和抱消极态度的习惯性意识分不开的。

第二节 《大公报》对小学教育的热诚鼓励

清末，学者们开始重视小学教育，注重国民教育的基础问题，批评清政府的所谓“兴学”只重视大学教育，只想在大学教育这条路上一蹴而就，急功近利的思维意识。学者们主张学习日本，改革教育，办好师范，发展蒙学。一代经师孙诒让曾在 1905 年指出：“夫大学道艺之精，端绪緐赜，匪尽人所

① 《第一次中国教育年鉴》（第四册），“教育统计”，台北金氏印刷有限公司民国 23 年印，第 1512、1513、1615、1653、1655 页。

② 王芸生，曹谷冰：《英敛之时代的旧大公报》，全国政协文史资料研究委员会编：《文史资料选辑》第 9 辑，北京：中国文史出版社，1960 年版，第 39 页。

能企也。要惟是小学者，养国民之资格而导之以普通之知识，则圆颅方趾之伦有生而具，特无教育以宣究之，则沦于罢窳霿闇，而莫能自振。故东西洋诸强，国民无论男女贫富，必强迫曲诱，俾以时入小学堂，用扩充其知识，而后恣其所从事。盖学龄既届，而普通之知识尚阙，则不可以为人；国民既蕃，而普通之教育未周，则不可以为国。虽有奈端、倍（培）根之学，拿破仑、纳尔逊之武，将安所籍手（乎）以自立?”① 人们已经认识到，大学学问精深，普及其教育并非易事；而小学是立国之基本，必须普及全国，方能安固国本。这是近代学人对小学教育重要性的较早阐述之一。

民国初建，爱国热情涌动，创办小学出现高潮。在一些地方，如在福州台江区，“1912 年詹祯在大庙山创设一所女子小学校，初名无考，后改名为闽南女子乙种工业小学校。1913 年许素深在达道铺创办台江女子小学校。”② 闽清县在民国 3 年（1914 年）又新办下庙、五公宫、白汀等小学堂。③ 长乐县民国元年（1912 年）全县创办初等小学校 7 所。④ 同时，该地区小学的课程设置、课程内容也能够按照新体制进行，福州私立城南小学的课程“注重英语，高小每周五个小时，国民自第四年起每周二个小时。高二三年合级，正授算术公约数。用中学教科书作课本讲授，高一级国文，教员讲授，国民一二年级学国语”。⑤ 诸如此类说明，虽然政局动荡对小学发展造成一定的影响，但是，小学发展的成就仍然是可圈可点的。

一、《大公报》重视小学的发展

民国初年，实用主义教育开始流行中国，特别是黄炎培《学校教育采用实用主义之商榷》一文发表之后，学校掀起了实践实用主义教育的热潮。《大公报》认为，欧洲 19 世纪以前之教育，以“教”为中心，效果欠佳。19 世纪以后，改为以“受教育者”为中心，“教育之进步，遂有一日千里之势”⑥。因而该报反对以课程为“独一无二之大端”的课程中心论。根据以“受教育者”为中心的观点，该报提出：“小学教育，当纯取归纳法，则以实

---

① 孙诒让：《东瀛观学记叙》，《籀庼遗文》（卷上），浙江瑞安集古斋发行（国家图书馆古籍库藏）。
② 台江区志编委会：《台江区志》，北京：方志出版社，1997 年版，第 668 页。
③ 该书编墓委员会：《闽清县志》，北京：群众出版社，1993 年版，第 695 页。
④ 长乐市志编委会：《长乐市志》，福州：福建人民出版社，2001 年版，第 724 页。
⑤ 王卓然：《中国教育一瞥录》，北京：商务印书馆，1923 年版，第 281、289 页。
⑥ 《中国教育宜采用实用主义》，1915 年 1 月 23 日《大公报》。

事实物为具象的指示，以儿童思想力未萌达，一切智识，当从感觉灌输，此实用之重在应用方面也。”[①] 该报强调从“感觉”、“实用”出发，重在发展小学生之“应用”能力。由此可见，在当时提倡实用主义教育的潮流中，该报将自己评论的落脚点瞄准了小学教育的实用性上。

（一）积极提倡多设小学

1915年5月，教育总会上书北洋政府，要求增加小学教育经费。《大公报》对此持支持态度，并且认为，小学是教育之基础，是教育兴起的前提，而我国对其却漠然置之。那些教育发达的国家，其小学遍及穷乡僻壤。前清，由于教育家好高骛远，所以只重视高等学校、大学、师范、专门学校，以博得兴学之美名。而对基础之小学，却“听民自为”，并不加以督促。这当然不能“棣通风气”，“造就无数青年学子”。共和新建后，应对小学给予足够重视，具体原因有三个方面：“民间子弟，失学者既多，必宜推广者一；学龄儿童，调查既已著手，则其毕事之后，亦当有以容纳之，而小学即所以容纳儿童者也，此必宜推广者二；小学未能遍设，穷乡僻壤，其儿童虽热心向学，亦苦无相当之学校，望梅止渴，于国民教育，又何赖焉，此必宜推广者三。”[②]《大公报》用事实说明小学教育在中外教育史上的重要地位，并且分析了小学教育兴办的具体原因。

武昌起义后，国内秩序未能迅速恢复，许多学校因此停办或放假，穷乡僻壤的农村山区更是如此。《大公报》正是在这种艰难的现实条件下提出小学问题，而且特别要求在小学统计完毕后，首先从穷乡僻壤开始兴办小学。这既表明《大公报》对兴办小学的迫切心情，也透露其关心下层贫苦子弟求学的愿望。但是，多设小学就涉及到经费问题，对此，《大公报》不仅提倡地方自筹经费，而且建议政府节省其他经费用于教育。该报认为，“小学者，国家教育发轫之地也”，“他事可惜费，惟国家之对教育，则不宜存一惜费之心”。况小学设备，经费不多，不像大学、高等专门师范那样难于组织。认为扩充小学经费，不可从缓，希望当局能为小学经费开绿灯，使得青年“免于失学”，小学可“星罗棋布”，国民教育可“日见发达”[③]。

民国初建之时，政治、经济、军事、文化等各个领域都需要经费，国家

---

① 《中国教育宜采用实用主义》，1915年1月24日《大公报》。
② 选：《论今日亟宜多设小学》，1915年5月25日《大公报》。
③ 选：《论今日亟宜多设小学》，1915年5月25日《大公报》。

要统筹兼顾，周密安排，用于教育的经费究竟有多少很难预测。况且当时政局混乱，教育经费不可能马上到位。《大公报》的观点难免带有幻想的色彩。不过，该报倡办小学的殷切之情是可以理解的。

（二）赞成小学使用“国语”

国语是“由历史形成并由政府规定的一种标准化的全国通用的共同交际语。是国家在政治、外交、文化、教育各方面使用的语言。”① 历史上的国语可以追溯到春秋战国时期，那时的“雅言”，就是指正确规范的语言。汉代杨雄在《方言》一书中提到“通语”的概念，就是指通行各地的语言。“到了元朝，蒙古人在中国的北方做了中国的皇帝，就用当时北方的方言作为一种‘官话’。因为政治上的关系，这种方言很占势力。明清以来，经过几次的淘汰，去掉许多很特别的话，加入其他各处较通行的方言，就渐渐成为近四五百年中的普通话。这种普通话，就是俗称为‘官话’的，我们因为他有通行全国的能力，所以称他为‘国语’。”② 正是由于元明清定都北京，使北京成为中国政治、经济、文化中心的同时，北方话的地位日益突出，后来的“官话”正是以北方方言为基础形成的，只不过开始在上层阶级流行，之后才流传到民间。明朝有《洪武正音》作为推广官话的标准，清朝雍正皇帝时则有教授官话的机构，举人、秀才、贡生、童生参加考试必须懂官话。咸丰时期，则有《正音咀华》作为推广官话的教材。明清时期对官话的推广和宣传，为民初国语运动的开展奠定了基础，为制定国语推广方案提供了参考。

清末民初，缘于北京话曾是官方语言这一理由，北京话被称为“官话”。1910 年，是清末切音字运动的最后一年，从“官话”到“国语”的概念更加明确。资政院议员江谦等 32 人曾联名就清政府学部在奏折中所提到的“国语教育事项”提出质询，要求把“官话”正名为“国语”。1911 年，清廷学部也召开“中央教育会议”，通过了《统一国语办法案》，提出了统一国语的具体措施。民国成立后，中央临时教育会议决定召开读音统一会。1913 年，读音统一会开会，议定了 6500 个汉字的国定读音，称做“国音”，作为统一国语的基础。但由于随后的时局动荡，注音字母未能予以施行。为解决国语统一问题，1916 年 8 月，北京教育界人士 86 人组成了中华民国国语研究会。宗

---

① 《辞海》，上海辞书出版社，1999 年版，第 922 页。
② 钱玄同：《〈儒林外史〉新序》，本篇原发表于 1920 年上海亚东书局出版的《儒林外史》，《钱玄同文集》（第 1 卷），北京：中国人民大学出版社，1999 年版，第 393 页。

旨为“研究本国语言，选定标准，以备教育界之采用”①，“从国语研究会开始，下限到国语罗马字之前，由教育部中人士发动，并组织广泛的同盟，有一系列明确的目标，到20年代初期获得全面成功”② 此后，国内掀起了国语统一运动。很多人对此阐明了自己的看法，特别是对小学推广国语表达了不同的意见。

对于国语统一运动，《大公报》是坚决支持的。该报认为，近来毕业于高等小学之儿童，“其所学国文，不能达意者颇占多数，其仅初等小学毕业者程度更下，作寻常家书而亦不能”③。该报分析其原因：一是“教授法之不善”；二是“吾国文字简古，初小高小及中学以上，并无划分分明之程序可言，其所藉以判深浅者，只字句间略显区别而已，于儿童心理初未适合也。”所以，教者与学者皆徒劳少功。该报提出解决这一弊端的办法是“改初小国文科为国语科”，采用当时流行的“官话”，尤其是“近于文者”，编定成“国语”。小学的文科，就用此种“国语”，其各种教科书亦用此种国语编辑。

《大公报》认为“国语”推广后，语言不仅“声入心通，易知易解”，易于普及，而且可作为将来语言统一之基础，是“急不容缓之举”④。为了解决当时人们对“国语”与“国文”互换方面的误解，《大公报》对当时流行的九种观点，阐述了自己的见解：第一，“国语”与“国文”的功能并不矛盾。国语代替国文后，中国能“解”古书、历史、学术的人不会更少，文学也不会绝迹。况且初等小学，并非专门造就文学“通”才之地，有志文学者，可以进入专门学校学习。国语见效较快，节省财力，切合当时的社会实际。第二，学习“国语”并不排斥“国文”。小学国语代替国文后，学生升入中学，学习国语后再学国文，不会发生“文”与“语”互混的现象。况且，国语中有三千多单字及名词、动词、形容词等方面与国文有相同之处，不会因学习国文而废弃初小所学的国语。第三，国语科不能等同于方言科。国文科改为国语科，并非把国文科改为方言科，即并非把方言改为“国语”。而是把当时所通用的官话重新“整齐而厘定”成“国语”。当时的所谓“国语”，是一种“曾受教育者无不能藉是以达意”之语言。这种“国语”之优点有三：

① 黎锦熙：《国语运动史纲》，上海商务印书馆，1934年版，第66页。
② 王风：《文学革命与国语运动之关系》，《中国现代文学研究丛刊》2001年第3期，第95页注5。
③ 陈懋治：《小学改设国语科意见书》，1916年8月15日《大公报》。
④ 陈懋治：《小学改设国语科意见书》，1916年8月15日《大公报》。

"人人易知易能，一也；俚俗土语，可渐淘汰，语言得渐统一，二也；文中所常用之名词、形容词、动词等，即为语中所常用，而一般人民思想可以稍扩，语言程度渐增高，三也。"① 从容易性、规范性、程度性等三个方面，回答了国语与方言的差异。第四，国语易学，国文难习。《大公报》认为，国语与国文相比较，儿童更易接受前者。该报以《三国演义》与《三国志》为例进行比较，前者是国语，儿童"费思力于字句间者较少，有余力以默识其人，默会其事"，因而比较喜欢。而后者是国文，"文义简古，考其文至于能解，精神已疲，而其人其事，已在恍惚间矣！"当然，儿童欢迎前者而抵拒后者。该报得出结论，"固谓学文学语，难易相等，而诋国语为纡曲而纷扰者，非实事也！"② 第五，国语必须在学校学习。《大公报》认为，学习国语虽然容易，但必须在学校就读时学习，不可以进入社会后再学。国语也是国文之一部分，未尝学国语就不是学国文，反而学国语"必能由是而渐发达其文学之天才"③，这样也不耽误文学天才的出现。学习国语一举而两得。第六，小学之国文科与国语科不能同时并存。《大公报》认为，既不能在国文科外增设国语科，也不能在其他课程用"国语"的同时，而仍保存"国文科"。第七，不能设立"文语"两种小学。对于国语与国文是否并存，当时还有一种看法，认为可以分设"国语"、"国文"两种小学校，儿童"听其择一用之"。《大公报》认为，国民教育是为一般国民服务的，"文"、"语"分设小学是违反国民教育之精神，同时造成"阶级之制"，是不可行的。第八，国语内蕴深厚，知识丰富。当时有一种说法称，国文与国语，前者"外形单简"而"内蕴实繁"；后者"文字冗长"，而"内蕴单简"。如果国文改为国语，学生学习时间加长，所学知识会减少。《大公报》发表的评论则认为，童子学习之困难，正苦于国文之"外简而内繁"，即使浅者，也比国语难学，繁者就比国语更难辨别。"若夫所需之知识足与否，则视乎教科书材料取舍之当否与夫教授者之良否而分，且小学既有规定之教授要目，其所出入，盖亦鲜矣！"④ 具体指出国语如何达到国文效果的具体办法。第九，"国语"、"国文"并不关乎国家存亡。《大公报》认为，一个国家的兴衰与其所使用的语言没

---

① 陈懋治：《小学改设国语科意见书》，1916年8月15日《大公报》。
② 陈懋治：《小学改设国语科意见书》，1916年8月16日《大公报》。
③ 陈懋治：《小学改设国语科意见书》，1916年8月16日《大公报》。
④ 陈懋治：《小学改设国语科意见书》，1916年8月17日《大公报》。

有必然联系。该报还举例说，朝鲜、马来亚等国有“谚文而无关教育”致使灭亡为例证不成立，印度有梵文而同样见并于英国，而日本用“东京语”照样统一全国。这些证据表明，国语、国文互不干涉、并行不悖。

《大公报》在推广国语方面，比提倡实用主义教育、军国民教育、职业教育、女子教育更为积极，很少有妥协保守的成分。这对民国初年小学实行国语教学改革是一个有力的配合。“国语”的推广，使得文化普及更加便利。《大公报》所推崇的国语运动和新文化运动时期所提倡的白话文运动，有异曲同工之处，都为中国近代文化事业的发展作出了贡献。正是在《大公报》等舆论媒体的鼓动下，社会上出现了推广国语的热潮。1920 年 1 月直隶省教育厅长王章祜响应政府推广国语的号召，下令“推广国语，筹谋统一。凡国民学校一二年级国文科改授国语”，“通令各学校一体遵照。”① 其他地方也陆续展开，推广国语运动取得一定的社会效应。

（三）关心小学教员工资

小学教员是在科举废除之后才兴起的职业群体。民国政府初期，其待遇问题得到一定程度的重视。1917 年，北洋政府教育部颁布《小学教员俸给规程》，规定了国民学校和高等小学校的校长和教员的月俸标准。校长和正教员最高月傣为 60 元，最低为 8 元；专科正教员和专科教员最高月棒为 40 元，最低为 6 元；助教员最高为 22 元，最低为 4 元。② 对校长和各级教员薪棒的上限和下限作了明确规定。1921 年 10 月，第七届全国教育会议联合大会上又通过了《增加小学教员薪俸案》③，进一步完善了小教员工资的规章。从当时法律角度而言，小学教师薪资待遇远高于当地生活水平。但是实际情况却出人意表，地方教育当局常常难以落实这一政策。京城小学教员工资，因为通货膨胀问题而常常落空。

1919 年，中国银行和交通银行因给政府垫付款项，造成现金空虚，引发停兑风潮，两行的纸币在北京（京钞）均跌至九折以下，立刻引起京津地区通货膨胀。通货膨胀给社会经济和人民生活造成了巨大的破坏。④ 而在教育

---

① 1920 年 1 月 17 日《大公报》。

② 《小学教员俸给规程》，李桂林等编：《中国近代教育史资料汇编·普通教育》，上海教育出版社 2007 年版，第 513 页。

③ 吴湘湘、刘绍唐主编：《第一次中国教育年鉴》（戊编·教育杂录），台湾：传记文学出版社，1971 年版，第 160 页。

④ 参见萧清编著：《中国近代货币金融史简编》，太原：山西人民出版社，1987 年版，第 64 页、67 ~ 68 页、73 页。

界，教育经费短缺甚多，教员津贴不能及时兑现，而且因通货膨胀又导致工资贬值，这就使得教潮和学潮频发不断。1919 年 11 月，北京各小学教员因“京钞日落”，要求发放现洋而罢教，否则将“归耕待命”。《大公报》对此认为，“教育界之生涯，本极清苦，而充当小学教员者，其生涯为尤苦。”然小学教员造成儿童学业之“初基”，其责任重大。主持教育行政者，应该加以鼓励，“优其薪给，俾得安心教授”。然而北京发生京钞贬值现象后，教员“以极薄之脩脯，而又搭放仅值半价之京钞”，教员生活更为艰难，“一般小学教员罢学赋归后，真正有田可耕者，殆居最少数，则亦不过使儿童费时失学，而为社会上平添一群上级游民而已。”① 《大公报》同情教员劳动力之低廉，抱怨教育部之措施不力，担忧整个小学教育之前途，其关心教育的情怀跃然纸上。

1920 年初，上述教员工资问题仍未解决，于是教育部召开会议，决定将中小学划归地方自办，借此减缓中央的压力。《大公报》认为此端“持理既极充分，行权又为合法”，所以“极端赞成”。但同时该报又认为“教育能所以发达者，不在乎制度之规定，而在乎经济乎（之）充裕。设地方税未经划出，凡所谓地方教育经费，仍须仰给于中央，微论库款支绌，难免供不应求之虑。即使指有的款，而以限制一定之经费，办日进无穷之教育，吾知中小学校，亦犹是涂饰耳目，终无发展之一日。”显然，该报认为地方自办中小学在客观上并不现实。所以，该报建议，“欲为中小学校维持久远计，必将地方税款，划清权限，自为分配始。”② 从《大公报》这一建议看，该报在经费问题上，不仅要求政府能解决目前的燃眉之急，而且要求其谋划久远的根本问题。中央与地方、尤其是地方管理税款的官员之间，必须权责分明，教育经费问题才能真正解决好，表现了该报对教育经费和小学教师工资的深切关注。

二、《大公报》对小学成就的报道

民国建立后，小学教育受到较多关注。在《大公报》的报道中，大致有以下几种：第一，京师和地方人士热心兴学。例如，天津杨柳青县绅安国忠，慨捐巨款，在该镇设立高等小学校暨安氏私立高等国民学校，被当地政府称

---

① 无妄：《京钞影响于教育》，1919 年 12 月 10 日《大公报》。
② 道：《中小学能空言地方自办耶》，1920 年 1 月 7 日《大公报》。

为“难能可贵，良堪嘉慰”[①]，准备按捐资兴学褒奖条例奖励。静海县第二女子国民学校校长李钟泗，独自捐资成立学校，《大公报》对此倍加赞许。另外，天津县公民孙文骥创立国民小学。京师李庆芳等发起创办贫民学校，“以教育贫家子弟为宗旨”，先设初等小学，然后再设高等小学，并拟设立工厂，“学生高校卒业后即令入工厂习工业，俾其长成后得以自谋生计。”该报称其为“贫民学校之异彩”。希望全国能“闻风继起”，“步武李君”，“以期挽救社会之趋向，则全国幸甚矣！”[②]。第二，华侨人士捐资兴学。在福建，华侨陈嘉庚、陈敬贤兄弟素具爱国热情，创立两等小学校、女子小学校、福建私立集美师范学校，被《大公报》称为“热心教育，堪与浙之叶澄衷、苏之杨斯盛后先媲美”[③]。第三，灾后不忘教育。三河、宝坻两县甚至在1917年水灾之后，成立露天学校，“颇著成效”，后教育厅将此学校改为国民学校[④]。第四，政府机关对小学教育的重视。直隶省厅长王章祜和警察厅厅长杨敬林于1918年4月18日到“各贫民小学社查视教授课程，颇得王厅长之赞美”[⑤]。天津劝学所鉴于各区小学观摩会“颇能竞争，藉图进步”[⑥]，于是多次举办此种盛会。“芦龙县高等国民小学校校长王仲华率同职教员及全体学生来津参观津埠各中小学校，藉资实地观摩。”[⑦] 第五，租界内的小学教育。在民国初年，兴办小学热甚至影响到租界，有人提出在租界办教育。高阳人李石曾在“浙江旅津公学”演讲了“租界中之教育与国外实业问题”。他认为，“租界商业繁盛，交通便利，寓居其间者，尤多与社会有直接之关系，其子弟若不施以适当教育，足以丧失国民资格”[⑧]，鼓励我国人在租界内办学。《大公报》对李石曾此举表示赞扬，认为“名言至理，足以唤起教育家之注意。为租界子弟宏求学之途，固未可以寻常讲学例视之”[⑨]。民国年间教育兴盛甚至还波及铁路领域，铁路人员也组织教育会，准备在“沿路筹办学校，教育路员子弟，授以应用知识。”《大公报》称其为“铁路界之好现象”[⑩]。

---

① 1918年3月20日《大公报》。
② 1919年9月1日《大公报》。
③ 1918年4月25日《大公报》。
④ 1918年4月8日《大公报》。
⑤ 1918年4月19日《大公报》。
⑥ 1918年4月28日《大公报》。
⑦ 1918年3月31日《大公报》。
⑧ 1918年4月15日《大公报》。
⑨ 无妄：《华人宜谋租界教育》，1918年4月16日《大公报》。
⑩ 1918年3月14日《大公报》。

另外，《大公报》也从民国初年的女子小学兴办、学务会议、小学运动会、小学成绩展览等各个方面，报道了当时的小学教育状况，对小学成就做了较为客观、正确的肯定性评价。

综观《大公报》对小学教育的种种评述，我们可以看出该报对小学教育的诚挚热情。该报对小学教育还是满怀希望的，这一方面是该报顺应当时社会上普及国民教育呼声的反映，另一方面也与其一贯主张的教育“渐进”分不开。该报一贯主张中国办教育应该从长计议，反对急于求成；要着眼于最基础的小学教育，反对办学伊始就把精力花在大学或者专门教育上。《大公报》对小学教育中所出现的教学倾向、办学方式、课程修订等问题，都提出了自己的看法或建议。相对于当时政局混乱的现实条件，尽管有些建议不切实际、流于形式甚至还是贪图空想，但该报锲而不舍地为改进小学教育而呐喊助威的精神，仍然不能抹煞。

第三节　《大公报》对大学教育现状和前途的“担忧”

体制是指“国家机关、企事业单位在机构设置、领导隶属关系和管理权限划分等方面的体系、制度、方法、形式等的总称。”① 是国家基本制度的重要体现形式。它为基本制度服务。教育管理体制包括两个方面的含义：一方面是指各级各类学校内部的领导与管理体制，规定学校内部各部门的组织结构、职责范围和相互关系；另一方面，是指国家政权机关对各级各类学校实行统一领导和分级管理的制度，规定学校外部的行政隶属关系。民国早期的大学教育无论就前一种涵义，还是后一种涵义，都有相关的规定，但由于政局不稳，经济混乱，使得教育体制无法走上正轨。不过，我们也应该看到，民国大学还是有一定气象的，诸如大学校长的治校理念、大学生浓烈的爱国主义情怀和革命精神等等，这些都是暗含在大学生自身发展中的一股暗流，它在实际上规范着民国中后期，中国大学生如何参与到国家前途和民族命运的发展大潮的思想趋向。

然而，我们从《大公报》的报道来看，该报对大学生的诸多行为更多表

---

① 《辞海》，上海辞书出版社，1999 年版，第 274 页。

现的是不满。当时的大学生每“遇国有急难，往往示威运动以表民气”①。于是，常常出现学生罢课、教师罢教等现象。特别是五四运动以后，民主意识进一步深入人心，师生要求民主的主张，多演变为积极的行动。《大公报》不吝篇幅，对此类事件进行了大量的报道。该报在评论中常常用“学潮”一词，来概括学生的罢课运动。某些情况下，《大公报》又把教师的罢教涵盖于“学潮”这一概念中，如1921年3月的论评——《论北京学潮现状》，其中“学潮”一词就是指北京教职员因为工资问题而罢教的事件，而不是指学生的“罢课”。所以，本文所涉及的“学潮”主要包括民国初年的学生罢课，亦囊括同时期的少量教师罢教。

一、大学学潮会“动摇国本”

对于民国初年的大学而言，学潮是大学发展历程中不可不提的一件事情。《大公报》对学潮是持否定态度的。无论是该报自撰文章，还是转载他文，在学潮问题上，看法皆为：学生是为“学”而生，其余事情都与学生无关。至于学潮关涉政府行政的言行，则更是该报激烈抨击的对象。《大公报》认为，学潮使教育秩序混乱，国本动摇，最终危及国家的前途和命运。

（一）学潮是如何动摇国本的

《大公报》认为教育是国家之本，教学是使这个“本”鲜活起来的重要动力，学生是组成这个“本”的重要因素。所以，学生与教师所引发的学潮和教潮，必然会扰及教学秩序，动摇国本。而民国初年是一个动荡不定、充满各种矛盾和斗争的时期，这种状况反映到教育界，其主要表现之一即为学潮，如北大学生“挽严（复）反章（士钊）”、“驱彭（允彝）迎蔡（元培）”运动等等，就是如此。在以求新求快为特点的新闻媒体中，有关学潮的报道占据媒体的大幅版面。那么，《大公报》是如何看待学潮的呢？该报认为，教育既然是立国之本，那么任何损害教育的行为，都会动摇这个“本”，都会对国家、对教育的前途产生极大危害。“学校为制造人才之地，学生而闹风潮，于教育前途，妨碍非细，自非加以取缔不可。”②。

细细考究，《大公报》认为学潮动摇国“本”的观点如下：第一，学潮

---

① 斐：《学生罢课应及时而返》，1920年5月17日《大公报》。
② 梦幻：1912年10月23日《大公报》。

妨害了学校用人权。《大公报》认为，作为一校之尊的校长，其任命与否之权利在教育部，不能由学生任意操纵。即使该校长任职不力，其罢免权也在教育部门。作为学生，是“专用其心思才力以学习以研究学问之人。”“学生非为一种职业，而为求获一种职业之预备。”校长和学生各司其职，不要互相干涉。所以，学生在校期间闹学潮，赶校长下台，“非学生所宜为之事”①。而我国学生却不顾当局指令，“彼争此斗，到处风波，乃至无可争斗无可起风波之处，亦染及此普通之病。”② 甚至因为区区免试问题，而迫令校长辞职。该报为这样的学生既“惜”亦“悲”。《大公报》从自身角度出发，为大学和大学生制定了基本的“标准”，却对特殊时期，特别是恶劣环境下“标准”的实现条件缺乏考虑。按照《大公报》的“标准”，无论何种学潮，都是大学生之错。大学生只能“两耳不闻窗外事”，专心学习，才能符合社会普遍意念中有关学生的定义，才是“安学生本分”。

第二，学潮妨碍了正常的教学秩序。《大公报》认为，学生罢课，驱逐校长，既影响学习，也打乱了正常的教学秩序。如 1913 年初何燏时任北京大学校长后，宣布预科毕业生必须经过入学考试才能进入本科，引起预科学生抗议并找校长辩论。由于校方失于输导，强行贯彻，于是学生又到教育部和国会请愿。最后校方开除了 8 名学生，并暂时解散预科生，才把这次学潮压制下去。对于此次事件，该报认为“学而受试，学生分内事，多试一次，于学者多用一次心力，然于所学毫无坏处。”③ 即使学生畏难、贪懒或“遵奉部章”而“辞试”，也应该是“请愿”、“请释部章”而已，不应该使“教员承其鼻息以存”，更不应该使校长辞职，使得教学秩序难以维持。在这里，《大公报》只是从教学秩序上考虑问题，没有从学生维护自身权益角度考虑。再者，不顾民初混乱的社会实际情况而单方面指责学生，是难以让读者信服的。

第三，学潮影响教育发展的方向。《大公报》认为，从地域而言，学潮之氛围会扩张到周边；从时间而言，学潮的余韵会熏染将来。一次学潮带动了今后的历次学潮，教育界失去了往日的安宁。“五四”时，学生虽然“有越常规”，然出于其“爱国之本性”，其行为似乎情有可原。“五四”后，学潮大多已经“逸出法律之范围”，开始“含有内政问题”了，其消极作用愈

① 选：《我国之学生我国之大学》，1913 年 6 月 18 日《大公报》。
② 选：《我国之学生我国之大学》，1913 年 6 月 18 日《大公报》。
③ 选：《我国之学生我国之大学》，1913 年 6 月 18 日《大公报》。

加明显。例如，山东学生要求“解除山东戒严，惩办马良”[1] 就是很好的例证，《大公报》认为，“马良事件”关于“行政用人”，“学界如不满意，尽可上书政府，控诉法庭为轨内行动，行法律之手续。政府法庭复不采纳，然后只能进为第二步，而求政治上之改良，或从学术修养，促进政府之改善，或从实际之创造，树社会之楷模。若为事实之行动，越学生之范围”[2]，则非《大公报》之所赞同。更严重者，学潮范围从单纯学生一派发展到学生、家长、教员、政界等几派，其影响已严重超越了作为学生的操守范围，教育事业因此而耽误，国家前途几近毁灭：

> 学潮之汹涌，至今日而极矣！其初不过学生一派而已，今则范围愈扩大，类别愈纷歧，计学生派之外，又有职教员为一派，学生家长为一派，教育行政者为一派。各说各的理由，各争各的目的，而根本问题之教育事业，乃完全旷废矣！为立国之基础者，厥为教育问题，今我国学潮之剧烈若是，是岂青年之幸耶？是岂国家之福耶？[3]

随后，《大公报》用一幅漫画讽刺当时政界、家长、学界、职教员自成派系的情况，以此挖苦当时教育界的混乱不堪、派系纷争的情状。

由此看来，该报的观点是，学潮之影响已从教育界扩张到政界，从学生一派演变成政治派、家长派、学生派、职教员派等多种派系，其对教育事业和国家发展的阻挠作用不言而喻。在该报眼里，学潮使教育向自我腐坏、干预内政的方向发展，是极不可取的。

另外，《大公报》是否定所有学潮的，即使学生的爱国学潮，也不例外。五四运动时，《大公报》希望学潮早日平息，学生早日归校。当社会上传闻学生的复课消息时，该报将此比作一年中的“最好消息”，并且对学生的行为有所鼓励：“夫此优秀之青年，憬悟于盲从之非，一日知所变计，珍惜宝贵之光阴，策励精进之学术，不特阴谋家无以施其捣乱之伎俩，而莘莘学子，俱成有用之人材。”[4] 然而，形势进展并不随人所愿。1920 年 4 月，日使小幡要求与北京政府直接交涉，解决山东问题。全国学生联合会立即以三条要求通电中央，“限期电复，不达目的，即有举国同时一致罢课之行动。”学潮呈

---

① 斐：《学潮感言》，1919 年 8 月 31 日《大公报》。
② 斐：《学潮感言》，1919 年 8 月 31 日《大公报》。
③ 无妄：《呜呼！学潮》，1920 年 1 月 12 日《大公报》。
④ 遁：《学潮平息之乐观》，1920 年 2 月 27 日《大公报》。

现再起之势，《大公报》瞻顾教育前途，“隐忧靡已”。该报认为，学潮的反复出现，不仅使“教育前途，国家公安，俱受莫大之损害”，而且“以此救国，宁非自杀?”[①]《大公报》把教育的失误全都归结为历次学潮的消极影响所致。前次学潮似乎成为后来多次学潮的模板或效仿，整个民国初年的大学，在该报眼中似乎就是“学潮”的代名词。《大公报》看到学潮使教育进程进展缓慢，担心教育的发展，有其可取之处。但《大公报》对内忧外患的学潮诱因却谈及甚少，特别是对学生罢课之被迫无奈更少涉及，只是从教育前途和成效角度，简单地议论教育问题。对学生谴责多，全面分析少，其视野是狭隘的，观点是错误的。

在学潮反复，教育萎靡情况下，《大公报》将平息学潮的希望寄托于学潮中之“优秀”者，希望他们能“登高一呼”，“挽彼狂澜”[②]，拯救教育于危局。也期盼教育当局“寻流溯源，抉摘弊端”[③]，尽快推进教育。随着学潮的频繁反复，该报否定学潮的倾向更加明朗化，它将学潮的发生比作人格的散失，“玷辱全国大学生之名誉，可耻殊甚”，是“教育界之退化”，“无人予以原谅”[④]。《大公报》对学潮的评价降到了最低点。

总体而言，《大公报》对学潮持反对态度。虽然在五四运动刚刚爆发时，该报对学潮时有赞同之语，但赞成之成分远不及“五四”前后，特别是“五四”之后对学潮的诘责。《大公报》是从学生、教育本身、国家前途等角度看待教育的，认为学潮对以上三者都利少弊多，此观点正确与否姑且不议。但诸多言论都与《大公报》的改良思想有关，却是不容置疑的。《大公报》提醒学生采取“上书”、“建议”等办法，来促使政府反省，不应该采取疾风暴雨式的学潮，导致整个教育体系的混乱。当时，北洋政府免除对学生爱国运动颇为同情的山东省长沈铭昌的省长职务，委任媚外政客屈映光为山东省省长，而《大公报》却把屈映光对学生的讲话进行连载，这本身说明该报所坚持的立场。山东省长屈映光在讲话中提到，“学生因激触时事有罢课、请愿、开会、演讲之举，由外交而推及内政，由论事转为对人。彼此传播，内外纷驰，蜩螗沸羹，如警风鹤，为国家计，为地方计，为教育计，皆已趋于

---

① 斐：《学生罢课应及时而返》，1920 年 5 月 17 日《大公报》。
② 斐：《学生罢课应及时而返》，1920 年 5 月 17 日《大公报》。
③ 遁：《善哉！转学之取缔》，1920 年 5 月 24 日《大公报》。
④ 半山：《北大之风潮》，1922 年 10 月 21 日《大公报》。

至险至危之境。”学潮使学生“不惜牺牲光阴，抛弃学业”，“犹不奋勉以图功，徒为虚骄以贾祸，将举可贵之学业与可宝之光阴皆弃置不顾，国未亡而先以亡国自待，是自杀之道”。认为学生“舍发奋求学外”,[①] 更无“奇术妙策”而救国。这些言辞，显然没有从学生的爱国热情角度出发，过分诋毁了学生，夸大了学生行为的负面影响。而《大公报》情不自禁地和政府当局唱起同样的调子，显示出其对待学潮的反对态度，它没有为弱者说话。

（二）是谁动摇了“国本”？

对于历次学潮，《大公报》摆出一副中立者的姿态，对政府、教职员、学生三方都有责备的言辞，似乎不偏不倚，持论公允，但最终则将矛头对准师生一方，甚至常常把锋芒直接指向学生。该报指责学潮（包括罢课和罢教）动摇了“国本”。在发表评论时，该报责备学生多于责备政府，有意无意地做了政府的劝解员。我们可以从该报对北京八校教职员罢课、北京大学“留蔡驱彭”运动和唐山大学风潮的评论中可见一斑：

1921 年 3 月 14 日，为抗议北洋政府当局积欠教师经费，北京八校教职员举行罢教示威活动。15 日，北京国立专门以上学校教职员代表联合会成立，马叙伦任主席。4 月 8 日，北京 8 所高校教职员全体辞职。对此，政府虽有筹付经费之决议，然教员认为没有达到预期目的而仍然坚持原定计划。对此，《大公报》发表了《论北京学潮现状》的评论：

> 当经费问题发生之始，各校职教员不惜弃其职务，以与政府争。虽学子不免荒时废学，然无米之炊，迫在眉睫，实属无可如何，吾人亦能为谅解。政府主张维持，而经费迄无决定，坚持不下，尤见苦衷所在。今则经费已有著落，职教员之要求，已经如愿，于此当可告一结束，早日开课，避免学子日久废学。乃仍坚守原议，似非所以尊重学生光阴之道，在职教员一方，固藉口未得圆满收效。然如阁议办法，不患无维持之资，一面开课，一面仍进行要求，亦无不可。且以政府之财政困难，得有如此结果，尚不得谓非恝。然教育弗予维持，使长此坚持，破坏教育，恐又不仅在于政府一方矣。纵谓政府信用久失，经费筹付，未必可靠。然苟政府遽形反汗（讦），是政府无维持之诚；若维持之道自在，而鳃鳃过虑，坐令弦诵久辍，夫谁之咎？此等风潮，政府当局个人无何

① 《鲁省长之告诫学生》，1920 年 1 月 19 日《大公报》。

等损失，职教员亦只生计受其影响，无何等损失，受损失者，亦惟一般青年耳。始为学子争教育之费，而结果乃至于无教育，非与初心相刺□乎？职教员之要求，原不参加何种作用，但以政局关系，已不免有党争之揣测。诚如今日现象，终于不决，虽乃心无他，究将何如为解？是故为教育前途计，为诸公名誉计，亦惟早日恢复各校原状，庶不失为光明磊落之举。否则人其谓□何？[①]

从以上评论看，《大公报》对教员的原谅是有一定范围的，开始是抱着同情教员的态度的，认为罢教是无奈之举，但也认为政府亦有“苦衷所在”。当经费有着落，不管是否落到实处，就开始责怪教员“坚守原议，似非所以尊重学生光阴之道。”并且警告教员，如果“长此坚持，破坏教育，恐又不仅在于政府一方”，甚至认为教师的罢教行为是为自己，“不免有党争”之嫌，导致中国“无教育”之恶果，教师应“早日恢复各校原状”，才“不失为光明磊落之举”。很明显，《大公报》对教师的忍耐是有限度的，而对政府则采取妥协和维护的立场，只要政府有个姿态，有个“阁议”，该报认为教师就应该复课，至于经费是否真的到位，该报似乎并未强调。

然而，政府虽然制定了解决经费的办法，但并未付诸实行。到1921年5月底，职教员因为经费问题，第二次要求辞职。教师表示“非发经费不复职”，而政府则声称“非复职不发费”[②]。《大公报》认为，如此相持不下，“于两方无何等损失，蒙最大损失者，多数青年之光阴与学业耳。”[③] 于教育前途不利。但令人费解的是，《大公报》在寻找教师与政府相持不下的原因时，竟将原因归结为教育界的“意气之争”[④]，而对政府忙于军阀混战[⑤]，教育经费化为军费开支的事实，却避而不谈，转而将教潮归因于“意气用事”，显然是不合适的。当时正值直皖战争刚过，原来共同对付皖系的直奉两系，在内阁问题、惩办祸首问题、召开国民大会问题、解散新国会等方面，争议不休；原来直皖之间势不两立的对抗状态，由于皖系战败而消失，为新的直奉间的矛盾所取代，直奉战争正在酝酿。北洋政府内阁因为不同军阀的胜利

① 直声：《论北京学潮现状》，1921年5月1日《大公报》。
② 去非：《波折叠起之教潮》，1921年5月27日《大公报》。
③ 去非：《波折叠起之教潮》，1921年5月27日《大公报》。
④ 去非：《波折叠起之教潮》，1921年5月27日《大公报》。
⑤ 袁世凯死后的民国政局，恰如梁启超所言，中国政局到了“神奸既伏，人欲横流，而进于演水濂洞，演恶虎村”的时期。参见李新《中华民国史》，第二编第二卷序言，北京：中华书局，1987年版，第1页。

而不断发生变换，但是，“北京之内阁曰新内阁，其总理曰新总理，其国会曰新国会，……然所谓新内阁总理者，仍是安福时代之内阁总理，所谓新国会者仍是安福时代之国会，所谓新人物者仍是武人，所谓新势力者仍是武人。”① 军阀们沉醉于专权，迷恋于武人政治，对于教育根本无暇顾及。《大公报》的报道和评论，显然忽视了军阀混战给教育问题雪上加霜的现实，单纯从教育界寻找“学潮”原因，对公众是缺乏一定说服力的。

因为教师罢课，学生无法正常上课，于是学生掀起了“读书运动”，并因向政府请愿而发生“新华门前惨剧”。该报这时才责怪政府先前的教育措施不得力，并谴责政府暴力镇压学生的行径。该报一方面责怪学生“旁骛纷驰，妨碍学业”，“湎规越矩”；另一方面责怪政府不“尽心维护，整肃学风”。但《大公报》对政府的责备显然只专注于“整肃”不严这一点上，而谴责的矛头主要还是学生。当1922年10月北京大学学生“因征收讲义费”风潮再起时，该报认定“区区之讲义费”是“些微细故”，因如此小事而闹风潮，只有“血气未定，学识不充”的人才能干出来。《大公报》称此次风潮“重贻我国教育界之羞”，“玷污全国学生之名誉”，是“教育界之退化”，“无人予以原谅”，“可耻孰甚”②。当时，是否征收讲义费在北大是颇受争议的话题，但该报的论调如此严重，也从另一面表明《大公报》对学潮的反对态度。

1922年底到1923年初的“留蔡驱彭”运动，同样体现了《大公报》从同情学生走向贬抑学生的过程。1923年1月17日，蔡元培因教育总长彭允彝干涉司法独立，非法要求逮捕北大兼课教师、财政总长罗文干一事，愤而辞去北大校长的职务。18日，北大全校学生举行大会，通过了“驱逐彭氏”、“挽留蔡校长”、“警告国会”等项决议。19日，北京大学学生联合法政专门学校、医学专门学校、工业专门学校1000余名学生到众议院请愿，阻止投同意彭允彝的票，并力主挽请蔡元培回校复职，但遭军警包围殴打，300多人受伤。《大公报》开始是同情学生的，认为学生的行为“实为国家争法纪，为国民争人格”，“即令有人指示，社会犹当谅之”③。但随着运动的进一步深入，到1923年1月底，学生因为参议院通过允留彭允彝的议案而“群情愈形

---

① 《新旧之北京》，1920年8月24日《申报》。
② 半山：《北大之风潮》，1922年10月21日《大公报》。
③ 砭：《大可注意之学潮》，1923年1月21日《大公报》。

愤激”时，该报称其为“政治教育混合风潮”①，并大肆批评学生的行为。《大公报》认为，学潮不断的根源一方面是因为“我国思想界，现正值新旧递嬗之交”，学生的思想“或不无徧（偏）激，与现在社会之一般心理，或未能尽同。”另一方面，社会“复杂之状态”，学生更未必尽能了解。所以，学生的“偏激”和无知导致学潮屡起，因而“年来首都各校，其在社会之声誉，远不如前。藉非与诸生，同其好恶者，则罔不以学风堕落为忧。”②《大公报》似乎在同时劝慰政府和学生，但最终还是倒向政府的怀抱，把闹学潮的责任归咎于学生。

至于唐山大学风潮，《大公报》责怪的语气似乎不那么强烈，但与前两次学潮之评价却有异曲同工之妙。1922 年 9 月，中共北方区委和北方劳动组合书记部在唐山建立了领导罢工斗争的指挥中枢。10 月 23 日，开滦五矿大罢工爆发，并发表宣言，通电全国。10 月 26 日，军警开枪打死打伤工人 60 余人，制造了流血惨案。此时，唐山大学学生以唐山通讯社名义出版《唐山潮声》，支援开滦大罢工，并组织“唐山大学学生赈工会”，积极开展宣传和募捐活动。全国许多报刊都登载了“唐山学生援助工人之奔驰”的醒目消息。蔡和森在《向导》第 10 期发表《唐山学生援助罢工之模范》的文章，高度赞扬唐山学生风潮，认为其“不但在劳动运动史为重要，在民族运动史上尤为重要，而且是中国知识阶级列入了真正觉悟的路上之证明。”③ 关于这次学潮，一般舆论认为是因为交通各校由旧交系树立，而新上任的高恩洪却想方设法破坏旧交系的势力，“对于旧交系所建设之成绩，时时思有以破坏之”，“大有绝其本根，毋使能殖之态度”，故引起学生激烈反对。舆论对于高氏“大率不与以同情，对于失学之学生，反予以良好之同感。”④《大公报》在 11 月 22 日的评论中，对学生也抱有几丝同情的笔调：

> 唐山交通大学，因学生全体罢课，风潮备极汹涌，现学生已由校长解散，勒令回籍。闻校长解散学生之理由，系由学生与开滦矿工表示同情，染受过激派主义。而据学生等之宣言，则绝对否认其事，谓纯系驱逐腐败之校长而发，各执一词说。以记者臆度之，则学生等之言较为尽

---

① 《学潮更难收拾》，1923 年 1 月 28 日《大公报》。
② 砭：《因学潮而警告诸生》，1923 年 1 月 28 日《大公报》。
③ 振宇：《唐山学生援助罢工之模范》，《向导》第 10 期，1922 年。
④ 磊庵：《唐山大学解散之感言》，1922 年 11 月 26 日《大公报》。

理。盖学生等果与矿工表示同情，何以矿工竟于此时，完全上工，未闻有一言为学生等之响应耶？

况学生全体，不下数百余人，又皆大学生徒，知识高尚，对于过激派之煽惑，岂能尽皆盲从，无一人焉加以考虑者？今竟一概目之为过激，遽行全体解散，耗费国家之金钱，其害犹浅；数年来造就之学子，坐失学业，其害实深也！①

从以上分析看：一，工人“上工”，学生仍然罢课，说明学潮与工潮无关，学生确实是驱逐“腐败校长”；二，学生“知识高尚”，不会偏信“过激派”之煽惑，解散学生，耗费国家金钱，损害学生“学业”。该报对学生抱有怜悯之情。然而，随着事态的发展，当《大公报》认识到学生运动与工人运动的关系时，仅仅四天时间，其评论就变成另外一种笔调：

近来无论何种问题，无论有无价值，其内幕无不时时有政争内幕者在，举凡士农工商举动云谓，无一而不与政治有关。而其所谓政治者，又大率为一系之枯菀进退，更与吾民无与，则国家安得不乱？此舆论所以深恶也。……然对于学生之轻举妄动，则亦不容不有所忠告。盖青年时代，阅世不深神经易受刺激。吾国政治上之问题，以有学生之主张，而收效者固属不少，而因学生之纷扰，转致是非不明，间接而陷国家于危境者，亦未敢谓为其绝对之必无。即以此次加入工潮，是否国家主义，有政府主义下之学人，所宜主持，想为学生者。于事过境迁时，平心静气，加以考虑，亦当知其有不可者？②

对于同一事件的两次评论，《大公报》评价学生的语气似乎平心静气，尽管后一段评论明显批评学生，但仍然摆出一副耐心告诫、语重心长的姿态。不过，读者如果仔细揣度就会发现，后一段批评学生的程度相当强烈，因为《大公报》认为学生与“政治者”联系在一起，是一种“干政”行为，失去了学生应有的“本分”（关于学生“干政”，我们将在下一问题中谈到），也就是将学生的行为直接与危害国家前途相关联，这样问题就严重了。《大公报》将学生同情工人阶级并为自身利益而进行的斗争归结为“干政”，再次体现了其站在资产阶级利益上说话的立场，是错误的。同样在这篇时评中，《大公报》认为学潮的思想动因，乃是“五四”以来流行的社会主义思潮，

---

① 半山：《唐山大学之风潮》，1922年11月22日《大公报》。
② 磊庵：《唐山大学解散之感言》，1922年11月26日《大公报》。

特别是苏俄社会主义思潮的影响。“盖以社会主义，不惟足以陷国家于骚乱，抑且将陷人类于灭亡。引起社会主义，足以为引火线者，则尤在工人之群众运动。”把社会主义形容成洪水猛兽式的事物，对国家甚至整个人类都有无穷的灾难。因此，《大公报》认为此次唐山工潮，是因为工人有过激思想主义的色彩，并不像以前“纯因有所压迫而致然”。为了国家，为了社会，《大公报》建议政府应该通过此次风潮，因势利导，一方面使资本家知道工人“众怒难犯，怀壁其罪”，另一方面使工人“知分之所在，权利义务，有相互之关系”。只有如此，才能福国利民。然而，“今莘莘学子，狃于过激之言论，操术未安，卷入漩涡，以牺牲其宝贵之光阴，其中途辍学者，更虚靡国家造就人才之盛心，为国家计固为不幸；即为学生计，亦未为非不幸也。”[①] 该报还预言，学生决不会甘心于解散唐山各校，必然会卷土重来，再次罢课。而那些“阴谋家”，又“环伺于旁”，利用学生，以解决政治问题。这是学生始料不及的。所以，该报深望“学生对利害得失加以考虑。”[②]

如果说，前面该报对学生的行为还有丝毫同情的话，那么，在纪念五四运动五周年时，《大公报》的态度已经完全转向爱国学潮的对立面了。

1924 年 5 月 4 日，是五四运动五周年纪念日，全国各地学生展开了轰轰烈烈的纪念活动，北京学生 3 千余人在北京大学召开五四运动纪念大会。广州、九江、济南、常州等地的学生也纷纷集会，以示纪念。此时《大公报》对学潮的评价可谓变本加厉，有增无减。该报认为，五四运动时的学生，“激于一时爱国心之冲动，不惜牺牲神圣之学术，以从事于救国之运动。在当时学生唤醒国民之任务，未尝不足为民国史上有价值之一页。”然而，在今天，事过境迁，“五四”的影响，“仅养成全国学生乖戾嚣张之习气。”“特吾人所引为抱憾者，全国学生，感情强而意志弱，不能坚守力学报国之职志，徒托空言救国，于公无补，于已有损。甚或醉信过激之学说，将使中国一跃而为社会主义之国家，更或受一般人之利用，甘为少数军阀政客之走狗，人格云亡，学风扫地，又未始非五四运动阶之历也。”[③]《大公报》指责学生的风潮是受人利用，干预政事；是空喊口号，浪费光阴，于已于教育均无益处，“其愚已甚”。更不可思议之处，是该报将“社会主义”与“军阀政客”混淆一

① 磊庵：《唐山大学解散之感言》，1922 年 11 月 26 日《大公报》。
② 磊庵：《唐山大学解散之感言》，1922 年 11 月 26 日《大公报》。
③ 莫春：《五四运动纪念日感言》，1924 年 5 月 4 日《大公报》。

体，实际是抵制当时的进步思潮，是对五四以来传播的马克思主义的一种污蔑。该报还认为，青年学生正在培植学业时代，如果意气用事，刚愎自用，就会失去社会的同情，不仅毁灭个人前程，更会危害国家前途。因此，动摇“国本”之人，就是少数“阴谋家”和“政治者”指使下的学潮以及学生了。此时的《大公报》自始至终都在坚持错误的观点。

综上所述，《大公报》在责备政府、教职员、学生、“阴谋家”等几者对学潮负有责任时，最终还是把责任留给了“阴谋家”和学生。《大公报》总是一厢情愿地告诫学生，学潮对于国家和学生自身之危害，似乎学潮和学生就是动摇国家之“本”的首要因素。当时，中国共产党已成立数年，该报所说的“阴谋家”、“过激分子”，很难说其所指不是追求社会主义、共产主义，追求进步事业的共产党人。该报认为，这些“过激分子”藏在学潮的背后，学生是他们的挡箭牌。因此，得益的是“阴谋家”，吃亏的却是无辜的莘莘学子。《大公报》还特别把苏俄社会主义说成是“过激主义”，认为欧洲各国为扼制苏联而不与其“通好”、“绝其通商”的行为是正当的，并非“不持人道主义”，其立场、态度不言自明，其保守、错误的倾向绝非可取。

（三）学潮超出学生和大学应该遵循的规范

《大公报》认为，学生就是为了学习才称作学生。大学生是国家的“预备”人才，不应该负有“政治责任”①。且大学是造就人才，“研究最精深学问”的地方，是“最高尚人格之所”②。所以，即使政府有过失行为，学生也只能通过温和的形式上书请愿。可是，学生却因政府的过失而到处闹风潮，这就大大超出了学生和大学应该遵守的规范。该报的观点如下：

首先，学潮使学生超出了其应有的职责范围。在《大公报》的眼中，国家正处于弱势时期，学潮屡兴，既非国家之福，也非学生之利。同时，罢课影响了正常的教学进程，既摧残了教育，又贻误了青年。学生就是学习和研究学问之人，其年岁、智识及经历，都不宜任事；学生并非一种职业，而只是“求获一种职业之预备”。正因为人“不可以无业，故不可不先作学生。设于作学生之时，为非学生所宜为之事，则非学生矣！”因此，该报批评学生“知学生定义之人，殆于近五年始见之。而能安学生本分者，仍未多见也！”

---

① 斐：《学生罢课应及时而返》，1920 年 5 月 17 日《大公报》。
② 半山：《北大之风潮》，1922 年 10 月 21 日《大公报》。

动辄“起风弄潮”，以至于教员“乃承其鼻息以存者”。[①] 该报认为学潮使得学生逾越了其应该遵守的基本规范，其所作所为与“学生”的定义相差甚远。

其次，学潮也使大学超越了其应有的原则界限。《大公报》认为，民国以来的教育事业，只有小学有点起色，中学成就已若晨星，而大学却只有北京大学一所，可谓硕果仅存。但又补充说“其教科是否确合大学程度，固勿论。”“其名曰大学，实则未必合大学之定义也。”因为，大学是专门学家“集合授徒之机关”，应该是“教员者组织此机关”，“学生者来受教育”的地方。而北京大学却任由学生“屡参与组织事”，甚至“足以自充教员”，“越俎组织”[②]，这怎么能成为合格的大学呢？该报认为，大学是造就人才之地，不是闹学潮的地方。然而五四运动后，教员学生争相罢教罢课，今日“沿路演说”，明日“借地开会”，“其果谁是谁非，事实法律，各执一端，固无适中之办法。第长此纷纭，相持不下，至陷于不可收拾之地步，恐非国家之福，抑亦非学生之益”[③]。即使培养教师的师范院校，近几年来，“未见出拔萃之人材，只闻有风潮之岔起。”上至京师首善之区，下至各省通都大邑，或校长欺压学生，或学生攻讦校长，“几成为一种风气”[④]。看来，整个大学都是“风潮”顿起，令人堪忧。

综而观之，《大公报》的观点是，学生和教员之行为，都已超越其应该遵守的行为准则，大学也不能与文明发达国家相颉颃。最高尚之人成了起风弄潮之人，最纯洁之地成为风潮的渊薮之所，致使“国本”动摇，教育前途黯淡，国家命运堪危。

二、大学学潮会“干涉内政”

民初一些人认为，共和国需要一个安定的环境才能最终走向富强。因此，对学潮持反对态度。国务总理唐绍仪曾提到，“共和成立，国民目的已达，各学堂学生自应安心肄业，以备将来任用。”“学生不得妄行干涉”政事，“荒

① 选：《我国之学生我国之大学》，1913 年 6 月 18 日《大公报》。
② 选：《我国之学生我国之大学》，1913 年 6 月 18 日《大公报》。
③ 遁：《今日之学生风潮》，1919 年 9 月 1 日《大公报》。
④ 雷行：《惯起风潮之师范学校》，1920 年 12 月 2 日《大公报》。

废学务，自弃前程。”① 这表明政府对学潮是反对的。在地方上，也有人提出约束学生，整顿校风的建议，认为“学生以专静用功为第一要义，今乃反之，放任□自由，以管理为专制，总在误认共和意义。遂演出种种要挟干涉不正当之行为，而学校等级愈高，此种风尚愈甚。”希望“各校长及管理员，对于学生善为劝导，加以约束，以维秩序而正校风。”② 这种论调从理论角度而言是合乎道理的，稳定是发展的基本前提，只有在和平与稳定的环境下，才谈得上发展。然而民国初年的社会现实问题却不单凭理论能够解决。袁世凯的复辟帝制，北洋军阀的争权夺利，巴黎和会上的外交失败，使得学生根本不可能有一个平静谐和的内外环境，热血青年们自然就承担起匹夫之责，抗议政府的无能和腐败，故而风潮迭起，亦是时势所迫。《大公报》却认为此种学潮是“干涉内政”，对学生一再喊响的“天下兴亡，匹夫有责”，给予驳斥。1920 年 1 月，虽然五四运动已经过去，但北京教职员因京钞涨落、通货膨胀而引起的薪俸问题又举行罢课，此后学生也卷入其中。《大公报》借此机会，驳斥学生所谓“匹夫”之责，表明其反对学潮“干政”的观点。《大公报》的文章说：

明季道学顾炎武主讲东林时，曰：“天下兴亡，匹夫有责。”是责匹夫以明道也。道之盛，即天下之兴；道之衰，即天下之亡也。后世学者，不知率性谓道，修道为教，自私自利，相习成风。如不言自私，则谓之背人民心理；不言自利，则谓之逆世界潮流。似为匹夫者，皆有主持国家之特权，故一人乐为匹夫，十百千万人，皆乐为匹夫。人尽匹夫，人各有责。甲曰：“我匹夫也，我有责焉。天下兴亡大计，我应欲闻。”乙曰：“我亦匹夫也，我有责焉。天下兴亡大计，我须干涉。”纷纷扰扰，日无宁时。野心家，乃乘隙而利用之，蹈虚而操纵之。于是乎，鸡鸣而起之徒，利令智昏，为人爪牙，有至死而不觉悟者，甚矣！其惑也！诚如是言，则中央何贵乎有政府？地方何贵乎设长官，不知责者，职也。一而二，二而一者也。政府有政府之职责，长官有长官之职责，士农工商，有士农工商之职责。政府职责在一国，长官职责在一隅，士之职责在读，农之职责在耕，工之职责在作，商之职责在贾。职尽则责尽，职亏则责亏。苟人人能喻此旨，未有不家齐、国治、天下平者也。若贸贸

① 1912 年 5 月 9 日《大公报》。
② 《直隶学司蔡为奉饬约束学生整顿校风查照文》，1912 年 8 月 26 日《大公报》。

然，责匹夫以兴天下，适以速天下之亡耳。[①]

《大公报》上述言论意在说明：（1）学生歪曲理解明朝学者顾炎武“天下兴亡，匹夫有责”的含义，相率为“匹夫”，都想“主持国家之特权”，都想主“天下兴亡大计”，但因自私自利之风干扰而各自为政，使得天下“日无宁时”。（2）野心家利用学潮，满足一己私欲，利令智昏，至死不悟。（3）社会各阶层应该各尽其责。中央、地方官员、学生、农民、工人、商人各有其责，应该各尽职责。而学潮骚扰使社会各阶层皆未能尽其职责，如此以往，天下不但不兴，反而速亡。《大公报》通过上述三点阐述，指责学生不守本分，空喊“匹夫有责”的口号，随意干政，使国家濒临危亡境地。该报多次声明，“学生为国家预备之人才，不负政治之责任”，所以“罢课干政”[②]，影响了国家前途和社会稳定。故而该报“对于历次学潮，无不加以抨击”[③]。《大公报》还将学潮干政分为几类，诸如干预校长的任命和替换；破坏合法的法律程序等。虽然该报也承认大学生有“干政”的权利，但认为“干政”是在毕业以后。所以，该报在阐述20世纪20年代的中国现状时说：“各国教育，欲求其日有进步，必汲汲于教法与校规”，“而中国学生，对于校规，则破坏之；对于考试功课，则规避之；对于教职员，则殴辱之；对于政治，任意干涉。”“中国政局近年来之骚乱，一般青年学生，亦实有重大关系”[④]《大公报》将政局混乱的责任加诸心性单纯的学子之身，而忽视民国初年政客争权、政局难稳的客观事实，犯了本末倒置的错误。

（一）学潮干预校长的任免

《大公报》认为，在学生干预政治的活动中，干预校长任免是表现最频繁、最激烈的举动之一。大学生或者是不满意原来的校长，要求政府任命新人；或者是怜悯旧校长而抵制政府聘任新校长等。总之，是因为有关校长的问题而和当局发生龃龉。如1913年，北京大学预科生因学校规定升入本科必须考试的问题，而发生学潮，要求政府罢免学校校长。该报一方面批责学生到处闹风潮，不安“学生本分”；另一方面认为，校长任免是教育部之职责，与学生无关。该报指责学生迫令校长辞职、迫令校长“书伏辩”、围聚教育

① 味农：《天下兴亡匹夫有责之真解》，1920年1月14日《大公报》。
② 斐：《学生罢课应及时而返》，1920年5月17日《大公报》。
③ 砭：《大可注意之学潮》，1923年1月21日《大公报》。
④ 《中国现状概论》，1923年4月18日《大公报》。

部等，是“市井人所为”[①]。该报对学生的行为表示出深恶痛绝的态度。

1922年12月，因部署法校校长去留之争，学潮再起。《大公报》认为，“吾国学风，近年以来，日趋堕落。以莘莘之学子，不惮为人驱使，□为出轨之行动，以学校言之，此类学生，固属害群之马，当然在所屏除。”[②] 在此，《大公报》把学风堕落的责任，推到学子身上，推到学生为人“驱使”上。《大公报》在这篇评论中，反复强调学潮之危害性。虽然该报也批评了教育当局处理不善，然而对学生的行为，更是谴责有加：

> 夫校长之去就，为教部之职权。校长即有不职，为生徒者，只有疏其意旨，请教部之审核而已。学校非国家，讵能以总统选举者，施之学校？此种由学生指定校长之风，流传若广，京师如此，各省效之；高级学校如此，中小学校效之。……安徽一省，教育经费占其省岁入之大部，而其学生能升学于京师者卒鲜，夫岂非学风嚣凌之患乎？[③]

在上述言论中，《大公报》一方面指责学生干预政府对校长的任命，另一方面又断定，大学学潮之恶风已经危及地方之中小学校，造成整个社会学风的“嚣凌之患”。并且用安徽为例，说明学潮败坏学风、破坏教育的现实结果。

总之，《大公报》对学潮干预校长之举非常不满，特别是五四运动后，学生之“干涉朝政，何可数计”[④]。《大公报》一直认为学生的干政行为“将为一般社会之指摘”[⑤]，而很少思考诱发学潮的真正动因。

（二）学生罢课违反正常的法律程序

五四运动后，各地掀起了反对军阀专制统治的民主浪潮。1919年7月，同情学生爱国运动的山东省省长沈铭昌，被北洋政府罢免。为镇压山东人民的爱国运动，北洋政府委任媚外政客屈映光为山东省省长，同时还委任济南镇守使马良为戒严司令。亲日卖国的马良，便“恃借其势”，公开镇压人民群众的爱国运动，甚至命令军人为日本人采购粮秣食品。8月，马良丧心病狂地杀害了回族爱国人士马云亭等三人，制造了“济南血案”，从而激起全

---

① 选：《我国之学生我国之大学》，1913年6月18日《大公报》。
② 砭：《教部流血之怪剧》，1922年12月23日《大公报》。
③ 砭：《教部流血之怪剧》，1922年12月23日《大公报》。
④ 石：《对于蔡氏宣言之感想》，1923年1月29日《大公报》。
⑤ 砭：《因学潮而警告诸生》，1923年1月28日《大公报》。

国人民的愤慨，北京、直隶等地和山东人民一道掀起“驱马”运动，学生是“驱马”运动的主力。在这件事情上，《大公报》不但没有声援学生，反而责备学生罢课违反正常的法律手续：

> 前次学生罢课请愿（指“五四”期间的罢课游行），致与军警冲突，逸出法律之范围，犹得曰外交失败也，示威运动也，力争青岛也，挽回利权也。此次举动问其表面，似有外交关系，究其内容，则含有内政问题。所谓山东解严，惩办马良，均关于行政用人，学界如不满意，尽可上书政府，控诉法庭为轨内行动，行法律之手续。政府法庭复不采纳，然后只能进为第二步，而求政治上之改良，或从学术修养，促进政府之改善；或从实际之创造，树社会之楷模。若为事实之行动，越学生之范围，则非记者之所敢赞同也。①

《大公报》认为，五四运动时，为表示对中国外交失败的愤怒，学生进行罢课，世人能够谅解。而此次提出惩办马良，解除山东戒严，则“含有内政问题”。对马良事件，学生应当按照正常的法律程序，上书政府，如果政府不答应，再进行政治改良，甚至可以通过“学术修养”、“实际之创造”等途径来解决问题。总之学生不能以罢课示威来解决问题。马良是安福系人物，是亲日派分子，而《大公报》此时也已经转手另一亲日头目王郅隆的控制之下。所以，该报评述中并未提及马良逮捕并杀害爱国人士等罪行，只是一味批评学生的罢课行为，很难排除其亲日之嫌，这是《大公报》发展史上的污点。《大公报》批评学生的观点，是顺应当局愿望的态度，是不可取的。事后不久，山东省长屈映光说：“共和国民之要义，在上下平等，以法律为国本。诸生而言爱国而首当爱国家法律暨执行国家法律之官吏与夫施行国家法律之机关。学有学制，校有校规，此诸生特别应守之法律也。”他还质问说：“学制中有令学生集会者乎？校规中允学生罢课者乎？犹复未足，乃肆行至于校外干涉及于他人？则是已破学校法律之藩篱而触及国家法律之界线矣。”②屈氏的论调与《大公报》不谋而合。学潮违反政府法律程序的观点，几乎左右着这一时期《大公报》对所有学潮的评判和定位。

美国实用主义教育家杜威在中国讲学期间，正值中国爆发五四运动。杜威认为，中国学生在运动中的“游街大会”、“闯入”官员住宅、“重殴”官

---

① 斐：《学潮感言》，1919年8月31日《大公报》。
② 《鲁省长之告诫学生》（续），1920年1月20日《大公报》。

员、焚烧住宅等行为是“无法”行为，而各校校长竭力保释被捕学生，也是违反法律程序的。当时，不管该报与杜威是否有联系，但杜威关于学潮违反法律的观点与《大公报》的论点不约而同，该报因而对杜威的言论进行了追踪报道。其观点有：

首先，学潮无视法律之存在。杜威认为，中国学生对社会政治“极致愤慨”，想以所学用之于实际，但效果适得其反。因为中国之社会生活，“宛如与法律不生关系，而秩序和和平，自在人间”。杜氏还认为，中国人名义上“服从法律”，实则“疏远法律”，并非西方人之“信任法律”。[①] 学潮是无视正常法律手续的。他还以“五四”期间学生冲击卖国贼为例，说明这些现象在西方是违反法律规定的。其次，学潮蔑视国家“公法”。杜威认为，五四运动过程中，“学生运动，纯为少数操纵多数，并非全体意旨”，且运动中经常出现“私断调处”、私设法庭等违反法律的现象。凡事“无须严格以法律从事”，用双方意旨为调停之地。这些实则是“蔑视国家公法，轻藐法律程序”的行为。而“孰意中国之报界，即在中国之外国报界亦然，毫无意见发表，既不赞助，又不批断，但铺叙事实，如印版然”。杜威对中国学生和舆论媒体蔑视法律的行为表示诧异。再次，学潮与中国蔑弃法律之环境分不开。杜威说，中国人“蔑弃法律，倾重习惯”，不足为奇。而政府也信任堕落，“官吏枉法”。因此大多数人民求助于“村落、宗祠、行会以求白，愈于惊动官吏，以求名义上之所谓正当解决者。”[②] 中国今日之种种缺点，实由于“历来之无知”，中国正在“求知”中，学生却为政客所利用。这些政客也是草莽土寇，不知有法纪，更不能适应“综错繁颐”之世界形势，所以学潮运动就更是蔑视法律了。这些言论很明显是指责学生目无法纪，干涉政治。杜威关于学潮无视法纪的观点，无疑坚定了《大公报》认定学潮是违反法律的态度。而该报如实报道杜威的观点，说明该报对杜威观点的认同。

《大公报》希望通过杜威的威信，说服闹学潮的学生不要以学潮为手段，而要以“法律”为依据，和政府进行对话。但是，腐败的北洋政府哪里有法律可言，专权的军阀就是“法律”，军阀不可能让学生实现其愿望。学潮在民国初年连绵不断，特别是新文化运动和五四以后更加频繁。残酷的现实表明，无论是“二十一条”的签订，还是“巴黎和会”的召开，都不可能通过

---

① ［美］杜威：《中国政治杂评》，1920 年 7 月 11 日《大公报》。
② ［美］杜威：《中国政治杂评》，1920 年 7 月 12 日《大公报》。

屡行法律手续，就能让学生达到救国救民的目的。所以，学生在危难时刻，以学潮来表达自己的愿望，唤醒民众，唤醒社会各阶层的抗争意识，反对帝国主义侵略，反对政府的腐败，实为明智之举，应当加以肯定。

三、大学学潮悠关“国家兴替”

五四运动过后不久，面对持久不衰的各地学潮，《大公报》认为，“学生之示威运动，非普通之骚扰可比，其关于国家之兴替，教育之前途，实非浅鲜”①，劝告当局要以“慎重宽大”之态度去处理，否则遗患无穷。

（一）罢课“罢掉”了国家的生存基础

《大公报》认为，从当前看，学生罢课仅仅影响学生学习和教育发展的前途。但从长远看，却是罢掉了国家的生存基础。1919 年 6 月 3 日后，上海“三罢”斗争的烈火，迅速燃遍各地，在全国形成了轰轰烈烈的“三罢”高潮。《大公报》对如此“大罢”、“特罢”的厌恶程度也再次达到高潮。

> 自沪上和会两次罢议以后，继之以学生罢课，商家罢市，工界罢工，终之以总统及阁员相率罢政。罢罢罢，借消灭之行为，造积极之景象，斯真可谓大罢而特罢矣。
>
> 谚云：罢了罢了。盖谓凡事一罢即了也。惟今日之事愈罢愈不了。既不能长此罢休，自当求正当了解，假令由他去罢，而不亟谋根本了断方法，则国事将成不了之局，国运且有完了之虞。爱国之一般同胞，难道忍令我可爱之中华民国，就此罢了不成？②

《大公报》强调“三罢”斗争能把国家的前途罢掉，这其中当然包括罢课，而且罢课是“三罢”斗争的先导。随着运动的发展，《大公报》发表评论，劝说学生要注意救国的方法，即采取何种方法才能达到救国目的。该报认为，今日最痛心者莫过于外交失败、“内政之不良”、“社会之腐旧”、“生计之困难”。然而，我们最难的不是知道痛之何在，而在于补救之方法；不在于“敷陈理论之难”，而在于“实行之方法为难”。③《大公报》提醒青年应该注意救国的方法，不能只注重理论，而忽视客观实际；只空喊口号，而没

---

① 斐：《津潮善后》，1919 年 10 月 18 日《大公报》。
② 无妄：《罢得了不得》，1919 年 6 月 14 日《大公报》。
③ 斐：《今后之青年学子宜注重救国方法》，1919 年 9 月 12 日《大公报》。

有实际的方法。否则，就会威胁国家的生存，不能救国，反而误国。

既然罢课罢掉了国家的基础，当然会导致国家的灭亡。《大公报》认为，“国家之所恃以存立者，首惟教育。”今学生既以争外交而罢学，教员罢教，“全国之教育事业休矣！教育既亡，国何以立，讵不大可哀哉?”① 在《大公报》人眼里，“罢”实在太可怕了，它罢掉了国家之本——教育，即罢掉了国家的存立之基。所以，只要学潮有一丝平息的希望，该报就及时慰勉，希望优秀青年，“憬悟于盲从之非”，“策励精进之学术”，将来“俱成有用之人材，国与家实利赖之”。该报也希望那些“阴谋家”，那些“持言论之责者，勿再以偏激之谈，极端鼓吹，陷害可爱之少年，驯至不可收拾”②。表现了《大公报》期盼学潮早日平息，还国家以安宁的心态。

不过，《大公报》只看到罢课耽误了学生宝贵的光阴，却忽视中国危迫的形势。该报认为是学生罢课罢掉了国家生存的基础。其实，真正危害国家生存基础的罪魁祸首，乃是军阀的黑暗统治，是帝国主义列强的侵略掠夺。是他们的无耻行径削弱了国家生存的基础，将中国推向危亡的边缘。而学生的爱国学潮，特别是像五四运动这样的学潮，恰恰是拯救中华民族于危亡之际的爱国行为，不但不应贬斥，而且应当支持。《大公报》不加区分，将所有学潮都说成是危害国家之“本”的行为，其认识是不客观的，甚至是错误的。

（二）学生操行与国家命运的关系

《大公报》认为，学生的行为，与其平时所受的教诲和道德修养有关，也与教育前途和国家的命脉相关。因此，该报对学生平时的操行提出四点要求：

第一，教育家平时应该注意训迪学生。《大公报》认为，教育者平时不尽其职，不注意训迪学生，使“生徒熙然向化”③，致使学潮屡起，从而导致民国以来中国教育的一点点成就，被“五四”之“绝大风潮”冲刷得一干二净。“教育家不能训迪于平日，任令自由行动，各地方官吏亦不知何为维护学生。”④ 加之政府临事优柔寡断，长此以往，“全国教育必至破产”。所以，教

---

① 无妄：《教育前途之悲观》，1919 年 12 月 16 日《大公报》。
② 遁：《学潮平息之乐观》，1920 年 2 月 27 日《大公报》。
③ 砭：《教部流血之怪剧》，1922 年 12 月 23 日《大公报》。
④ 郛公：《学潮之因果》，1921 年 6 月 28 日《大公报》。

育家平日对学生之操行就应该“严格相绳”，临事再公明处理，“平亭至当”[①]，学生就能安心学习，不致起而闹潮。第二，学生平时应该专心学习，束身道德。《大公报》认为，教育是国家的命脉，国家之强弱应该视学生是否能潜心学业，束身道德。学风好，则“国之昌可知矣!”；学风“嚣竞”，则国家必然走向衰败。如果国家已经衰败，即使学生“具有一长片技”，“已非任重致远之材”[②]。所以，学生应该加强自身的素养，不要总是起风弄潮，扰乱教育。第三，学生平时的“政客”习气，必将祸及将来。该报把学潮与民国政坛的混乱之局相提并论，以此形容学生的堕落及学潮的危害，“始而从政者堕落，继而民党之政客堕落，比及今日诸生又复堕落，其目的必有在，仍必举一最难能最正当，且为坐言必不可起行之事，以责备当局，以求达其所谓目的者。是在山泉水，久已污浊不堪，将来流到人间，更不知其污秽为奚若?”“学潮固已平矣，而数年后之政客益多，政潮尤将不知其极，此又吾人及身之忧也。”[③] 所以，大学培养的只是些闹政潮的政客。《大公报》把学潮中的派系分立，与政潮中的派系斗争划等号，难免有点夸大其词，言过其实。第四，学生平时之恶习加重了危亡之局势。《大公报》曾感叹，自民国九年以来，中国“徒见破坏，未闻建设；革命之习惯，最易养成；对内之破坏，何忍再见。山河已破碎矣！岂可再破碎之耶；南北已分裂矣，宁可再分裂之耶。”[④] 所以，学生平日应注意个人修养，认真“培植学业”，不要以罢课为利器来要挟政府，而应以学术来报效国家。否则，学生之行将见谤社会，贻笑后人。

《大公报》将学潮与学生平时的操行联系起来，甚至将学潮中某些分歧等同于政客间的彼此争斗，这是不恰当的。《大公报》欲从学生的平时操行中找到学潮之所以发生的深层次原因，但社会现实再次证明这种观点的不可靠性。学潮是当时社会的产物，没有残酷的政治经济现实，学潮是不会无风自浪的。

《大公报》从学潮损害国家命脉的角度论证了学潮的危害性。该报在分析学潮对教育、国家的影响时，阐明教育者平时就应当培养学生专心学习、

---

① 砭：《教部流血之怪剧》，1922 年 12 月 23 日《大公报》。
② 砭：《教部流血之怪剧》，1922 年 12 月 23 日《大公报》。
③ 砭：《学潮感言》，1923 年 2 月 1 日《大公报》。
④ 味农：《读刘君孟扬调停津潮论之感言》，1920 年 2 月 6 日《大公报》。

少问政治的习惯。学生当然应该以学习为其主要任务。但是，当社会的黑暗使学生行将失去学习的客观环境时，他们不得不起而“干涉政治”，为自己争得学习的权利。《大公报》没有考虑学生是否有安定的学习环境，单从学生的职责来考虑问题。一味强调学生要安守本分，要努力学习，却没有探求学生之行为也是“上梁山的一百单八将——被逼无奈”。国将不国，学生何谓安心学习乎？

四、学潮满足了“野心家”的欲望

《大公报》认为，学潮的责任者除学生外，阴谋家之煽惑也是学潮屡兴的重要原因之一，而且连北京大学这样的名牌院校也不例外。尤其是学生阅世不深，履历肤浅，容易受阴谋家煽惑，容易受社会主义思想者的挑动，最终毁灭自己，贻害教育。

纵观民国初年《大公报》的评论，该报所谓的“利用学潮谋私利者”有以下几种：“党人”、“奸雄”、“国贼”、“过激派”、“阴谋家”、“野心家”、“政客”、“政治家”等。在该报眼里，这些人名称虽异，目的却相同，即都是在学潮中利用学生幼稚的天性而从中渔利之人。所以，几乎在所有劝诫学生勿闹学潮的言论中，《大公报》对这些人都予以同样的批评。

该报从四个方面阐述了“野心家”与学潮的关系。首先，“野心家”利用学潮满足其卑劣的愿望。1920 年 1 月 29 日，天津学生为检查日货而被镇压一事，向省长请愿，遭军警残酷镇压，周恩来等 4 人被拘捕。31 日以后，北京、上海、南京、唐山等地群众团体纷纷发表通电和举行游行示威，来支持天津的学生运动。《大公报》认为，青年学子头脑聪敏，用之于科学，可与世界竟文明，现如今却“毫无定见，受人利用，堕人（入）牢笼，以致屡有出轨之行为，几惹无穷之交涉？”因此，该报奉劝学子要猛醒，“勿以宝贵之光阴与热血，上辜父兄，下负师友”[1]，最终却为他人做嫁衣裳。其次，“野心家”互相利用而达到彼此的目的。天津学潮后，随之而起的是北京学潮，“前波后浪，汹涌不已”。《大公报》认为“此其中盖各有利用焉，阴谋家利用学生，学生中之黠者亦利用阴谋家，而官厅方面，又利用阴谋家与学生之鸟（捣）乱以搬弄。其忽宽忽猛之手腕，互相利用，互相吓骗。猛之手腕，

---

① 味农：《读刘君孟扬调停津潮论之感言》，1920 年 2 月 6 日《大公报》。

风潮乃愈无宁静之望矣！”在它看来，是阴谋家、“黠者”、官厅互相利用学潮来实现自己的欲望。《大公报》建议，“欲平此潮，须先揭破利用之黑幕，示以真诚之办法。”只有其“假面具”被揭穿，学生才不会受“无谓之牺牲，虽鼓之而不动。”① 再次，野心家在学潮中得益而学生吃亏。该报认为，自“五四”以来，学潮“烈烈轰轰，如潮如汐，东奔西应，举国若狂。”学生们罢课、游行，“居然扬推翻政府之旗，焚收藏日本之货，捣乱秩序，牵动外交，以致拘留代表也，圈禁请愿也。……，元首总揆之严令并下，所谓最高贵之学子，变而为犯法纪之囚徒。嗟乎！孽由自作，利为人谋。吾知昔日指挥如意之阴谋家，必早已去如黄鹤矣。记者亦学界一份，兔死狐悲，不禁喟然叹曰：‘究竟是谁吃亏？’”② 该报用如此语气暗示野心家之幸运与学生之悲哀。虽然《大公报》声明“鼓动学潮之罪，野心家固不得逃其咎”③，但最终批评的对象还是学生，尤其是对学生抵制日货、牵动外交活动的抨击，充分暴露了该报此时的媚日倾向。最后，“野心家”利用学生颠倒是非，破坏学生“团体”。《大公报》认为，学潮常常因为“野心家”的参与而是非颠倒，黑白不清。“固无怪乎一有学潮发生，社会上动辄目诸生为受人利用。”④ 另外，《大公报》还认为，“野心家”不仅利用学潮颠倒黑白，而且还破坏学潮内部的“团体”，如给“某校诸生”以“相当之条件”或给“某生”以“相当馈赠”，使那些“真实自号为主持正义者”⑤，退居无权地位，达到瓦解学潮、自己获益的目的。

由此，《大公报》的结论是，学潮的发展为政客或政党所利用，最后必然导致组织者堕落，学生“廉耻道丧”，“野心家”获益的结果。

综合《大公报》的上述观点，那就是，学潮动摇“国本”，“干涉”内政，影响国家的前途和命运；学潮的结果是以满足“野心家”的可鄙欲望和学生的最终吃亏而告终。因此，《大公报》在“五四”不满一周年的评论中感慨道：“嗟乎！吾学界青年乎！五四至今，请愿者，茹苦含辛；讲演者，唇焦舌敝，其收效如何？其结果安在？弃光阴如敝履，舍正路而不由，

---

① 无妄：《利用凶》，1920年2月6日《大公报》。
② 味农：《究竟是谁吃亏？》，1920年2月12日《大公报》。
③ 无妄：《教育悲观》，1920年5月2日《大公报》。
④ 砭：《因学潮而警告诸生》，1923年1月28日《大公报》。
⑤ 砭：《学潮感言》，1923年2月1日《大公报》。

自暴自弃之谓何?"[①] 联系前述材料,《大公报》对学潮之谴责和反对态度有增无减。

纵然,民国初年的大学确实是一个不太稳定的领域,此伏彼起的教潮、学潮,影响了民国教育,甚至影响了民国大学在部分人心目中的形象。但是,民国初年大学教育的新气象、新趋势不应该被忽视。如蔡元培先生提出的“公民道德教育、军国民教育、实利主义教育、世界观教育和美育教育”[②] 等“五育并举”的教育方针,实际上为民国教育打下了正确的方向和基调。特别是以道德教育为核心,把受教育者培养成具有健全人格的共和国国民作为首要任务,以实利教育和军国民教育来引导智育和体育,使教育能在振兴民族经济、抑制军阀政治、捍卫国家主权方面发挥重要的基础性作用[③]。

民国初年,一大批海外归来的学者在民初直至二三十年代的中国名牌大学担任校长,他们秉承校长治校、教授治校的理念,披荆斩棘,异军突起,其为大学教育的发展贡献了相当的力量。严复、蔡元培、马相伯、蒋梦麟、梅贻琦、张伯苓(以上学者民国初年就曾担任大学校长)、胡适、罗家伦、竺可祯、马君武、熊庆来、陈裕光(以上学者民国二三十年代曾担任大学校长)等一大批集管理特质、学术道德和人文道德于一身的校长,引领中国大学教育的龙头,涌现出北大、南开等一批优秀的高等院校。他们既是某一学科领域颇具造诣的学者,同时又都具有积极进取的时代精神、放眼世界的开阔视野、把握先进潮流的教育理念、才华出众的治校才能、强国救民的爱国情怀[④]。譬如,严复提出用德、智、体三方面的教育来增强国威;张伯苓开创了中国民间私人办学的“南开模式”;蔡元培“思想自由,兼容并包”的治校理念,活跃了北大学术气氛;等等。当时大学学潮较多,原因是多方面的。一方面,学潮与辛亥革命后民主、自由思想密切相关,学生从追求平等角度,要求自己享有的权利。他们对学校管理、政党之争及军阀腐败给教育乃至国家前途的消极影响表现出不满,只能通过学潮来发泄。例如,学生们对袁世凯政府刺宋案的不满而引起的学潮;1913 年 9 月,北大师生反对袁政府加强

---

① 味农:《读司法部通令感言》,1920 年 3 月 13 日《大公报》。
② 孙培青:《中国教育史》,上海:华东师范人学出版社,2000 年版,第 358 页。
③ 孙培青:《中国教育史》,上海:华东师范人学出版社,2000 年版,第 359 页。
④ 王文杰:《论民国时期大学的气质和魅力》,《北京联合大学学报》(人文社会科学版),2012 年第 2 期。

专制统治，“将分科暂行停办”的风潮①；1916年袁氏复辟丑剧发生，“挂冠教授”② 马叙伦出走引发的风潮等等，无不与学生争取民主、崇尚自由为起点。另一方面，学潮的发生多集中在“五四”以后，这是因为五四运动开启的对于国家民族危亡关注的爱国主义情怀，始终是民国以来学生们关心国家民族命运的楷模。尽管学生运动有不足之处，但主流是好的，它包含着一定的爱国主义情怀和革命精神。乃至民国中后期，由学子们发起的一系列学生运动，深深地影响着当时的政治运动，形成打击反动势力的第二条战线，影响了中国近现代历史的进程。

所以，要客观看待民国初年的学潮运动。因为那时，虽然推翻了封建君主专制统治，但中国又陷入了封建军阀之手，军阀各派系之间互相倾轧，战争此起彼伏，政府宝座频繁换人，社会秩序混乱毋宁。诸如此类，无时不在影响当时政治、经济、文化的发展。教育如欲在这种动荡的环境中求得一席安宁之地，是不可能的。学生们之所以闹学潮，大多出于保护国家、反对专制的目的。学潮肯定会影响教育的进程，但那是学生不得以而为之的举动。学潮中之不法者混迹其中的现象，也在所难免，但并非学生所愿，也非学潮主流。大部分学潮还是从利国福民的角度出发的，并非像《大公报》所言，受人利用，颠倒是非。至于该报所说的“过激派”、“共产主义”等会使国家分裂的观点，更是错误的，难免带有悲观落后的色彩。《大公报》在学潮认识上的偏见，与其改良思想的深厚背景是分不开的。该报反对激进的革命，试图利用温和的方式挽救腐败政府之危局，事实证明，也是竹篮打水一场空。

第四节 《大公报》对留学教育的批评

第一次鸦片战争的炮声，让清政府开始意识到西方坚船利炮的威力；第

---

① 1913年9月，新任教育总长汪大燮以北大“费用过多，风纪不正，学生程度尚低，拟将分科暂行停办”。北京大学再一次面临生死关头，这也与当时袁世凯政府加强专制统治及教育部要紧缩经费有关。校长何燏时坚决反对停办，何燏时上述袁世凯政府，请将他“立予罢斥，另任贤能，留此一线之延，以为整顿之地，学界幸甚，民国幸甚！”当然引起了北大师生与政府的纠纷。（参见王学珍，郭建荣：《北京大学史料》（第二卷）（一），北京大学出版社，2000年版。

② 1916年袁世凯复辟帝制丑剧发生，北大文科教授马叙伦闻讯，立即辞职离京，表示抗议，此事当时曾轰动一时，北京和上海的一些报纸上称其为“挂冠教授”。（参见马叙伦：《我在六十岁以前》，三联书店，1983年版，第53页。后来，在马叙伦以及沈尹默、夏元瑮、沈步洲、汤尔和等浙江籍教授们的大力推荐下，当时的教育总长范源濂才聘请蔡元培回国担任北大校长，开辟了北京大学历史上的新篇章。

二次鸦片战争的失败，更坚定了清政府中一些人学习西方的决心。清政府于1872年被迫派出了中国的第一批留学生，拉开了中国学生留学之序幕。之后一直到民国建立前，中国不断有留日、留美、留欧的学生。尽管留学生数量有限，时办时辍。但对民国初年留学教育的进一步发展有一定的借鉴和基础作用。

民国建立后，留学热潮有增无减，民国政府也开始制定一些任用留学生的办法，设置专管留学的教育机构、颁布留学相关政策。在留学生的派遣政策颁布以及留学生实际工作的推行上，民国政府不断有较大的动作。继1912年10月清华学校向美国派遣16名留学生①后，建立民国的有功人员，也要求教育部派遣留学。临时稽勋局长冯自由为表彰效力民国的人员，上呈袁世凯要求将其派赴国外留学。② 民国元年11月，教育部电令各省都督和民政长："鉴留日学生监督处业己裁撤，嗣后各省官、私费生事宜，改归各省自派经理员管理，或数省合派一员管理。五校补助费暂由本部认汇，学费一项均归各该生原籍省份筹措，径寄经理员分发，其原定五校经费自明年起，毋庸再解，经理员薪体，办公所等项亦由各省分别担任。"③ 将留学教育的具体执行权进一步下移。1913年5月10日，教育部制订了留日学费数目："现定留日学费，帝国大学本科每月日币四十二元，此外各学校每月日币三十六元，请饬司转电驻日经理员遵照④。另外，教育部特设"留学科"。作为专门管理留学教育的机构，由于把留学经费的主要承担者交给了地方各省，因此，各省的教育厅中的第三科也接手留学教育工作。是年8月到次年8月，是留学教育管理规则出台的高频期，教育部先后颁布了《经理欧洲留学生事务暂行规定》、《留欧官费学生规约》、《管理留日自费生暂行规程》、《经理留学日本学生事务暂行规程》、《各省官费留学生补缺选补规程》及《经理美洲留学生事务暂行规程》等一系列法规政策，从而加强对留学工作的监管和指导。⑤ 1916年，

---

① 参见李喜所，刘林集：《近代中国的留美教育》，天津古籍出版社，2000年版。

② 《呈大总统效力民国诸员请派留学应由稽勋局办理文》，国家图书馆藏《历史档案文献丛刊·（民国）教育部文牍政令汇编》（第1册），全国图书馆文献缩微复制中心，2004年。

③ 《通行各省请自行派员经理留日学生事务电》，国家图书馆藏历史档案《文献丛刊·（民国）教育部文牍政令汇编》（第1册），全国图书馆文献缩微复制中心，2004年。

④ 《通行各省拟定留日学费数目请饬知经理员电》，国家图书馆藏《历史档案文献丛刊·（民国）教育部文牍政令汇编》（第1册），全国图书馆文献缩微复制中心，2004年。

⑤ 参见中国第二历史档案馆：《中华民国史档案资料汇编》（第五辑），南京：江苏古籍出版社，1981年版。

北洋政府制定了《选派留学外国学生规程》，对留学资格、留学考试、留学名额、年限等事项做出了详细的规定。1921 年，北洋政府又颁布了《发给留学证书规程》，对留学生回国后的任用进行具体规定。诸如上述种种，为民国初年任用学成回国的海外学子准备了条件，另一方面为继续派遣留学生做了先期准备。《大公报》作为新闻媒体，在关注教育的其他信息时，对留学教育也给予较多的关切。

一、留学生教育质量与管理不容乐观

北洋军阀政府统治时期，留学生质量问题是当时社会的热点话题。《大公报》就认为，留学生“行动之不谨，求学之懒惰”①，有违国家渴望成才之旨。该报不仅怀疑归国学生的学习质量，而且还指出政府在留学生教育管理上的疏漏之处。具体看法有：

首先，留学生国文水平下降。1915 年 3 月，民国政府考查留学生，考场中发现，“文理不通别字连篇者，不一而足”。对此，有人认为，“留学生求学外国，专心于他国之学问，不遑顾及本国文字，未可求全责备。”《大公报》批评了此种观点，认为东西各国人士，“亦多有留学他国，以辅本国教育之不逮者。未知其对于本国文字，果皆一窍不通者。”② 并趁便讥讽那些自认为是“国粹种子者”，只会吃喝玩乐，学识甚至低于留学生。同时，《大公报》还转载他人的讲演稿，进一步阐发了留学生国文水平下降的社会原因，认为当今“社会中之个人，皆局促目前生活，无希望，无理想，不肯自求智识，以贡献于社会”，而“一般学者，皆只研究考试的敲门砖之智识，虽欲贡献于社会，而其道无由。”游学外国之学生，“前数年犹有思想上之贡献，以应社会之要求”③，如今却受上述社会风气之熏染，其文化水平也在下降。在此，《大公报》不仅提出留学生学业质量上的问题，而且指出留学生的不良思想倾向及其产生的社会原因。

其次，留学生的管理监督多有瑕疵。留学生监督的言行有辱国体。民初，一些留学生监督在国外言行失于检点，丑态百出。该报认为，留学生监督是为约束学生而设的，然而，“学生监督之闹笑话，羞国体，尤不绝于书。”

---

① 无妄：《留学之悲观》，1918 年 9 月 23 日《大公报》。
② 无妄：1915 年 3 月 4 日《大公报》。
③ 《教育汤总长莅法政专门学校讲演词》，1915 年 3 月 5 日《大公报》。

"学生监督之丑态，殊失国家作养人才之本旨，且重遗国家以侮辱"①，要求教育行政者关注此种不良倾向，以免损害国家形象。

再次，留学经费困顿拮据。由于当时国内外混乱的局势，使得留学生经费常受干扰。例如，留法自费生丁永增等16人自第一次世界大战以来，"家款不能按时汇寄，窘急情形诚堪怜悯"，遂"电请政府由直省酌拨款项以资补助"②。还有的留学生因经费问题与当地使节发生冲突，也有的留学生因经费短缺而被迫回国等。对此，《大公报》把批评的矛头主要指向政府一方，该报对政府担搁留学生经费，使留学生"学费不继"、"流离困顿"的行为提出批评。该报认为，政府应对求学海外的学子加以保护，而不致使学生因学费问题而影响学习，甚至让"外人代我奔走，运动借款"③。否则，小者影响学生学习，大者有失国家体面。与此同时，《大公报》对海外勤工俭学的学生大加赞扬。当该报听说留法学生发起"勤工俭学会"的事迹后，认为其从经济上可撙节经费，学业上可资实习。这样的学生学成回国后，既有高深学问，又能吃苦耐劳。"学与工交相为用"，不慕仿"分利"之虚声，而趋重"生利"之实业。建议国内"各省各埠，筹建大学，广辟工场"④，仿而效之，以缓燃眉之急。

《大公报》批评留学生管理中出现的问题，虽未触及根本，但是其动机和目标是值得肯定的，其对留学生勤工俭学的褒扬也不无可取之处。当然，《大公报》对留学生国文水平和留学生管理工作总体情况较为不满。这一方面反映了民国初年，留学生工作确实存在一定问题；另一方面，与《大公报》的认识也有关系。该报一直主张实行普及教育，对中学以上教育并不持多少支持态度。所以，《大公报》宣传的大多是负面的情况，特别是留学教育中的负面影响宣传较多，而对民国初年部分留学生回国后所作出的贡献，宣传的就很少。同时，民初混乱政局所造成的留学生管理的失误，就更成为《大公报》否定留学生教育的理由。因此，该报关于留学生教育的评价并不全面。

---

① 无妄：《留学之悲观》，1918年9月23日《大公报》。
② 1918年4月8日《大公报》。
③ 卓人：《留学生经费问题》，1921年10月9日《大公报》。
④ 遁：《勤工俭学之可师》，1919年12月24日《大公报》。

二、留学生任用的失策之处

民初，对留学生的任用和派遣都有专门政策，如县知事考试、文官考试等都允许留学生参加。袁世凯复辟帝制时期，也曾对留学生考试“异常注意”，曾命令下级官员在考试时“务须特别郑重，除试验文艺之外，并应对于各学生之器械切实考核，以备将来量予任用”①。然而，政局纷扰，使得留学生之任用弊端丛生，社会舆论怨声居多。

《大公报》对留学生任用的不满主要表现为对留学生进入仕途的批评。1914 年9 月，袁世凯为了巩固自己总统的宝座，加大任用归国留学生的数量，在其政事堂中，特设“留学生回国试验报名所”，以备将来录用。该报得闻此事，讽刺“留学生在政界，必能占一部分之地位。或竟将恢复民国初元时之势力，深足为留学生幸。”② 1914 年 12 月上旬，留学生在试验所报名者达三百多人，致使政府考虑到“政海”中“人浮于事，位置殊难，意欲缓考”。对此，《大公报》批评道：“盖留学生学科不一，造诣不一，不经考试，何以知某也优，某也劣，某也擅某科之长，某也工某科之艺？”更不知有多少位置，“岂按名位置也？又如何分优劣？”③ 这段言论揭露了留学生用人政策的失当，也表现了《大公报》对留学生前途的担忧。到 1914 年 12 月下旬，留学生在试验所报名者更达到五百名，可惜政府没有如此多的官位，只能“拟折半录用”，京中用百人，其余分配各省，归地方使用。《大公报》认为，“夫所以命留学生报名者，将试验其才不才，而用舍之也。今尚未试验，安知其才者若干，不才者若干，乃预定一折半之数。”并且，留学生之所学，并非全是“作官之才”。“工艺学术，各有专长”④，应该量才使用，方不失为用才之道。该报一方面为留学生的前途担忧，另一方面批评了政府具体用人方法的不当。在社会各界的议论声中，1915 年 3 月，留学生考试成绩揭晓，成绩“高等”者，政府“分别任用”；成绩“丙等”者，按照县知事条例，使其入“行政讲习所”。《大公报》对此结果评论道，除了学习法政的学生外，其余如农科、工科、商科以及理化路矿科等，皆与行政无关，不应该像县知事那

① 1915 年 1 月 27 日《大公报》。
② 无妄：1914 年 9 月 29 日《大公报》。
③ 心森：1914 年 12 月 4 日《大公报》。
④ 无妄：1914 年 12 月 22 日《大公报》。

样“侧身政界”。“国家之考试留学生，求拔取有用之才，俾之各抒所学，以经营国内各种之事业”，而不能全作为政界的“候补人才”。如今考试结果，留学生中“高等”成绩者，不是取其学科之优，而是取其“合于作官之资格”；留学生中“下等”成绩者，不是取其学科之劣，而是取其“不足于作官之资格”①。该报批评政府以做官资格为标准，衡量留学生的合格与否。它不仅为留学生的前途感到悲哀，也为政府的政策感到痛心。尽管有《大公报》等舆论媒体的批评，袁世凯政府还是按计划录取了留学生。1915 年 4 月，合格的留学生按规定觐见大总统和国务卿。按照当时的规定，见国务卿需穿长跑马褂，见总统需穿大礼服。尽管有违自己心愿，这些“新贵人”还是按规定着装去觐见，为的是可以获得“一劳永逸”之三四百元的月薪。对此，该报言论表现出失望的论调，并且从事实出发，揭露留学生使用过程中的不合理现象，批评了留学生目光短浅、因陋就简的工作观念。虽然从这样的角度去看待中国留学教育的成就未免片面，但其中一部分见解还是比较客观准确的。

《大公报》对留学生用非所学、才华浪费的不满，还表现在人才是否尽其所用方面。该报鉴于以往留学生管理和使用的失败，对于已经任用、没有被用的学生提出种种疑问。该报说，留学归国者，“其由政府派以相当职任，使尽义务者有几何人？其未由政府派任义务，而由本人自尽义务，或迫于处境势不能尽义务者有几何人？”事实不过是“少数急于就事，用非所学之人”。其大多数新人才，终业回国后，“政府不之用，其怀才而深愿为世所用者，或能在社会事业上少尽义务，或力有不逮不能少尽义务，均之用其所学也。即使长才短用，循序渐进，亦可展布其抱负，造福于邦家。然由实际上观之，脱离宦途献身社会者，亦寥寥若晨星”，大多数“高等人物，无所事事，觅一地位，难如登天。使各人自己之大好光阴，与国家此前出之巨大学费，举消磨于无何有之乡。”② 该报表达了留学归国者人不尽其才，物不尽其用的悲哀。

三、对《大公报》留学观的评价

从上面两个问题可知，《大公报》对民国初年的留学教育基本持否定的

---

① 无妄：1915 年 3 月 22 日《大公报》。
② 穆湘玥：《派遣女学生出洋游学意见书》，1916 年 3 月 25 日《大公报》。

态度。而就笔者所涉猎的资料和该报的报道而言，《大公报》对民初留学教育情况的认识并不客观。当时的留学生教育并非像《大公报》所说的一无是处。留学生教育有一定的成就，部分留学生的贡献还很大。

首先在民初，留美学生开始多于留日学生，而且“留美学生把留学和经济建设结合起来，这是清末民初留学美国的一大特色。”[①] 一位曾经于1918—1923年留美的学生回忆说：“一般说来，做留学生的都想学点什么，以备回国服务，很少（我不能说没有）预备在美国居住下去，所以在那个时候，每个留学生都有一定的目的，这个目的就是在美国学一点新东西，预备回国以后，能对社会、对国家尽一点责任。”[②] 这样的事情，在民初留学生中并非个案，《大公报》对留学的认识还是有待进一步推敲的。

根据民国政府教育部1914年的规定，庚款留美毕业生回国后，均需按规定参加各项考试，才能取得任用资格。截至1925年为止，清华学校留美学生归国约620人，从他们的职业分布看，教育界占33.78%，工程实业界占15.8%，军界占0.64%，政界占14.28%，新闻界占0.96%，其他各界占1.7%，无职业占4.66%。其中不少人还在后来成了名闻遐迩的大学者。他们中有语言学家赵元任、王力；文学家闻一多、梁实秋、李健吾、钱钟书；电影戏剧家洪深、曹禺、张骏祥、孙瑜；哲学家金岳霖；经济学家马寅初；桥梁专家茅以升等。1959年任命的中国科学院学部委员中，这一时期的清华留美学生就有28人，如周培源、梁思成、汤用彤、杨石先等人。庚款留美毕业生在教育界的影响尤为深远。据记载，建国前，庚款留美毕业生曾任大学校长、院长者有39人，他们中有原北大校长胡适、清华大学校长梅贻琦、浙江大学校长竺可桢、厦门大学校长萨本栋等。曾任系主任者达63人，曾任教务长者有11人。另据记载，1936年时，清华学校“全校教师有二百一十余人，其中有教授九十人，几占全体教师的一半。他们绝大多数是留学美国的，三分之二以上又是清华的留美生。”[③]

另外，从近代思想转变和革命风潮而言，留学生的作用也令后人啧啧称赞。特别是清末，“留日学生通过留学开展反清革命活动”[④]，例如，领导和

---

① 吴霓：《中国人留学史话》，北京：商务印书馆，1997年版，第61页。
② 李济：《我在美国的大学生活》，台湾《传记文学》，第1卷第5期，1962年10月。
③ 以上数据转引自清华大学校史编写组：《清华大学校史稿》，北京：中华书局，1981年版，第70、71、144页。
④ 吴霓：《中国人留学史话》，北京：商务印书馆，1997年版，第61页。

参与辛亥革命的领导人中，主要是孙中山、黄兴等一批留日学生。据统计：在有传可考的328名革命党人中，留日出身者就有285人，占总数的86.9%。[①] 而在思想领域，由于“高等教育界之人员十分之九以上为留学生，高等以上学校之科学教师，更无非留学生”。[②] 所以，进化论、三权分立、实用主义、辩证法等等，都是这些留学生教授介绍到中国来的。1948年，从全国402名著名科学家中选出来的81名中央研究院院士，留学出身者达76位，占总数的93.8%。[③] 季羡林先生曾经指出：“对中国的近代化来说，留学生可以比作报春鸟，比作普罗米修斯，他们的功绩是永存的”。[④] 所以，民国初年的留学生在创新科技，实现中国科技现代化的过程中，发挥了开创性的历史作用，功不可没。

由此看来，民国初年，乃至民国中后期，留学生在中国的各个领域都有硕果可寻。民国留学教育并非全无可取，其对中华民族之贡献也不可一概抹煞。

中国近代的许多留学生都以国富民强为目标，以促进东西方科技文化交流为己任。不少留学生在传播社会进步思想、引进先进科技知识、培养后继人才、促进中外文化的交流等方面贡献巨大，成就斐然。《大公报》关于民国初年留学生教育的认识是枝节性的、片面的，是有待商榷的。另外，我们从《大公报》的报道中也可看出，民国初年的留学生管理也并非全部无章可循。如1916年的留学生考试科目就有历史、博物、化学、数学、国文、法制、经济、地理、物理、英文等，说明当时留学生教育的科目比较齐全，涉及领域较为全面。留学生创立的团体，如留日学生创办的丙辰学社，就很出色，该学社以“研究真理，昌明学术，交换智识”为宗旨，所有社员“均留学日本专门以上学生之优秀分子。”其通过“发行杂志，举行讲演，刊布图书，搜集书物”而实现自己的宗旨。《大公报》认为该社“纯系学术结合，实为留学界中破天荒之事业，其前途未可限量”[⑤]，这样的评价，显然是该报对留学生事业的肯定之处。

《大公报》大多时候看到的，只是留学教育存在的消极一面，而疏于留

---

① 转引自王奇生：《中国留学生的历史轨迹（1872—1949）》，武汉：湖北教育出版社，1992年版，第205页。

② 舒新城：《中国近代留学史》，上海文化出版社，1989年版，第212～213页。

③ 转引自樊洪业：《前中央研究院的创立及其首届院士选举》，《近代史研究》，1990年第3期。

④ 季羡林先生为周棉主编《中国留学生大辞典》的题词，《徐州师院学报》（哲社版），1995年第2期。

⑤ 1916年12月1日《大公报》。

学教育取得成就的一面，更没有谈及留学教育落后的根源所在。所以，《大公报》对整个民初的留学教育都抱以消极的态度，贬多褒少，言过其实。当然，该报的一些报道还是真实可信的，其中，我们可以很清晰的看到当时留学教育的具体时代氛围，感受到当时教育发展的艰难和悲哀。

本章小结

1911年10月10日爆发的辛亥革命，虽然“作为一次暴力革命，完成了历史赋予它的任务，即：推翻清朝，建立民国，实现由传统社会向现代社会的初步转型，把中国引向建设现代社会的发展道路。”① 但是，因为袁氏复辟，阁潮频繁，新旧文化艰难过渡，中国历史进入又一个多事之秋。特别是各种军阀扶植的政治力量，在政治舞台上竞相亮相，其“你方唱罢我登场”轮番表演，给近代以来千疮百孔的中国雪上加霜，经济窳败，教育受挫，人民遭殃。

教育是每个民族文化赖以传承的重要纽带，其优劣与否关系一个民族的存亡断续。民国期间的教育，在有识之士、热心贤达的关怀之下，虽然历经坎坷，筚路蓝缕，但毕竟继续向前发展。但由于大历史背景使然，这一时期的教育成果未能像人们想象中那样，在民主共和国的雨露春风中畅快地结出鲜活的果实，而是千呼万唤难出来。

然而，教育在民初仍然有绩可循。首先，学生人数增加。1914年京师小学生数为21853人，直隶小学生数为315046人；次年，京师小学生数为27426人，直隶小学生数为94015人。② 以至于时人感慨道：“民国成立，国事尚在争执之秋，独小学教育骤见发达，有一校学生数倍于旧额者，一地学校十数倍于原数者，南北各省，大都如是”。③ 而中学的办学数量也很惊人，这可与清末进行对比，1907年全国中学堂数计419所，学生数合31682人；1908年中学堂数计440所，学生数合36364人；1909年中学堂数计460所，

---

① 张宪文等：《中华民国史》（第一卷·导论），南京大学出版社，2006年版，第9页。

② 李桂林等编：《中国近代教育史资料汇编·普通教育》，上海教育出版社，2007年版，第555～556页。

③ 庄俞：《小学教育现状》，《教育杂志》，第五卷第三期。

学生数合40468人。[①] 1915年全国中学校数计403所，学生数合59835人，毕业生数达12783人。[②] 一些教育方面的成就继承了清末的成果，据多贺秋五郎《近代中国教育史料》统计，清末民初新式教育日增，1902年学校数为222所，学生数为6804人；1903年学校数为627所，学生数为21183人；1904年学校数为1640所，学生数为46867；1905年学校数为3433所，学生数为100399人；1906年学校数为11211所，学生数为262423人；1907年学校数为16895所，学生数为489005人；1912年学校数为87272所，学生数为2933387人；1913年学校数为108488所，学生数为3643206人；1914年学校数为122286所，学生数为4075338人；1915年学校数为129739所，学生数为4294257人。即使在偏僻的少数民族地区也出现了一些近代学堂。如川西藏族地区，1907年有2所学堂，学生60人；1911年竟发展到200余所学堂，学生900余人。这样的办学成绩在远离京城、时代荒凉的少数民族地区，不可不谓是奇迹之一。[③] 其次，课程内容和教学方法的变化。在民初教育中普遍采用白话文，避免了文言文的晦涩难懂。促进了教育的平民化，使原来的精英式的教育更加广阔化，以西方科技知识为主体的近代教育，代替了以儒家四书五经为主的封建教育，西式教育内容成为课堂的主体内容。在清末普通学校的教学内容中，传统的经典知识只占27.1%，而数理化等新知识却占72.9%。[④] 而且，教学方法也有很大改进，有的地方在上地理课时，“其始专凭课本讲解，如授国文然；进焉，始知用地图；更进焉，始知有黑板画”。[⑤] 这些都是民初的教育成果，我们要实事求是地看待和评价他们。

《大公报》是新闻界的巨擘之一，它对教育的变化当然要亮明自己的态度。特别是在民初刚建之时，该报曾秉持“报纸有指导政府之则”[⑥]，对政府的所有行为进行评判，当然包括教育在内。但经过袁氏复辟丑剧、军阀争权的残酷现实。该报显然对报人指导时事的职责抱消极态度。特别是1915年袁氏复辟野心暴露之时，《大公报》也正值其低潮到来，英敛之无心报业，胡政之还未主持报纸。可谓到了该报低潮时期的第一个阶段。1916年王郅隆接

① 李桂林等编：《中国近代教育史资料汇编·普通教育》，上海教育出版社，2007年版，第316页。
② 李桂林等编：《中国近代教育史资料汇编·普通教育》，上海教育出版社，2007年版，第885页。
③ 王笛：《清末新政与近代学堂的兴起》，《近代史研究》，1987年第3期。
④ 袁立春：《废科举与社会现代化》，《广东社会科学》，1990年第1期。
⑤ 黄炎培：《黄炎培教育文选》，上海教育出版社，1985年版，第24~25页。
⑥ 梦幻，言论《呜呼中国之舆论》，1913年3月2日《大公报》。

手《大公报》后，聘请了胡政之任主笔兼总经理[①]，报纸稍有起色。胡氏虽然有较多安福系的老相识，但是他的丰富经历和主持该报的权力，以及到任后对报纸的整体经营与管理进行的改革，使得报纸多少有些起色，起码没有完全成为军阀的御用工具。在报纸的销售量上也是名列前茅的，其主旨意识并没有因为安福系的控制而改变。不过，正因为经营历程中虽然有所成就，但经常处于兼顾新闻职责与军阀控制的两难境地，1916 年 8 月，该报才无可奈何地发言道："本报于此惊涛骇浪之中，惟秉一片天良，牢握罗针，逆流而渡。始终所持之宗旨，惟在扶植民气，启迪民智，诱掖民德而已。始终所认之目的，为在救济国威，消饵国患，振兴国本而已。"[②] 因此，《大公报》从整体到局部，从中央到地方，从小学到大学，从国内学子到国外留学，都面面俱到地进行全方位评价中，我们可以看出，该报对民国初年的教育状况总体上的消极悲观态度。1920 年胡政之辞职后，这张报纸就只能是惨淡维持，直至停刊了。虽然它对政府提出了建议，但常常对这些建议的实施后果不抱多大希望。有时该报也试图寻找教育无果的真正原因，但是往往着眼不准，落得个驴头不对马嘴的结果。特别是该报把中国教育的目标，说成是培养未来的"候补官吏"，实际上整体否定了民国初年的教育。

《大公报》之所以对民国教育以悲观的眼光或者视角来看，也与这一时期的报纸断档有关系。在 1916 年 9 月前的《大公报》，是英敛之主报时期，此时该报秉持一贯的改良主义宗旨。英氏信仰立宪，主张改良，其办报主旨与其他清末宣传立宪维新的报纸特征类似。热心君主立宪，冷落民主共和。在主报十余年间，依托法日租界优势，"关于一切宪政事宜记载最详"[③]，"辅翼宪政，遇事直书"。[④] 力求"达其唤醒国民之目的，以遂其希望立宪之热心"[⑤]，因而对民国共和时期的教育难免抱有恶感。时至 1916 年 9 月的王郅隆时期，亲日倾向明显，因为学生运动多与反日有关，该报诋毁大学教育的报道就不难理解了。

当然，《大公报》在具体评价中，对有些教育还是给予肯定的。例如，

---

① 一说是被王郅隆聘为"经理兼总编辑"，(参见王芸生、曹谷冰《1926 至 1949 的旧大公报》(全国政协)《文史资料选辑》，第 25 辑，第 14 页，但 1920 年 8 月 12 日胡政之在《大公报》刊出辞职启事，声称辞去"大公报主笔兼总经理职务"，故本文采用这一说法。

② 无妄：《本报五千号纪念》，1916 年 8 月 3 日《大公报》。

③ 《本报紧急告白》，1909 年 4 月 13 日《大公报》。

④ 1909 年 1 月 1 日《大公报》。

⑤ 1910 年 10 月 30 日《大公报》。

小学教育在《大公报》的眼里就是比较完美的形象。从小学的设立，到国语的采用，再到教员的工资，以至于对小学成就的报道，《大公报》可谓不遗余力，这是其提倡普及教育宗旨的具体体现。而关于大学和留学教育，《大公报》基本持否定的态度，特别是五四运动前后，学潮的风起，使得《大公报》对大学的评价急剧下降，认为大学是动摇国本的渊薮，大学生是动摇国本的元凶。正是因为学潮，使得“野心家”阴谋得逞。这里该报有批评当时苏俄进步思想的成分，这是不正确的思想观念。而对于军阀专权给大学带来的运行障碍，《大公报》的指斥好像并无力量，而把学潮的最终矛头指向了学生，这显然是舍本求末的思想倾向。至于留学教育，民国初年的留学教育可谓中国国外教育的真正起步时期，《大公报》从留学教育的质量、管理、用人等诸多方面进行评价，显现其力图全面评价的意旨。但是，由于该报所持的立场，以及传统的保守改良的思想原因，使得该报最终对民国初年留学教育给予了否定的态度。从后来留学生对中国教育发展的贡献来看，该报对留学教育的诸多批评，显然有违客观事实。留学生学成归来的服务效果，不可能违背事物量变到质变的规律而遽然体现。

第四章 《大公报》对民国政府教育偏失原因的探析及对教育措施实施状况的回应

中国古代就有管理教育的行政机构，隋朝设立国子寺，置国子寺酒，专门管理学校教育工作，此后历代相沿。清末的京师大学堂成为全国最高教育行政机关。1905 年，清朝政府下令设立学部，这是中国近代中央教育行政机关的正式开始。民国初年，百废待兴，前清的学部改为教育部，开始从中央到地方对清末专制主义的教育行政体制进行彻底改革，为教育行政制度改革铺平了道路。南京政府刚成立不久，政府公报中就宣布，今后的任务是团结各族人民，“丕振实业，促进教育”，以“增祖国之光荣，造民国之幸福”。[1]政府还提出了教育面前各民族平等的主张。教育部为此成立了蒙藏教育司，从教育行政制度上对少数民族接受正规教育给予保证；同时，民初政府在教育部成立伊始，部长蔡元培就提出，必须“划定中央教育行政之权限”，“专门教育，由教育部直辖分区规定，次第施行。普通教育，由教育部规定进行方法，责成各地方之教育行政机关执行，而由部视学监督之”。[2] 并在此后制定相关条例，努力使中央教育行政与地方教育行政权限关系顺畅。这些都是民初教育能够在混乱局面中勉力取得成绩的重要原因。

“文人论政”是自古以来中国知识分子关心时事，高风傲骨的一种体现，“在受教育的上层阶级里，有一个强烈的而又确实令人鼓舞的传统，即儒士文人负有直言不讳反对失政之举的义不容辞的责任”。[3] 东汉的党锢之祸，北宋太学生上书，晚清之“清流论政”和“公车上书”。特定的历史环境、历史时代，文人们相互表里，同气相求，在国家民族危亡之时，挺身而出，大声

---

① 《南京临时政府公报》，第 20 页；《辛亥革命资料》，北京：中华书局，1961 年版，第 140 页。

② 蔡元培：《向参议院宣布政见之演说》，《蔡元培全集》，第 2 卷，第 164 页。

③ ［美］费正清：《美国与中国》，张理京译，北京：世界知识出版社，2002 年版，第 123 ~ 124 页。

疾呼，以此表达中国知识分子励志崇德、关心民瘼的诉求。《大公报》虽是报人出身，但其主持者却是近代中国的知识分子。在创刊之初，该报就“开风气，煽民智，艳彼欧西学术，启我同胞聪明，顾维浅陋”“总期有益于国是民依，有裨于人心学术”，“以开我民智，以化我陋俗而入文明”。希望国人“亦当猛自策厉，坚善与人同之志”，“但冀风移俗易，国富民强，物无灾苦，人有乐康”①。抱着如此的理念，该报对民国初年教育行政政策多加评骘臧否，褒长贬短。

民国成立不久，袁世凯就制造了震惊中外的“刺宋案”，镇压了“二次革命”和白朗起义，进而违背“约法”，破坏共和。形势遽变，出人所料，教育发展之途阻挠重重，步履维艰，“中央与各省，互相告穷”，“内外各学校，坐以待毙”。② 1920 年 12 月，毛泽东对关于中国走什么样的道路，给全体在法的留学人员写信说，“教育一要有钱，二要有人，三要有机关。”③ 而民国初年的教育却三项皆无，令人忧叹。对此，《大公报》会作何种回应？众所周知，《大公报》对民主共和体制始终带有消极的态度。所以，该报对民国初年教育行政、教育经费、教育措施的看法，难以避免这一不利影响，也使其对社会的观察颇有自己的“特色”和见解。

第一节 《大公报》对中央政府和地方教育当局腐败行为的批评

“近代中国历史的特征并非是一种对西方的被动反应，而是一场中国人应付内外挑战的主动奋斗”。④《大公报》的报人们面对民初政局乱象，利用新闻的力量，主动应对，显现新闻及时反映时事的特点。在民国政府非正常的运行体制下，其政治、外交、军事、司法等各个领域似乎都呈扭曲的状态。凡涉及应付外交，整理内政，规划军事，维持司法，发展教育，振兴实业等问题时，虽然“日日会议”，商讨对策。然而，“就其日日会议以观，谓政府

① 《大公报序》，《大公报》创刊号，1902 年 6 月 17 日。
② 心森，1914 年 4 月 10 日《大公报》。
③ 《新民学会文献汇编》，长沙：湖南人民出版社，1980 年版，第 103 页。
④ ［美］徐中约：《中国近代史（1600—2000）：中国的奋斗》，计秋枫、朱庆葆译，北京：世界图书出版公司，2008 年版，第 9 页。

非励精图治不可；就其会议结果之一无成效以观，谓政府非空言塞责不可。”[①] 互相推诿、敷衍粉饰的情境，使教育的总体情势弊端丛生，问题诸多；教育行政混乱、教育效果不佳、教育政策失误、高等学校学潮连连等异常现象，成为教育发展旅程中司空见惯、常见不鲜之事，也成为《大公报》抨击民国教育的主要素材。

一、政府腐败危及教育的生存

袁世凯当政时期，政府体制与教育的关系，主要表现为官僚体制对教育发展之阻碍。而袁世凯死后，“群雄失驭”、“互植势力”,[②] 军阀争斗愈演愈烈，从而使政权腐败愈甚，教育更是一落千丈，每况愈下。教育衰落之主要表现有：

表现一，政府内部互相倾轧，浪费挥霍，妨碍教育运行。首先，《大公报》对政府内部官员尔虞我诈、互相拆台、损害教育的行为表示不满。特别是对政府官员因个人意见分歧而对教育事业故意刁难的行径，表示极大愤慨。1914 年 3 月，暂署教育总长蔡儒楷与财政总长周自齐会晤，两人在谈到教育时，蔡认为，“教育经费，异常缩小，于教育行政，进行大有窒碍”。而周却认为，“现在财政如此支绌，所有其他重要政费，尚无所出，何能有财力为办学之用？况国家人材，不尽出于学校，而如现今之学校，决不能造就人才。故今日之教育费，决无可以增加之理”。两人因此大起冲突，后经旁人劝解，不欢而散。事后，周竟将教育经费分为照发、半发、不发三类，故意刁难教育部，严重干扰了教育进程的正常运行。《大公报》视此为政府藐视教育前途的反映，于是抨击道：“夫今之财政总长，非兼代陆军总长者乎？今之政府，非所谓武人政府乎？大总统为部择人，以周兼承其乏，尚武精神，默示微旨。故周到部以来，惟是悉索敝（敛）赋，奔走借款，以供养干城腹心之武夫，忧惧不给。一旦手无缚鸡之教育总长，无端以不入耳之言，来相强聒，犹之与虎谋皮，其不反遭搏噬者几希？不可与言而与之言，蔡氏失言之咎，诚无所逃矣！”[③] 周自齐曾任陆军总长，作为清廷旧臣，周极力反对新兴政治

---

① 无妄，1915 年 7 月 7 日《大公报》。

② 张国淦：《北洋军阀直皖系之斗争及其没落》，见杜春和等编《北洋军阀史料选辑》（下），北京：中国社会科学出版社，1981 年版，第 37 页。

③ 无妄：《论蔡周两总长之教育谈》，1914 年 3 月 15 日《大公报》。

势力的活动，是袁世凯复辟帝制的支持者，是“洪宪”帝制的筹备委员之一。所以，《大公报》这里既揭露了军人干涉教育的行为，又谴责了袁世凯树立亲信、威胁教育的可耻行径。同时也揭露了袁政府内部勾心斗角，分崩离析以及军人干政、教育失权的严酷现实。

其次，《大公报》对行政机关挥霍经费，漠视教育的情状进行严厉谴责。1914 年，教育事业危机重重，而河南都督张镇芳又雪上加霜，提出停止创办全国小学校的主张。其后，张镇芳又公然陈请政府废除教育部。对此，《大公报》愤懑至极：

自功利之派兴，人人卑视气节而崇金钱势位，鄙夷学术而以经验权数相夸上，使天下之人，嚣然趋于奔竞之途，其奔竞而得荣利，……故有张镇芳之请废于前，即有周自齐之反对于后。……然而全国意思机关，解散已尽，浸假且及于司法，而行政一部，未尝或见减缩。外交各部迭次筵宴跳舞之会，其费足支大县一年教育之费而且有余。……然而竟有以废教育为请，岂非民国之妖孽乎？国家将亡，必有妖孽，天而欲亡民国则已，天而不欲亡民国也，彼截截谝言者，其将屏诸四裔不与同中国乎？至于美国之所以不设教育部者，美乃联邦国也，教育之事业，各邦主之，联邦政府，不能加以干涉也。吾国方以集权统一号于天下，而岂可以陶铸国民之权，受之各省，省自为其风气，则异日国家必有分裂之祸，为此言者又非忠于中央者也。……然试问一停全国教育，果足免破产之厄否乎？吾谓中国之破产，正功利派人之豪举挥霍有以致之。①

上述言论有几方面含义：（1）张镇芳等崇尚金钱，鄙夷学术，竟然冒天下之大不韪，请废学校和教育部，是为“妖孽”。（2）国家工作人员挥霍浪费严重，这些被浪费的经费足以抵支许多教育经费。（3）不能无视国情差异，盲目将国外教育行政机构的设置与中国相比。（4）国家破产之责任并非教育费用庞大，而恰恰是“功利派”之“豪举挥霍”。这一系列铿锵之言论，揭穿了袁政府腐朽堕落，欺侮教育，扰害国家的恶劣行径。证明《大公报》关注教育前途，痛恨政府腐败的殷殷情怀。

当时，还有人提出规复科举，《大公报》亦借题发挥，批评政府轻视教育、挥金如土的行为。《大公报》指出，在当时政府的思维意识中，教育

---

① 选：《教育痛言》，1914 年 3 月 28 日《大公报》。

“为最可缓图之事”，振兴教育，“不过装国家之体面，即废斥教育，亦无损政府之尊荣”[①]。而且，“就令教育事业，统通消灭，括其所有，曾不足供政府中人一瞬之挥霍”。教育在政府心目中的地位竟然如此低微，确实令人忧伤。

表现二，军阀专权及其腐败波及教育的生存。20世纪20年代，军阀混战连连不断，直皖战争、直奉战争、江浙战争等等，此起彼伏，你方唱罢我登场。战争过后，强势军阀庇护的内阁立即产生。中国“内阁受成于强藩，国会卵翼于军阀”，[②] 社会愈发混乱不堪。原本危机四伏的教育界，因为军阀专权更是举步维艰。《大公报》毫不留情地揭露了军阀利用职权倾夺教费的事实：“一般教员，多以薪水久久未发，甚至有迫而罢工者。政府对之，虽可谓稍稍注意，然拨指之学校，往往为大力者夺之而去。”[③] 各处学堂，遂有风雨飘摇、朝不保夕之势。当时学潮的诱因之一，便是经费问题，而经费却常常被“大力者”，即军阀以政府的名义抢走。失去经济后盾的教育，在紊乱芜杂的社会中寸步难行。

1922年，民国成立已有十年，军阀专权，政府腐败，教育萧条的现状并未改观。这年，军阀吴佩孚为聚拢人心，通电表示积极维持教育，明令各项费用可欠，教育经费不可缺。一时各省督军，通电响应。然而，具有讽刺意味的是，国立八校工资问题却久而不决。八校教员因高恩洪（吴佩孚所支持的教育部负责人）摧残教育而发表庚电，罗列高氏七大罪状。《大公报》对该事件及时回应，迅速报道，认为高氏悍然不顾其罪状，“故与教育界为难，虽经教育界全体反对，依然回部任事，恋栈不去，则其背后，必有大力者为之保镖，不问可知。所可异者，此保镖者，即前主持尊重教育之人也。”[④] 吴佩孚曾有支持教育的美名，“五四”时期，他曾以支持学生声援巴黎和会的罢课而著称一时。现在，他再次声称维持教育，却把一个阻挠教育的爪牙扶上教育界宝座。《大公报》勇敢地揭露了军阀沽名钓誉，收买人心，以此捞取政治资本的丑恶嘴脸，使军阀虚情假意、浮滑虚伪、忽悠教育的形象彻底展现在世人面前，足见该报正直敢言的胆识。

---

① 无妄，1914年5月11日《大公报》。

② 《军事幕僚派费保彦氏对于时局之意见》，1923年5月31日《大公报》。

③ 《中国现状概论》，1923年4月18日《大公报》。

④ 半山：《北京国立学校教职员之庚电》，1922年9月10日《大公报》。

表现三，政府和教育体制的运行问题。民国之前，《大公报》就对清末教育行政多有微词。该报对当时学务局以废科举之名，行科举考试之实的举措很是不满，认为其“粉饰铺张，竭一年之人力、财力、日力，以张罗考试”，“考优、考拔应试者，每省类不下五六千人，考试之期限，类不下三阅月”，“优拔甫竟，而生员考职者继之，人数期限视优拔而稍杀，其纷纷扰扰则如出一辙”，目的就是为满足学生“无上之希望心”①。这“无上之希望心”即是该报所说的科举之实，而这正是政府体制运行不良的表现之一。《大公报》一方面用事实说明，清末考试没有脱离科举的陈规旧套；另一方面揭穿了学务局虚伪、腐败的行政行为，所以才会有“设立学堂为普及教育”，“受教育者反不如从前之多”② 的怪异现象。

民国建立后，教育运行体制中的腐败现象屡禁未绝。袁世凯当政时期自不必说，袁氏死后更是变本加厉。1915 年元旦，袁世凯发表“申令”，令教育部筹办义务教育。《大公报》对此于 1 月 9 日、12 日、31 日连续发表评论，一方面对此命令表示“欣慰”，另一方面更对袁之诺言能否兑现，表示悲观。该报说，“日日言注重教育，而预算概略，教育经费偏居少数”。“所谓注重教育者，果务其实乎？抑骛其名乎？有识者当必能辨之矣！”③ 表现了该报对袁世凯政府只“骛其名”不“务其实”的不信任之情。

果然不出《大公报》所料，1915 年 1 月底，国家预算政令颁布，其中因减政问题，教育费仅居预算的 3%。该报于是质问：“惟阅国家财政，今年颇抱乐观，何对于教育一项，独靳之若是？岂大总统果有爱莫能助之处乎？如谓大总统所亟望振兴者，只在义务教育，既曰义务，自不当破费国家半文。然教育亦行政之一端，办教育者当尽义务，则凡办各项政务者，亦何妨使之各尽义务，俾办教育者不得独为君子乎！”④ 该报一方面说明了当时财政状况良好，而教育经费却并未乐观的现实；另一方面指出大总统的振兴教育，只是空谈造势，逢场作秀而已，并未能付诸实施。

就在《大公报》极力期待着袁政府能在教育上有所作为时，袁世凯却为了自己的江山永固，极力笼络青年，大力举办各种考试，使得当时的教育选

① 《哀考试》，1909 年 12 月 11 日《大公报》。
② 1909 年 12 月 27 日《大公报》。
③ 无妄：1915 年 1 月 9 日《大公报》。
④ 无妄：1915 年 1 月 31 日《大公报》。

拔制度愈益恶化。该报对此并不回避，无情地揭露了考试中之丑陋行为。

如考场中之办红路，办枪替，办传递，种种旧时代之勾当，必皆一一复活于民国考场中。

民国与帝国先后辉映，帝国又岂能专美于前。今日漏泻题目，殆规复旧勾当之发轫也欤。

或曰：未必，民国之应试人员，本无考场之阅历，果有志于上述之种种典故，当亦多聘几位旧日之老童为顾问。[①]

《大公报》猛力地抨击民国初年考试的弊端，是应当肯定的。《大公报》还对政府所谓的道试、省试、京试、俊士、秀士、选士进行了批评，认为同是考试，同是科举，“而必另立一种类似之名目，以避沿袭之意，殆以是为共和之所以异于专制乎？”与其掩耳盗铃，“欺己而不能欺人，转不如老老实实以复科举、复八股昭告天下，直言谈相之犹愈于巧饰也”。“复古潮流，愈涨愈高”，“为政者纵旦旦而誓，又谁其信之？”[②]《大公报》对袁世凯为复辟帝制需要掀起的“复古潮流”予以揭露，具有积极意义。

民国成立后，虽然中央“教育部直隶于大总统，管理教育学艺及历象事务”，[③] 但各省教育事业，多附属于各省的都督府，而都督府之下设有民政、财政等四司；其民政司之下又分教育、实业等五科（尽管以后也设教育司，但必须是省长推荐，大总统任命）。[④] 教育运行受到种种因素牵涉。所以，民国成立后的十余年间，有很多学者主张教育独立，或教育经费独立，或教育行政独立。1915 年汤化龙任教育总长时，曾有教育独立设厅之意。《大公报》在分析行政体制干预教育运行的情形后，认为地方存在“事权不一”的现象，巡案使和教育厅互相掣肘，教育厅“既不如巡按之降崇，于督促教育之进行，亦有不能充分尽量之憾”。“断不能施其黜罚之权”。[⑤] 这说明袁政府时期，地方教育“事”与“权”划分不明确，并未改变清末教育“事权较为不属”，“于督抚为敌体”[⑥] 的局面，从而产生很多教育发展的窒碍因素。1917 年 9 月 6 日，在教育部的请求下，代理总统冯国璋颁布《教育厅暂行条例》，

---

① 心森：1915 年 3 月 16 日《大公报》。
② 无妄：1915 年 7 月 12 日《大公报》。
③ 转引雷国鼎：《中国近代教育行政制度史》，台湾教育文物出版社，1973 年版，第 166 页。
④ 参见雷国鼎：《中国近代教育行政制度史》，台湾教育文物出版社，1973 年版，第 182 ~ 185 页。
⑤ 选：《对于设置教育厅之一得》，1915 年 1 月 17 日《大公报》。
⑥ 蒋维乔：《清末民初教育史料》，载《光华大学半月刊》第 5 卷第 2 期，1937 年。

规定各省设立教育厅，直隶于教育部，管理全省教育行政事宜，[1] 使各省教育独立。对此，《大公报》虽然褒扬其“实为治本之图”，是“百年树人”之基，但对教育厅的职能运转表示怀疑，“第教育之兴衰视乎作养之实际，非仅添设一专官，即可谓振兴教育之道，在是也。”希望任教育厅长者能本其所学，将各省之教育事业为根本之培植，勿徒以“官样文章塞责了事”[2]。

几年后，《大公报》对于教育厅的运转就彻底绝望了，“教育当局或则知难而退，或则裹足不前，无人负责”。同时，政海人物“视教育为无足重轻”，历任教育总长，“辄以经费问题，望而却步”[3]，种种腐败现象，使得教育事业难有发展之日。

《大公报》认为，教育为立国之本，“无论国中政治，呈何乱象，万百可以牺牲，而教育不可一日或辍”，“未有不学无术之国，可长治久安”。然而，20 世纪 20 年代，战祸连绵，经费困竭，“弦诵辍响者，比比皆是”[4]，《大公报》的呼吁只能是纸上谈兵，无济于事。

表现四，学校运行中的不良现象。第一，关于法政学校的问题。清末法制教育由政府垄断，是政府变相的衙门分支机构，因此禁止私人设立法政学校的命令一直沿用到清廷崩溃的前一年。民国伊始，伴随着政府和民间重振教育的呼声，私立法政学校呈跳跃式趋势发展。1912 年 7 月，京师学务局颁布《公私立学校立案暂行章程》，对学校的经费来源、申请程序、校长任命等做了较为系统的规定。[5] 1912 年 11 月，北京政府又特别制定了《法政专门学校规程》，规定了法政教育的课程设置、修业年限以及“养成法政专门人才”的宗旨，[6] 但对师资、图书、校舍均无最低标准要求。“教员资格不合，学生程度甚差，规则违背部章，教授毫无成绩，学额任意填报，学生来去无常，教习常时缺席”[7]。“创办者视为营业之市场，就学者藉作猎官之途径”。[8] 1913 年 11 月，袁政府的教育部通令，各省酌量停办私立法政学校或改为讲习科，但效果甚微。法政教育急剧膨胀，教育资源分配不公，成为民国初年教

---

① 参见《教育公报》第 4 年第 13 期“命令”，1917 年。
② 无妄：《教育前途之希望》，1917 年 9 月 9 日《大公报》。
③ 直声：《教育前途之无望》，1921 年 12 月 29 日《大公报》。
④ 木铎：《战乱期中之教育》，1924 年 10 月 27 日《大公报》。
⑤ 参见《京师学务局拟定公私立学校立案暂行章程》，1912 年 7 月 29 日《大公报》。
⑥ 1912 年 11 月 7 日《大公报》。
⑦ 《1913 年教育部派员察视私立法政之结果》，《教育杂志》第 5 卷第 11 号“学事一束”，1914 年。
⑧ 《教育杂志》第 5 卷第 10 号，“记事 · 大事记 · 私立法政学校酌量停办或改为讲习科”，1913 年。

育界人士关注的问题之一。黄炎培认为：法政教育的过度扩张是一种危险的倾向："一国之才与智，而群趋于法政之一途，其皆优乎？供多而求少，已消耗多数人才于无何有之乡"。[①] 而现实困难又常常使这些私立学校未能正常启动或运行。所以，法政教育弊病丛生，问题多多。对此，《大公报》积极关注，及时报道。1912 年 5 月，传闻直隶私立法政学校即将成立，并且公举齐树楷为校长。直隶人韩梯云在《大公报》上发表文章，批评教育当局用公费学校来盗用"私立"的名义，为个人脸上增光；同时还批评学校未曾建立，却先选校长的歪风，讥讽当时教育界所存在的争名逐利的现象。在《大公报》等舆论各界的关注下，各地开始严格控制私立法政学校的设立。1913 年 1 月，浙江省嘉禾县议会议决呈请设立嘉禾公立法政专门学校，浙江省教育司复函称："因专门学校规模较大，设备较多，必就全省规划方能办理完善。若仅由一县会或一部分筹设，非特财力有限难以持久，且恐侵及中小学校经费，于普通教育大有妨害，所请立案之处碍难照准。"[②] 说明当时地方上也开始注意控制法政学校的设立问题了。

第二，关于校长的任命问题。袁世凯上台后，因校长任命而发生的贿赂之事，时有发生。《大公报》对此种现象也进行了揭露。如该报批评当时北京某女校校长，"外方而内圆，貌戆而行伪"，靠"运动"而获得校长职位，"女学生以其种种荒谬，列款呈控，教育部并不确实查办，遽以女学生之强硬反对，指名开除"[③]。这则报道，一方面说明该校校长取得职位的手段之卑鄙，另一方面旨在说明教育当局人事任用的阴暗面。同时该报还建议教育当局慎选校长，被选拔者要做到道德、学问、名誉三者并重。1913 年，北京大学因预科生是否免试问题而发生学潮，《大公报》在责备学生闹风潮的同时，也指责校长之无能，"强迫之则不惮书伏辩；放松之则率警兵开除学生，是其才力不足为校长，亦可概见。北京大学而有此校长，吾为此大学悲，吾更为教育界哭。"[④] 该报要求教育部另选校长，严惩学生，速行改良大学之组织。虽然其对该校状况的评价不太准确，但其中对校长之责的专门评述，表明《大公报》对慎选学校最高领导的关切。也透露出该报对教育部选择、任命

---

① 黄炎培：《教育前途危险之现象》，《东方杂志》第 9 卷第 12 号，1913 年。
② 1913 年 1 月 10 日《大公报》。
③ 梦幻，1912 年 10 月 23 日《大公报》。
④ 选：《我国之学生我国之大学》，1913 年 6 月 18 日《大公报》。

校长的不信任，即对教育行政部门运行不良的抨击。

《大公报》从政府运行机制的弊端，揭示政府腐败对教育的威胁。虽然其评价与分析有悲观情调，但其对政府行政丑闻的贬斥，基本符合当时的实际情况。特别是对军阀破坏教育的行为，敢于直截了当地揭发，更是值得肯定。

二、政府的教育决策偏离了教育的正常轨道

中华民国成立后，虽然英敛之隐退，但是《大公报》敢言的传统并未立刻改变，例如袁世凯时期颁布的《报纸条例》、《出版法》等限制新闻自由的条例，迫害报人，禁锢言论，甚至不惜借“二次革命“造成“癸丑报灾”。但《大公报》仍然发出“万能之政府，决不须报纸之监督；万恶之社会，又决非报纸之绵力所能改良。……夫报纸因责任而有价值者也，既不能不丧失其价值，责任价值均不足惜，……对于社会仅有要求原谅之一法，而不得不出于此，为可悲耳”[①] 的控诉。对当时的种种丑恶现象给予猛烈的批评。

袁世凯统治时期，为了装饰门面，掩盖自己的卑劣企图，制造一种社会盛世的景象。袁政府塑立了很多所谓的“模范”，如模范学堂、模范监狱、模范军队、模范自治等，全是一副“模范”形式的创作。对此，《大公报》撰文予以讥讽和批判，“故模范学堂中，亦由政府选出若干合格之模范学生以充之；模范监狱中，宜由政府选出若干合格之模范罪犯以充之；模范军队，亦宜由政府选出若干合格之模范兵将以充之；模范自治，更宜由政府选出若干合格之模范职员以充之。而后政府之目的达，而后模范之功用神。”“更进而言之，今之政府，便可谓模范政府；今之总统，便可为模范总统；今之国家，便可谓模范国家。”[②] 中华民国表面上人才济济，其实全是笼罩在虚花烟云，一片朦胧虚假之中。因为，盛世之下，教育却常常“财政支绌，进行为难”。[③] 此时的政府部门，常常把教育当作门面来猎取噱头，其偏离教育的政策，自然是见怪不怪，屡见不鲜。

（一）政府考试决策偏离教育目标

首先，《大公报》认为袁世凯政府所推广的县知事考试，只能使得县知

---

① 《报纸之责任与价值》，1915 年 12 月 4 日《大公报》。
② 无妄：1914 年 12 月 8 日《大公报》。
③ 无妄，1914 年 5 月 11 日《大公报》。

事和青年学生垂青于投机取巧，垂涎于功名利禄。

民国初年，地方行政长官，特别是知县，“非市井无赖之徒，即党会强梁之辈，流品纷杂，史治卑污”，为改变此局面，特别是强化“中央用人行政之权，涤荡地方滥用私人之弊”，巩固和加强袁世凯的统治，北洋政府“以考试知事实为澄清史治之根本要图”为由，举办知事考试，企图重建“公开、刚性和程序化的选官制度。”①

1913 年 12 月 3 日北洋政府颁布了《知事任用暂行条例》和《知事试验暂行条例》。《知事任用暂行条例》规定“各县知事非依知事试验暂行条例试验及格或经保荐由部注册者，各该地方民政民官不得荐请任命”，“知事试验暂行条例施行以前已经任命或未经任命之现任知事，应由各该地方民政民官分期送部试验；其未经试验之现任知事一律改为署理或代理，仍限期送部试验。”②《知事试验暂行条例》则规定应试者须年在三十岁以上，“在本国或外国大学或专门学校，修法律政治经济之学三年以上得有毕业文凭者”；或“在本国或外国专门以上各学校或本国法政讲习所，修法律政治经济学之学一年半以上得有证明书，并曾办行政事务满二年以上者”；或“曾任简任或荐任文官满三年以上者”；或“曾有与简任荐任文官相当之资格历办行政事务满三年以上者”；或“曾有与简任荐任文官相当之资格，在本国或外国专门以上各学校或本国法政讲习所，修法律政治经济学之学一年半以上得有证明书，并曾办行政事务满一年以上者”；或无上述“各款资格而国务总理各部总长各地方最高民政长官特送试验者”，方可应试。虽然具有上述资格，但是，“曾受褫夺公权处分尚未复权，或受褫职处分未满二年者”；或“品行不端，曾受绅民控诉查明属实者”，或“亏欠公款尚未缴清者”，不得应试。③尽管北洋政府明示录取公正，以法律为准绳，但多数应考者名落孙山。结果是“滥竽者甚多，……有文理不通者，有人写别字者，有素日不能缀二三百字者。”④ 也就是说，这样的考试是不能尽如人意的。

从县知事考成条例颁布时起，直到选拔县知事考试之结束，《大公报》的抨击从未停止。1915 年 2 月 20 日，袁世凯政府颁布《知事办学考成条例》

---

① 《试验知事之谈片》，1914 年 2 月 3 日《申报》。

② 《知事任用暂行条例》，《政府公报》（第 20 册），台北文海出版公司，1986 年版，第 54 页。

③ 《知事任用暂行条例》，《政府公报》（第 20 册），台北文海出版公司，1986 年版，第 55 ~56 页。

④ 《知事试验之第二试情形》，1914 年 2 月 28 日《申报》。

10条，规定要根据县知事在任职期间内办学成绩的优劣给予奖惩，包括学校数量之扩缩、学生人数之增减、办理之当否、学风之优劣。[①]《大公报》除了指出该条例的部分不妥之处外，对于中央和地方政府在办学方面的责任也进行了分析，认为此条例和决策只能使县知事致力于个人仕途的稳固，于教育并无大益。该报评论道："大率病于涂饰者半，病于敷衍者亦半。而其所以致病之原因，则以地方官之不负考成而已。惟考成不及，□黠者敢于涂饰，以期见好于上官；其次亦以敷衍主义出之，兴学育才，徒成虚□，□此而欲求地方教育之发达，在势亦复何能幸致哉？"[②] 该报对政府的教育决策及考试条例是否真能凑效，显然持怀疑态度。原因为何？该报认为，地方教育是否发达之原因，首先在于经费，然后才是设施之优劣。无论学校数目，还是学生人数，抑或是学校管理是否妥当，学风之优劣，都与经费有密切关系。如果经费不到位，所谓"考成"都是空喊口号，所谓设施也只能是模样摆设。这样，该报就抓住了问题的实质，击中问题的要害。该报通过对县知事考成条例的分析，试图说明经济问题（即教育经费）不解决，县知事所办教育就不可能真正为国家培养人才。县知事们为了保住自己的乌纱帽，被迫钻营取巧、敷衍涂饰、隐瞒虚报，设法夸大办学成绩，为自己的仕途畅通开拓道路。所以，考成条例名为促进县知事重视教育而制定，实为县知事奔竞钻营的动力，此条例并未为教育的发展创造良好的条件。险恶的现实环境，使条例在实施过程中偏离了教育发展的正常轨道。

而县知事考试又如何呢？《大公报》认为，县知事考试就是政府引诱学生走向投机钻营之途。"政府对于考试一事，方以为求才之无上妙法，其途日出而不已也。吾知必读指南等名目，亦将日出而不已。而国家所得之人才，亦只有临时钞袭必读指南之本领而已。"[③] 确实，袁政府培养出来的县知事，或者"一事不知"，或者"殃民而有余"[④]。这就是青年学生所处的教育环境，可见政府之考试政策未能真正有利于青年成才及人才的选拔。

1915年4月，县知事考试结束不久，《大公报》发表文章批评政府选拔人才的考试政策，认为它将学生引向仕途，使教育目的和教育效果大相径庭，

---

① 参见《知事办学考成条例》，《教育杂志》第7卷第4号，1915年。
② 选：《知事办学考成条例书后》，1915年3月11日《大公报》。
③ 无妄：1915年3月16日《大公报》。
④ 无妄：1915年5月19日《大公报》。

南辕北辙。该报说，科举时代，政务吏事较为简易，临时学习某种技术，“不甚艰窘”，所以，不存在大的职业问题。而如今，“内部之蕃变，外界之驱逼”，“社会愈进化，则分工愈繁赜”，科举时代的方法已经不能适用，因而我国才废科举而兴学校。又说，从表面上看，“小学教育，则重人生必须之智识；高等教育，则为分科别部之配置。此其意，岂不曰人各有其天性之特长，因其天性之特长，而引而上之，使为最高限度之发达，则一材得一材之用，而社会各种实业之得其利赖者，亦将大有过于科举”，然而政府却“不问其所治之学业如何，其最高之酬报，要不离服官筮仕之一途”[①]。对于学生来说，既受高等教育，“则本人既若有得官之权利，国家亦若有授之以官之义务”[②]。当局之浮慕虚名，未斟酌时地之宜，“非以育人才，徒以饰面子”[③]。这样的政策只会把学生学习和人生的奋斗目标引向仕途，教育的实际效果与以前的科举并无二致。

总之，该报旨在说明政府的考试决策误导了青年，使得青年学子眼中只有仕途，而无服务国家的意识。第一，此类考试使得归国学子和国内学生都对官途趋之若骛。第二，政府以为只要通过“多设官”、“多养兵”的办法，就能解决学生因学非所用而带来的无业可就的社会问题。实际上，政府这一决策并非长远之计，根本无益于解决教育的本质问题，更解决不了社会问题。第三，多数青年学非所用，而政府没有正确引导，学子们只会致力于卑屈钻营，人格日趋低下。该报认为，这是县知事考试决策对教育所带来的最大恶果。该报的评价有力地揭露了袁世凯政府运行体制中的污泥浊水，对青年学子的未来表示出担忧。

诚然，县知事考试在某种程度上承袭了科举考试的部分形式，“知事试验，种种布置，一仿科场，……编号相类也，放排相类也，颁发之题，吟哦之声，以及点名填卷等，殆无一不相类也。所不同者，其惟面包一方，火腿两片而已。惟在应考者一方而言，则大俱乐部之雪茄烟，东西南北之异样声韵，号棚中之梆子二簧青衣小嗓，亦可为此前棘围中未有之特色。且科举在秋节，今方为春初，时令固人异矣。……余无以难因相与击节赞叹曰：新式

---

① 东方：《材与识》，1915 年 10 月 17 日《大公报》。
② 东方：《材与识》，1915 年 10 月 18 日《大公报》。
③ 雪江：《今后之行政》，1916 年 8 月 11 日《大公报》。

之科举。”[①] 科举考试之各式弊端也在县知事考试中频频亮相，蔑视北洋政府的纪律。“一警官持一白纸揭示至，上书‘严搜夹袋’四字，字人如斗”，但还有不少人在“文思艰窘之际辄从袖口或大衣内扯出史论及乡会试题闱墨等书”，每次考试因“翻阅书籍致被扣考者十余人之多”[②]。“重书法，字不佳者，定落孙山。”[③] 诸如此类，全是科举制度的遗影。

但是，不容忽视的是，县知事考试已经初步具有现代文官考试的雏形，民初县知事考试，侧重法律、财经考试，如“新刑法凡律无正条，不论何种行为皆为不罪，其理由安在?”“何谓四级三审制及利弊若何?”也有国际法之运用，如“外国人于我国内地有无往来居住自由之权?”“有共同犯三人，一为约国之人，一为无约国之人，一为无国籍之人，发觉后应如何处理?”“外国人民同犯罪逃至我国，该管地方应否负移交义务?”[④] 这些考试题目在考查学生行政管理能力、社会判断力、适应能力方面，是科举制度不能比拟的。顾颉刚所说，“吾国之考试制度积千年之经验而大成，有不容泯火之价值也。”[⑤] 有学者认为，在一个国家的正当性和合理性包装起来的社会中，每一个需要社会承认才能实现自己理想的人不得不经由考试来检验自己的知识。[⑥] 因此，民初县知事考试也不乏是检验当时官吏能力，吸纳社会人才的一种方式。《大公报》将民国考试贬低得一无是处，毫无成就可言，显然缺乏全面的考度和衡量。

其次，《大公报》对留学生考试成为仕途登进之阶梯极为不满。

前述民国初期的留学人员学成归来后，为我国政治、科技、文教等事业做出了卓越贡献。但由于军阀割据混战、时局动荡等原因。加之留学政策还很幼稚和不成熟，留学教育政策指导思想也有偏差，造成“学工的回来无厂可办，学矿的回来无矿可开，学林的回来无林可植，只好去教书”[⑦] 的尴尬局面。所学专业无用，人才物力浪费，比例结构不合理，用非所学等状况比比皆是。因而，《大公报》除批评县知事考试外，对留学生考试也颇有微辞。

---

① 《新式之科举》，1914 年 2 月 22 日《申报》。
② 《纪知事试验之第一试》，1914 年 2 月 25 日《申报》。
③ 《二十一日知事试验之纪闻》，1914 年 2 月 27 日《申报》。
④ 《纪知事试验之第一试》，1914 年 2 月 25《申报》。
⑤ 顾颉刚：《中国考试制度史·顾序》，邓嗣禹：《中国考试制度史》，南京国民政府考选委员会，1936 年。
⑥ 葛兆光：《画眉深浅入时无——从日本的高考试卷说起》，《读书》，1998 年 111 月。
⑦ 李喜所：《近代留学生与中外文化》，天津人民出版社，1992 年版，第 317 页。

概而括之，有如下几点：第一，政府的留学考试是将留学生引入仕途，人为制造了大批投机政客。第二，留学生“学科不一，造诣不一”[①]，“工艺学术，各有专长”[②]。而政府却不问优劣，只会引导他们混迹政界，使得留学生长才短用，难展抱负，学非所用，浪费才华。第三，政府的考试制度使得留学生们目光短浅，志望消失，急功近利，耽于享乐。《大公报》从留学生的社会环境、专业特长、人生态度等角度，论述了当时政府对留学生任用政策的失败。其评论还是比较正确的。纵观该报关于留学生的报道，大多集中于袁世凯复辟帝制时期，证明袁氏为了达到其笼络人心，制造御用人才的目的，不惜浪费国外归来学子的青春，为其统治服务。该报只从用人角度来批评政府的教育决策，未必全面和正确，但很多观点还是可取的。

（二）政府预算政策不能带动教育的正常运转

袁世凯虽然把振兴教育挂在嘴上，但骨子里装的却是如何使自己能顺利称帝，在求“财”和“才”时，玩弄一些换汤不换药的把戏。《大公报》曾言，“今日中国最可忧虑之事，莫不曰人才之缺乏，财力之困难；今日中国最关紧要之事，莫不曰人才之招集，财力之筹备。”然而，“第观于现在之为人才计者，不过履行考试，搜求旧宦而已；为财力计者，不过增加赋税，谋兴内债而已，窃以为皆非根本之图也。”[③] 在此，该报批评袁氏政府当时之谋“财”与“才”之方针，都是为一己之私利而偏离真正教育意图的不良政策。

民初政府政策偏离了教育的正常轨道，主要表现在经济预算中。除军费常需常有外，其他费用则常需常无。直奉打败皖系，1921 年以后，直系军阀和奉系军阀开始争夺北京政权，曹锟“以胜利者的姿态，步段祺瑞之后尘，坐镇保定，遥控北京政权”[④]；而奉系首领张作霖自认为直皖战争中自己有“举足轻重之地位，有拔刀相助之功”[⑤]，双方争持不下，中央财政进一步恶化。北京专门八校因缺少教育经费罢教，政府以无款拒之；山东请拨河工经费，政府又以无款拒之。与此同时，其他地方军阀也拥兵自据，他们常常将关税、盐税等截流自用，使得中央财政不得不央求于国外势力。1921 年，政

① 心森：1914 年 12 月 4 日《大公报》。
② 无妄：1914 年 12 月 22 日《大公报》。
③ 无妄：1914 年 10 月 25 日《大公报》。
④ 来新夏等著：《北洋军阀史》，天津：南开大学出版社，2000 年版，第 627 页。
⑤ 台湾中华书局编辑部：《吴佩孚传》，台湾中华书局，1983 年版，第 41 页。

府派朱启钤赴法赴日，从事借款活动。中英铁路双轨借款渐有实行之说，其他小借款，更是“指不胜屈”。《大公报》义愤填膺，“凡教育、河工、赈灾等，吾民所认为迫不可缓者，政府皆靳而不与。若是乎撙节无所不至，宜度支充盈，贯休粟腐矣！奈何又日有借款闻哉?”“政府筹措如许款项，既不用诸吾民，不知将用之何处，吾民无过问之权。然而借款之损失，则非政府所任，直接间接，吾民又将增若干之担负也!”① 对于军费、赈费、教费等诸项费用，政府只偏向于军费的支出，而对教育等其他急用款项却置之不理。这种财政昏乱，银钱乱花的不正常现象，《大公报》是深恶痛绝的。

教育经费是发展教育事业的基本物质前提。“对于近代中国来说，确立有效的教育经费制度，在发展教育事业方面显得尤为重要。”② 近代中国千疮百孔，医治各种创伤需要教育。但是，中国人口众多，人才缺乏，想要改变这一面貌必须扩大办学规模，提升教师队伍，提高教育质量，诸多此类都需要经费来维持。而民国初年的经费因为清朝崩溃民国刚建而为地方所把持，经费难以到达中央，到达中央却又常常变成军费，确实是让人匪夷所思的事情。《大公报》的批评不无道理，是有说服力的。

第二节 《大公报》对经费问题影响教育运行的批评

民国初期，尽管政局不稳，但是名人政要还是十分重视教育经费问题。蔡元培任部长时与部员强调“国家无论如何支细，教育经费万难减少”③，并积极采取措施，增加教育经费。北京政府刚成立，教育部也针对各地民政长官对教育情况的统计，回复他们“本部成立伊始，凡学制系统，学校规程函欲草订颁行，惟事体重大，条理繁复，非征集全国教育家意见，折中厘定，不能推行”，并承诺赶在暑假以前招集教育会议，颁布各项命令。在各项命令未颁布以前，“请饬所属主管官署筹集经费，维持现状，勿使全国学子有半退废学之患。”④ 当时情况是：“教育经费，规定中小教育以地方负

① 卓人：《借款》，1921 年 8 日 12 日《大公报》。
② 李国钧，王炳照主编：《中国教育制度通史》（第七卷），济南：山东教育出版社，2000 年版，第 230 页。
③ 中国蔡元培研究会编：《蔡元培全集》（第二卷），杭州：浙江教育出版社，1997 年版，第 164 页。
④ 《教育部请饬各省维持教育现状等电》，《政府公报》，1912 年 5 月 11 日，第 11 号，第 1 册，第 139 页。

担为原则，以中央补助为例外；高等教育以中央负担为原则，以地方补助为例外。其中私人设立之高等教育学校，中央得酌量情形得以补助。此中央、地方教育经费分配之办法。”[①] 地方各省的教育经费资料主要从视学报告中反映出来，1913 年 1 月，教育部公布了视学规程。[②] 证明中央对教育经费的重视程度。

但是，由于地方军阀各自为政，扩充军备，经济混乱，财政长期入不敷出。例如：自 1912 年至 1923 年，山东财政年收入平均在 800 万元至 900 万元左右，而年支出常在 900 万元至 1000 万元以上，总计亏空达 1870 余万元。[③] 财政支出中，行政费年支出约 300 万元，1912 年、1914 年、1915 年、1922 年均超过 400 万元，1916 年最高达 480 万元；军费年支出约 500 万至 600 万元，1916 年多至 680 万元，1919 年 600 余万元，1918 年增至 830 余万元。[④] 解送中央的款项就更少。

社会如此混乱，府库如此空虚，军政各费仅靠各地解送中央的部分款项已很难维持下去。于是举借外债、滥发内债成为北洋政府度过难关的灵丹妙药（外债如善后大借款、西原借款等；内债如民元六厘公债，发行定额 2 亿元，以全国的契约、印花税为担保，发行折扣为九二折[⑤]）。在政府财政已捉襟见肘的形势下，教育经费面临枯竭的境地，仅有的教育经费或被他用，或化为军费，能实际用于办教育的资金很有限。《大公报》从维护教育的角度出发，对当局克扣教育经费的行为，经常予以猛烈抨击，体现了其以教育为本，重视教育、维护教育的进步姿态。

一、对教育经费是否到位的关注

（一）呼吁政府解决教育经费问题

1914 年，中央与地方，互相告穷[⑥]；皖赣粤军队，“兵团冲突，交哄互

① 贾士毅：《民国续财政史》（第 3 册），北京：商务印书馆，1934 年版，第 212 页。
② 《政府公报·命令》，1913 年 1 月 22 日，第 256 号，第 9 册，第 438～440 页。
③ 财政部财政调查处编：《各省区历年财政汇览·山东省》，1927 年，第 5～6 页。
④ 刘大可著：《民国山东财政史》，北京：中华书局，1998 年版，第 35 页。
⑤ 参见左治生：《中国近代财政史丛稿》，成都：西南财经大学出版社，1987 年版，第 107 页。
⑥ 当时，袁世凯为复辟帝制，从人事制度方面控制军队，任意分封官员，如在一省做过都督而被解职来京者，都任命为将军，冠以“威”字，如蔡锷为昭威将军，张凤翙为扬威将军，蒋尊簋为宣威将军。“将军月俸千元，安富尊荣，清闲自在”。将军府实际上成为安置失意将领的闲曹，被人嗤为“养老院”。（见沃邱仲子《民国十年官场腐败史》，北京：中华书局，2007 年版，第 52 页）。

诟”,[①] 兵变猝起；白朗起义，“横行中原，越郡跨州，如履无人之境”。[②] 袁政府危机四伏，根本无暇顾及教育。政府的经费几乎全用于他项或被挥霍掉，“就令教育事业，统通消灭，括其所有，曾不足供政府中人一瞬之挥霍”。而政府中某些人，附和社会上废教育、复科举的风头，一意以摧残教育为“职志”。该报哀叹，“夫天下断无无教育而可以立国之理，裁减教育费，以挪作他用，比之饮鸩，尤为危险”[③]。《大公报》从军人哗变，财政拮据，政要奢靡，教育堕废等角度，分别阐发了对教育前途的担忧，深刻阐明教育前途与国家前途的关系，奉劝袁政府务必重视教育经费这一根本问题。尽管袁世凯一意孤行，另有他谋，但该报还是竭其所能，尽量发挥新闻媒体督促舆情的责任。

1915 年元旦，袁总统发表新年“第一申令”，以振兴教育为词，于是各地上书附和，条陈教育办法者，几乎无日无之，教育一时似乎呈现出兴旺的势头。然而，财政预算中的教育费仅占百分之三，“因减政问题，又将减去其十之四，是综计不足百分之二，亦难乎其为振兴教育”[④]。《大公报》用活生生的具体数字揭穿了大总统“振兴教育”的假相，悲叹执政者大肆鼓说振兴教育之时，教育费却有减无增之乱象。

袁世凯死后，《大公报》期盼中国获得教育再兴的机会，于是发表文章，提出振兴民国教育之六端，其第一端就是建议增加教育经费。该报分析，“国家一年教育经费仅一千二百余万元，较之总支出尚不及百之三，平均每省教育费不及五十万，中等以上学校，几全取给于此。省各有中等学校约二十所，专门学校二三所，维持现状，岌岌其难”[⑤]。该报要求政府适当调整政策，偏向教育。为了解决财政支出的难题，该报力主社会各界捐资兴学的主张，几乎每天都有相关的报道或评述。然而，腐败的北洋政府不可能像《大公报》所希望的那样，能真正解决教育经费问题。例如，1918 年 11 月，已持续三年多的“京钞”问题仍在继续，物价上涨，币值下跌，投机盛行，交易停顿。尽管美、日两国借款支持中国、交通两行兑现，但由于两行在京、津地区的

---

① 中国第二历史档案馆：《北洋军阀统治时期的兵变》，南京：江苏人民出版社，1982 年版，第 73 页。
② 杜春和：《白朗起义》，北京：中国社会科学出版社，1980 年版，第 366 页。
③ 选：《哀教育》，1914 年 4 月 3 日《大公报》。
④ 无妄：1915 年 1 月 31 日《大公报》。
⑤ 雪江：《今后之行政》，1916 年 8 月 11 日《大公报》。

纸币流通量已达9700万元，京钞跌至六折左右，靠借款已无法弥补。[1] 此时，京津之教育事业，成敷衍之势；而从事教育生涯者，其困苦尤难殚述。“学款概须按成搭付，教员之修脯，因之亦按成折半，甚且有欠奉数月，并钞票亦无从领取者，加以各项公益义捐，官厅按名勒派，学界又无役不从。”教员当然不能枵腹从公，自然骛心他事，以求赡养其身家，授课备受影响。《大公报》认为，“减损教育经费，直接受困难者——教员，间接以致荒废者——青年之学业，而国家作养人才之前途，悉归徒劳无功，更不待言矣！”《大公报》谴责当局口称振兴教育，而“于此根本致病之由，不亟谋所以维持之方”[2]。所谓的振兴教育，只是当局得过且过，苟全一时之政治托词而已。为了说明教育经费的重要性，《大公报》警告政府，如果迟迟不能落实教育经费问题，不但会引起京师教育停滞，甚至全国的学校会“以款绌几陷于不能维持之境”[3]。该报发出“国本既失，将焉图存”[4] 的呼声？但在当时，“政府之言不顾行，已数见不鲜”，所以军阀政府是不理会舆论界呼吁的。面对政府一次次失信于民，《大公报》只能发出“政府已完全失却维持教育之能力”[5] 的哀叹了。

（二）愤慨政府挪用教育经费

新闻与教育相互渗透的发展进程，使教育越来越成为公共关系中一个网结，也使每一次教育行为都成为广泛影响的社会行为。《大公报》对教育的评判，正是希望教育真正成为公共关系中的节点，得到舆论重视，从而应用公共舆论的力量，使教育能独立于权利机关之外，发挥振兴民族，传承文化中的关节作用。而自己也对权利机关能有所抗衡，甚至监督政府机关，成为社会关系链条中的重要一环。

北洋军阀统治时期，“库款万绌，外债日多，险象日现，几濒于危，而推究支出之巨，实以军费为大端”。[6] 《大公报》发表的文章也认为，对教育“障碍之影响最大而贻害最深者，莫若用兵”，用兵需要军费，“先战有军备”之费，“将战有军需”之费，“既战有军队善后之款”，“解散也需费，留养也

① 参见桑润生：《简明近代金融史》，立信会计出版社，1995年版，第127页。
② 无妄：《为维持教育经费警告当局》，1918年11月9日《大公报》。
③ 郛公：《教育事业之疑问》，1921年4月21日《大公报》。
④ 直声：《论教育经费风潮》，1921年4月30日《大公报》。
⑤ 半山：《教育经费问题》，1922年11月10日《大公报》。
⑥ 韩信夫、姜克夫：《中华民国大事记》（第1卷），北京：中国文史出版社，1997年版，第333页。

亦需费”，“举国注意于战事，即举国无心于教育”，[①] 教育之费，无所从出。

民国初年，各届政府都言教育为立国重要因素，都口称要振兴教育，但一涉及具体举措，则疾呼“财政支绌，进行为难”[②]，其最重要原因就是，从中央到各省，凡握有兵权、财权之大僚，都把“撙节学校，以资军饷”作为公同抱定的惟一政策。《大公报》批评道：“夫军饷诚关紧要，稍迟则哗变堪虞，当局者必先宽筹其款，固属弭患求安之道。”“但国家支出项下，掷金虚牝者比比而是，何事不可稍加撙节？而独于至微极薄之教育费，节之又节，以至于无可节之中，亦必强令撙节，窥其意若非消灭教育不止者，果何为也？”国家的财政浪费俯拾皆是，触目惊心，却唯独让经费甚少的教育再作“撙节”，实在让人寒心。长此以往，教育未来何以为继？看来，袁世凯当政时期，重视教育只是有其名而无其实。《大公报》进一步说道，“国家之元气在人才，人才之根基在学校。今乃取学校养命之源，一切剥削之，以供养其所畏之军人，岂以为将才既欲，遂无庸更植人才乎？”[③] 《大公报》从本质、精髓的层次，分析教育经费的重要性，揭示教育、人才、国强三者之间的联系，抨击军费膨胀、教费稀少的现实，其观点是可取的。

袁世凯死后，北洋军阀派系分裂，彼此争斗，“频年军务繁兴，各省因经济困难之故，即原有之形式的教育，亦多渐归停办，教育事业之衰歇”，令人哀伤。各省设立许多教育官职，也大多是官样文章，教育费越来越多地被挪用于军费。该报希望各省官员，“将各该省之教育事业为根本之培植，勿徒以官样文章塞责了事”[④]，呼吁官员们为教育和国家前途，尽其所能，有所贡献。

随着军阀专权的进一步强化，全国各行政部门都惟军阀之马首是瞻。1919 年 4 月，传闻教育总长傅增湘为了维持教育经费，拟向美国借美金五十万元，恐怕以唐绍仪为首的南方代表反对，特致电疏通。《大公报》获此消息后异常愤慨，特撰社论批评：

> 夫教育性质，以广义言之，固可认为生产事业；若以狭义言之，实为不生产事业，岂可倚外债为生活。且即让一步言之，维持教育，果有

---

① ［英］季理斐：《论用兵影响于教育之害》，1914 年 4 月 11 日《大公报》。
② 无妄，1914 年 5 月 11 日《大公报》。
③ 无妄，1914 年 7 月 24 日《大公报》。
④ 无妄：《教育前途之希望》，1917 年 9 月 9 日《大公报》。

借外债之必要，亦不应由教育总长出面，以财政主管固自有人也。再让一步言之，教育总长，以维持教育经费起见，固不妨直接向外国借债，然亦只须提出于国务会议议决，得元首裁可足矣！乃恐借债不成，竟乞怜于南方代表，求其赞成。吾不知教育总长，自居何等，而致中央政府于何地？[①]

《大公报》一方面感慨教育当局借鸡下蛋之可怜，另一方面，该报哀伤教育事业之地位卑微。在该报眼里，教育借债应由财政总长直接出面，别人无资格行使这一职权。即使教育总长直接借债，也只能向国会请求，元首裁断。而如今教育总长却“乞怜”于南方军阀，反映出教育当局、政府机构相比于军阀之卑下处境。其实，《大公报》的观点再次犯了本末倒置的错误，无论是教育经费要靠外债度日，还是财政总长应该出面，有一点是最根本的，就是国家机器的实权掌握在谁的手中。在军阀横行的民国初年，所谓国会、总统都是空头司令，民初真正的顶头上司正是军阀。没有军阀的应许，国会、总统也奈教育经费无何。经济基础决定上层建筑，实权掌握在垄断国家机器的军阀手里，作为上层建筑的教育文化，无论如何也不可能自行其是，自作主张。《大公报》简单地认为教育可以决定一切，单靠没有实权的财政总长就能达到振兴教育的目的。岂知在军阀擅权的时代，这种想法只能是纸上谈兵，画饼充饥，这样的认识也只能是一个“认识”而已。

20年代，军阀战争频繁，教育经费此挪彼借，无处着落。1921年，当局曾拟裁减经济调查局，或者举办房捐来解决教育费用的危机，甚至还有人主张移用交通部或财政部之款，来筹办教育基金。《大公报》认为政府的这些办法皆不可靠，因为交通部款项已被叶恭绰严词拒绝，财政部也表示无能为力。而“经济调查局为政府豢养议员之地，岂至今日始知其应裁？兼之为时局关系，利用议员者正多，顾恝然去之乎？举办房捐，虽似可靠，而接济在一时，吾民担负在永久，恐亦非所以维持教育之道。”因此，这些建议，“非势等画饼，即言不能行”。“今日中国财政困迫，致教育停辍，固不得谓政府有意玩视，然虚靡国帑者，大有人在。果谓实行裁减，竟不足维持教育前途，吾亦未之能信。所惜者，中央威信废堕，明知应裁而无裁之实力，坐令关系国本之教育，无由进行，虽欲力予维持，竟无可如何。”《大公报》所说的

① 斐：《敬告教育总长》，1919年4月7日《大公报》。

"虚靡国帑者"，指的就是军阀及其傀儡政要，这些人奢侈堕落，纸醉金迷。如果能被裁减掉，当然有利于教育的发展。但当时的中央"威信废堕"，即使想裁也力不从心，仰给于房捐又非长久之计，教育每每处于尴尬境地。政府"信用久失，每不能言行相顾"①。所以，无论房捐，还是征收所得税等，常常有名无实，虚有其表。即使筹款成功，该报也心存疑惑：一，所得之款果能悉数作为教育经费乎？二，纵暂时实行原议，久之，又孰能保其源源接济？三，各省商民对于所得税多表示反对，认为未能有利教育，徒供军人政客挥霍，徒加重商民负担，所以拒绝上交。因此，《大公报》的这些疑问并非空穴来风，毫无根据。一方面，军阀垄断政权，政府几成玩偶，中央久无信用；另一方面，军费浩繁，有增无减，动辄以教育开刀，使教育经费常化为乌有。如果多裁军队，教育费用应该是够用的。

在军阀干涉教育收支的情况下，教育发展举步维艰。《大公报》批评当局对教育经费"口言维持，实则漠视勿问"，迁延不决，"故事搪塞"②。而对军阀"此索若干万，彼索若干万，无不有求必应"，遂使从事教育之寒士，生计无赖，学潮愈演愈烈。该报还谴责政府，间或有款，也"储款以待，不即拨付"，③ 空言维持教育，并无具体步骤。该报对政府敷衍教育、唯诺于军阀态度的批评是值得认同的。

20世纪20年代，《大公报》的视野中充满了荒凉与颓废：

> 时局纷扰，干戈遍地，天灾流行，荒象纷呈，除各地民生所赖，容或不同，试观南北各省免于荒者有几？再以中央言之，财政艰窘，开源乏术，是谓财荒；各校职教员复职无期，任令弦诵久辍，是谓学荒。荒又作急字解，文官武将，各以保守地位，扩充权利为务，荒其所荒，人民灾荒终无以解免，吾其如此荒何哉？④

《大公报》将兵荒、财荒、学荒垒叠一起，而首要之"荒"，应源于"干戈遍地"，最终因"文官武将，各以保守地位"所致。

《大公报》之叙述总有事实映证。1922年5月，直皖战争后，中国人民

---

① 直声：《予之教育经费观》，1921年3月24日《大公报》。
② 直声：《论教育前途》，1921年10月23日《大公报》。
③ 雷行：《论京师学潮之因果》，1921年6月12日《大公报》。
④ 郛公：《荒》，1921年5月24日《大公报》。

是“正是跳出了热锅，跳进了火炉”①，直奉再起纷争，战争随即爆发，预计所需之行政费，以及必不可少之军费，每月共需350万元，而中央直接有收入希望者每月亦不到100万元，② 国库愈发空虚，“其得款者多属于强有力者，至于无武装之实力或政治上之势力者，往往经年累月，不得一钱”，“若夫教育经费，则于政治方面既无运用之能力，更为比较的弱者”，③ 教育经费愈发竭蹶，教育薪金常常数月不发，罢课屡有发生，各处学校都出现了不能不停之势。民国“教育之成绩，亦遂一落千丈”。《大公报》认为“百年树木，十年树人”，教育“即令急起直追，犹虑不及，忍复令其停顿”，发出了“愿我各大军阀，其于国家之将来设想也可”④ 的悲鸣。1924年10月，苏浙各省战乱不断，“军事之蹂躏，经费之剥朒”，⑤ 使数省教育，尽因之而生停顿之恐荒。

政局不稳，乱象丛生，中央政费所需，惟视借债以度日，所可恃之关盐税，却又尽划给军费，故而教育经费日益艰窘。“盖教育二字，秉政当道，视为赘疣之物久矣！洎乎尽顷，战云弥漫，举国嚣然；一切政费，均行停止。所谓教育经费，更渺无希望。”⑥ 战云弥漫的环境里，教育的生存条件可想而知。

（三）重视普通教育经费

对地方官员办学的考成，笔者在第一节中已有涉猎，但只是从行政管理干预教育的角度进行阐述。其实，《大公报》也经常从经费角度来评判地方官员的办学业绩。该报认为，无论是学校校数、学生人数，还是学校“办理当否”、学风之优劣，都与所拨教育经费有相当密切的关系。对于前两者，“苟经费短绌，其为增为减”，地方官无能为力；对于后两者，“亦复与教育经费，息息相关。无经费而办学堂，其结果必至与前清无异”⑦。所以，《大公报》认为当局既然以此作为地方官员办学考成之条例，那首先就要考虑到经费问题，不能只规定奖惩制度，而忽视经费问题。

① 孙中山：《解决中国问题的方法》，引自张宪文主编：《中华民国史纲》，郑州：河南人民出版社，1985年版，第168页。
② 韩信夫、姜克夫：《中华民国大事记》（第1册），北京：中国文史出版社，1997年版，第893页。
③ 砭：《读曹使维持教育电感言》，1922年7月5日《大公报》。
④ 半山：《学校停课之感言》，1922年5月5日《大公报》。
⑤ 木铎：《战乱期中之教育》，1924年10月27日《大公报》。
⑥ 木铎：《战乱期中之教育》，1924年10月27日《大公报》。
⑦ 选：《知事办学考成条例书后》，1915年3月11日《大公报》。

对于设立小学的经费问题，《大公报》认为“他事可惜费，惟国家之对教育，则不宜存一惜费之心，而况小学之设备，其需款亦复甚轻，非若大学、高等专门、师范之难于组织”[①]。以各地财力，兴不起小学令“人所不解”，“愿当局毋视为可缓之图而专以减少教育经费为得计”。[②] 该报重视基础教育，在民初纷扰的环境中，极力为小学之经费煞费口舌，其心情堪为人怜，其精神实属可贵。

民国初年，对于强迫教育问题，中央和地方教育部门都很重视。1913年，湖北省教育司为了普及教育，造就共和人才，“实行强迫教育以联络警界调查各区域幼年儿童，不论贫富，凡年逾七岁不入学者，一经查出或被人告发，加罪其父母。”[③] 而《大公报》发表的文章也认为，“强迫教育之制，为世界列强所公认。”“苟不实行强迫教育，则优劣相形，未免见绌，不特不能竞存于彭湃之潮流，抑先无以巩固其富强之基础也。”[④] 显示了该报对强迫教育的重视，变相肯定了湖北强迫教育的正确性。而关系强迫教育成败的重要因素——经费问题，就更是民国初年的重要话题之一。《大公报》在这方面提出了自己的批评与建议。

> 强迫教育之议，传闻历有年所，今教育部又力为提倡，行将见诸实行。……
>
> ……但国家财政困难，既未能遍设贫民学校，则强迫之法，无非饬地方官调查贫户子弟，已届学龄而未入学校者，科罚其父母而已。试思彼父母既无力培植其子弟，更安有余力以担任罚款，则强迫亦终属空谈耳。窃谓欲求教育之普及，宜先自上及下。方今大小官吏以及高等营业之中，凡不学无术尸位素餐者，往往而有，原其所以尸位素餐，而冥然不知有为，夷然不知自愧者，罔非因未受正当教育之故？惟有另设一种补习学校，强迫此辈入学，就其性之所近，授以相当之职业，必有使作事之知识能力，而后方许以任事，此亦化废物为成材之一道也。
>
> 且此辈虽饱食终日，无所用心，而其分利所得，却都不在少数。既令入学，则将此款捐给各地方，多设贫民学校，强迫贫民子弟入学，则

---

① 选：《论今日亟宜多设小学》，1915年5月25日《大公报》。
② 无妄：《宜补助小学经费》，1918年3月30日《大公报》。
③ 1913年1月8日《大公报》。
④ ［英］季理斐：《论共和制度须实行强迫教育》，1914年6月17日《大公报》。

又不费公家一文，而确可收取强迫教育之成效者也，当局者其有意乎？[①]

在这段引文中，可以看出，第一，《大公报》批评了当局不顾社会客观实际，盲目惩罚那些经济确有困难的学生父母的情形。第二，用讥讽的口吻提出应使那些“不学无术尸位素餐”之辈，进入某一补习学校，补其作事任事之能力，化废料为有用之人。这是对上层社会不学无术的一种批评。第三，没收不学无术者的“分利”，将其捐给各地方办教育，那样才是真正的“强迫”教育，比强迫无钱的父母更有成效。《大公报》如此讽喻，很好地揭露了当时贫民无钱上学，官僚有钱不学而无所作为的现实情形。

对于议员重视教费的建议，《大公报》大力褒扬。袁世凯死后，国会重开。众议院中有人提出，在官产收入内，划分五成专备地方教育之用。《大公报》对此消息颇感欣慰，赞叹道，“此后地方教育既有的款，则办理不致为难，学务可日见发达。此非仅惠及青年也，揆诸作养人才之道，新民德强国本，胥于是乎基之。”不管这笔经费是否能落到实处，该报对经费的盼望与欣喜之情跃然笔端，可以理解。

《大公报》不但对政府削减教育款项的做法，予以批评和督促，而且通过大量的评论和事实报道，为捐款兴教促兴舆论，同时还不断地对捐款过程中的丑恶行径进行鞭笞和批评。

首先，提倡多样化的捐款兴学方式。如：1919年8月，完县知事呈请将东狱庙产充作学款，化私为公，补助教育。该报赞扬道，寺庙“舍财兴学，与舍生救众同一宗旨”[②]，对主持僧人之反抗提出批评。另外，对于前面提到的双港村校董和绅士慨助捐款、山荒充学、法国勤工俭学等兴学方式，《大公报》都给予较高评价，认为其对于教育“利赖无涯”，值得提倡。

其次，痛斥筹款中的丑陋行为。《大公报》对于那些乘教育之危，或捞取不义之财，或大肆搜刮敲剥的行为，坚决予以贬斥。1919年9月，教育部下令裁减经费，于是一些地方官绅，借振兴教育之名抽收杂捐，以为补苴罅漏之计。该报认为，捐款兴学，“即使热心任务，已非正当办法。而况借此名义，敛财肥己者”，更为非法。学务要政如此因陋就简，普及教育更将遥遥无期。要求地方长官，“宜通盘筹算，酌播的款，上以杜不肖官吏之巧立名目，

---

① 无妄，1916年1月26日《大公报》。
② 遁：1919年8月17日《大公报》。

下以免贫苦小民之增重负担”[①]，这样才能使学务蒸蒸日上。同年12月，直隶省滦县、昌黎县借兴学为名向农民抽收“公益捐”、“活猪捐”。《大公报》认为，一般绅士中，“真能热心教育，培植乡里子弟者，恒居少数。而朦（蒙）蔽官厅，巧立名目”，[②] 搜刮乡民的为多。该报提醒省级大吏要严格审查，切勿轻率允准，从长远角度给地方政府鸣响警钟，要求其严格地方教育体系，切勿放纵教育发展过程中的腐败行为。

二、对政府处置教育经费的建议

（一）希望通过舆论力量抑制军费

在袁世凯时期，北洋各军尚维持着统一，这也是袁世凯赖以登上大总统宝座的实力基础。而各省慑于袁的威权，部分恢复解款。同时，关、盐两税除抵债外，尚有盈余可以支配。加之袁世凯经营近代工业和大借外债，故在1914、1915年，中央财政收支勉强能做到平衡。[③] 但是，自从袁世凯死后，政权更迭，财政紊乱，赤字严重。1919年1月19日《申报》引徐世昌所言：“中央财政之紊乱已达极点”，部库“一文不名”。[④] 中央财政困难的重要原因之一就是地方军阀拥兵自重，割据称雄。为壮大其实力，纷纷截留本地税款，军费开支在财政支出中的比重很大，如根据北京政府财政部会计直接支出的帐目，1916年军费支出占岁出总额的31.7%，1919年为43.8%，1925年为46.9%，1928年为48.2%[⑤]。就连一些军阀也认为要军费已成为经济发展的一大祸患。新疆杨增新在致中央的电文中称：“民国成立以来，中央及各省区因用兵而添兵，致库藏消耗于此兵，地方凋敝于此兵”，要促进政治统一和经济发展，“裁减军队为第一之要素”[⑥]。

从民国初年起，北洋政府颁布了各种保护教育经费的措施，如1913年11月3日，“教育部通咨各省，教育经费不得挪作别用。”[⑦] 1915年1月22日，

---

① 遁：《敛捐兴学之非计》，1919年9月4日《大公报》。

② 遁：《藉捐充学之何多耶?》，1919年12月12日《大公报》。

③ 张静如、杨群：《北洋军阀统治时期中国社会之变迁》，北京：中国人民人学出版社，1992年版，第66页。

④ 王其坤：《中国军事经济史》，北京：解放军出版社，1991年版，第466页。

⑤ 张静如、杨群：《北洋军阀统治时期中国社会之变迁》，北京：中国人民大学出版社，1992年版，第113页。

⑥ 《关于新疆省军队裁编招募具报电文》，中国第二历史档案馆，全宗号1001，卷号6131。

⑦ 雷国鼎：《中国近代教育行政制度史》，台湾教育文物出版社，1973年版，第173页。

袁世凯颁布特定教育纲要（亦称学务纲要），其中第五项规定："各地方固有学款，宜分别保存，不得移作他用"。[①] 1919 年，教育部拟定全国教育计划书，对于教育经费之筹措，亦有详尽说明。但由于国势动荡，这些措施很难落到实处。甚至因为军阀势力的阻挠，教育费大多被挪为军费，如1913、1914、1916 年，军费预算数分别为16377 万余元、13115 万余元、14225 万余元；[②] 而同样是这三年，教育预算费却分别只有 6908850 元、3276904 元、12837307 元。[③] 军费与教育费相差悬殊，令人瞠目。作为媒体，《大公报》试图利用舆论的力量，抑制学费转为军费的歪风。当时，直隶省因为临近京畿，教育经费较他省为优，但在 1922 年直奉战争前夕，由于军费浩繁，该省政府准备将教育费挪作军费。《大公报》认为，"处今时势，如欲制胜他人，首须尊重舆论，绝不能专恃武力取胜也。今因军事，遽将教育停止，必失学生之同情，受舆论之攻击，其不能取胜也必矣。"批评此项举动"未为得策"[④]。希望这样的呼吁能压制军费的扩张。

在《大公报》等新闻媒体促动下，军阀们迫于舆情之压力，不得不装腔作势，在表面上作出一些维护教育的举动。于是，《大公报》借文发挥，要军阀能自动缩减军费，增加教育费。1922 年 6 月，直系军阀曹锟、吴佩孚赶走皖系总统徐世昌，请黎元洪复职，意在以黎为过渡，再拥曹为总统。黎元洪虽无实权，是直系军阀之玩偶，但黎仍然顶住压力，宣布暂不支薪俸，以应得之款，尽数拨充京师各校以作学校经费。而曹、吴为了蒙蔽国人，也只好宣布从此重视教育。《大公报》对三人之宣言作了评价，《大公报》认为，我国自古"尊重教育，轻视武备，以故文学优良，人才称盛。洎乎民国，兵队充斥，军阀专横，教育经费，胥为军阀所劫夺。而教育一端，遂一蹶不复振"。如今各大军阀"亦知仰承黄陂尊重教育之至意，赞成裁兵废督，以撙节之款，教育人才，殆亦为潮流所趋，不得不尔耶！"。所以，该报评论道，"彼军阀等，是否真有觉悟，吾不得知。愿全国人士，既已深恶痛恨夫军阀之专横，而视振兴教育，为当今刻不容缓之举。""各军阀虽仍不觉悟，绝不能与潮流相抗。而与我全国之人为敌也，则是军阀之末日，即我国教育振兴之

---

① ［日］多贺秋五郎：《近代中国教育史资料——民国编》（上），台湾文海出版社有限公司印行，第 575 页。

② 贾士毅：《民国财政史》（下册），北京：商务印书馆，1934 年版，第 70 页。

③ 贾怀德：《民国财政简史》（上册），北京：商务印书馆，1941 年版，第 235 ~236 页。

④ 半山：《教育费不当截充军用》，1922 年 4 月 19 日《大公报》。

动机，而谓今日已届军阀之末日，亦无不可也。”① 《大公报》警告军阀如果不幡然省悟，与“振兴教育”的潮流相抗，与全体国民为敌，就是其“末日”，说明振兴教育是民心所向，任何人、任何力量都无法阻挡。

当然，军阀并未履行诺言。1922 年 9 月，各校教职员之欠薪，仍无着落。于是教职员于 1922 年 9 月 10 日，在北京美术学校召开有 40 多名记者参加的招待会，声讨当局在教育经费上的欺骗行为。一些著名的记者，如《京报》记者邵飘萍、《晨报》记者林仲易等，都表示支持。邵飘萍表示“决计援助”教职员的要求，并声言将政府对教育经费问题之态度作为“褒贬批评之目标”等等。会上还讨论了由经费问题引发的其他教育问题：“（1）人才教育之破产；（2）各地军阀，因有首都教育俱被摧残，故肆无忌惮，驯至全国无教育可言；（3）因国家学校破产，致青年学子，迫而就外人经营之教会或学校，伏将来最危险之祸机。”②

与教职员召开记者招待会的同时，学生团体也组织学生，积极开展读书运动。该报认为，学生之读书运动，“非运动教员及时上课，乃要求政府速筹学校经费耳。盖学校既有经费，则教员之目的已达，自必照常上课。不然，则虽勉强上课，而枵腹从公，终难持久”。所以，希望政府“不欲维持教育则已，如仍有维持之意，自当赶筹款项，先将教育经费发出，不得再以欺骗教职员术而复施之于学生。而在教职员方面，亦当体谅政府之苦衷，稍得经费，即当照常上课，不宜为过甚之举，致贻误青年学子之学业也！”③ 这说明政府一直没有满足教员要求，教员与学生都为此愤而运动，《大公报》也在不懈的苦劝政府当局要履行诺言，教员亦见好即收，这样才能拯救学生之前途。

1922 年 11 月，政府对八校工资问题，仍迟疑不决，只知一味“交欢”各派军阀，而置无数之青年学业于不顾。“似有食言而肥之意”。该报认为，“政府之言不顾行，已数见不鲜”，但教育为国家最要之一端，“京师又为首都之所在，全国有志之青年，莫不归纳于此，其教育宜若何重要”，却漠然视之，对于各校之经费，竟然熟视无睹，迄未闻筹有妥善办法，影响全国的教育。另外，教员罢课，学生呼吁。政府却对于拨付关税，靳而不与，政府摧

---

① 半山：《振兴教育之动机》，1922 年 7 月 1 日《大公报》。
② 《教职员招待新闻记者大会记》，1922 年 9 月 12 日《大公报》。
③ 半山：《读书运动》，1922 年 9 月 12 日《大公报》。

残教育之心，不问可知。《大公报》质问道：“夫中央财政之困难，至于今日，盖已无以复加。今政府对于京师各校之经费，舍关税外，试问尚有他道焉否耶？既不肯拨交关税，又无他道可资接济，则是政府已完全失部维持教育之能力矣！吾不知国家之有政府，又果何用也！”显然，《大公报》对政府拨发教育经费的希望，已经变成失望或绝望，因此才有如此论调。无奈之下，该报把视角转到教会学校，认为，“中国政府，既无款项兴学，则莘莘学子，必仍投教会学校而后已。是故教会学校，若雷厉风行，收束学生之身心，眼前虽或不免稍受打击，而终之必获胜利也。”[①] 这说明，该报期待政府筹备教育费用无望后，只能寄望于外国人投资的教会学校上，这也是一种不得已而为之的举动。而且，当时的《大公报》创办人英敛之，也在创办教会学校。该报的这种说法，难免也有附和英氏教会办学之嫌。但无论为何，该报对政府无视教育经费的谴责，不是没有可取之处的。

恩格斯说过：“军队是国家为了进攻或防御而维持的有组织的武装集团。”[②] 袁氏出任中国总统，取得了对全国军队的最高领导权。为巩固自己统治，牢牢控制军权，任用亲信，扩充军费。1915 年 5 月，袁世凯曾密谕手下云：“立国今日，非自强无以图存”，日本自明治维新以来，上下一心，步武西法，发奋图强，惨淡经营 40 余年，“无非求达其东亚大帝国之政略”，“就其近年军事言之，征发陆军，可达百万，海军战舰，已逾六十万吨，席其方张之势，日思拓地殖民。”[③] 袁世凯大打军事牌。段祺瑞控制中央政权后，国防军、边防军建立，加剧了军队内部各派系分化，以致时人感叹“我国最复杂者，莫过于军队”。其编制分为“新式陆军与旧式陆军两类”，隶属“又可分为国有、省有两种”，说明军队混乱和分裂之程度。“军费虽出自中央，而指挥调度，已非军部权力之所能及”。即使以中央名义新组建的国防军、边防军，也都是段祺瑞、徐树铮“一手经营”[④]，其国有性质大打折扣。段祺瑞作为北洋军阀的首脑之一，“自己在北洋系内又形成一个新的军事系统，并企图凌驾于其他省区督军之上，首先就破坏了北洋系军阀集团内整体利益的规范

---

① 《中国现状概论》，1923 年 4 月 18 日《大公报》。

② 《马克思恩格斯军事文集》第 1 卷，北京：战士出版社，1981 年版，第 342 页。

③ 白蕉：《袁世凯与中华民国》，荣孟源主编《近代稗海》第 3 辑，成都：四川人民出版社，1985 年版，第 106 ~ 109 页。

④ 静观：《全国陆军之近况》，《东方杂志》，1919 年，第 16 卷第 6 期，第 165 ~ 166 页。

和原则，将自己与北洋系其他省区的军阀隔离开来。"[1] 各派军阀明争暗斗，展开竞争，军事扩展就是其争斗的资本。"自南北兵兴，武人当道，以扩张兵队为能事，于是军制大坏"，成为中国当时的大患。据当时人调查，1919 年全国军队有 140 余万，"较前清增加四倍，较项城时代增加一倍有余"。[2]

"公共舆论是社会秩序基础上共同公开反思的结果；公众舆论是对社会秩序的自然规律的概括，它没有统治力量，但开明的统治者必定会遵循其中的真知灼见"[3]。《大公报》希望自己的言论能够得到开明统治者的重视，然而在军阀横行的年月，这样的愿望只能停留于笔端，于改变现实没有多大作用，北洋军阀怎么会重视《大公报》的言论呢？

总之，《大公报》从客观的角度批评政府和军阀处理教育经费的草率和无知，尤其是把主要谴责矛头对准了军阀，希望通过各界舆论，能给当权者造成一种压力，抑或能使军阀良心发现。但事实的结果却再次给《大公报》以当头痛击。战争仍在继续，教育仍然危机四伏。《大公报》的种种努力和次次落空的结果表明，在军阀的专制淫威之下，教育想求得一席生存之地是不可能的。

（二）对庚子退款与教育经费关系的认识

《大公报》对军阀之振兴教育的口号持有疑意，但依然竭力为教育费大声呐喊。1918 年 12 月，第一次世界大战刚刚结束，蔡元培以北京大学校长身份，与陈独秀、夏元瑮、黄炎培等人联名提出《请各国退还庚款供推广教育意见书》，呼吁各界借助欧战之后有利的国际环境，敦促各国将"此后每年赔款，悉数退还吾国，专为振兴教育之用度"。社会上掀起退款兴学运动，但直到华盛顿会议召开，法国国务总理白理安才声明："至民国十年十二月四日"，法国愿将赔款的"小部分为办理中法间教育及慈善事业"。[4] 1920 年，北洋政府欲筹建西南大学，计划使用国人力争而尚未到位的法国退还赔款。对于利用庚子赔款振兴教育的主旨，几年后的一篇回忆文章曾认为，是"确立教育独立的基础——教育独立的第一义，使教育经费完全独立，可以按月

① 参见丁长清：《略论民国初年北洋军阀的分化》，《湖北大学学报》（哲社版），1998 年第 5 期。
② 杖：《南北兵兴以后各省区兵力一览表》，《东方杂志》，1919 年，第 16 卷第 4 期，第 173 页。
③ 哈贝马斯：《资产阶级公共领域：观念与意识形态》，哈贝马斯著，曹卫东译：《哈贝马斯精粹》，南京大学出版社，2004 年版，第 75 页。
④ 雷殷：《庚子赔款问题》，民国大学出版部（北京师范大学图书馆库本阅览室藏，无出版年月）。

支用，不受任何方面的牵制”。[①] 而当时情况，则是《大公报》所揭露的：款项未到，军阀已经虎视眈眈，“四方罗掘”，“直欲攫取”，所谓振兴教育之西南大学，“不过如画饼望梅，聊慰饥渴而已”，[②] 与其主旨南辕北辙。该报希望通过舆论呼吁，为合理使用庚子退款作准备。1922 年 7 月，英国有归还中国庚子赔款之意，但由于英国国会改选，内阁更迭，使退款横生枝节，几经跌宕。敌视中国的新闻记者朴兰德，经常在《泰晤士报》上发表反对中国的文章，他致函伦敦《泰晤士报》，说中国政府“对于军备上，较之教育，每岁所挥霍者，实有数倍之多。英国政府近因减政之设施，对于学款，亦极事节缩。是故英国对于庚子赔款，殊无退还中国补助中国教育费之必要也”[③]。对此诋毁之言，《大公报》十分愤慨，撰文阐明中国未必将此款用于军费。同时声明，朴氏对中国并不十分了解，所以其结论成见甚深，希望了解中国的英国人识破朴氏谎言，起而抗之。当时军费挪用教费确属事实，但《大公报》作为一份民族报纸，在中外意见分歧之际，极力要求退回庚款的建议也在情理之中。该报这样的倾向毕竟是从本民族的利益出发的，应该肯定。

在得知英国确有不退庚款之意后，该报开始责备军阀政府的腐败与妥协行为。认为，自从美国退还庚款改充留学经费后，我国“游学彼邦者，络绎不绝，人才辈出，成绩斐然。”假使我国当局“彼时能援照美国先例，要求各国，一律退还，拨充教育经费”，各国亦必“顾全友谊，慨然应允”，“乃当局诸公，只知争夺个人权利，曾无丝毫振兴教育之心，以至因循贻误，丧失权利不少，直至我国加入战团，各国始允缓付五年，然仍未达到退还之目的也。”这也正是英国不愿退还的口实。《大公报》要求退还赔款之观点是正确的，对军阀弄权之谴责也有一定的道理，但对英美等国抱有幻想却显得难入情理。况且，帝国主义不退庚款的原因很多，如果认为是民国上层争权夺利的缘故，则太简单化了。正因为看问题肤浅，《大公报》要求当局少存政费之念，注重教育，不要挪充军费，而以兴办教育为名，继续要求各国将此项赔款即日退还，扩充各处学校，“以示注重教育之诚意”，同时该报还幻想“各国既对于我国教育，夙具热心，此次退还赔款，虽或因本国财政困难，不

---

① 周太玄等：《庚子赔款与教育》（上），上海商务印书馆，1925 年版，第 21 页。
② 遁：《空中楼阁之西南大学》，1920 年 3 月 11 日《大公报》。
③ 湛：《对于朴兰德评论庚子赔款之我见》，1922 年 7 月 30 日《大公报》。

愿照办，顾我政府既以教育为名，则各国当亦无词以拒绝”。[①] 这些认识、要求和希望在民初动荡的内外政局之中，明显都偏离实际，白费口舌。

第三节 《大公报》对政府制定的教育政策和措施的评论

教育政策是“针对某一时期、某一方面教育措施的具体方针，以期适应当前情势”，它是“审察当前的需要，考虑环境的条件，来决定具体的措施”，它“往往从近处著手。教育政策的主要作用，在于因时制宜”，“可以达成某一时期的教育任务”[②]。民国初年，根据当时的环境，政府采取了一系列教育改革的制度。在教育制度方面，确立了“五育并举”的教育宗旨[③]，设置了教育部、社会司等一些相关教育机构，颁布了“壬子癸丑学制”、“壬戌学制”等影响后来教育发展的新学制；在具体教育政策方面，规定了普及初等教育[④]、鼓励社会教育、推广女子教育、发展师范教育、提倡捐资兴学、解决经费问题等政策，为民国教育发展奠定了政策和制度基础，可谓“因时制宜”。但由于中国特殊的社会环境，使得民国初年的教育政策和措施，很多在订立时就弊病频生，或者在实施过程中变形走样。

《大公报》不仅对政府和地方教育当局的腐败行为进行谴责，而且对庞大的军费开支影响教育进程的运作进行鞭挞，同时还对政府所制定的各项教育措施，积极回应，建言献策。

一、对学校尊孔读经政策的批评

袁世凯掌权后，为了复辟帝制，1915 年 1 月 1 日，袁世凯颁布了《教育宗旨令》，强调注重国民教育，培养爱国诚心，以尚武、崇实、法孔孟、重自

---

① 半山：《退还赔款问题》，1922 年 8 月 2 日《大公报》。

② 孙邦正：《六十年来的中国教育》，台湾国立编译馆，1971 年版，第 19 页、35 页。

③ 尽管这一宗旨由于袁世凯的倒行逆施而未能很好贯彻，但是民初及以后的教育宗旨毕竟与前清有了很大的区别。

④ 孙中山曾阐释推广初等教育的迫切性：“欲兴办中小学校，非养成多数教员不可；欲养成多数中小学教员，非多设初级、优级师范学校不可。”尽管袁氏怀有复辟帝制思想，但后来迫于形势，也基本按照这一主张进行，颁布了《特定教育纲要》等政策。参见中国第二历史档案馆编：《中华民国史档案资料汇编》（第二辑），南京：江苏人民出版社，1981 年版，第 477 页。

治、戒贪争、戒躁进为具体实施手段。[①] 1915 年 2 月，袁世凯又颁布了《特定教育纲要》，在一篇教育要言中指出："各学校均应崇奉圣贤以为师法，且宜尊孔以端其基，尚孟以致其用"，[②] 并在后面的说明中，再次强调了"学堂崇奉圣贤，非为宗教之教养，实以为师法之极则。"[③] 为配合其复辟帝制，袁氏颁布了一些政策加以配合，袁世凯把全国规划了四大学区，"每个学区设大学一所，每校分科暂不必六科皆备，以互相辅义为主。六科之中，应以理工医农为先，文商次之，法又次之。"同时，在学校外独立设置专以阐明经义和发扬国学为主的经学院，按经分科，并"佐以京师图书馆，以期发明精血之精微"。[④] 复古主义开始盛行，教育受到封建色彩的影响。"袁世凯复辟帝制和在文化教育领域中推行尊孔复古政策，使历史的车轮发生了倒转，使资本阶级革命派在中国建立民主共和国家的理想成了泡影。"[⑤]

加之，袁氏为复辟帝制，解散国民党，解散国会，颁布"袁记约法"，等等措施，不一而足。更使《大公报》对民国政府的整体印象颇为不佳。1914 年，该报曾有一段专门描述：

> 消灭政党，消灭政党，则政党居然消灭矣！可叹！解散国会，解散国会，则国会居然解散矣！可怜！重修约法，重修约法，则约法居然重修矣！可异！举行考试，举行考试，则考试居然举行矣！可鄙！停办学校，停办学校，则学校几欲停办矣！可痛！废止内阁，废止内阁，则内阁几欲废止矣！可怪！规复御史，规复御史，则御史几欲规复矣！可笑！民国名目，民国名目，则民国名目几欲不在民国矣！可恨![⑥]

上述评论讽刺了袁氏打击异己、破坏民主、藐视教育、消除内阁、规复旧制的丑恶乱象，客观上揭示了袁氏统治时期教育面临的险恶环境。

早在民国元年 5 月，苏州人胡玉缙就在《大公报》上发表《孔学之商

---

① 中国第二历史档案馆：《中华民国史档案资料汇编》（第三辑）（教育），南京：凤凰出版社（原江苏古籍出版社），1991 年版，第 25 ~ 34 页。

② 中国第二历史档案馆：《中华民国史档案资料汇编》（第三辑）（教育），南京：凤凰出版社（原江苏古籍出版社），1991 年版，第 37 页。

③ 中国第二历史档案馆：《中华民国史档案资料汇编》（第三辑）（教育），南京：凤凰出版社（原江苏古籍出版社），1991 年版，第 38 页。

④ 中国第二历史档案馆：《中华民国史档案资料汇编》（第三辑）（教育），南京：凤凰出版社（原江苏古籍出版社），1991 年版，第 44 页。

⑤ 李国均，王炳照：《中国教育制度通史》（第七卷）（民国时期），济南：山东教育出版社，1999 年版，第 33 页。

⑥ 心森，1914 年 2 月 13 日《大公报》。

権》一文，胡文认为：“凡一国必有一国之历史、风俗、习惯，善筹教育者于其流失则矫正之或革除之，于其特长则扶持之又从而光大之，而后教育自成为一国之教育，国乃可竞存于世界。”满清因为食旧不化，虽有教育新政，但仍为变相之科举，最终亡国。如今民国肇建，教育却另走极端，不顾中国固有风俗习惯，醉心欧风美雨。于是，欧洲有国教，中国也欲尊孔教为国教。这些举动不仅违反信教自由，同时也可能引起类似欧洲那样的政教之祸。此文说明，是否尊孔教为国教已经引起国人关注。在1912年召开的临时教育会议上，尊孔问题再次引起剧烈争执。这年9月，袁世凯政府发布《尊崇伦常文》，宣称：“中华立国，以孝悌忠信礼义廉耻为人道之大经”，强令“全国人民，恪循礼法共济时限”。① 同年10月，陈焕章、张勋等在上海发起成立孔教会，之后又在全国许多城市设立分会。1913年2月，康有为创办《不忍》杂志，为孔教会作序，大肆宣扬尊孔，说什么“孔子之道本乎天，……故无论何人，孔子之道不可须臾离也。”② “中国一切文明，皆与孔教相系相因，若孔教可弃也，则一切文明随之而尽也，即一切种族随之而灭也。”③。1913年10月，时任国民政府大总统的袁世凯，在其公布的《天坛宪法草案》第19条中附以尊孔条文：“国民教育，要以孔子之道为修身大本”。④ 1914年，时刻梦想复辟清朝的遗老劳乃宣，在7—9月间，先后写下了《续共和正解》、《君主民主平议》两文，与前著《共和正解》一起刊印。他异想天开地希望袁世凯能“运以精心”，“议定宪法”，十年后“还政”于“大清皇帝”⑤。

上述种种尊孔复古的逆流，都与袁世凯复辟帝制的阴谋紧密配合，自然激起全国人民的愤怒与反对。但当时的教育总长汤化龙却发布教育指针，说什么“孔子之道，最切于伦常日用，为举国所敬仰”⑥，主张“尊孔读经”，并下令全国各学校在修身、国文教材中采用“经训”。对此，《大公报》多有不满，认为这是当时“最宜研究”、“最宜速为解决”之问题。第一，教育部不可能使各宗教信仰之人民受统一之修身教育。《大公报》说，中华民国宪

---

① 《袁大总统书牍汇编》(1929年版)。转引自陈学恂主编：《中国近代教育大事记》，上海教育出版社，1981年版，第231页。
② 康有为：《孔教会序·其一》，《孔教会杂志》第1卷2号。
③ 康有为：《孔教会序·其二》，《孔教会杂志》第1卷2号。
④ 陈学恂：《中国近代教育大事记》，上海教育出版社，1981年版，第247页。
⑤ 《桐乡劳先生遗稿》(卷一)，《续共和正解》。
⑥ 汤化龙：《上大总统言教育书》，转引自舒新城：《中国近代教育史资料》(下册)，北京：人民教育出版社，1961年版，第1071页。

法规定，中华民国五族平等，人民无种族、阶级、宗教之区别，“无论何教之修身，固莫非以修己厉行、敦品厚德为主旨。惟其修身之道，则泾谓不同，各有来源，教育部欲统一其修身之学，须先统一各教，既不能统一各教，而强使各教人民受统一之修身教育，其能收实行之效者，未之有也。”① 第二，学校教科书之编撰是否应以孔子之言为旨归。《大公报》认为，天主、耶稣两教所立学校甚多，是否因此项“通饬”而强迫教会学校更换其修身之课本？如果更换能力有限，是否要限定学员资格而不予其毕业？两教之中编辑之书甚多，教育部如果按此通饬禁其发行，不是违反了出版自由的法律了吗？通过这些问题，《大公报》质疑学校教科书编撰的宗旨，无论效果如何，总会对人们有一些心理提示。事实上，袁政府为其复辟帝制，根本不可能顾及这些琐屑问题。《大公报》没能发现问题的实质，仅仅就“教”而论“教”，所以不可能在舆论上产生什么效应。而且《大公报》负责人笃信天主教，上述认识也多少体现了在不同宗教学校的竞争中，《大公报》为加强天主教地位而辩护的可能。第三，不应该改变各教信仰问题。《大公报》认为，教育指针中关于中小学校教员讲经修身时，要根据生徒年龄程度，循序渐进，耐心指导，积信仰孔子言行于无形的规定，“隐寓强迫尊孔之意思，事实无裨，徒生恶感”，因为“矧此两教于学校及教科书中，皆殷殷谆谆，更番珍重，务以其信仰之精神灌输于生徒之脑中。苟使其舍自己教理之修身，而取孔子教理之修身，以孔子之精神，易其教主之精神，直不啻使一切传教士背其教而信孔子，绝无此事，亦绝无此理也。”② 第四，教育部之通饬名为尊孔，实为诬孔。《大公报》认为，孔子为“圣之时者”，若其生于今日，“亦必呢冠革履，决不仍以章甫逢掖，招世人之骇怪。口中所道，亦必以自由平权、利国福民为常谈，决不仍以入孝出弟、忠信笃敬等语，召时髦之非笑。修身而不欲遵孔子则已，诚欲遵孔子也，则必择今日之最时行者，以为莘莘学子之规程，庶乎得其三昧。”该报旨在说明，时代变了，思想也应随之而变。那么当时所谓“最时行者维何？”曰：“若封赐勋位、勋章之证书，若封赐上将军、将军、上中少将、校尉之证书，若大总统之各项命令，若文武大小官吏之委任状，若内外文武官制。凡此种种，汇为巨帙，颁行全国学校，俾青年子弟，朝摩夕练，以备幼学壮行，如此则不惟得尊崇时圣之真旨，而且深合

① 竹轩：《读教育部教育指箴之疑义》，1914 年 7 月 10 日《大公报》。
② 竹轩：《读教育部教育指箴之疑义》，1914 年 7 月 10 日《大公报》。

乎现今借尊孔之名，以培养其意中人材之微意，且决不致启反对之□。掌教育者，盍务为切近之图，而勿拘拘于不合时宜之陈言腐语，欲尊孔而适以诬孔也。”① 在此，该报表面是说尊孔要跟随时代步伐，即所谓最“时行”者。实际上讽刺揭露了袁氏借“尊孔”而为其复辟帝制大封官爵的行径。第五，尊孔读经也要“言”与“行”一致。《大公报》认为，“现在若必使国人子弟读经，即让国人子弟日言先王之言。既让国人子弟言先王之言，则应使国人子弟行先王之行。如使国人子弟行先王之行，则与民国之体，民国之理，民国之义，民国之例，大相背谬。如仅使国人子弟言先王之言，而不使国人子弟行先王之行，是陷国人子弟以习空言，无实用也”；“是教国人子弟以言不顾行，行不顾言，言行不符也。”② 《大公报》表面是说，“读孔经”就是“言先王言”，既然“言先王言”，就应该“行先王行”，若言与行不一，则无实际作用。其实，该报主要是对袁世凯复辟帝制阴谋进行批判，其次也难免含有维护本教利益的成分。但对尊孔读经的批评，客观上无疑有进步的意义。

袁世凯的倒行逆施违背了历史的潮流，1916 年 6 月，袁氏在全国人民的唾骂声中死去。黎元洪继任北洋政府总统，国会重新召开。但陈焕章等又于 1916 年 9 月，再次向国会提出请定孔教为国教的意见书，说什么“中国若果不亡，则孔教必为国教；孔教若不为国教，则中国必亡!”③ 第二次提出在宪法上“请定孔教为国教”④。9 月 20 日，康有为“致北京政府书”在《时报》发表，要求“以孔子（教）为大教，编入宪法，复祀孔子之跪拜，明令保守府县学宫及祭田，皆置奉祀宫”⑤。这些“建议”受到全国人民的坚决抵制，针对宪法草案第 19 条关于“国民教育以孔子之道为修身大本”（下文简称“大本”）的规定，李大钊指出：“此宪法之自杀也，此宪法自取消其效力之告白也”。“总之，宪法与孔子发生关系，为最背于其性质之事实。”⑥ 对此，《大公报》认为其“阳避国教之名，阴寓强迫普及之意”⑦，并连续发表《宪法草案大二毛子问答录》、《书天坛草案第十九条问答录后》、《旅津公民请愿

① 无妄：1914 年 7 月 13 日《大公报》。
② 心森：《我对于读经问题之研究如是》，1914 年 7 月 23 日《大公报》。
③ 陈焕章等：《孔教会国教意见书》，《经世报》，第 2 卷第 3 号。
④ 《宗圣杂志》，第 2 卷第 5 册。
⑤ 康有为：《康南海致北京政府书》，1916 年 9 月 20 日《时报》。
⑥ 李大钊：《孔子与宪法》（1917 年 1 月 30 日），载《李大钊选集》，北京：人民出版社，1959 年版，第 77 页。
⑦ 《旅津公民请愿宪法勿定国教上参众两院及顺直省议会书》，1916 年 10 月 25 日《大公报》。

宪法勿定国教上参众两院及顺直省议会书》等评论文章，或者呼吁，或者谴责，其主要观点如下：首先，宪法关于“大本”的规定字句含糊，言行不一，限制了信仰之自由。《大公报》认为，宪法用词含糊不清，条款内容前后矛盾，如宪法第十九条规定国民教育以孔子之道为修身大本，即为“不伦不类”。因为“既有第十一条信仰之自由，政府断不能以孔子之道或孔子之教以强逼吾教子弟矣！况又有第四条于法律上无宗教之别均为平等。”[①] 如果因第十九条之故，而有拜孔之事，则其他教亦只得依第四条条文，呈请政府另设小学、中学、大学，专授其教派子弟，学成之后而服务于国家。虽然《大公报》难以去除为自己信仰的天主教辩护之嫌疑，但其批判目标则是针对“定孔教为国教的”，于情于理都有一定的根据。其次，正是宪法之“大本”的规定，使得学生屡起风潮。《大公报》说，“官立、公立等学堂，在前既屡起风潮，此后以孔子之道，孔子之教，为绳愆纠谬之标准，人谁无过？殆自校长以下，不能一日居矣！在学生则可曰：夫子教我以正，夫子未出于正也；在校长等，将何辞以自解耶？”所以，“大本”最终会成为学生闹学潮的理由。最后，“大本”的规定，是“党同伐异”之规定。《大公报》认为，此条是对其他宗教的排斥。“姑不论其对于他国他教，不能如孔子言，不知为不知，而一种党同伐异之心，不啻司马昭之心矣！一若不以孔子之道为修身大本，则民国无由教育；不以孔子之教为中华之国教，则民国无由立国。是立国之所有，惟一孔子之教也；教育之所由，惟一孔子之道也。推其心之所至，则居其国者，而不从其惟一之教所由立国，惟一之道所由教育，不谓之大二毛子其可乎？”[②] 显然，该报是出于对孔教一教独尊的不满，说明其对立国根基的威胁，这一点立论深刻，痛斥孔教要害。

虽然《大公报》站在自己的利益角度反对尊孔读经，但其言论对揭露军阀借孔教之名行专制独裁之实，起到了积极的作用。

袁世凯执政时期，除规定学校尊孔外，其他规复旧制的现象也屡屡发生，如政府举办县知事考试、张镇芳请求恢复科举、重设御史台之议、仿古设置中书省等，“凡此荦荦大端，皆中国过去历史上，已死已亡之君主所藉以自雄者也。”[③]。对此，《大公报》都坚决予以批斥。例如，对县知事考试和规复科

① 马相伯：《书天坛草案第十九条问答录后》，1916 年 10 月 21 日《大公报》。
② 马相伯：《书天坛草案第十九条问答录后》，1916 年 10 月 22 日《大公报》。
③ 心森：1914 年 2 月 25 日《大公报》。

举的鞭挞，对于前者，《大公报》认为是“为利禄热中之辈，辟一捷径”。“即此一端，民国之学非所用，用非所学，殆较从前为更甚”①。对于后者，《大公报》则讽刺说：“文事与武备，必相辅而行。试文士者既复科举之旧制，试武职者亦必仍复弓箭刀石之前例，而一切海陆军队，□废去枪炮之属，而以弧矢干戈代之，或亦消弭杀机之道欤”②。同时，《大公报》认为县知事考试和恢复科举之间，关系密切，“试验知事，应考者既如此踊跃，则科举之实行恢复，自在意计之中”③。虽然恢复科举未成事实，县知事考试的参加者未必全是学生，但其恶劣影响已经涉及当时的教育领域，在青年学子中造成了消极影响。《大公报》的批评，在客观上对复古逆流起到一定的抵制作用。

二、对政府和教育部门处理学潮的评判和建议

报纸作为大众传媒，具有一定的渲染力，并以此对人们的情绪进行驾驭和控制，唤醒人们对时代主题的期望、情感，希望社会以自己为指针发生改变，从而达到救国报国的目的。

“五四”后，内政仍然杌陧不安，许多学生冲破“士习嚣张”、“学风猖獗”的舆论压力④，继续与当权者斗争。正如时人所言“全国人民因为对于国事咸感觉精神上有无穷痛苦，才晓得注意政治。在全国人民里面，愈是有思想有知识的人，那些痛苦愈是烈害。一般血气方刚活泼有为的青年学生，抱满腔的希望，拥万斛的热血，前程万里；目击不如意的社会及垂危的国家，那有不积极奋斗的呢?”⑤《大公报》除批评学生冲动闹事外，认为政府和教育部门的处置举措有失妥当：

第一，政府和教育部门平日缺乏对学生的培养。《大公报》认为，中国前途惟教育是赖，政府平时不注意约束学生，故“无从宽其责备”。⑥ 负教育之责者，对学生应该“善为诲导，匡其不逮，使其不逾正规”。⑦ 然而事实上，教育部门往往违背学生心理，对学生“严格相绳”，致使学潮“不日趋于溃防”。⑧

---

① 心森：1914年3月9日《大公报》。
② 无妄：1914年1月19日《大公报》。
③ 梦幻：1914年1月21日《大公报》。
④ 《江苏第三师范校长上教育总长书》，民国9年4月23日《申报》。
⑤ 查良鉴：《中国学生运动小史》，世界书局，1927年版，第2页。
⑥ 砼：《教部流血之怪剧》，1922年12月23日《大公报》。
⑦ 味农：《警告学界同胞》，1920年1月17日《大公报》。
⑧ 砼：《教部流血之怪剧》，1922年12月23日《大公报》

第二，政府挪用、克扣教育经费引发了学潮。《大公报》说，“教育为立国根本，经费为教育命脉，无经费即无教育”，学潮诱因多为经费短缺，特别是因为政府重视政费、军费，克扣教育经费，更是学潮骤起之直接导线。“自军事繁兴，政府之视教育事业，已若无足轻重，而教育经费泰半归诸军用，即教育当局努力维持，亦每至捉襟见肘，固不俟明事摧残，早等于形式仅存，毫无生气。”对此，政府并未追根溯源，削减军费，却对学潮中的学生“惟事逮捕禁锢”，“横加摧残，可爱青年，直一变而为群矢之的”。致使学生罢课迭见，学业久荒。教育前途，殆将绝望，“必至全国造成无教育地位而后已”①。该报谴责政府剥夺教育费用，导致教育困顿，学潮频频；且政府欠缺考虑，盲目镇压，严重威胁教育前途。《大公报》这些批评有一定道理，但却只是表面追究，未触及根本，未能找到军阀政府的黑暗统治才是触发问题的罪魁祸首。

《大公报》也批评政府因循苟且、不事长久的短浅目光。它批评政府用暂时的经费应付学潮，羁縻敷衍，鼠目寸光的处世态度。正当因经费问题而学潮汹涌时，传闻政府可以暂时补发25万元教育经费。《大公报》认为，“惟是经费之积欠者，既须一律补发，而筹划未来经费，尤不可缓。使只顾目前，如数补发，幸得恢复原状，然不能源源接济，将来仍不免于罢课废学。”所以，政府应该筹划永久之计，才能消弭罢课风潮。然而“值此经费困迫之际，各省军队无裁减之望，要求饷需者且纷至沓来，教育经费终不能不受其影响。则教育前途，终无乐观之可抱也”②。因此，《大公报》怀疑，政府“月发之二十五万元确有的款可指，弗至徒托空言，庶教育事业得以维持勿敝。否则得过且过，只事苟全一时，殊非长久之计也。”③《大公报》不仅批评政府霸占教育经费，偏重军费的不当举措，也批评政府处理学潮时应付交差，得过且过的做法。

第三，政府和教育部门处理学潮时或草率从事，或暴力镇压。如1922年11月的唐山大学风潮，该报谴责当局未经慎重考虑，将该校“遽行全体解散，耗费国家之金钱，其害犹浅；数年来造就之学子，坐失学业，其害实深也”④。对

① 直声：《论教育前途》，1921年10月23日《大公报》。
② 郛公：《论北京学界风潮》，1921年3月18日《大公报》。
③ 去非：《教育经费问题》，1921年4月6日《大公报》。
④ 半山：《唐山大学之风潮》，1922年11月22日《大公报》。

于“高氏持强力以解散唐校”，该报“非视为其为合理”①。又如1924年，北洋大学学生因校长冯熙运不答应学生实行新学制，并无理开除学生而引发的学潮。《大公报》批评政府不应该“迁延复迁延”，而应该将“冯氏调长法政”，或开除学生代表，或“使之转学他校”。总之是责备政府的决策或者缺乏考虑，武断从事；或者果断不够，犹疑误事。

《大公报》对教育部门不谋开导学生，政府当局一味镇压学生的措施亦微词连连。“五四”后，学潮汹涌澎湃，该报曾责备教育部未能及时召集各校长“于学生为剀切之训导”，“负疚良知”，“有辱厥职”②；该报也奉劝政府对待学生“要在尽心维护，整肃学风，勿令湎规越矩，荒废其宝贵光阴”。同时，《大公报》埋怨政府在外交变故激起“五四”学潮时，既无“根本上觉悟”，“又不有相当解决，始而优容，继而遏抑，相□相激，风潮遂弥漫全国，坐令一般学生，将不再来之时光，悉致诸虚牝”，“恶因所积，一触辄发”③。政府对青年之罢课和读书运动，保护不足，蹂躏有余，何能谈得上尊重教育？而各地方官吏对如何保护学生付之阙如，每遇有动作，即目为过激行为，任意摧残，横加屠戮，荒废其学业，即生命身体，亦无时不在危险境域，“为父兄者令子弟入学读书，且出以其汗血所得，以供教育之用，将以求造成学业，为用于国，非供其蹂躏也。顾既积欠经费，荒废其学业，复滥用威权，加害其身体，有子弟者宁不痛心？今后谁复肯令子弟求学？徒供政府之蹂躏？政府果欲废除教育，何如直下命令，解散全国学校；或竟师祖龙故智，焚书阬（坑）儒，职教员学生无权无勇，亦不能有若何抗力”④。该报还认为，政府果欲平止学潮，就应该对于卫兵行凶事件，为适宜之处置。不应该“曲事回护”，“致他各校亦相继罢课”，并且监视学校，查禁集会，以威权临人，强力镇压，“顾日事激荡，毫无觉悟，犹将恃教育基金已得办法，求学潮平息，真欺人适以自欺矣！”⑤《大公报》此时对政府镇压学生的事件深恶痛绝，言辞激烈，辛辣有加。同时也对政府谆谆劝告，促其自醒。

第四，政府对学潮之学生惩治不力。该报批评政府在学潮爆发后，对学生没有“相当之惩戒”，教育秩序恢复迟缓。《大公报》批评政府对学潮诸生

---

① 磊庵：《唐山大学解散之感言》，1922年11月26日《大公报》。
② 斐：《学潮感言》，1919年8月31日《大公报》。
③ 郛公：《学潮之因果》，1921年6月28日《大公报》。
④ 雷行：《论京师学潮之因果》，1921年6月12日《大公报》。
⑤ 直声：《政府对待学潮之手段》，1921年6月17日《大公报》。

不能给以适时惩罚，反而“殴人成伤”，可谓“溺职无能”。而学潮基本平息后，政府又不能及时任命新人，确定教育基金，恢复教育秩序，使“部务废弛”。教育事业无人过问，“任令陷于停滞境域”，[①] 教育领域一派萎靡不振之气象。《大公报》似乎不知道，屡形动荡的政局之下，怎能有快速运转的教育车轮？

第五，政府利用学潮“植党”树派。《大公报》批评政府借学潮之机，树门立派，朋比为奸。如在1922年底至1923年初的北大的“留蔡拒彭”运动中，该报抨击彭允彝利用学潮打击异己，树立亲信的可耻行为。

> 蔡为吾国学界泰斗，对于学生，取思想自由发达主义，以故年来北大成绩，毁誉参半，此自无可讳言。但政府如以其办学政策，与国家所主张之教育宗旨不符，去之可也。讽而使之自去，亦无不可也。则其去也，学生固不当留，即留政府亦当加以制止。但如现政府以植党之故，迫之使去，固已不足以昭示国人矣！矧蔡氏之去，则以教育总长，违反约法，丧失人格，本有道则见无道，隐之宗旨为洁身之去。蔡氏若去，后之来者，必为卑鄙龌龊，与现政府同流合污之一人；使学生听蔡使去，则学生屈伏于恶浊人格师长之下，即不啻自卑其人格。此其留蔡，记者认其为有理由者。[②]

上段论评说明，《大公报》对当局为“植党”之故，树立派系的卑鄙行为，不满殊甚，点明民初政局不稳的根源所在。

第六，教育部门未能妥善处理好政府与教师之间的联络沟通。对于1919年因京钞影响而引起的教员罢课，《大公报》认为，教育当局“对于学校有管理之权，对于教职员有维护之职。今教职员既因生活之艰难，迫于不得以而同盟罢课”，有教育之责者就应该“一方顾政府财政之竭蹶，一方予以相当之维持，教职员纵强硬，当亦可以翻然醒悟”。[③] 该报批评教育总长傅增湘推卸责任，漠视教育，对教员不能“优其薪给”，使其不能安心教授，最终使儿童沦为“上层游民”的行为。

《大公报》一方面警告当局，对学潮处理“措置稍一不当，则后日之为

---

① 直声：《教育前途之无望》，1921年12月29日《大公报》。
② 砭：《大可注意之学潮》，1923年1月21日《大公报》。
③ 斐：《北京教职员罢课之感言》，1919年12月22日《大公报》。

患”,[1] 不堪设想。另一方面又寄望政府当局平息学潮，并对政府和教育部门提出以下建议，第一，政府处理学潮要恩威兼施，刚柔并济。该报认为，“五四”后的天津学潮“尚有阴谋派为自己之私图，不恤牺牲青年学子，从中唆使煽惑。所谓共产主义，平权自由，均阴谋派之计划也。此种颠覆政府，紊乱国宪之企图，在法律上固应加以制裁，不容宽假”，愿当局严惩此辈以杜乱源。而对于学生应该剀切训导，“并于外人之利用，严为杜绝”。“政府一方出以强硬手段，一方出以宽大态度”[2]，恩威两用，宽严并济。第二，政府处理学潮要果断利落，决策迅速。该报认为，政府部门处理学潮的态度左右摇摆，优柔寡断。总是“利用阴谋家与学生之鸟（捣）乱以搬弄，其忽宽忽猛之手腕，互相利用，互相吓骗”，于是学潮“乃愈无宁静之望”[3]。如此忽宽忽严，“因循耽误，一任青年学子，浪费可宝之光阴”[4]，最终于解决学潮无益。《大公报》还用法兰西革命作比较，说明政府优柔寡断之政策的危害性，认为“法兰西之革命，实路易十六世之优柔寡断所养成”[5]。对政府处理学潮缺乏果断性，表示不满。因此，当该报发表上述言论的第二天，即 1920 年 2 月 7 日，该报获知政府颁布明令，“对于学生，竭诚规劝；对于官厅，责成防遏”[6] 时，该报表示赞同，期冀以此能消弭隐患。政府的措施似乎应验了该报的期望。当社会上传来 3 月 6 日学生将复课时，《大公报》及时发表《学潮平息之乐观》（1920 年 2 月 27 日），表达了该报盼望政府尽快制止学潮，学生早日返校的心情。第三，《大公报》呼吁政府严加镇压爱国行动。1920 年 1 月，天津出现抵制日货的运动，学生们积极响应，极力搜毁日商货物。《大公报》呼吁“有人民之责者深思熟虑，守正不阿，不仅保全现在之安宁，尤须维持永久之秩序，庶免假托爱国名义以侵犯他人之人权者，更演出无穷之奇货也。”[7] 再次显示其在学潮问题上的错误立场。另外，该报把当时的进步组织——天津觉悟社，视为“过激主义”之产物，认为其思想“浸淫内地，暗中煽惑”，“稍一不慎，爆发随之”。希望官厅“负保卫地方，维持教育之责

① 斐：《津潮善后》，1919 年 10 月 18 日《大公报》。
② 斐：《津潮善后》，1919 年 10 月 18 日《大公报》。
③ 无妄：《利用凶》，1920 年 2 月 6 日《大公报》。
④ 无妄：《教育悲观》，1920 年 5 月 2 日《大公报》。
⑤ 昧农：《读刘君孟扬调停津潮论之感言》，1920 年 2 月 6 日《大公报》。
⑥ 无妄：《读制止学潮令感言》，1920 年 2 月 8 日《大公报》。
⑦ 昧农：《京潮再起之感言》，1920 年 1 月 29 日《大公报》。

者，慎勿谓一时平靖而高枕无忧"[①]，而是要严加防范学潮再起。第四，奉劝政府做好善后工作，长远规划。《大公报》奉劝当局"速提教育总长，以专责成而谋根本之刷新"[②]。对于因京钞事件后，政府决定把中小学划归地方自办的措施，《大公报》分析说，地方税未经划出，必须仰给于中央，难免供不应求，由此建议，"欲为中小学校维持久远计，必将地方税款，划清权限，自为分配"[③]。只有如此，地方税才不会央给于中央，教育才有振兴希望。另外，该报认为学生随便转学，"积非成是，实为一最大病根"[④]，是学潮发生、学风败坏的原因之一。因此，《大公报》赞扬政府取缔转学等命令，认为此令对纠正校风、防止学潮有亡羊补牢之效。第五，呼吁政府整顿教员。《大公报》认为，五四运动过后，各种西方激进思潮涌入中国，"中国学生醉心极端之说，业已极其放僻邪侈"，而教职员"终日与过激派人来往，并与罗素等辈研讨学问"，[⑤] 并经常以"锐进躁急"之极端学说启沃学生之脑海，一切教育改革都是"卤莽灭裂"，"躐等从事"，学风败坏，学生学习目标与效果南辕而北辙。因此，如今欲整饬学风，尤非先从整顿教职员入手不可。

《大公报》对政府处理学潮的措施有诸多不满，推出处置意见，但这些建议大多为治标之策，未能触及问题的本质。特别是呼吁政府镇压爱国行动，严禁所谓"过激"学说的观点，则是非常错误和反动的。尽管批评、谴责当局的言论不少，但这并不能掩盖其为当局"建言献策"的角色。在军阀专横的大形势下，《大公报》的建议不会解决实质性问题。

三、对文官考试制度的批评

麦克卢汉认为："一切传播媒介都在彻底地改造我们，它们在私人生活、政治、经济、伦理和社会各方面的影响是如此普遍深入，以至于我们的一切都与之接触，受其影响，为其改变"。[⑥] 作为民族发展延续之教育，自然难以摆脱报纸传媒的影响。《大公报》就对清末以来废科举、倡留学、文官考试制度等进行了较为详细的报道，影响着当时人们心目中教育的形象，为后人

---

① 遁：《异哉！觉悟社之发现》，1920 年 4 月 28 日《大公报》。
② 斐：《北京教职员罢课之感言》，1919 年 12 月 22 日《大公报》。
③ 遁：《中小学能空言地方自办耶?》，1920 年 1 月 7 日《大公报》。
④ 遁：《善哉！转学之取缔》，1920 年 5 月 24 日《大公报》。
⑤ 《中国现状概论》，1923 年 4 月 18 日《大公报》。
⑥ 徐耀魁主编：《西方新闻理论评析》，新华出版社，1998 年版，第 295 页。

了解民初教育提供了丰实的资料。

考试作为人类自我评价的活动，是一种严格的知识水平鉴定方法。它通过严格的纪律约束，公平公正的结果，来促进人的自我发展，实现人的社会价值，最终达到推动社会发展和进步的目的。民国初年的考试行为，明显带有过度的性质，其结构、模式、功能等等，都是时代和社会的产物，是适应当时社会需求的。其中夹杂着传统与现代、东方与西方、保守与开放等各种力量的博弈，其复杂性、不稳定性都与当时的大背景密切相关。

其实，早在1905年，清政府就废除了僵化的科举制度。1906年开始对回国留学生及国内兴办的新式大、中学的毕业生，进行考试并授予相当官职，但它未能建立起新的、系统的近代化文官任用考试制度。而南京临时政府虽然仅存在3个月，但以孙中山的考试思想为指导的文官制度的建立，为此后的文官考试建设奠定了基础。1913年1月9日，北洋政府公布并开始施行《文官任用法草案》、《文官任用法施行法草案》、《文官考试法草案》、《典试委员会编制法草案》（后两者并未实行）[①]。其中，《文官任用法草案》关于学校教员的规定："现任北京大学校及官立中等以上经教育部认可之诸学校教官，满一年以上及曾任北京大学校及官立中等以上经教育部认可之诸学校教官满一年以上者得认为教育部荐任文官。"[②]《文官任用法施行法草案》规定文官任用资格："在本国或外国中学校及与中学相当或以上之学校毕业者。"[③]"民国男子年满二十一岁以上者得应文官考试"，"在中学以上学校毕业或有与中学以上学校毕业相当之资格者得免甄录试"。[④]将任官的资格扩大到有大学或专门学校文凭或进修证明书（限于政治、法律与经济3科）者，中学毕业生，有与简任、荐任、委任官相当之资格并从事过一定时期的行政实务者以及有相当于中学生毕业资格者。文官制度在一定程度上开始与当时的人才教育联系起来。1915年9月30日，北洋政府又公布施行《文官高等考试令》、《文官普通考试令》和《文官高等考试典试令》、《文官普通考试典试令》。依上述法令，1916年6月，北洋政府"举行第一次文官高等考试"；1917年4月，"举行第一次文官普通考试"。[⑤]1919年8月27日，北洋政府废

① 钱实甫：《北洋政府时期政治制度》（下册），北京：中华书局，1984年版，第355页。
② 《公布文官任用法草案》，1913年1月14日《大公报》。
③ 《公布文官任用法施行法草案》，1913年1月15日《大公报》。
④ 《公布文官考试法草案》，1913年1月13日《大公报》。
⑤ 钱实甫：《北洋政府时期政治制度》（下册），北京：中华书局，1984年版，第357页。

止前述考试法令，公布《文官高等考试法》、《文官普通考试法》以及《文官高等考试典试令》、《文官普通考试典试令》。考试分为高等考试和普通考试两种。应试高等考试的资格为年满25岁，有3年以上高等学校学历与毕业文凭或通过普通考试及格分发学习期满之男子；应试普通考试之资格则为年满20岁，有技术学校以上毕业文凭或同等学历经甄录考试及格或曾任委任以上文职之男子。[①] 考试科目有：政治、经济、法律、文学、物理、数学、测量、化学、地质、采矿、冶金、机械等23科。高等考试及格后，须先行分别学习2年，成绩优良者得候补荐任职；普通考试录取后，学习1年且成绩优良者，得候补委任职。北洋政府的文官考试法全部采用近代自然科学与社会科学的知识作为考试的内容，基本废除了中国封建职官管理制度，初步建立起了中国近代文官法律制度的雏形，并对南京国民政府乃至于我国台湾地区现行的公务员制度产生了重大影响。由于文官考试吸引了不少青年学生，所以，《大公报》对此发表了自己的看法。

（1）文官考试既考学生也考考官。《大公报》认为，文官考试不应仅考试学生，应该对各部人员、各省人员“急行切实考试”，因为这些官吏，“非以德进”，“非以事举”，“非以言扬”，只是靠关系或金钱贿赂才换取了一官半职，他们在位上也是“自矜捷足”，“把持垄断”，所以文官考试并非“鉴空衡平”，[②] 量才玉尺。《大公报》对民国初年文官考试过程中存在的考官作弊现象予以揭露，主张考试应该是学生、考官的双向检查。

（2）文官考试并不公平。《大公报》批评民初的文官考试不如清末，清末时文官考试功令森严，偶有通关情节，一经发觉，立置重典。那时的考试选材尚可“十而得五”。如今的考试，“大都先谋奥援，预占位置，考试特其官样文章耳”。[③] 同时在考试时“暗通关节，颠倒是非”。[④] 所以，考试是否能拔优选秀，未可遽然深信。

（3）文官考试没有得到实用之才。《大公报》批评文官考试制度只是将学生引向仕途，未得实用人才。这一制度“用以羁縻人才则可，究非国家根本之图也”。弄来弄去只是科举的变相罢了。如此以往，“全国学子尽趋于官

---

① 钱实甫：《北洋政府时期政治制度》（下册），北京：中华书局，1984年版，第359页。

② 无妄：《暂行文官考试风潮感言》，1912年10月31日《大公报》。

③ 无妄：《考哉！考哉！》，1919年7月13日《大公报》。

④ 遁：《文官考试之题名录》，1919年11月15日《大公报》

吏之一途，而社会各种事业必至无人措办”。[①]

（4）任用文官增加了国家负担。当时，军阀南北割据，国家财政困难，各种滥竽充数的新官却纷纷走马上任。政府落得个“减政其名，增费其实”[②]的结果。

《大公报》虽然批评文官考试之种种弊端，但依然尽其所力，提供对策。第一，慎取人才。从1914年1月开始，北洋政府就断断续续地开始司法官考试。根据政府颁行的《司法官考试令》及相关“施行细则”、“修正令”等规定，凡中国男子年满20岁以上，在国内外公私立大学或高等专门修法政学科三年以上得有文凭者都可以参加。[③] 各地学生为此擦掌磨拳，跃跃欲试。《大公报》提醒政府，要用实际知识试用学生，“广为搜罗”，“严行甄别”，[④] 最终必得贤士，昌明法律。第二，端正考风。力图克服前清时代科举考试之枪替、贿赂、托情、裙带关系等弊端，严肃考纪。第三，用其所学。该报主张“扩张社会事业，位置学生，标本兼施”。[⑤] 广开多种社会就业渠道，使学生学有所用，发挥专业，尽其所长。

北洋政府的文官考试制度与南京临时政府的文官考试制度有一定的继承性，但北洋政府毕竟“是一个封建军阀政府，它不可能真正做到选贤任能，推行文官考试只是用以点缀民主”。[⑥] 所以，《大公报》关于文官考试的大部分评论有一定价值。尤其是批评政府在举办考试过程中重蹈科举旧辙的批评尤为可取。但正如前述所言，文官考试在民国初年还是新生事物，前清未有先例。该报的某些指责也难免有过分苛求之处。

四、对学制和社会教育的见解

1922年，争论数年之久的学制问题终于付诸会议。《大公报》分析，中国学制取法东邻，“年限既久，名目尤繁”，“仿行日久，不便殊多”，虽然曾对大学、小学之建设有所改革，但不便之处仍在所不免，学制已有必须根本改革之势。希望此次会议之“素负时誉之人”能“折衷尽当”，“制定一完备

---

① 斐：《考试官吏制度》，1919年8月12日《大公报》

② 遁：《新文官又要国家养活矣！》，1919年12月11日《大公报》。

③ 钱实甫：《北洋政府时期政治制度》（下册），北京：中华书局，1984年版，第374页。

④ 遁：《慎取司法人才》，1919年7月17日《大公报》。

⑤ 斐：《考试官吏制度》，1919年8月12日《大公报》。

⑥ 刘海峰等：《中国考试发展史》，武汉：华中师范大学出版社，2002年版，第305页。

无缺之学系”。当时，专门学校的存废问题，是讨论热点之一，其中就涉及到学制问题。对此，有人主存留，有人主废止。《大公报》认同后者，认为“专门学校实无设立之必要”，“宜定全国学系为大学、中学、小学之三级，大学四年或五年，中学则取三三级制，小学则以六年为修业期限”[①]。后来的结果，证明该报的主张基本得到了教育界的认可。因为1922年11月1日，以大总统黎元洪名义公布的《学校系统改革草案》（即“壬戌学制”），除大学年限被定为4至6年，与该报主张稍有出入外，小学和中学还是相符合的。表明该报对教育的预测比较准确。当时《大公报》的经营已经困难显现，但它仍然十分关心教育事业的发展。即使每日发行量明显减少，但关于教育的版面却丝毫未减，甚至有所增加。其自始至终关心教育的态度，今天的我们也勿庸置疑。

作为学校教育的补充形式，社会教育在民国初年也格外受人推崇。社会教育是利用学校教育以外的一切文化教育设施对青少年、儿童和成人进行的各种教育活动。[②]

民国初年，政治、经济、军事等各方面都进行改革。但是，封建思想仍然在人们脑海中根深蒂固，民权无法伸张，民主徒有虚名，军阀官僚为所欲为。一些知识分子认为民众参与政治意识弱是因为其没有知识，因此教育改革为当务之急。晏阳初就指出：“现在国内乱机四伏，工商业不能发达，推其原因，皆缘多数国民未受相当教育，无职业知识以维持生活。……所以我们如想挽救全国不安的景象，除了设法把平民教育推行之外，绝无第二个好方法。”[③] 这是把经济的发展与社会教育结合起来。他还指出：“人民都能参与政治，才是真正的民主的政治；不参与政治，让一般军阀、官僚、政客去把持，就是假民主的政治。”只有“提高民众的知识，才有实现真正的民主政治的希望。”[④] 而曾任教育部次长的梁善济则说：“改良社会在今日最为当务之急，社会一日不改良，即国家一日无进步，此尽人而知之者。今日之社会腐败已极，果宜用何种方法以改良之，盖舍教育而外无它法也。”[⑤] 傅葆琛认为：“我们中国现在社会上的种种扰乱，政治上的种种腐败，外交上的种种损

① 半山：《学制会议》，1922年9月23日《大公报》。
② 《中国大百科全书·教育》，北京：中国大百科全书出版社，1985年版，第313页。
③ 马秋帆、熊明安：《晏阳初教育论著选》，北京：人民教育出版社，1993年版，第1页。
④ 马秋帆、熊明安：《晏阳初教育论著选》，北京：人民教育出版社，1993年版，第36页。
⑤ 转引自王雷：《中国近代社会教育史》，北京：人民教育出版社，2003年版，第198页。

失，都是因为民智低下，教育堕落。所以我们要想改造中国，第一步应该做的事，就是要提高民智，普及教育。”[①] 将社会教育与国家政治前途联系起来。而一些具有进步倾向的杂志，例如《游学译编》，也在1903年9月第十册载文《民族主义之教育》的文章，其中称：“支那民族经营革命之事业者，必以下等社会为根据地，而以中等社会为运动场。是故下等社会者，革命事业之中坚也，中等社会者，革命事业之前列也。故今日言革命教育者，必在此两等社会。此两等社会之教育事业，不在家庭教育，不在学校教育，而在社会教育。是故言革命教育者，惟有社会教育之可言者。”[②] 说明教育对改良社会、稳定社会起到的积极作用。这种关于社会教育的声浪一直持续到20世纪30年代，如俞庆棠在苏州振华女中讲演时也曾说，“要普及教育，并使人民所受的教育能够实用，能够解决政治和经济两个问题。人民受教育，有知识，方能实现真正的民主政体。”[③] 而她在中国社会教育社第二届年会开幕时的致辞上也说：“社会教育即民族自决教育，亦即国民自救教育，故社教之产生及本社之成立，都是想为民族谋出路。我国过去教育，不能建筑在民众生活之上，推进整个民族。目下世界经济恐慌更趋尖锐化，各国的货物，都大量倾销到中国市场，本年入超达到五万万五千六百六十余万海关两。在第一届年会时，热河尚属中华，今则四省尽失。这都是全国问题，非少数人能谋解决，故应联合全体国民的力量，从大处着眼，小处着手；联合政治、经济、教育的力量，推进国家社会的各种事业。社会教育既建筑于民众生活之上，就应具推进社会的力量。”[④] 她还把社会教育与民族前途紧紧联系起来。说明社会教育力量的巨大，“我们散布社会教育的种子，灌溉着我们爱国的热血，我相信社教定会结着复兴民族的果子。”[⑤] 可见当时人们对这一问题的关注之热度。

各种救国拯民的思潮纷纷涌现，其主旨皆以普及教育，消除人民愚昧，提高生产率和生产力，打破中国落后疲弱的状况为主。平民教育、民众教育、乡村教育等等，把教育当做救国的不二法宝。其中社会教育是其中之一，《大公报》对其当然有自己的定位。

---

① 陈侠、傅启群编：《傅葆深教育论著选》，北京：人民教育出版社，1994年版，第3页。
② 转引自王雷：《中国近代社会教育史》，北京：人民教育出版社，2003年版，第204页。
③ 茅仲英主编：《俞庆棠教育论著选》，北京：人民教育出版社，1992年版，第55页。
④ 茅仲英主编：《俞庆棠教育论著选》，北京：人民教育出版社，1992年版，第102页。
⑤ 茅仲英主编：《俞庆棠教育论著选》，北京：人民教育出版社，1992年版，第107页。

1912 年 6 月 4 日，《大公报》刊登《直隶都督张（锡銮）通饬各属办理校外教育并拟定办法文》，阐明“校外教育”应与校内教育并重之意见，“若不急起直追从事校外教育以促社会之进步，学校教育将无普及之望，共和前途未必能达于国利民福之域。”[①] 其“校外教育”即是《大公报》后来通称的通俗讲演、阅书报社、戏剧等社会教育形式。而教育部在 8 月公布的《教育部官制》案中，由于蔡元培“深信教育之责任，不仅在教育青年，须兼顾多数年长失学之成人”[②] 倡议的影响，“社会教育司”是作为与“普通教育司”和“专门教育司”平行的三大教育司之一而独立存设，“是教育部组织之最大特色”。[③] 可见从中央政府到地方大员，社会教育都是备受重视的。对此，《大公报》推许以下观点：为了维持家庭、学校教育之结果，对“已卒业于家庭、学校之教育者，宜施种种补习之教化”[④]，“社会教育不兴，亦难期义务教育之实行”[⑤]。旨在说明社会教育之重要及对弥补学校教育的功效。该报从两个方面加以阐述：

第一，学校教育需要社会教育之协助应和。该报认为，“重视学校教育而不讲社会教育，将风俗未善，习惯未良。仅以区区数千百之学校，而期其国之富强，是犹一齐人傅之，众楚人咻之，未有能济者也。”[⑥] 强调了社会教育的巨大辅助作用。更为甚者，该报认为社会教育能够造就一个良好的政府，“凡今日置身政府者，皆昔日置身社会之人。在社会既无良好教育，而为不肖之人民，一旦身入政府，安能望其为人民造福？故欲求世界有好国家，当先求国家有好政府；欲求国家有好政府，当先求政府有好官吏；欲求政府有好官吏，当先求社会有好人民；欲求社会有好人民，当先求社会有好教育。”[⑦] 而学校教育却没有如此大的功能。那么，《大公报》的弦外之音是把“好人民”的希望寄托在社会教育上了。《大公报》在此突出了社会教育的地位，但对其所能发挥的作用，有些夸大。

第二，社会教育为学校教育的发展扫除了障碍。袁世凯复辟帝制时期，各种淫秽小说充斥书市。1915 年 6 月，教育部通饬各省，禁止各种小说发行。

---

① 《直隶都督张通饬各属办理校外教育并拟定办法文》，1912 年 6 月 4 日《大公报》。
② 蒋维乔：《清末民初教育史料》，《光华大学半月刊》，第 5 卷第 2 期，1937 年。
③ 雷国鼎：《中国近代教育行政制度史》（自序），台湾教育文物出版社，1973 年版，第 3 页。
④ 选：《论中国宜实行社会教育》，1914 年 10 月 17 日《大公报》。
⑤ 杜权：《社会教育推行之方法》，1915 年 1 月 5 日《大公报》。
⑥ 杜权：《社会教育推行之方法》，1915 年 1 月 4 日《大公报》。
⑦ 选：《论中国宜实行社会教育》，1914 年 10 月 18 日《大公报》。

《大公报》认为，此令“非特足以正莘莘学子之心，并足正社会上普通人之心”，因为“编书者及书买（卖书），不过迎合社会心理，以冀畅销获利，而不知流弊所至，逢恶导邪，小之毁青年之人格，大之坏社会之风俗；近之足以祸一家，远之足以毒天下，皆于此种其根也。”今教育部毅然颁令禁止，“祛学校教育之障碍，端社会教育之趋向，有益于人心者甚大。然而一纸公文之有效与否，尚须视彼各省之率行者。”[①] 该报认可社会教育对学校的补充作用，同时也警醒当局确实要令行事止。该报还劝导负责地方之官员，戏剧诲淫诲盗，导人迷信，要“监视优伶之动作，凡遇妨碍风化之恶剧，得禁止之，或惩罚之”[②]。虽然《大公报》之见地有时代之局限（如对待戏剧从业人员的认识），但对社会教育的宣传而言，是有促进作用的。

民国初年，社会教育的概念处于起步阶段，体系欠缺，设施不全，场所有限。因此，只能借助学校提供的物质条件和人力资源为其服务。如夜校、补习学校等社会教育形式，就利用节假日，老师放假之际开展，在学校教室进行。很多社会教育家都是学校培养出来的，有的本身是大学的教授。因而，社会教育有助于学校教育的开展，学校教育对社会教育也有一定的推动作用。二者互为推重，缺一不可。《大公报》对学校教育与社会教育关系的认识，有其一定的积极意义。

本章小结

清末十年，世纪之交，中国先后出现两次办报高潮。“大量的期刊杂志由士绅创办有助于它们在全国范围的传播。通过这一新的传播媒介，这些年轻的改革者比以前有了更为广泛的听众”。[③]《大公报》在创办之初，就希望通过自己不余遗力的宣传，传播其改良主义的呼声，达到“辅翼宪政，遇事直书”[④] 的目的。民初建立，该报仍然没有改变这一宗旨。然而，经济基础与上层建筑相互作用的规律却使其并未能顺利如愿。

---

① 无妄：1915 年 6 月 24 日《大公报》。

② 《监视演剧之必要》，1915 年 12 月 10 日《大公报》。

③ ［美］张灏：《梁启超与中国思想的过渡（1890—1907）》崔志海、葛夫平译，南京：江苏人民出版社，1997 年版，第 4 ~ 5 页。

④ 1909 年 1 月 1 日《大公报》。

经济基础决定上层建筑，这是社会发展的本质规律。有什么样的经济基础，就有什么样的上层建筑。教育属于上层建筑的重要组成部分，自然要受其经济基础的制约。民国初年，以北洋政府为主导的经济基础，极不牢固，弊端丛生，这样的经济基础自然会影响上层建筑的正常运转。所以，教育发展之途危机重重亦属情理之中。作为媒体，《大公报》对民国初年中国教育的发展状况极为不满，它一方面责备中央和地方教育行政机制的腐败，危及到教育的发展，尤其谴责政府各级部门在教育决策时，总是偏离教育的正确路径，致使教育领域危机频现，学潮频发，仅有的教育硕果几乎化为乌有。为证明其观点，该报列举了很多具体的、活生生的例子：从中央到地方，从政界到教育机关，从教育决策到具体措施，从军费问题到教育经费问题，诸如此类，可谓无所不及，倾注了较为全面的情怀，显现了该报对民初历史转型时期中国教育的关注和担忧。另一方面，《大公报》积极寻找民初教育滞后的原因，万找千寻，竭其所能，最终发现经费问题是教育滞后的主要原因。因此，该报从专门教育经费到普通教育经费，从反对挪用教育经费到反对军费膨胀，从财政拨款到庚子赔款。从方方面面不断抨击政府的种种劣迹，试图以此唤醒国人，警告政府。但《大公报》没有认识到，“改造社会，是要整顿政治，组织人民政府”，“不是教育了一切的人，才可以改造社会，是改造了社会，才可以有好教育”①。更主要的现实原因是，《大公报》所在地天津，是北洋军阀老巢。王郅隆作为安福系重要人物，他对《大公报》的把持，不得不使该报唯军阀之马首是瞻，处于一种“成也军阀，败也军阀”②的状态中，直接影响该报的办报倾向。特别是对于学生运动，《大公报》就明显逊色于同时期的《益世报》。据新闻史专家方汉奇所言，“辛亥革命后，经五四运动，到抗日战争爆发。这一时期，天津新闻报刊是突飞猛进时期。据现掌握的材料，自1886年至1911年，天津有（存佚）报纸55种（包括中外文）1912年至1937年6月有（存佚）报纸125种，后者为前者的一倍多。另据近代报刊史称，1912年2月以后，半年内新创办的报纸，北京50多种，最高。上海有40多种，次之。天津35种，为第三。”③ 在办报热中，同时期

---

① 《新建设》第1卷第3期，1924年。

② 方汉奇等著：《〈大公报〉百年史（1902-06-17—2002-06-17）》，北京：中国人民大学出版社，2004年版，第119页。

③ 方汉奇等著：《〈大公报〉百年史（1902-06-17—2002-06-17）》，北京：中国人民大学出版社，2004年版，第109页。

的《益世报》对《大公报》形成很大的压力。《益世报》在反对军阀，支持学生方面，明显要比《大公报》积极，因而获得更多人的青睐。老报人吴云心曾回忆说："抗日战争前，天津新闻界影响最大的是《大公报》和《益世报》。两个报在一定时期内互为消长。其盛衰之迹，反映了一定时期的政治情况和社会情况，也反映了一定时期的人民群众的政治要求。《大公报》开办之初，以反对慈禧同情光绪，获得了群众。但在五四运动时，它的态度倾向安福系，背离了人民，使得报纸声誉一落千丈，实际上到了寿终的地步。一九一八年左右，天津街头卖报者只是叫卖《益世报》、《泰晤士报》……接着五四运动爆发，《益世报》支持学生立场，攻击安福系，又一次争取了天津群众。"① 《大公报》对学生运动大多持否定态度，其受欢迎的程度当然不及《益世报》。

因此，在军阀专制的民国初年，《大公报》的呼吁是无力的，是徒劳无功的。军阀们所提出的"振兴教育"，不过是他们争权夺利的招牌和砝码而已，其真实意愿，乃在于用教育为幌子而进行寡头政治的终极目标。从此点而言，《大公报》似乎不为后人所赞美。然而，在如此恶劣的环境之下，该报仍然秉承开启民智，振兴教育的宗旨，对军阀统治下的教育措施及时甄别优劣，尽力谋划对策。尽管其言论时有瑕疵，但其关心教育之拳拳之心，仍令后人明鉴于心。

---

① 方汉奇等著：《〈大公报〉百年史（1902-06-17—2002-06-17）》，北京：中国人民大学出版社，2004 年版，第 110 页。

结 语

清末民初的中国，是社会动荡和转型的时代，阁潮频起，经济衰败，文化错综。另外，自从鸦片战争后，国门洞开，中国“和世界的联系空前地增加了、复杂化了。可以说，近代中国社会发生的各种变化无不与世界声息相关，互为因果”[①]。各种西方教育思潮不断涌入，与中国原有的思潮交相碰撞，报纸的出现以及其对西方思想的宣传，对中国的教育界产生了遽烈的影响。

报纸的开办最早并非中国人，外国人在华办报揭开了“中国近代新闻史的序章”[②]，特别是甲午战败，割地赔款，“亡国灭种”之先兆顿现，变法维新呼声增高，报纸论政的功能随着维新运动的开展，“百日维新”的政令，达到中国近代报刊论政的高潮。[③]

近现代意义上的报刊正是在这种背景中萌芽、发展，形成舆论对朝野上下及国家、社会的影响。作为媒体，在特定历史时期，有影响力的报纸言论，常常用舆论影响社会走向，决定国家发展动态。在近代特别的情境之下，传统意义上的“文人论政”向“文人办报论政”或者“报刊论政”转化。这些都是近代民族危机，国家危难的剧烈反应。“报馆有益于国事”，[④] 文人们在报纸上发表言论，表达自己忧国忧民的情怀，希望通过自己的言论影响国家的走向和前途。

---

① 杨天石：《海外访史录》，北京：社会科学文献出版社，1998 年版，第 2 页。

② 吴廷俊：《中国新闻史新修》，上海：复旦大学出版社，2008 年版，第 50 页。

③ “百日维新”期间，光绪皇帝下发了准许官民办报的诏书，国人自办报纸出现高潮。如著名报人有康有为、梁启超、严复、谭嗣同、唐才常、汪康年等，著名报刊如《万国公报》（后改称《中外纪闻》）、《强学报》、《时务报》、《知新报》、《湘学新报》、《湘报》、《国闻报》等。这些报纸在开启民智，倡引新学等方面，起到舆论引导作用。

④ 梁启超：《论报馆有益于国事》，收入中国人民大学新闻系编：《中国近代报刊史参考资料》（上册），北京：中国人民大学，1982 年校内刊印，未正式出版。

庚子喋血，京畿飘零，清政府内忧外患，家徒四壁，无奈之下以“新政”、“宪政”敷衍度日。“窃惟预备立宪之基础，必先造成国民之资格，必自国民能明悉国政始，欲开民智，而正人心，自非办理官报不可”，[①] 由此，中国“言禁”、“报禁”顿开，民间、官方办报均呈现繁荣态势。其中，英敛之创办的《大公报》可谓“文人论证”、“报刊论证”之集大成者之一。《大公报》诞生于风云变幻之际，久经磨难而坚持初衷，为不同政见的知识分子提供了一个表达社会看法的舞台。其议政而不参政的行为，使其成为该时期“一张具有特殊意义的报纸”[②]。

作为新闻媒体，《大公报》以新闻和评论的形式，积极主动地报道分析了各方面的教育信息。从中，我们既可以看出清末民初教育变化的轨迹，更可以了解《大公报》对当时教育事件的主张和态度。而且通过《大公报》对教育多方面的评论，了解《大公报》在教育宣传中所起到的积极和消极的影响。

（一）《大公报》顺应历史潮流，积极宣传各种教育思潮，为政府的教育改革提供参考和建议

民国初年的社会状况迫使人们思考如何去解决国家存亡的问题。迫使人们关注政策问题，《大公报》特别关心政府与教育的关系。对于政府关于教育的政策特别关注，逐步塑造其“文人论政”的形象。因此，“文人论政”——这一深深扎根于中国知识分子心目中的入世传统，“对大公报有深远影响”[③]，也使《大公报》在20世纪40年代获得密苏里大学新闻学院所授“年度最佳新闻事业服务荣誉奖章”。

《大公报》提出了“教育立国”的主张，其中关于振兴教育、重视人才、富强家国的愿望和呼吁是正确的，应该肯定；而其中关于如何提高“人民程度”的部分见解，在今天仍然有借鉴之处。

鉴于民国初年内忧外患的形势，从政府教育部门到社会各界名流，大都提出了通过教育振兴国家的对策或主张。只是对策的内容不一，所主张的教育思想——诸如职业教育、贫民教育、平民教育、强迫教育、义务教育、商

① 《政治馆遵旨就赵炳麟所上请办官报折议复》。转引自方汉奇：《中国新闻事业编年史（第一卷）》，福州：福建人民出版社，1999年版，第434页.。

② 吴廷俊：《新记〈大公报〉史稿》，武汉出版社，2002年版，第15页。

③ 李纯青：《为评价大公报提供史实》，收入周雨：《大公报史（1902—1949）》，南京：江苏古籍出版社，1993年版，第434页。

业教育、函授教育及蔡元培先生的“五育”教育等，纷繁多样而已。其中，“五育”教育和职业教育是当时的热点问题，所以《大公报》对“五育”和职业教育的评论较多，特别是关于实利主义、军国民主义和职业教育等，《大公报》抒发了自己的看法和建议，并积极追踪报道这些教育方针实施的具体效果。对“五育”中各“育”之间关系的看法，该报的观点基本与当时教育界的普遍看法相同。特别应该指出的是，《大公报》对实用主义教育、职业教育和军国民教育的评述，是从民国初年一直延续到20年代以后的，该报不但对这几种教育思潮的源流、性质变化、具体方法、社会效应做了详细阐述，而且提供了较多的建设性意见。其中对职业教育的建议，今天仍然有一定参考价值。

《大公报》对当时各级学校的教学成就也多有评述。特别是对小学教育的评判，集中反映了该报对基础教育的重视。该报认为小学教育是中国最基础的、最应该关注的教育；与之相反，大学和留学教育则被《大公报》视为是好高骛远、不求实际之举。正因如此，该报对举办小学的各项具体措施，如课本中使用国语、召开各种运动会、小学经费的筹措、小学教员工资的补发、上级巡视、小学的办学成就等等，都进行了正面的报道和鼓励；而对大学、留学教育的褒扬，则寥寥无几。此外，《大公报》对中国教育政策导引学生趋“仕”若鹜，求官如潮的现象，也做了多角度的批评。认为教育培养出的是“候补官吏”，直接导致学生功利性增强，学无所用的社会通病，并且是民国初年教育失败的根源。这一观点也有其可取之处。

教学过程的正常进行，不仅要靠正确的教学宗旨、合理的教学安排，而且还靠源源不断的教育经费和得力的教育措施作后盾。而这些因素的合理调配，取决于政府的有效安排。基于这种思想，《大公报》对民国初年政府的教育措施大加评判。一方面，该报批评政府行政措施不得力，经常出现失误。对此，《大公报》特别批评政府之腐败行为是造成其措施不得力的重要原因，尤其从军阀专权及政府之用人腐败、决策腐败、预算腐败、考试腐败等多个方面，进行毫不留情的批判。另一方面，该报对当时的教育经费非常关注。不但对军阀将教育经费用做军费的行为，表示愤慨，而且对普通教育经费该如何使用十分关心。《大公报》呼吁政府要重视教育经费，并希望其呼吁能改变政府之行政力度，能用足够的手段来抑制军费。虽然《大公报》的呼吁最终没有阻止北洋政府将教费化为军费的现实，但由呼吁而形成的社会舆论，还是多多少少给军阀们一点震撼，使得他们不敢明目张胆地乱拨军费。

总之，《大公报》从教育立国的宗旨入手，从教育思潮的介绍到具体教育措施的实施，都力陈见解，苦口婆心。且自始至终都以道德教育为根基，使得道德教育成为贯穿该报教育评价始终的一条主线。《大公报》能紧紧抓住社会中的具体现象，适当建言。虽然很多建议只是限于呼吁的层面，但对当时的社会各界还是产生了不小的影响，说明该报具有强烈的新闻责任感和爱国热情。

（二）保守落后的道德教育主张以及对民初教育成就的总体否定

《大公报》虽然有上述种种优点，但是，由于其阶级和时代的局限性，使得其评述中不可避免带有很多落后以至错误的思想。

首先，道德教育主张中的保守落后性和错误观点。对这一点，《大公报》主要体现在道德教育和女子教育的评论中。一方面，《大公报》夸大了道德教育的功能，认为道德能教化人心，拯救民初混乱的局面。该报甚至要求当局重视道德教育，要昌明“礼教”、纠正风俗。另一方面，《大公报》虽然提倡女子教育，但其女子教育是框定于“三从四德”、“贤妻良母”的封建“女德”之范围内，具有明显的封建保守性。因此，民国初年，随着男女平等的呼声不断提高，在女子参政、女子留学逐渐增多时，《大公报》依旧把女子教育束缚在封建藩篱之中，不能越封建雷池之一步。它不断发表文章疾呼振兴所谓的女德，主张女子教育不能突破男女大防的伦理道德。也正因为受制于这样的道德观念，所以该报主张，男女同校应该只限于小学，而中学不可以，大学更是有违世道人伦，甚至是在“戕贼”人性。五四运动后，束缚国人思想的枷锁逐渐松绑，而《大公报》仍然停留在固守女德的老路上，就显得不合时宜了。《大公报》之所以思想保守落后，主要是受报人思想倾向的影响。“报人的政治态度、办报思想以及价值观、经营观念，直接影响和塑造着报纸的内在品质”，因而，“《大公报》成为寄寓英敛之社会改良理想的重要载体。可以说，这份报纸深深地烙印着英敛之的思想风格。”① 报纸创办者英敛之的保皇和改良思想长期以来导引着《大公报》的思想方向。如在靖宜女校成立一周年的纪念评述中，该报就口口声声让学生“不忘隆裕太后之德，

---

① 候杰：《〈大公报〉与近代中国社会》，天津：南开大学出版社，2006年版，第26页。

喀拉沁王福晋之功”①。皇后、太后是封建时代女德的典范，要学生以其为榜样，就是要妇女遵守三从四德而已。如此封建色彩浓厚的文章，在《大公报》中曾多次出现。而至于男女大防、男女同校之行为，就更属于该报抨击之列。所以，该报保守的立场是一目了然的。这里还需要补充一点，虽然1912年2月，英敛之认为自己的改良思想受挫而退出该报，但英氏的上述思想仍然影响着《大公报》的舆论方向。1916年，《大公报》由亲日派头目王郅隆接办后，更加失去进取动力，经常处于得过且过、维持门面的状态。在此阶段，报纸被大量的广告充斥着；新闻内容毫无新意，只有一些时事的简单报道。时评、社评，也渐失其深刻性，这从每日一篇的“论评”或“时评”上，就可以反映出来。所以，当新文化运动、“五四”时期女子“平权”思潮到来时，《大公报》感到晕头转向，不太适应，对男女平等的教育观无所措手。该报上述道德观念显然有违历史潮流，是其办报历史上的一个污点。

其次，《大公报》总体上消极地看待民初教育。在《大公报》的视野中，除对小学教育之成就，有赞扬之词外，中学以上的学校教育成就，大多被否定。特别是对大学学潮，《大公报》很少正面评论过。尽管民国初年社会混乱，但大学教育并非无成就可寻，当时很多教育贤达人士从事于大学教育工作，他们提出的一些教育主张在实践中也卓有成效。然而，我们从该报的评论中，几乎看不到褒扬之词。相反，因为政府腐败、外交失败所激起的学潮，《大公报》却关注有加。从民国初年北大学生因讲义费问题开始，到“五四”以后八校风潮。可以说，《大公报》对大学学潮近乎追踪式的评论和报道。仅有关八校风潮的评论就近乎50篇，时间长达两年之久，具体过程的报道就更多。在《大公报》的笔下，几乎所有的学潮，都是学生或是教师的错误。而对当局，只批评其开枪镇压的举动而已。该报还反对学生抵制日货的运动，表现了其这一时期亲日的错误倾向。该报认为学校是养成硕学宏儒之所，学生应该专心学习，根本没有必要过问政治之事。诚然，学生应该以学为主，但前提是要有学习的环境，如果像民初那样混乱不堪，国将不国，学生自然不会安心学习，教师也不能安心教学。

《大公报》只强调学习，而淡化社会之大背景，是有局限性的。民初的中学、大学教育，虽然缺陷甚多，但并非一无是处。对此，《大公报》的报

---

① 《马相伯先生在静宜女校第一次周年大会演说词》，1914年5月17日《大公报》。

道不客观，评论不恰当，看法是片面的。之所以造成《大公报》观点失误，其原因是多方面的。一方面是《大公报》本身认识上的落后性，如该报自始至终固守普及小学教育是中国教育之根本，办大学就是好高骛远之举的观点。所以，对大学教育成绩不满，对大学出现学潮就更为该报所指责。另一方面，源于前述之《大公报》的阶级和时代局限性，观点失误就更加难免。如该报认为贫困妇女“供人驱使，劳如牛马”，“身家殷实者又饱□嬉游”，“踰检荡闲之事，乃时有发生”①，都是因为妇女未受教育，没有职业之故。诚然，妇女没有文化，社会地位就不高，但这不是唯一或根本原因。政治和经济的地位决定了妇女没有受教育的权利，如果女子能够顺利参政，政治地位提高；女子能像男子一样上大学、找工作，社会地位提高，自然不会成为供人驱使的牛马了。再如：《大公报》把民国初年之政治腐败、政局混乱、外交失败的原因，归结到教育不兴上来，认为是诸如实用主义、军国民主义等教育不发达的缘故，并说“使教育能逐渐普及，则潜移默化，政局终有清宁之日”②。此种观点是受该报之“教育救国”思想的影响，是该报把“教育救国”思想绝对化的结果。教育毕竟是文化的一部分，它受政治经济条件的制约，如果没有帝国主义和封建主义的统治，没有军阀争权，政治经济混乱的局面，就不会有国势不稳，社会不宁的现象，各类教育自然能够顺利发展。《大公报》认识不到中国社会衰败的根本原因是帝国主义的侵略，和北洋政府的腐朽统治。所以，尽管《大公报》批评北洋政府的种种不合理现象，但仍然希望通过北洋政府来对教育进行改造，来实现富国强民的目的，这显然是不符合实际的。因为，“只有用革命的手段消灭剥削和压迫，大多数人才能在政治和经济上得到解放，才能取得受教育的权利，也才能有为大众服务的好教育”③。《大公报》没有找到教育不兴的真正原因。

追根溯源，《大公报》的立场和态度，与该报产生与发展初期的时代背景密切相关。该报产生初期，晚晴大厦将圮，朝不保夕；随后民国建立，军阀擅权，国势倾颓，而该报主持人英敛之又对君主立宪恋恋不舍，特别是经历袁氏复辟，民国徒具虚名，自己的君主立宪理想更若水中月镜中花。于是，将报纸全盘转让王郅隆。王郅隆的亲日卖国倾向，使该时期的《大公报》，

---

① 遯：《建妇女职业之初基》，1919年7月2日《大公报》。
② 不辰：《请国人注意教育》，1922年3月18日《大公报》。
③ 王炳照、阎国华主编：《中国教育思想通史》（第6卷），长沙：湖南教育出版社，1994年版，第303页。

滑落到其百年历史进程中的最低谷。王郅隆《大公报》时期，是该报“最缺乏民主独立精神的一个时期”[①]。现实如此不尽人意。中国知识分子再次遭遇“秀才遇上兵，有理说不清”的尴尬。“文人报国有心，而回天无计，于是寄希望于白纸黑字的报纸，把内心蕴藏去告诉人家。其用心，实在有‘还其谊不谋其利，明其道不计其功’的苦况。”[②] 他们只能通过“报刊论政”、“文人论政”，来为中国教育摇旗呐喊、鸣冤叫屈。

总之，民初中国民族资本主义的发展缓慢而不稳定，而军阀、封建势力以及帝国主义的干扰和破坏，又常常使得政局动荡起伏。学校培养人才需要较长的周期和相对稳定的环境，这种局面自然不利于教育的长足发展。《大公报》作为资产阶级的新闻媒体，不可能摆脱政治现状而自行其是。尽管它也尽量提出某些合理的建议，又尽量把自已的建议限制在统治阶级所允许的范围内，但在当时的形势下，终将是纸上谈兵，竹篮打水。

虽然如此，对《大公报》在教育宣传中的作用，不能完全抹煞。今天的教育，仍然可以在该报的时评中找到可资借鉴的有利因子。因此，我们不能一叶障目不见泰山，而应该实事求是，一分为二地看待这份报纸，去其糟粕，取其精华，以利于今天的改革开放事业。

---

① 方汉奇等：《〈大公报〉百年史（1902-06-17—2002-06-17）》，北京：中国人民大学出版社，2004 年版，第 169 页。

② 梁厚甫：《美国人怎样看大公报》，收入周雨：《大公报史（1902—1949），南京：江苏古籍出版社，1993 年版，第 328 页。

附　录
《大公报》教育评论索引（1912—1924年）

●1912年

（1）丁义华：《论中国青年宜如何自处于今日之时会》，1912年3月9日《大公报》“代论”。

（2）无妄：《论革命事业之真际》，1912年3月19日《大公报》“言论”。

（3）选：《论今日教育宜注重实业》，1912年5月9日《大公报》“言论”。

（4）《通俗教育研究会宣言》，1912年5月15日《大公报》“言论”。

（5）《通俗教育研究会宣言》，1912年5月16日《大公报》“言论”。

（6）韩梯云：《为直隶私立法政学校事敬告学界及全省父老》，1912年5月23日《大公报》“代论”。

（7）郑泽垲：《论根本救亡当以道德教育改革人心》，1912年6月15日《大公报》“言论”。

（8）郑泽垲：《论根本救亡当以道德教育改革人心》，1912年6月16日《大公报》“言论”。

（9）周震勋：《论中央教育会宜注重军国民教育》，1912年7月14日《大公报》“言论”。

（10）张佐汉：《论民国教育宗旨之规定及其将来之希望》，1912年8月25日《大公报》“代论”。

（11）张佐汉：《论民国教育宗旨之规定及其将来之希望》，1912年8月26日《大公报》“代论”。

（12）梦幻，1912年10月23日《大公报》“闲评二”。

（13）无妄：《暂行文官考试风潮感言》，1912年10月31日《大公报》“言论”。

●1913 年

（1）选：《军事教育概论》，1913 年 1 月 9 日《大公报》“言论”。
（2）选：《论教育普及当确定方针》，1913 年 1 月 17 日《大公报》“言论”。
（3）选：《论教育普及当确定方针》，1913 年 1 月 18 日《大公报》“言论”。
（4）梦幻：《论造就共和国之人格》，1913 年 3 月 16 日《大公报》“言论”。
（5）梦幻：《论造就共和国之人格》，1913 年 3 月 17 日《大公报》“言论”。
（6）无妄，1913 年 6 月 3 日《大公报》“闲评二”。
（7）《中国今日之教育》，1913 年 6 月 10 日《大公报》“代论”。
（8）选：《我国之学生我国之大学》，1913 年 6 月 18 日《大公报》“言论”。
（9）无妄，1913 年 6 月 21 日《大公报》“闲评一”。
（10）无妄，1913 年 9 月 27 日《大公报》“闲评一”。

●1914 年

（1）［英］季理斐：《论中国青年学习法律者之宜减少》，1914 年 1 月 10 日《大公报》“言论”。
（2）［英］季理斐：《论中国青年学习法律者之宜减少》，1914 年 1 月 11 日《大公报》“言论”。
（3）无妄，1914 年 1 月 19 日《大公报》“闲评二”。
（4）梦幻，1914 年 1 月 21 日《大公报》“闲评二”。
（5）心森，1914 年 2 月 13 日《大公报》“闲评二”。
（6）无妄，1914 年 2 月 23 日《大公报》“闲评一”。
（7）选：《教育部取消私立法政学校平议》，1914 年 2 月 24 日《大公报》“言论”。
（8）心森，1914 年 2 月 24 日《大公报》“闲评二”。
（9）心森，1914 年 2 月 25 日《大公报》“闲评二”。
（10）选：《普及教育卮言》，1914 年 3 月 2 日《大公报》“言论”。
（11）心森，1914 年 3 月 9 日《大公报》“闲评二”。
（12）心森，1914 年 3 月 12 日《大公报》“闲评二”。
（13）无妄：《论蔡周两总长之教育谈》，1914 年 3 月 15 日《大公报》“言论”。
（14）无妄：《论蔡周两总长之教育谈》，1914 年 3 月 16 日《大公报》“言论”。

（15）选：《教育痛言》，1914年3月28日《大公报》“言论”。
（16）选：《哀教育》，1914年4月3日《大公报》“言论”。
（17）［英］季理斐：《论用兵影响于教育之害》，1914年4月11日《大公报》“言论”。
（18）无妄：《民国之开科取官》，1914年4月17日《大公报》“言论”。
（19）东方：《少年中国之社会观》，1914年5月1日《大公报》“言论”。
（20）东方：《少年中国之社会观》，1914年5月7日《大公报》“言论”。
（21）东方：《少年中国之社会观》，1914年5月8日《大公报》“言论”。
（22）东方：《少年中国之社会观》，1914年5月9日《大公报》“言论”。
（23）无妄，1914年5月11日《大公报》“闲评二”。
（24）《马相伯先生在静宜女校第一次周年大会演说词》，1914年5月17日《大公报》“代论”。
（25）心森：《教育刍言》，1914年5月19日《大公报》“言论”。
（26）心森：《教育刍言》，1914年5月20日《大公报》“言论”。
（27）心森：《教育刍言》，1914年5月21日《大公报》“言论”。
（28）心森，1914年6月15日《大公报》“闲评二”。
（29）［英］季理斐：《论共和制度须实行强迫教育》，1914年6月17日《大公报》“言论”。
（30）［英］季理斐：《论共和制度须实行强迫教育》，1914年6月18日《大公报》“言论”。
（31）竹轩：《读教育部教育指箴之疑义》，1914年7月10日《大公报》“言论”。
（32）无妄，1914年7月13日《大公报》“闲评一”。
（33）心森：《我对于读经问题之研究如是》，1914年7月23日《大公报》“言论”。
（34）无妄，1914年7月24日《大公报》“闲评一”。
（35）心森，1914年8月20日《大公报》“闲评二”。
（36）无妄，1914年8月22日《大公报》“闲评一”。
（37）心森，1914年8月28日《大公报》“闲评二”。
（38）无妄，1914年9月8日《大公报》“闲评二”。
（39）《马相伯先生在圣功女校演说词》，1914年9月28日《大公报》“代论”。
（40）无妄，1914 年 9 月 29 日《大公报》“闲评一”。
（41）无妄，1914 年 10 月 12 日《大公报》“闲评一”。
（42）选：《论中国宜实行社会教育》，1914 年 10 月 17 日《大公报》“言论”。
（43）选：《论中国宜实行社会教育》，1914 年 10 月 18 日《大公报》“言论”。
（44）无妄，1914 年 10 月 25 日《大公报》“闲评一”。
（45）杜权：《论社会教育为当今之急务》，1914 年 11 月 9 日《大公报》“言论”。
（46）杜权：《论社会教育为当今之急务》，1914 年 11 月 10 日《大公报》“言论”。
（47）杜权：《论社会教育为当今之急务》，1914 年 11 月 11 日《大公报》“言论”。
（48）心森：《对于各界之箴言》，1914 年 11 月 21 日《大公报》“言论”。
（49）心森，1914 年 11 月 30 日《大公报》“闲评二”。
（50）心森，1914 年 12 月 4 日《大公报》“闲评二”。
（51）心森：《深造与浅尝》，1914 年 12 月 5 日《大公报》“言论”。
（52）心森：《深造与浅尝》，1914 年 12 月 6 日《大公报》“言论”。
（53）马长谦：《放任主义与严格主义》，1914 年 12 月 7 日《大公报》“言论”。
（54）无妄，1914 年 12 月 8 日《大公报》“闲评二”。
（55）马长谦：《放任主义与严格主义》，1914 年 12 月 9 日《大公报》“言论”。
（56）无妄，1914 年 12 月 22 日《大公报》“闲评一”。
（57）无妄：《民国三年之遗影》，1914 年 12 月 31 日《大公报》“言论”。

●1915 年

（1）杜权：《社会教育推行之方法》，1915 年 1 月 4 日《大公报》“言论”。
（2）杜权：《社会教育推行之方法》，1915 年 1 月 5 日《大公报》“言论”。
（3）杜权：《社会教育推行之方法》，1915 年 1 月 6 日《大公报》“言论”。
（4）无妄，1915 年 1 月 9 日《大公报》“闲评一”。

（5）心森，1915年1月12日《大公报》“闲评二”。
（6）心森，1915年1月12日《大公报》“闲评二”。
（7）心森：《教育之精神与形式》，1915年1月14日《大公报》“言论”。
（8）选：《对于设置教育厅之一得》，1915年1月17日《大公报》“言论”。
（9）《中国教育宜采用实用主义》，1915年1月23日《大公报》“言论”。
（10）《中国教育宜采用实用主义》，1915年1月24日《大公报》“言论”。
（11）心森，1915年1月28日《大公报》“闲评二”。
（12）《河海工程专门学校旨趣书》，1915年1月28日《大公报》“代论”。
（13）《河海工程专门学校旨趣书》，1915年1月29日《大公报》“代论”。
（14）无妄，1915年1月31日《大公报》“闲评一”。
（15）心森，1915年2月2日《大公报》“闲评二”。
（16）张佐汉：《欧战中之中国教育》，1915年2月23日《大公报》“代论”。
（17）心森：《对于知事办学考成条例之质疑》，1915年2月26日《大公报》“言论”。
（18）《尚武教育》，1915年2月27日《大公报》“代论”。
（19）《尚武教育》，1915年2月28日《大公报》“代论”。
（20）《教育汤总长莅法政专门学校讲演词》，1915年3月2日《大公报》“代论”。
（21）《教育汤总长莅法政专门学校讲演词》，1915年3月3日《大公报》“代论”。
（22）《教育汤总长莅法政专门学校讲演词》，1915年3月4日《大公报》“代论”。
（23）无妄，1915年3月4日《大公报》“闲评一”。
（24）无妄，1915年3月4日《大公报》“闲评二”。
（25）《教育汤总长莅法政专门学校讲演词》，1915年3月5日《大公报》“代论”。
（26）《教育汤总长莅法政专门学校讲演词》，1915年3月6日《大公报》“代论”。
（27）选：《知事办学考成条例书后》，1915年3月11日《大公报》“言论”。
（28）无妄，1915年3月16日《大公报》“闲评一”。
（29）心森，1915年3月16日《大公报》“闲评二”。

（30）无妄，1915 年 3 月 22 日《大公报》“闲评一”。
（31）郭秉文：《中国现今教育问题之一》，1915 年 3 月 23 日《大公报》“言论”。
（32）郭秉文：《中国现今教育问题之一》，1915 年 3 月 24 日《大公报》“言论”。
（33）郭秉文：《中国现今教育问题之一》，1915 年 3 月 25 日《大公报》“言论”。
（34）朱济美：《论国家欲转弱为强当积极进行普及女子教育》，1915 年 3 月 26 日《大公报》“言论”。
（35）朱济美：《论国家欲转弱为强当积极进行普及女子教育》，1915 年 3 月 27 日《大公报》“言论”。
（36）沈亮棨：《论学校教员自编讲义之利弊》，1915 年 4 月 8 日《大公报》“言论”。
（37）无妄，1915 年 4 月 22 日《大公报》“闲评二”。
（38）振庸：《救国储才论》，1915 年 5 月 9 日《大公报》“言论”。
（39）振庸：《救国储才论》，1915 年 5 月 10 日《大公报》“言论”。
（40）伍连德：《论中国亟宜谋进医学教育》，1915 年 5 月 11 日《大公报》“代论”。
（41）伍连德：《论中国亟宜谋进医学教育》，1915 年 5 月 12 日《大公报》“代论”。
（42）清河：《论提倡道德为近今之必要》，1915 年 5 月 18 日《大公报》。
（43）无妄，1915 年 5 月 19 日《大公报》“闲评一”。
（44）选：《论今日亟宜多设小学》，1915 年 5 月 25 日《大公报》“言论”。
（45）竹轩：《学务局之无理取闹》，1915 年 6 月 13 日《大公报》“言论”。
（46）竹轩：《学务局之无理取闹》，1915 年 6 月 14 日《大公报》“言论”。
（47）无妄，1915 年 6 月 15 日《大公报》“闲评一”。
（48）《马相伯先生在广东会馆中国社会改良会演说词》，1915 年 6 月 21 日《大公报》“代论”。
（49）《马相伯先生在广东会馆中国社会改良会演说词》，1915 年 6 月 22 日《大公报》“代论”。
（50）《马相伯先生在广东会馆中国社会改良会演说词》，1915 年 6 月 23 日

《大公报》“代论”。

（51）《马相伯先生在广东会馆中国社会改良会演说词》，1915年6月24日《大公报》“代论”。

（52）无妄，1915年6月24日《大公报》“闲评一”。

（53）《马相伯先生在广东会馆中国社会改良会演说词》，1915年6月25日《大公报》“代论”。

（54）选：《平民生计与平民教育》，1915年6月29日《大公报》“言论”。

（55）选：《平民生计与平民教育》，1915年6月29日《大公报》“言论”。

（56）选：《学校养成公德心方法之商榷》，1915年7月3日《大公报》“言论”。

（57）选：《学校养成公德心方法之商榷》，1915年7月4日《大公报》“言论”。

（58）选：《学校养成公德心方法之商榷》，1915年7月5日《大公报》“言论”。

（59）选：《学校养成公德心方法之商榷》，1915年7月6日《大公报》“言论”。

（60）无妄，1915年7月7日《大公报》“闲评一”。

（61）无妄，1915年7月12日《大公报》“闲评一”。

（62）杨葆初：《驳学务局对于各教会设学特别规定之谬》，1915年7月14日《大公报》“代论”。

（63）杨葆初：《驳学务局对于各教会设学特别规定之谬》，1915年7月15日《大公报》“代论”。

（64）选：《闻某某学校请加课兵式体操被驳感言》，1915年7月24日《大公报》“言论”。

（65）《女德与家庭》，1915年8月28日《大公报》“言论”。

（66）选：《教育救亡论》，1915年10月14日《大公报》“言论”。

（67）选：《教育救亡论》，1915年10月15日《大公报》“言论”。

（68）东方：《材与识》，1915年10月17日《大公报》“言论”。

（69）东方：《材与识》，1915年10月18日《大公报》“言论”。

（70）东方：《材与识》，1915年10月18日《大公报》“言论”。

（71）选：《作官与谋生》，1915年11月3日《大公报》。

（72）选：《作官与谋生》，1915 年 11 月 4 日《大公报》“言论”。
（73）选：《作官与谋生》，1915 年 11 月 5 日《大公报》“言论”。
（74）选：《作官与谋生》，1915 年 11 月 6 日《大公报》“言论”。
（75）选：《作官与谋生》，1915 年 11 月 9 日《大公报》“言论”。
（76）选：《作官与谋生》，1915 年 11 月 11 日《大公报》“言论”。
（77）心森，1915 年 12 月 1 日《大公报》“闲评二”。
（78）心森：《非发达家庭教育不能焕发国家精神》，1915 年 12 月 2 日《大公报》“言论”。
（79）《监视演剧之必要》，1915 年 12 月 10 日《大公报》“言论”。
（80）无妄，1915 年 12 月 21 日《大公报》“闲评一”。

●1916 年

（1）心森，1916 年 1 月 24 日《大公报》“闲评二”。
（2）无妄，1916 年 1 月 26 日《大公报》“闲评一”。
（3）选：《论考试塾师》，1916 年 3 月 12 日《大公报》“言论”。
（4）无妄，1916 年 3 月 19 日《大公报》“闲评一”。
（5）穆湘玥：《派遣女学生出洋游学意见书》，1916 年 3 月 25 日《大公报》“代论”。
（6）穆湘玥：《派遣女学生出洋游学意见书》，1916 年 3 月 26 日《大公报》“代论”。
（7）无妄，1916 年 4 月 23 日《大公报》“闲评一”。
（8）章锡琛：《欧美大学之过去与现在》，1916 年 6 月 16 日《大公报》“译论”。
（9）章锡琛：《欧美大学之过去与现在》，1916 年 6 月 17 日《大公报》“译论”。
（10）章锡琛：《欧美大学之过去与现在》，1916 年 6 月 18 日《大公报》“译论”。
（11）章锡琛：《欧美大学之过去与现在》，1916 年 6 月 20 日《大公报》“译论”。
（12）章锡琛：《欧美大学之过去与现在》，1916 年 6 月 21 日《大公报》“译论”。
（13）章锡琛：《欧美大学之过去与现在》，1916 年 6 月 22 日《大公报》“译论”。

（14）笑生：《论中国第一步当提倡道德以正人心》，1916年7月9日《大公报》“言论”。

（15）雪江：《今后之行政》，1916年8月11日《大公报》“言论”。

（16）陈懋治：《小学改设国语科意见书》，1916年8月15日《大公报》“代论”。

（17）陈懋治：《小学改设国语科意见书》，1916年8月16日《大公报》“代论”。

（18）陈懋治：《小学改设国语科意见书》，1916年8月17日《大公报》“代论”。

（19）逢清：《商学与商战》，1916年9月15日《大公报》“言论”。

（20）马相伯：《宪法草案大二毛子问答录》，1916年9月24日《大公报》“代论”。

（21）马相伯：《宪法草案大二毛子问答录》，1916年9月25日《大公报》“代论”。

（22）马相伯：《宪法草案大二毛子问答录》，1916年9月26日《大公报》“代论”。

（23）马相伯：《宪法草案大二毛子问答录》，1916年9月27日《大公报》“代论”。

（24）马相伯：《宪法草案大二毛子问答录》，1916年9月28日《大公报》“代论”。

（25）马相伯：《宪法草案大二毛子问答录》，1916年9月29日《大公报》“代论”。

（26）马相伯：《宪法草案大二毛子问答录》，1916年9月30日《大公报》“代论”。

（27）马相伯：《宪法草案大二毛子问答录》，1916年10月1日《大公报》“代论”。

（28）马相伯：《宪法草案大二毛子问答录》，1916年10月2日《大公报》“代论”。

（29）心森，1916年10月5日《大公报》“闲评二”。

（30）俞逢清：《中国今日之保商政策》，1916年10月6日《大公报》“言论”。

（31）俞逢清：《中国今日之保商政策》，1916 年 10 月 7 日《大公报》“言论”。

（32）俞逢清：《中国今日之保商政策》，1916 年 10 月 8 日《大公报》“言论”。

（33）俞逢清：《中国今日之保商政策》，1916 年 10 月 9 日《大公报》“言论”。

（34）马相伯：《书天坛草案第十九条问答录后》，1916 年 10 月 21 日《大公报》“代论”。

（35）马相伯：《书天坛草案第十九条问答录后》，1916 年 10 月 22 日《大公报》“代论”。

（36）无妄，1916 年 10 月 22 日《大公报》“闲评一”。

（37）马相伯：《书天坛草案第十九条问答录后》，1916 年 10 月 23 日《大公报》“代论”。

（38）《旅津公民请愿宪法勿定国教上参众两院及顺直省议会书》，1916 年 10 月 25 日《大公报》“代论”。

（39）无妄：《教育实业两厅增设问题》，1916 年 12 月 4 日《大公报》“论评”。

（40）无妄：《地方教育基金案通过矣！》，1916 年 12 月 18 日《大公报》“时评”。

●1917 年

（1）1917 年 1 月 31 日《大公报》“冷观小言”。

（2）1917 年 2 月 1 日《大公报》“冷观小言”。

（3）1917 年 2 月 2 日《大公报》“冷观小言”。

（4）无妄：《取缔学校演剧之必要》，1917 年 2 月 20 日《大公报》“时评”。

（5）无妄：《英美国民之爱国口吻》，1917 年 2 月 21 日《大公报》“时评”。

（6）无妄：《振兴职业教育之先决问题》，1917 年 3 月 3 日《大公报》“时评”。

（7）无妄：《教育前途之希望》，1917 年 9 月 9 日《大公报》“时评”。

（8）无妄：《教实两厅之设立与反对》，1917 年 9 月 17 日《大公报》“时评”。

（9）无妄：《直隶将来之教育实业》，1917年11月2日《大公报》“时评”。

●1918年

（1）无妄：《美术学生如是难招耶?》，1918年3月14日《大公报》“时评二”。

（2）无妄：《亟宜振兴社会教育》，1918年3月19日《大公报》“时评二”。

（3）无妄：《宜补助小学经费》，1918年3月30日《大公报》“时评二”。

（4）无妄：《请看贫民学校之成绩》，1918年4月15日《大公报》“时评二”。

（5）无妄：《华人宜谋租界教育》，1918年4月16日《大公报》“时评二”。

（6）无妄：《教育前途之进步》，1918年4月22日《大公报》“时评二”。

（7）无妄：《直省小学之曙光》，1918年5月2日《大公报》“时评一”。

（8）无妄：《慨留日学生归国事》，1918年5月11日《大公报》“时评一”。

（9）冷观：《敬告留日学生诸君》，1918年5月14日《大公报》“论评”。

（10）无妄：《小学会议闭会矣!》，1918年5月14日《大公报》“时评二”。

（11）无妄：《祝商业小学校》，1918年5月17日《大公报》“时评二”。

（12）无妄：《川学生之厄运》，1918年5月19日《大公报》“时评二”。

（13）无妄：《盛哉！华北运动会》，1918年5月20日《大公报》“时评二”。

（14）冷观：《岂不冤哉?》，1918年5月22日《大公报》“论评”。

（15）冷观：《学生问题》，1918年5月23日《大公报》“论评”。

（16）冷观：《留日学生归国善后问题》，1918年5月27日《大公报》“论评”。

（17）无妄：《大灾中之学务损失》，1918年5月28日《大公报》“时评二”。

（18）无妄：《对于直隶教育之乐观》，1918年5月29日《大公报》“时评二”。

（19）无妄：《振兴贫民教育之必要》，1918年6月9日《大公报》“时评二”。

（20）无妄：《函授之成绩》，1918年6月20日《大公报》“时评二”。

（21）无妄：《暑假不费温习》，1918年7月29日《大公报》“时评二”。

（22）无妄：《讲演农业》，1918年8月18日《大公报》“时评二”。

（23）无妄：《改良私塾之进步》，1918年9月2日《大公报》“时评二”。

（24）无妄：《军国民教育之效果》，1918年9月16日《大公报》“时评一”。

（25）无妄:《留学之悲观》，1918 年 9 月 23 日《大公报》“时评一”。
（26）无妄:《秋季运动》，1918 年 9 月 30 日《大公报》“时评二”。
（27）无妄:《为维持教育经费警告当局》，1918 年 11 月 9 日《大公报》“时评”。
（28）无妄:《举办义务教育之将来》，1918 年 12 月 23 日《大公报》“时评”。

●1919 年

（1）斐:《敬告教育总长》，1919 年 4 月 7 日《大公报》“论评”。
（2）刬余:《读张季直先生个电感言》，1919 年 6 月 1 日《大公报》“论评”。
（3）无妄:《教育可任中断耶?》，1919 年 6 月 4 日《大公报》“时评一”。
（4）无妄:《忙煞闲官》，1919 年 6 月 9 日《大公报》“时评一”。
（5）遁:《图书馆之关系国粹》，1919 年 6 月 14 日《大公报》“时评二”。
（6）无妄:《罢得了不得》，1919 年 6 月 14 日《大公报》“时评一”。
（7）遯:《武术宜及时提倡》，1919 年 6 月 22 日《大公报》“时评二”。
（8）遁:《学费取给官中之异闻》，1919 年 6 月 27 日《大公报》“时评二”。
（9）遯:《建妇女职业之初基》，1919 年 7 月 2 日《大公报》“时评二”。
（10）无妄:《考哉！考哉!》，1919 年 7 月 13 日《大公报》“时评一”。
（11）遁:《慎取司法人才》，1919 年 7 月 17 日《大公报》“时评二”。
（12）遁:《县知事提倡德育》，1919 年 7 月 19 日《大公报》“时评二”。
（13）斐:《考试官吏制度》，1919 年 8 月 12 日《大公报》“论评”。
（14）遁:《收庙产作学款之有益》，1919 年 8 月 17 日《大公报》“时评二”。
（15）遁:1919 年 8 月 17 日《大公报》。
（16）斐:《女子问题》，1919 年 8 月 20 日《大公报》“论评”。
（17）遁:《征集国籍之企望》，1919 年 8 月 21 日《大公报》“时评二”。
（18）遁:《小学堂讲求小学》，1919 年 8 月 22 日《大公报》“时评二”。
（19）斐:《学潮感言》，1919 年 8 月 31 日《大公报》“论评”。
（20）遁:《今日之学生风潮》，1919 年 9 月 1 日《大公报》“时评二”。
（21）遯:《注重儿童体育之可师》，1919 年 9 月 3 日《大公报》“时评二”。
（22）遁:《敛捐兴学之非计》，1919 年 9 月 4 日《大公报》“时评二”。
（23）遁:《待听演说者何多耶?》，1919 年 9 月 5 日《大公报》“时评二”。
（24）斐:《今后之青年学子宜注重救国方法》，1919 年 9 月 12 日《大公报》

“论评”。

（25）遯：《注重职业教育之先声》，1919年9月13日《大公报》“时评二”。

（26）遁：《改良私塾之余望》，1919年9月30日《大公报》“时评二”。

（27）遁：《捐款兴学之奖励》，1919年10月12日《大公报》“时评二”。

（28）斐：《津潮善后》，1919年10月18日《大公报》“论评”。

（29）遁：《兴学废农之慨观》，1919年10月24日《大公报》“时评”。

（30）斐：《提倡道德挽回末俗》，1919年11月1日《大公报》“论评”。

（31）遁：《筹捐助学之果有济乎?》，1919年11月13日《大公报》“时评”。

（32）遁：《文官考试之题名录》，1919年11月15日《大公报》“时评”。

（33）斐：《提倡平民教育》，1919年11月19日《大公报》“论评”。

（34）斐：《中国人才不经济之危险》，1919年11月23日《大公报》“论评”。

（35）遁：《山荒充学之可则》，1919年11月26日《大公报》“时评二”。

（36）无妄：《海军学校之悲观》，1919年12月8日《大公报》“时评一”。

（37）无妄：《京钞影响于教育》，1919年12月10日《大公报》“时评一”。

（38）无妄：《亟宜重提教实两部长》，1919年12月11日《大公报》“时评一”。

（39）遁：《新文官又要国家养活矣!》，1919年12月11日《大公报》“时评二”。

（40）遁：《藉捐充学之何多耶?》，1919年12月12日《大公报》“时评二”。

（41）无妄：《教育前途之悲观》，1919年12月16日《大公报》“时评一”。

（42）斐：《北京教职员罢课之感言》，1919年12月22日《大公报》“论评”。

（43）无妄：《宜亟提教农两部长》，1919年12月24日《大公报》“时评一”。

（44）遁：《勤工俭学之可师》，1919年12月24日《大公报》“时评二”。

（45）遁：《私塾果可骤废耶》，1919年12月25日《大公报》“时评二”。

（46）无妄：《冯病与学潮》，1919年12月28日《大公报》“时评一”。

●1920年

（1）遁：《中小学能空言地方自办耶?》，1920年1月7日《大公报》“时评二”。

（2）无妄：《呜呼！学潮》，1920 年 1 月 12 日《大公报》“时评一”。
（3）味农：《天下兴亡匹夫有责之真解》，1920 年 1 月 14 日《大公报》“论评”。
（4）味农：《国愿》，1920 年 1 月 15 日《大公报》“论评”。
（5）味农：《警告学界同胞》，1920 年 1 月 17 日《大公报》“论评”。
（6）遁：《校长被架之异闻》，1920 年 1 月 29 日《大公报》“时评二”。
（7）味农：《京潮再起之感言》，1920 年 1 月 29 日《大公报》“论评”。
（8）遁：《办学筹款之末途》，1920 年 1 月 31 日《大公报》“时评二”。
（9）味农：《读刘君孟扬调停津潮论之感言》，1920 年 2 月 6 日《大公报》“论评”。
（10）无妄：《利用凶》，1920 年 2 月 6 日《大公报》“时评一”。
（11）无妄：《读制止学潮令感言》，1920 年 2 月 8 日《大公报》“时评一”。
（12）味农：《究竟是谁吃亏》，1920 年 2 月 12 日《大公报》“论评”。
（13）无妄：《与己未年话别》，1920 年 2 月 16 日《大公报》“时评一”。
（14）遁：《学潮平息之乐观》，1920 年 2 月 27 日《大公报》“时评二”。
（15）《男女同校之宜慎》，1920 年 3 月 2 日《大公报》“时评二”。
（16）遁：《津学潮中歇业之观感》，1920 年 3 月 4 日《大公报》“时评二”。
（17）遁：《私塾改良之效果》，1920 年 3 月 9 日《大公报》“时评二”。
（18）遁：《空中楼阁之西南大学》，1920 年 3 月 11 日《大公报》“时评二”。
（19）无妄：《男女合校之利害》，1920 年 3 月 13 日《大公报》“时评一”。
（20）味农：《读司法部通令感言》，1920 年 3 月 13 日《大公报》“论评”。
（21）遁：《统计人才之培植》，1920 年 4 月 1 日《大公报》“时评二”。
（22）遁：《发见新华村之感言》，1920 年 4 月 2 日《大公报》“时评二”。
（23）味农：《学潮岂终不能平耶?》，1920 年 4 月 15 日《大公报》“时评一”。
（24）遯：《注重实业学校之期望》，1920 年 4 月 17 日《大公报》“时评二”。
（25）味农：《学生自首之疑问》，1920 年 4 月 19 日《大公报》“时评一”。
（26）遁：《强迫教育岂易实施耶?》，1920 年 4 月 19 日《大公报》“时评二”。
（27）遯：《注重体育之商榷》，1920 年 4 月 21 日《大公报》“时评二”。
（28）遁：《异哉！觉悟社之发现》，1920 年 4 月 28 日《大公报》“时评二”。

（29）无妄：《教育悲观》，1920年5月2日《大公报》“时评一”。
（30）无妄：《五四周年志慨》，1920年5月4日《大公报》“时评一”。
（31）斐，《学生罢课应及时而返》，1920年5月17日《大公报》“时评一”。
（32）遁：《善哉！转学之取缔》，1920年5月24日《大公报》“时评二”。
（33）遁：《为筹义务教育者进一言》，1920年6月5日《大公报》“时评二”。
（34）遁：《普通文官考试之慨言》，1920年6月13日《大公报》“时评二”。
（35）遁：《异哉！今日之言军事教育者》，1920年6月15日《大公报》“时评二”。
（36）［美］杜威：《中国政治杂评》，1920年7月11日《大公报》“译论”。
（37）［美］杜威：《中国政治杂评》，1920年7月12日《大公报》“译论”。
（38）［美］杜威：《中国政治杂评》，1920年7月17日《大公报》“译论”。
（39）［美］杜威：《中国政治杂评》，1920年7月20日《大公报》“译论”。
（40）《德国工厂参观纪事》，1920年8月2日《大公报》“代论”。
（41）《德国工厂参观纪事》，1920年8月3日《大公报》“代论”。
（42）郛公：《再论召集国民大会问题》，1920年9月5日《大公报》“言论”。
（43）不缁：《教养不可偏废》，1920年11月14日《大公报》“闲评”。
（44）雷行：《惯起风潮之师范学校》，1920年12月2日《大公报》“闲评”。

●1921年

（1）郛公：《论北京学界风潮》，1921年3月18日《大公报》“言论”。
（2）直声：《予之教育经费观》，1921年3月24日《大公报》“言论”。
（3）去非：《教育经费问题》，1921年4月6日《大公报》“闲评”。
（4）郛公：《援蒙军费与教育基金》，1921年4月12日《大公报》“闲评”。
（5）郛公：《教育事业之疑问》，1921年4月21日《大公报》“闲评”。
（6）直声：《教育经费问题》，1921年4月27日《大公报》“闲评”。
（7）直声：《论教育经费风潮》，1921年4月30日《大公报》“言论”。
（8）直声：《论北京学潮现状》，1921年5月1日《大公报》“言论”。
（9）郛公：《荒》，1921年5月24日《大公报》“闲评”。
（10）去非：《波折叠起之教潮》，1921年5月27日《大公报》“闲评”。
（11）去非，《教育部长之新任命》，1921年5月31日《大公报》“闲评”。
（12）去非，《职教员索薪感言》，1921年6月4日《大公报》“言论”。

（13）郛公：《教育与政治》，1921 年 6 月 8 日《大公报》“言论”。
（14）雷行：《论京师学潮之因果》，1921 年 6 月 12 日《大公报》“言论”。
（15）去非：《兵变与教潮》，1921 年 6 月 12 日《大公报》“闲评”。
（16）直声：《政府对待学潮之手段》，1921 年 6 月 17 日《大公报》“闲评”。
（17）郛公：《学潮之因果》，1921 年 6 月 28 日《大公报》“言论”。
（18）郛公：《教潮平息感言》，1921 年 7 月 31 日《大公报》“闲评”。
（19）卓人：《借款》，1921 年 8 月 12 日《大公报》“闲评”。
（20）卓人：《留学生经费问题》，1921 年 10 月 9 日《大公报》“闲评”。
（21）直声：《论教育前途》，1921 年 10 月 23 日《大公报》“言论”。
（22）直声：《教育前途之无望》，1921 年 12 月 29 日《大公报》“言论”。

1922 年

（1）时辰：《请国人注意教育》，1922 年 3 月 18 日《大公报》“时评”。
（2）湛之：《法国退还庚子赔款感言》，1922 年 3 月 19 日《大公报》“论坛”。
（3）吉人：《贞洁运动》，1922 年 4 月 3 日《大公报》“论坛”。
（4）半山：《教育费不当截充军用》，1922 年 4 月 19 日《大公报》“闲评”。
（5）半山：《学校停课之感言》，1922 年 5 月 5 日《大公报》“闲评”。
（6）砭：《教育前途之危机》，1922 年 6 月 29 日《大公报》“论坛”。
（7）半山：《振兴教育之动机》，1922 年 7 月 1 日《大公报》“闲评”。
（8）砭：《读曹使维持教育电感言》，1922 年 7 月 5 日《大公报》“论坛”。
（9）恍：《杨皙子结欢学界之索隐》，1922 年 7 月 23 日《大公报》“闲评”。
（10）远公：《吴使维持教育电之我见》，1922 年 7 月 26 日《大公报》“时评”。
（11）《对于朴兰德评论庚子赔款之我见》，1922 年 7 月 30 日《大公报》“论坛”。
（12）半山：《退还赔款问题》，1922 年 8 月 2 日《大公报》“闲评”。
（13）砭：《我之高恩洪观》，1922 年 8 月 28 日《大公报》“论坛”。
（14）半山：《北京国立学校教职员之庚电》，1922 年 9 月 10 日《大公报》“时评”。
（15）磊菴：《论学生宜知将来之考试》，1922 年 9 月 10 日《大公报》“论评”。
（16）半山，《读书运动》，1922 年 9 月 12 日《大公报》“时评”。
（17）半山：《学制会议》，1922 年 9 月 23 日《大公报》“时评”。

（18）半山：《北大之风潮》，1922年10月21日《大公报》“时评”。
（19）砭：《我对于地方教育之隐忧》，1922年10月31日《大公报》“论坛”。
（20）半山：《教育经费问题》，1922年11月10日《大公报》“时评”。
（21）半山：《唐山大学之风潮》，1922年11月22日《大公报》“时评”。
（22）磊庵：《唐山大学解散之感言》，1922年11月26日《大公报》“时评”。
（23）砭：《教部流血之怪剧》，1922年12月23日《大公报》“论坛”。

●1923年

（1）砭：《大可注意之学潮》，1923年1月21日《大公报》“论坛”。
（2）砭：《大可注意之学潮》，1923年1月21日《大公报》“论坛”。
（3）砭：《因学潮敬告诸生》，1923年1月28日《大公报》“论坛”。
（4）石：《对于蔡氏宣言之感想》，1923年1月29日《大公报》“论坛”。
（5）砭：《学潮感言》，1923年2月1日《大公报》“论坛”。
（6）磊菴：《连日之政闻摘评》，1923年2月4日《大公报》“论坛”。
（7）《中国现状概论》，1923年4月18日《大公报》“论评”。
（8）《军事幕僚派费保彦氏对于时局之意见》，1923年5月29日《大公报》“选论”。
（9）《军事幕僚派费保彦氏对于时局之意见》，1923年5月30日《大公报》“选论”。
（10）《军事幕僚派费保彦氏对于时局之意见》，1923年5月31日《大公报》“选论”。

●1924年

（1）莫春：《五四运动纪念日感言》，1924年5月4日《大公报》“论评”。
（2）丹荣：《政府对北大风潮之不应怀柔》，1924年5月5日《大公报》“闲评”。
（3）思任：《退还庚子赔款用途之拟议》，1924年5月22日《大公报》“论评”。
（4）思任：《退还庚子赔款用途之拟议》，1924年5月24日《大公报》“论评”。
（5）思任：《再论庚子赔款之用途》，1924年5月27日《大公报》“论评”。
（6）木铎：《战乱期中之教育》，1924年10月27日《大公报》“论评”。

主要参考书目

一、文献

（1）《大公报》（天津）（1912—1924年）、《申报》、《时报》、《教育杂志》、《教育与职业》、《教育世界》、《中华教育界》、《教育公报》、《平民教育》、《东方杂志》、《青年杂志》、《经世报》、《新建设》、《新民丛报》、《浙江潮》、《天铎报》、《女子世界》、《女报》

（2）孙诒让：《东瀛观学记叙》，《籀庼遗文》（卷上），浙江瑞安集古斋发行。

（3）蔡元培等编：《最新修身教科书》，北京：商务印书馆，1907年印行。

（4）雷殷：《庚子赔款问题》，民国大学出版部（北京师范大学图书馆库本阅览室藏，无出版年月）。

（5）黄炎培：《黄炎培考察教育日记》（第1集），北京：商务印书馆，1914年版。

（6）胡适：《胡适文存》卷4，上海亚东图书馆，1921年版。

（7）陆费逵：《教育文存》（卷1），上海中华书局，1922年版。

（8）陆费逵：《教育文存》（卷5），上海中华书局，1922年版。

（9）邹恩润：《职业教育研究》，北京：商务印书馆，1923年版。

（10）郃爽秋：《历届教育会议议案汇编》，教育部编印馆，1925年印行。

（11）周太玄等：《庚子赔款与教育》（上、下），上海商务印书馆，1925年印行。

（12）杨松、邓力群、荣孟源：《中国近代史资料选辑》，生活·读书·新知三联书店，1954年版。

（13）李大钊：《李大钊选集》，北京：人民出版社，1959年版。

（14）李大钊：《李大钊文集》（上、下），北京：人民出版社，1984年版。

（15）舒新城：《中国近代教育史资料》（上、中、下），北京：人民教育出版社，1961年版。

（16）张怡祖编：《张季子（謇）九录·教育录》（卷3），台北：文海出版社，1974年版。

（17）龚自珍：《龚自珍全集》，上海人民出版社，1975年版。

（18）魏源：《魏源集》（上册），北京：中华书局，1976年版。

（19）秦孝仪：《国父思想学说精义录》（第2编），台北：正中书局，1976年版。

（20）湖南省博物馆历史部：《新民学会文献汇编》，长沙：湖南人民出版社，1980年版。

（21）高平叔编：《蔡元培教育文选》，北京：人民教育出版社，1980年版。

（22）高平叔编：《蔡元培教育论集》，长沙：湖南教育出版社，1987年版。

（23）中国蔡元培研究会：《蔡元培全集》（第2卷），杭州：浙江教育出版社，1997年版。

（24）谭嗣同：《谭嗣同全集》（下），北京：中华书局，1981年版。

（25）杜春和等编：《北洋军阀史料选辑》（下），北京：中国社会科学出版社，1981年版。

（26）徐铸成：《报海旧闻》，上海人民出版社，1981年版。

（27）陶行知：《陶行知教育文选》，北京：教育科学出版社，1981年版。

（28）夏东元编：《郑观应集》（上），上海人民出版社，1982年版。

（29）朱有瓛：《中国近代学制史料》（第1辑）（上册），上海：华东师范大学出版，1983年版。

（30）朱有瓛：《中国近代学制史料》（第2辑）（上册），上海：华东师范大学出版社，1987年版。

（31）曾业英编：《蔡松坡集》，上海人民出版社，1984年版。

（32）任建树等编：《陈独秀著作选》（第1卷），上海人民出版社，1984年版。

（33）沈云龙：《中国近代史料丛刊》第62辑，台北：文海出版社，1985年版。

（34）黄炎培：《黄炎培教育文选》，上海教育出版社，1985年版。

（35）王韬：《漫游随录》，钟叔河主编：《走向世界丛书》，长沙：岳麓书社，1985年版。

（36）王栻主编：《严复集》（第1册）（上），北京：中华书局，1986年版。

（37）陈独秀：《独秀文存》，合肥：安徽人民出版社，1987年版。

（38）戚谢美、邵祖德：《陈独秀教育论著选》，北京：人民教育出版社，1995年版。

（39）梁启超：《饮冰室合集·文集》（第2册），北京：中华书局，1989年版。

（40）梁启超：《梁启超全集》（第2册、第5册、第7册），北京出版社，1999年版。

（41）毛泽东：《毛泽东选集》（第2卷），北京：人民出版社，1991年版。

（42）董宝良：《陶行知教育论著选》，北京：人民教育出版社，1991年版。

（43）璩鑫圭，唐良炎：《中国近代教育史资料汇编》（学制演变），上海教育出版社，1991年版。

（44）秋瑾：《秋瑾集》，上海古籍出版社，1991年版。

（45）赵树贵、曾丽雅：《陈炽集》，北京：中华书局，1997年版。

（46）冯桂芬：《校邠庐抗议》，郑州：中州古籍出版社，1998年版。

（47）郑观应：《盛世危言》，北京：华夏出版社，2002年版。

（48）舒芜等编：《康有为选集》，北京：人民文学出版社，2004年版。

（49）多贺秋五郎：《近代中国教育史资料——民国编（上）》，台北：文海出版社，1976年版。

（50）《政府公报》第20册，文海出版公司影印本。

二、专著

（1）陈宝泉：《中国近代学制变迁史》，北京文化学社，1927年印行。

（2）查良鉴：《中国学生运动小史》，世界书局，1927年印行。

（3）舒新城：《近代中国教育思想史》，北京：中华书局，1928 年版。

（4）姜书阁：《中国近代教育制度》，北京：商务印书馆，1934 年版。

（5）贾士毅：《民国财政史》（下册），北京：商务印书馆，1934 年版。

（6）陈青之：《中国教育史》（下册），北京：商务印书馆，1936 年版。

（7）贾怀德：《民国财政简史》（上册），北京：商务印书馆，1941 年版。

（8）孙邦正：《六十年来的中国教育》，台湾国立编译馆，1971 年版。

（9）雷国鼎：《中国近代教育行政制度史》（自序），台湾教育文物出版社，1973 年版。

（10）杜春和：《白朗起义》，北京：中国社会科学出版社，1980 年版。

（11）陈学恂主编：《中国近代教育大事记》，上海教育出版社，1981 年版。

（12）方汉奇：《中国近代报刊史》，太原：山西人民出版社，1981 年版。

（13）冯自由：《革命逸史》（初集），北京：中华书局，1981 年版。

（14）清华大学校史编写组：《清华大学校史稿》，北京：中华书局，1981 年版。

（15）赖光临：《七十年中国报业史》，（台湾）中央日报民国七十年。

（16）李新主编：《中华民国史》（第 1 编，全一卷，上、下，1981 年版），（第 2 编，第 1 卷，上、下，1987 年版），（第 2 编，第 2 卷，1987 年版），北京：中华书局。

（17）中国第二历史档案馆：《北洋军阀统治时期的兵变》，南京：江苏人民出版社，1982 年版。

（18）方汉奇：《中国新闻事业简史》，北京：中国人民大学出版社，1983 年版。

（19）陈景磐：《中国近代教育史》，北京：人民教育出版社，1983 年版。

（20）中国社会科学院哲学研究所：《中国近代哲学史论文集》，天津人民出版社，1984 年版。

（21）钱实甫：《北洋政府时期政治制度》（下册），北京：中华书局，1984 年版。

（22）瞿立鹤：《清末民初民族主义教育思潮》，台湾中央文物供应社，1984 年版。

（23）戈公振：《中国报业史》，北京：中国新闻出版社，1985年版。
（24）朱作仁：《教育辞典》，南昌：江西教育出版社，1987年版。
（25）左治生：《中国近代财政史丛稿》，成都：西南财经大学出版社，1987年版。
（26）胡太春：《中国近代新闻思想史》，太原：山西人民出版社，1987年版。
（27）张念宏：《教育百科辞典》，北京：中国农业科技出版社，1988年版。
（28）毛礼锐、沈灌群：《中国教育通史》（第5卷），济南：山东教育出版社，1988年版。
（29）周雨：《大公报人忆旧》，北京：中国文史出版社，1991年版。
（30）方汉奇：《报史与报人》，北京：新华出版社，1991年版。
（31）方汉奇主编：《中国新闻通史》（第1卷，1992年版）（第2卷，1996年版）（第3卷，1999年版），北京：中国人民大学出版社。
（32）朱有瓛等：《教育行政机构及教育团体》，上海教育出版社，1993年版。
（33）周雨：《大公报史（1902—1949）》，南京：江苏古籍出版社，1993年版。
（34）王炳照、阎国华主编：《中国教育思想通史》（第6卷），长沙：湖南教育出版社，1994年版。
（35）郑登云：《中国近代教育史》，上海：华东师范大学出版社，1994年版。
（36）徐宝璜：《新闻学》，北京：中国人民大学出版社，1994年版。
（37）桑润生：《简明近代金融史》，上海：立信会计出版社，1995年版。
（38）钱曼倩、金林祥：《中国近代学制比较研究》，广州：广东教育出版社，1996年版。
（39）高瑞泉：《中国近代社会思潮》，上海：华东师范大学出版社，1996年版。
（40）韩信夫、姜克夫：《中华民国大事记》（第1卷），北京：中国文史出版社，1997年版。
（41）刘桂林：《中国近代职业教育思想研究》，北京：高等教育出版社，

1997 年版。

（42）龚书铎：《中国近代文化探索》（增订本），北京师范大学出版社，1997 年版。

（43）龚书铎：《中国近代文化概论》，北京：中华书局，1997 年版。

（44）吴廷俊：《中国新闻传播史稿》，武汉：华中理工大学出版社，1999 年版。

（45）熊明安：《中华民国教育史》，重庆出版社，1999 年版。

（46）高郁雅：《北方报纸舆论对北伐之反应——以天津大公报、晨报为代表的探讨》，台湾学生书局，1999 年版。

（47）孙培青：《中国教育史》，上海：华东师范大学出版社，2000 年版。

（48）［美］沃纳・赛佛林、小詹姆斯・坦卡德：《传播理论：起源、方法与应用》，郭镇之等译，北京：华夏出版社，2000 版。

（49）王炳照、李国钧：《中国教育制度通史》（第 7 卷），济南：山东教育出版社，2000 年版。

（50）陈学询主编：《中国近代教育文选》，北京：人民教育出版社，2001 年版。

（51）刘海峰等：《中国考试发展史》，武汉：华中师范大学出版社，2002 年版。

（52）贾晓慧：《〈大公报〉新论》，天津人民出版社，2002 年版。

（53）吴廷俊：《新记〈大公报〉史稿》，武汉出版社，2002 年版。

（54）金一：《女界钟》，上海古籍出版社，2003 年版。

（55）王芝琛：《一代报人王芸生》，武汉：长江文艺出版社，2004 年版。

（56）任桐：《徘徊于民本与民主之间》，生活・读书・新知三联书店，2004 年版。

（57）方汉奇主编：《〈大公报〉百年史（1902-06-17—2002-06-17）》，北京：中国人民大学出版社，2004 年版。

（58）候杰：《〈大公报〉与近代中国社会》，天津：南开大学出版社，2006 年版。

（59）萧清编著：《中国近代货币金融史简编》，太原：山西人民出版社，1987 年版。

三、论文

（1）郝庆元：《张伯苓在南开的育才之道》，《历史教学》，1983 年 10 月。

（2）金林祥：《评六三三学制》，《华东师范大学学报》（教育科学版），1983 年第 1 期。

（3）金林祥：《中国学制近代化论略》，《教育评论》，1996 年第 1 期。

（4）田正平：《我国二十年代教育改革的回顾与反思》，《教育研究》，1989 年 1 期。

（5）吴洪成：《略论民初实利主义、实用主义教育思潮》，《四川师范大学学报》（社会科学版），1994 年 1 月。

（6）陈晴：《军国民教育与中国近代体育》，《武汉体育学院学报》，1996 年第 1 期。

（7）陈竞芬：《略论黄炎培职业教育思想及其启示》，《华南师范大学学报》（社会科学版），1998 年第 2 期。

（8）葛新斌、郭齐家：《西学东渐与中国近代道德教育观的演变》，《华东师范大学学报》（教育科学版），1999 年第 1 期。

（9）关威：《近代教育救国思想述论》，《晋阳学刊》，1999 年第 4 期。

（10）徐方平：《清末民初军国民教育思想成因探析》，《湖北大学学报》（哲学社会科学版），1999 年 5 月。

（11）阎广芬：《夹缝中求发展——中国近代女子义务教育的定位》，《河北大学学报》（哲学社会科学版），1999 年 6 月。

（12）陈文联：《近代中国男女平等思想的历史考察》，《衡阳师范学院学报》（社会科学版），2000 年 8 月。

（13）陈文联：《中国近代兴女学思想的历史考察》，《湘潭大学学报》（哲学社会科学版），2004 年 3 月。

（14）郭三娟：《述评清末以来我国的学制变迁》，《山西大学学报》（哲学社会科学版），2000 年 11 月。

（15）王美秀：《中国近代社会转型与女子教育的发展》，《北京大学学报》（哲学社会科学版），2001 年第 3 期。

（16）贾晓慧：《抗战初期〈大公报〉“战时教育”讨论探要》，《中国青年政治学院学报》，2001 年 5 月。

（17）陈笑迎：《论中国近代“兴女学”思潮》，《辽宁大学学报》（哲学社会科学版），2001 年 11 月。

（18）章征科：《20 世纪初中国女子学校教育兴起的原因及特点》，《安徽师范大学学报》（人文社会科学版），2002 年 3 月。

（19）候杰、辛太甲：《英敛之、〈大公报〉与中国近代社会文化变迁》，《天津社会科学》，2003 年第 1 期。

（20）梁宁森：《西学东渐与近代中国职业教育》，《学术交流》，2003 年 12 月。

（21）廖承林、吴洪成：《近代中国学制演变与职业教育发展》，《西南师范大学学报》（人文社会科学版），2004 年 3 期。

（22）李学智：《〈大公报〉创办初期的思想启蒙》，《理论与现代化》，2004 年第 3 期。

（23）姜萌：《试析 1903—1911 年间中国的尚武思潮》，《东岳论丛》，2004 年 3 月。

（24）王美蓉：《中国近现代不同类型的女子教育目的之比较》，《西北师大学报》（社会科学版），2004 年 3 月。

（25）陈晴：《军国民教育思潮对当代军事体育及国防建设的启示》，《解放军体育学院学报》，2004 年 4 月。

（26）商丽浩：《教育经费规范在近代中国宪法中的沉浮》，《浙江大学学报》（人文社会科学版），2004 年 7 月。

（27）范立君、谭玉秀：《从近代学制看中国女子教育的嬗变》，《中国矿业大学学报》（社会科学版），2004 年 9 月。

（28）顾宁：《近现代中国的社会变革与妇女教育实践》，《西北师大学报》，2004 年 9 月。

（29）吴玉伦：《教育救国思潮的形成与发展》，《湖南科技大学学报》（社会科学版），2005 年 9 月。

（30）赵炎才：《中国近代道德救世思想的萌蘖》，《江汉大学学报》（人文科学版），2005 年 12 月。

（31）汪楚雄：《从实用主义教育到职业教育的嬗变》，《华中师范大学研究生学报》，2005 年 12 月。

后　记

经过两年多的努力，博士论文即将付梓出版了，我深深怀念敬爱的导师龚书铎先生。虽然先生已经离开我们三年多了，但他的音容笑貌时刻出现在我的脑际，特别是修改论文时，我的脑海中总是闪现出他老人家教导我的影子，总在回想着他是如何校正论文中的错误的。可以说，修改稿件的过程，就是在怀念龚先生指导我学习的过程，回想他纠正自己论文错误时说过的每一句话，回想他从一字一句的校改到整体框架的构思和指导。正因为如此，我总觉得他还没有离开我们，就在我们身边。对我而言，在同一位老师门下学习六年，到现在只有先生一位。从先生这里，我学到许多东西，但很多东西在当时并没有深切体会，而是毕业后，在教学实践中，日积月累地慢慢发酵、领悟到的东西。其中三样东西必须提到：第一，做人做事的态度要认真。我的毕业论文最开始是先生一字一句看过的，大到文章结构、逻辑顺序，小到字词搭配、标点符号，先生都一一点到。因为自己基础差，最先给他的章节中错误很多，先生看起来很吃力、速度很慢，有几次他竟然开玩笑说："这是要我的老命啊!"（他给其他弟子也开过类似的玩笑话）。为了能准时将论文反馈给我们，先生总是在工作，有时把我们的论文随身携带，在出差的火车上、飞机上修改。在我印象中，先生好像只有大年初一才不太忙碌，其余都是在看书或改文章。那种认真负责的态度有时让今天的一些年轻人无法想象。第二，学会寻找自己的学习方法。先生一再教导我们，做为一名研究生，一定要学会自己寻找题目，如果不会自己找题目，就等导师给你现成的题目，你就永远不会自己搞研究，那研究生就白读了。他还经常教导我，学习一定要动脑筋。他在和我谈话时，有时用手指指自己的脑袋说："要动脑子，动脑子"，这是说我学习、工作都要讲求方式方法，不能只凭热情和力气，要注重效果。所以，我记得自己的硕士、博士论文的题目，都是自己先找到几个题目，让他“否定”了几个之后，才最终确定下来的。因为先生教导严厉，所以那时被“否定”、被批评的感觉确实不好受，但是今天回想起来，正是这样被反复“否定”，才锻炼了自己在研究中反复推敲的耐心和毅力。第三，不要贪图虚的东西。先生教导我们做学问要实在，要谦虚，反对虚夸。有一次他问我：“最近除读书外干什么?”，我说：“我想搞一下职业教育的研究，想发篇文章”。他接着说：“研究？以你现在的水平，要说‘兴趣’，不要说‘研究’。说‘研究,’是你已经在某方面小有成就，才可以说‘研究’，你现在在这一块远远不够，就说‘研究’，别人听了会笑话的。一定要谦虚，不要好高骛远，要把基础打实。”一直到现在，当有人问我：“你是研究哪一块的?”，我总是记得先生说过的那句话：“谈不上研究，只是自己感兴趣罢了。”

总之，这些都是先生留给我一生的精神财富，是最值得我珍惜的东西。感谢龚先生给予我的这一切。

另外，我要感谢武汉大学教授冯天瑜先生。我在北京读书时，因为学习中国近代文化史的缘故，听闻冯先生大名。但因为种种原因，并未认真拜读冯先生的文章。来汉工作后，因为教学原因，偶然翻阅冯先生写的《张之洞评传》，觉得文笔、说理很让人舒畅，于是接着从武汉的书店里买来了冯先生著的《辛亥武昌首义史》、《文化守望》、《中华文化史》、《中华元典精神》等书，一一细读。从内心佩服冯先生的文思，于是斗胆打听到冯先生的电话，请冯先生为我的文章作序。冯先生是中国文化研究领域的大家，自己是小辈，又与冯先生素不相识。我个人觉得，即使我的要求被拒绝，也在情理之中。可是我非常幸运，冯先生答应了我的要求，于是才有前面的序言。

我也要感谢北京师范大学历史学院的李帆教授。李老师虽然也曾在龚先生门下求学，但是以他的学术资历、学术水平、教学经历等等，我不敢望其项背，更不敢妄自与其称“师兄”，道“师弟”。只是期望李老师能在百忙之中，为我写点序言之类的东西。李老师毫不吝墨，为我拔冗作序，令我感激万分。尤其难忘的是，我看了李老师的序言，感觉这又是一篇不错的学术文章，可见他是动了一番心思和力气的。

最后，感谢我的二姐，她年过花甲，身体不好，每天都要靠吃药支撑正常的工作。在我修改论文之际，正是我的孩子最需要看护的时期，她牺牲了在家照看自己孙儿的时间，离晋赴汉，既要照看我的孩子，也要给我们夫妻做饭，做点家务，确实减轻了我工作和生活的压力。

最后，感谢在论文写作和修改过程中帮助过我的所有热心人士，愿他们工作愉快，天天快乐！

范文明

二〇一五年七月于湖北经济学院人文楼